AF855520

L'intégrale des Annales officielles

SCORE IAE-MESSAGE

2022

25e édition

L'intégrale des Annales officielles

SCORE IAE-MESSAGE

2022

25e édition

S'entraîner en conditions réelles pour réussir

- Plus de 1 300 questions réellement posées à l'examen et corrigées
- Le raisonnement logique et numérique avec corrigés expliqués
- Une grille d'entraînement fournie

Les 6 sessions 2021 + 2 sessions 2020

En partenariat avec l'organisateur

association score iae-message

Gualino un savoir-faire de Lextenso

Suivez-nous sur www.gualino.fr

Contactez-nous sur **gualino@lextenso.fr**

DANGER LE PHOTOCOPILLAGE TUE LE LIVRE

1, Parvis de La Défense
92044 Paris La Défense Cedex
ISBN 978-2-297-13587-0

Préface

Le Score IAE-Message est un facilitateur : tout en valorisant les spécificités locales, car c'est un outil d'admissibilité parmi d'autres, il permet aux étudiants de se porter simultanément candidat à plusieurs formations quel que soit leur lieu géographique. Avec plus de 46 centres en France, dont 6 dans les Outre-mer, et plus de 50 centres à l'étranger, il y a toujours un lieu près de chez vous pour passer le Score IAE-Message et candidater dans plus de 350 formations.

Le Score IAE-Message est un atout : tout étudiant peut s'y présenter sans condition antérieure de formation spécifique en économie ou en gestion. Il peut être mentionné sur un CV pour montrer qu'il maîtrise et remplit les pré-requis indispensables aux études supérieures en management.

Le Score IAE-Message est un acquis : une fois passé, les étudiants peuvent s'en prévaloir durant trois rentrées universitaires pour leurs candidatures dans toutes les formations de Gestion et de Management qui l'exigent.

Nous avons conçu ces annales, éditées chaque année depuis 1996, pour vous aider à préparer le Score IAE-Message. Leur format est particulier cette année en raison de la pandémie COVID-19 ; ces annales reprennent donc les sujets des six sessions qui ont pu se tenir en 2021, complétés par les deux sessions de l'année 2020.

Nous espérons qu'elles vous aideront à préparer efficacement les épreuves, et vous permettront de développer les aptitudes et connaissances nécessaires aux futurs diplômés en Sciences de Gestion au service des organisations.

À tous ceux qui, cette année se présenteront aux épreuves du Score IAE-Message, nous souhaitons bon courage et tous nos vœux de réussite dans vos études.

Paris, le 15 septembre 2021
Laurent Bironneau et Marie-Christine Lichtlé,
Co-Présidents de l'Association du Score IAE-Message

Pour tout renseignement concernant l'organisation des épreuves et les dates des épreuves 2022 :

http://score.iae-message.fr

IAE Lille - École universitaire de management
104 avenue du Peuple Belge
59043 Lille Cedex

Téléphone : 03 20 12 24 74

E-mail : isabelle@iae-message.fr

SOMMAIRE

PRÉSENTATION DU SCORE IAE-MESSAGE

ANNALES CORRIGÉES DU SCORE IAE-MESSAGE

L'édition 2022
des ANNALES DU SCORE IAE-MESSAGE
a été réalisée par :

Matthieu Basseur, Maître de Conférences
Rémi Bourguignon, Maître de Conférences
Clotilde Coron, Maître de Conférences
Jeremy Cocks, Professeur d'Anglais
Alice Forge
Pierre Garaudel, Maître de Conférences
Catherine Grima, Agrégée d'Économie et de Gestion
Nathalie Lallemand-Stempak, Maître de Conférences
Cécile Lenoir, Professeur certifié en lettres modernes
Claire Ryan, Irlandaise, Professeur de Français
Catherine Sable, Maître de Conférences
Marion Soulerot, Maître de Conférences
Graham Tullis, Professeur d'Anglais

Bruno Dejaeger, Ingénieur Informatique
Isabelle Collet, Responsable Administrative du Score IAE-Message
Grégory Vermeersch, Ingénieur Informatique

Sous la responsabilité du **Bureau de l'Association du Score IAE-Message**, co-présidé par **Laurent Bironneau** et **Marie-Christine Lichtlé**.

PRÉSENTATION DU SCORE IAE-MESSAGE

1. PRÉSENTATION DES ÉPREUVES

1.1. OBJECTIFS

Plus de 350 formations universitaires en Gestion et Management utilisent le **Score IAE-Message** comme l'un des éléments constitutifs du dossier de candidature des postulants.

L'objectif visé est quadruple :

- l'homogénéisation des recrutements dans l'ensemble des parcours de gestion offerts par les universités adhérentes ;
- l'accroissement des choix pour les candidats en facilitant les multi-candidatures ;
- l'élargissement de la zone de rayonnement de chaque université ;
- le renforcement de l'effet réseau formé par la diversité de nature et géographique des formations offertes.

Chaque formation définit, dans son règlement d'examen en vue de l'admission, la place accordée aux résultats obtenus au Score IAE-Message, les candidats pouvant être invités à subir une ou plusieurs épreuves complémentaires.

Quel que soit le lieu où les épreuves ont été passées, les résultats obtenus sont pris en considération par chacune des formations auprès desquelles le candidat a postulé, conformément au règlement d'examen qui lui est propre.

1.2. NATURE, DURÉE ET PROGRAMMES DES ÉPREUVES

Le **Score IAE-Message** se compose de **quatre épreuves, pour une durée de 3 heures :**

- une épreuve de Culture générale ;
- une épreuve de Compréhension et expression écrite en français ;
- une épreuve de Raisonnement logique et numérique ;
- une épreuve de Compréhension et expression écrite en anglais.

TABLEAU DU SCORE IAE-MESSAGE

Matières	Notation	Nature des interrogations	Durée conseillée
Culture générale	100 points	50 questions à choix multiple (QCM)	45 minutes
Compréhension et expression écrite en français	100 points	50 questions à choix multiple (QCM) dont une partie visant à juger de la compréhension d'un texte	45 minutes
Raisonnement logique et numérique	100 points	20 questions à choix multiple (QCM)	45 minutes
Compréhension et expression écrite en anglais	100 points	50 questions à choix multiple (QCM) dont une partie visant à juger de la compréhension d'un texte	45 minutes
Total	**400 points**	**170 questions**	**3 heures**

Ces quatre épreuves sont présentées ci-dessous.

L'épreuve de Culture générale

Il s'agit d'évaluer l'ouverture d'esprit du candidat par sa culture générale et sa connaissance de l'actualité des 12-24 derniers mois, et de façon plus large, dans les domaines politique, culturel, international et économique. Le candidat devra démontrer sa capacité à suivre l'actualité et à l'analyser par une lecture quotidienne de la presse.

Il ne s'agit pas d'apprécier des compétences techniques mais de mesurer l'ouverture d'esprit et la « curiosité » du candidat.

L'épreuve prend la forme de questions à choix multiple **(QCM)**.

Sa durée conseillée est de **45 minutes**.

L'épreuve de Compréhension et expression écrite en français

Cette épreuve comprend deux parties :

- *la première partie* (Expression, 35 questions) évalue les capacités d'expression du candidat par la maîtrise écrite du français. Les questions à choix multiple portent sur l'orthographe, la grammaire, la conjugaison, le vocabulaire et sur la reformulation ou la correction d'une phrase ;

- *la seconde partie* (Compréhension, 15 questions) évalue l'aptitude du candidat à comprendre et analyser un texte ayant trait à la vie économique ou à une situation de décision en gestion, et à maîtriser les concepts et le vocabulaire qui s'y rapportent.

L'épreuve prend la forme de questions à choix multiple **(QCM)**.

Sa durée conseillée est de **45 minutes**.

L'épreuve de Raisonnement logique et numérique

Cinq thèmes sont abordés dans cette épreuve :

- **les Statistiques** : les problèmes posés sont liés aux calculs de base en statistiques, moyenne, médiane, écart-type, variance, covariance, loi de Poisson, loi Normale… ;

- **le Raisonnement numérique** : les problèmes énoncés demandent de la réflexion et plusieurs étapes de raisonnement pour la résolution ;

- **la Logique** : les problèmes posés sont liés aux tests de logique : suites logiques (numériques ou lettres), phrases auto-référentes, ensemble de propositions dont l'une est fausse… ;

- **les Probabilités** : les problèmes sont posés autour de calculs de probabilité, de dénombrements, de probabilité conditionnelle, d'ensemble… ;

- **les Équations** : ces exercices de manipulation (dérivée, intégrale, développement – réduction, factorisation, identités remarquables) portent sur des équations simples (polynôme, exponentielle, trigonométrie).

L'usage d'une calculatrice n'est pas autorisé.

L'épreuve prend la forme de questions à choix multiple **(QCM)**.

Sa durée conseillée est de **45 minutes**.

L'épreuve de Compréhension et expression écrite en anglais

Cette épreuve comprend deux parties :

- *la première partie* (Expression, 35 questions) évalue les capacités d'expression du candidat par la maîtrise écrite de l'anglais ;
- *la seconde partie* (Compréhension, 15 questions) évalue l'aptitude du candidat à comprendre et analyser un texte ayant trait à la vie économique ou à une situation de décision en gestion, et à maîtriser les concepts et le vocabulaire qui s'y rapportent.

L'épreuve prend la forme de questions à choix multiple **(QCM)**.

Sa durée conseillée est de **45 minutes**.

1.3. NOTATION ET MODALITÉS PRATIQUES DU SCORE IAE-MESSAGE

Les épreuves du Score IAE-Message prennent la forme de questions à choix multiple. Pour chacune d'elles, cinq réponses sont proposées ; **une seule réponse est correcte.**

BARÈME DE NOTATION

	Épreuve de Culture générale	Épreuve de Compréhension et expression écrite en français	Épreuve de Raisonnement logique et numérique	Épreuve de Compréhension et expression écrite en anglais
Bonne réponse	2 points	2 points	5 points	2 points
Mauvaise réponse, absence de réponse ou réponses multiples	0 point	0 point	0 point	0 point

- Un livret unique est remis aux candidats regroupant les questions des quatre épreuves (170 questions au total).
- Les 170 réponses sont à reporter au recto d'une grille unique, sur laquelle sont préalablement inscrits **le nom, le numéro d'inscription**, la session ainsi que le centre d'écrit du candidat.
- Le candidat noircit la case correspondant à la réponse choisie, en utilisant le crayon fourni par le centre d'écrit ou un porte-mine (B ou HB). Les corrections doivent impérativement être effectuées avec un **blanc correcteur**.

Exemple de marquage :

BON

MAUVAIS

Exemple : extrait d'un QCM de culture générale et de la feuille de réponses d'un candidat.

Question X – Des cinq pays européens suivants, lequel a la superficie la plus grande ?

1. L'Allemagne
2. L'Espagne
3. La France
4. L'Italie
5. Le Portugal

Feuille de réponses :

Question X

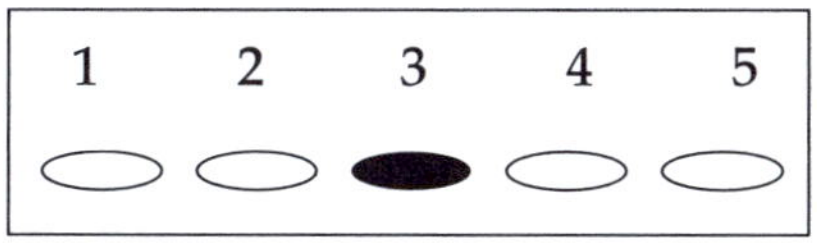

2. Préparation des épreuves

On trouvera ci-après la liste (non limitative et donnée à titre purement indicatif) de quelques ouvrages susceptibles d'aider à la préparation du Score IAE-Message.

Culture générale

- Association Score IAE-Message, *300 questions de Culture générale pour s'entraîner au Score IAE-Message*, Gualino éditeur, 7e édition 2017.
- Aurélie Ohayon, *5 000 QCM de culture générale 2020-2021*, Studyrama Eds, 2020.
- Jean-Michel Oullion, *2 500 QCM de Culture générale*, L'Étudiant, 2019.
- Frédéric Poulon, *Économie générale*, Dunod, 2015.
- François Reynaert et Vincent Brocqvielle, *Petit Larousse de l'histoire de la culture générale*, Larousse, 2018.
- *Petit Larousse de l'histoire du monde*, Collectif, Larousse, 2019.
- *Culture générale - Mon livre de référence*, Collectif, Vuibert, 2018.

Compréhension et expression écrite en français

- Association Score IAE-Message, *200 questions de Compréhension et expression écrite en français pour s'entraîner au Score IAE-Message*, Gualino éditeur, 6e édition, 2017.
- Jean-Louis Boursin, *Test de connaissance du Français*, Belin, 2008.
- *Bescherelle, Le coffret de la langue française*, Hatier, 2019.

Raisonnement logique et numérique

- Association Score IAE-Message, *200 questions de Raisonnement logique et numérique pour s'entraîner au Score IAE-Message*, Gualino éditeur, 8e édition 2018.
- Bertrand Myers, *Tests psychotechniques pour les cadres - Logique*, Dunod, 3e édition 2014.
- Bertrand Myers, *Tests psychotechniques pour les cadres - Nombres*, Dunod, 2e édition 2013.
- Igal Natan, *Tests de logique mathématique et de calcul*, Ellipses, 4e édition 2014.
- Gregory Denglos, *Statistiques et probabilités appliquées*, PUF, 2016.
- Christophe Hurlin et Valérie Mignon, *Statistiques Statistique et probabilités en économie gestion*, Dunod, 2018.

Compréhension et expression écrite en anglais

- Association Score IAE-Message, *300 questions de Compréhension et expression écrite en anglais pour s'entraîner au Score IAE-Message*, Gualino éditeur, 7e édition 2018.
- Christiane Ballasi, *Anglais Confirmé grammaire*, Ashford, 2008.
- Virginie Buhl, Amélie Moisy, Laurence Heyries-Morlet, *700 QCM d'anglais*, Gualino éditeur, 2011.
- Alain-Louis Robert, *QCM d'anglais*, Ellipses, 2010.
- *4 000 QCM pour réussir l'anglais aux concours*, Collectif, Harrap's, 2018.

Conseils de lecture

- Les quotidiens nationaux : *Le Monde*, *Libération*, *Le Figaro*.
- Les quotidiens régionaux.
- Les périodiques économiques : *L'Expansion*, *Capital*, *Challenges Le Nouvel Économiste*.

Conseil général

Lire la presse en général, écouter la radio, regarder les chaînes d'informations permet également de préparer ludiquement le Score IAE-Message.

3. INSCRIPTIONS AU SCORE IAE-MESSAGE ET DÉROULEMENT DE L'ÉPREUVE

3.1. INSCRIPTIONS

Le Score IAE-Message est un élément constitutif du dossier de candidature.

L'inscription s'effectue en ligne sur le site internet :

https://www.iae-message.fr

Lors de l'inscription, le candidat choisit parmi une liste qui lui est proposée :

- le centre d'écrit (lieu de passage du Score) ;
- la session à laquelle il souhaite participer ;
- les formations dans lesquelles il envisage de déposer un dossier de candidature.

Attention : **le choix du centre d'écrit et le choix de la session sont définitifs et ne peuvent être modifiés quel que soit le motif.**

Pour les sessions 2022, le coût du passage d'une session du Score IAE-Message est de 36 euros. Le paiement s'effectue uniquement en ligne, par carte bancaire.

Une fois l'inscription terminée, le candidat reçoit sa convocation par e-mail sous fomat pdf.

Le remboursement en cas d'absence n'est pas possible, quel que soit le motif (même médical).

Pour améliorer ses résultats, le candidat a la possibilité de se présenter à plusieurs sessions. Dans ce cas, le candidat présentera aux formations dans lesquelles il postule le meilleur de ses scores.

3.2. DÉROULEMENT DE L'ÉPREUVE

Pour être autorisé à passer l'épreuve, le candidat a l'obligation de présenter :

- la convocation reçue par e-mail, imprimée ;
- une pièce d'identité en cours de validité (la carte d'identité, le passeport et le permis de conduire sont les seules pièces d'identité autorisées).

Aucun retard n'est autorisé, quel que soit le motif.

Le candidat disposera de 3 heures pour composer. Le sujet complet comportant les 170 questions lui sera remis au début de l'épreuve, le candidat gérera donc son temps comme il le souhaite.

Les documents, dictionnaires, lexiques et calculatrice sont formellement interdits durant l'épreuve.
Aucun brouillon n'est fourni, ni autorisé durant l'épreuve.
De la même manière, les téléphones portables et sacs ne devront pas être à portée des candidats.

À l'issue des 3 heures, le candidat rendra au surveillant sa grille de réponses complétée ainsi que son sujet. **Toute grille de réponses rendue sans le sujet ne sera pas corrigée.**

Quelques jours après les épreuves (date à consulter sur le site internet du Score IAE-Message – rubrique Sessions), le candidat reçoit ses résultats sous la forme d'une attestation. Il lui revient de la transmettre aux formations dans lesquelles il souhaite postuler et a déposé un dossier de candidature.

Les résultats obtenus au Score IAE-Message sont valables pour une durée de 3 rentrées universitaires. Par exemple, les résultats obtenus lors d'une session passée en 2022 sont valables pour les rentrées 2022-2023, 2023-2024, 2024-2025.

Chaque formation dispose d'un outil de consultation des résultats. Il est donc inutile de tenter de les falsifier. En cas de tentative de fraude, chacune des formations en sera immédiatement avertie et le dossier du candidat sera automatiquement rejeté.

ANNALES CORRIGÉES DU SCORE IAE-MESSAGE

L'objectif de ces annales est de vous mettre dans la situation réelle de l'examen, c'est-à-dire :

- de **travailler sur des sujets réellement posés et notés**, et non pas sur des « examens blancs » ou bien des « sujets du niveau de l'examen » ;
- de faire les 4 épreuves à la suite ;
- de répondre aux 170 questions posées, toutes composées de la même façon : 5 réponses possibles ; 1 seule est exacte ;
- d'y consacrer une durée maximum totale de 3 heures (voir la décomposition horaire, page 12) ;
- de noter vos réponses sur la grille vierge fournie avec chaque session d'examen ;
- de vous évaluer en comparant votre grille avec celle qui vous est donnée dans la partie « Corrigés » de chaque session ;
- de calculer votre score selon le barème fourni dans la page de garde de chacune des sessions.

N'oubliez pas… votre objectif, c'est 400 points !

SCORE IAE-MESSAGE

SESSION DU 13 MARS 2021

Pour vous mettre dans la situation exacte de l'épreuve, nous avons reproduit la page de garde du document remis aux candidats à la Session du 13 mars 2021.
Lisez-la attentivement avant de vous lancer.

N'oubliez pas d'utiliser la grille vierge de la page 24 pour y noter vos réponses puis de la comparer à la grille de la page 64 pour calculer votre score.

Session :

SCORE IAE MESSAGE

Nom : ____________________

Prénom : ____________________

Date de naissance : ___/___/___

Centre : ____________________

Signature du candidat

N° d'inscription

0	0	0	0	0	0	0
1	1	1	1	1	1	1
2	2	2	2	2	2	2
3	3	3	3	3	3	3
4	4	4	4	4	4	4
5	5	5	5	5	5	5
6	6	6	6	6	6	6
7	7	7	7	7	7	7
8	8	8	8	8	8	8
9	9	9	9	9	9	9

MARQUAGE DES REPONSES

- Utilisez un crayon mine et une gomme propre ou un blanc correcteur
- Ne graphitez qu'une seule réponse par question

Marquage CORRECT

INCORRECT

Culture G 1 2 3 4 5	Français 1 2 3 4 5	RLN 1 2 3 4 5	Anglais 1 2 3 4 5
1	51	101	121
2	52	102	122
3	53	103	123
4	54	104	124
5	55	105	125
6	56	106	126
7	57	107	127
8	58	108	128
9	59	109	129
10	60	110	130
11	61	111	131
12	62	112	132
13	63	113	133
14	64	114	134
15	65	115	135
16	66	116	136
17	67	117	137
18	68	118	138
19	69	119	139
20	70	120	140
21	71		141
22	72		142
23	73		143
24	74		144
25	75		145
26	76		146
27	77		147
28	78		148
29	79		149
30	80		150
31	81		151
32	82		152
33	83		153
34	84		154
35	85		155
36	86		156
37	87		157
38	88		158
39	89		159
40	90		160
41	91		161
42	92		162
43	93		163
44	94		164
45	95		165
46	96		166
47	97		167
48	98		168
49	99		169
50	100		170

SCORE IAE MESSAGE

1re session 2021

Samedi 13 Mars 2021

SCORE IAE MESSAGE

session 1

À REMPLIR PAR LE CANDIDAT :

Nom : .... Prénom : ....

Identifiant Score IAE-Message : ....

Votre identité (nom et prénom), date de naissance, votre identifiant SIM, ainsi que le centre d'écrit et la session ont été pré-remplis sur la grille de réponses. Merci de les vérifier. Vous devez apposer votre signature dans la case prévue à cet effet. Le présent livret regroupe les quatre épreuves : Culture générale, économique et managériale Compréhension et expression écrite en français Raisonnement logique et numérique Compréhension et expression écrite en anglais, d'une durée de trois heures.

L'épreuve comprend cent soixante-dix (170) questions à choix multiple. Le tableau suivant fait apparaître leur répartition par matière, les pages où vous en prendrez connaissance, la durée indicative de leur traitement (durée qui n'est fournie que pour faciliter la gestion de votre temps).

Matière	**Pages du livret**	**Nombre de questions**	**Durée indicative de traitement**
Culture générale, économique et managériale	2 à 8	50	45 minutes
Compréhension et expression écrite en français	9 à 23	50	45 minutes
Raisonnement logique et numérique	24 à 28	20	45 minutes
Compréhension et expression écrite en anglais	29 à 37	50	45 minutes

Pour chaque question, cinq (5) réponses vous sont proposées **une seule réponse est correcte**.
Le barème de notation est le suivant :

	Épreuve de Culture générale, économique et managériale	Épreuve de Compréhension et expression écrite en français	Épreuve de Raisonnement logique et numérique	Épreuve de Compréhension et expression écrite en anglais
Bonne réponse	2 points	2 points	5 points	2 points
Mauvaise réponse, absence de réponse ou réponses multiples	0 point	0 point	0 point	0 point

Vos réponses devront être portées sur la grille codée qui vous est remise, et qui ne doit être ni pliée, ni écornée. Pour chacune des questions, graphitez entièrement une case (1, 2, 3, 4, 5) de la ligne numérotée correspondant à la question, en utilisant, pour permettre la lecture optique, un crayon de bois. En cas de correction, le blanc correcteur vous est vivement recommandé.

À la fin de l'épreuve, vous remettrez la grille codée au surveillant et vous lui restituerez également le présent livret.

RAPPELS

L'usage de la calculatrice, dictionnaire, lexique ou grammaire est formellement interdit.
Aucune sortie n'est autorisée pendant l'épreuve, toute sortie étant définitive.

Ce document contient 37 pages (compte tenu de cette page de garde).

Merci de vérifier que toutes les pages sont jointes au document.

Bonne chance !

ÉPREUVE DE CULTURE GÉNÉRALE, ÉCONOMIQUE ET MANAGÉRIALE

1 **En 2019, quelle agence de publicité a été rachetée par Publicis pour un montant de 4,4 milliards de dollars ?**

1/ MDC Partners
2/ Epsilon
3/ Dentsu
4/ TWBA
5/ Havas

2 **En Allemagne, en janvier 2019, quel est le nom du traité signé à Aix-la-Chapelle par le Président Emmanuel Macron et la Chancelière allemande Angela Merkel ?**

1/ Le Traité sur l'amitié franco-allemande
2/ Le Traité sur la coopération et l'intégration franco-allemandes
3/ Le Traité sur l'alliance franco-allemande
4/ Le Traité pour le développement économique franco-allemand
5/ Le Traité d'alliance politique et économique franco-allemande

3 **Lequel de ces noms d'étendues terrestres ne correspond pas à un désert ?**

1/ Pampa
2/ Gobi
3/ Kalahari
4/ Sahara
5/ Namib

4 **En France, le 13 septembre 2019, quel homme politique a été condamné à quatre ans de prison ferme pour fraude fiscale ?**

1/ Nicolas Sarkozy
2/ Jérôme Cahuzac
3/ Éric Woerth
4/ Patrick Balkany
5/ Richard Ferrand

5 **Quel philosophe français est décédé le 1er juin 2019 ?**

1/ Gaston Bachelard
2/ Jacques Derrida
3/ Gilles Deleuze
4/ Michel Foucault
5/ Michel Serres

6 **Comment se nomme l'ancien président de la Banque Mondiale qui a démissionné en janvier 2019 pour rejoindre un fonds d'investissement alors qu'il lui restait encore environ trois ans de mandat ?**

1/ David Malpass
2/ Paul Wolfowitz
3/ Jim Yong Kim
4/ Michel Barnier
5/ Mario Draghi

7 **Quel nom est communément donné aux accords signés en 1962 entre le gouvernement de la République Française et le Gouvernement provisoire de la République Algérienne pour mettre fin à la Guerre d'Algérie ?**

1/ Les accords d'Evian
2/ Les accords d'Orléans
3/ Les accords de La Rochelle
4/ Les accords de Cannes
5/ Les accords de Marcoussis

8 **Dans quel courant de pensée s'inscrit Jean-Paul Sartre ?**

1/ L'existentialisme
2/ L'empirisme
3/ Le nihilisme
4/ Le surréalisme
5/ Le dadaïsme

9 **Parmi les propositions suivantes, lequel de ces pays n'a pas de côte maritime ?**

1/ Le Nigeria
2/ L'Éthiopie
3/ La Somalie
4/ Le Mozambique
5/ L'Angola

10 **Parmi ces pays, lequel a reconnu l'État d'Israël puis est revenu sur cette reconnaissance des années plus tard ?**

1/ L'Égypte
2/ La Jordanie
3/ La Mauritanie
4/ Le Maroc
5/ L'Iran

11 **Le 16 septembre 2018, à l'occasion de quel marathon, le Kényan Eliud Kipchoge a-t-il battu le record du monde en 2 heures 1 minute et 39 secondes ?**

1/ Le marathon de Paris
2/ Le marathon de New York
3/ Le marathon de Berlin
4/ Le marathon de Tokyo
5/ Le marathon de Londres

12 **En février 2019, avec quel pays les tensions diplomatiques sont-elles devenues si fortes que la France a rappelé son ambassadeur, Christian Masset ?**

1/ L'Italie
2/ L'Israël
3/ L'Arabie Saoudite
4/ Le Laos
5/ L'Inde

13 **De quelle île française, Mata-Utu est-elle la ville principale ?**

1/ Saint-Pierre-et-Miquelon
2/ Tahiti
3/ La Martinique
4/ Mayotte
5/ Wallis-et-Futuna

14 **Lequel de ces pays n'est pas intervenu contre l'Irak lors de la première Guerre du Golfe ?**

1/ La Sierra Leone
2/ Le Canada
3/ Le Bangladesh
4/ La Syrie
5/ Le Brésil

15 En juillet 2019, sur quoi porte le RGPD, règlement européen en application duquel la compagnie aérienne British Airways s'est vue infliger une amende importante ?

1/ La protection des données personnelles
2/ La pollution des sols
3/ La pollution maritime
4/ La santé du personnel navigant
5/ Le respect des droits humains

16 Depuis le mois de novembre 2018, quel pays européen peut exporter sa viande bovine en Chine après un embargo de 17 ans ?

1/ La France
2/ La Belgique
3/ La Roumanie
4/ La République Tchèque
5/ Le Portugal

17 Parmi les États suivants, lequel ne figure pas sur le trajet des nouvelles routes de la soie, nommées « l'initiative la ceinture et la route », constituant une des priorités de la diplomatie chinoise, sous la présidence de Xi Jinping ?

1/ Le Kazakhstan
2/ La Russie
3/ L'Inde
4/ La Pologne
5/ L'Allemagne

18 En France, en mai 2019, lors des élections européennes, quelle liste a créé la surprise en se classant troisième avec 13,48 % des voix et 13 sièges obtenus ?

1/ La liste « Gilets jaunes » menée par Francis Lalanne
2/ La liste soutenue par « Debout la France » de Nicolas Dupont-Aignan
3/ La liste soutenue par « Les Patriotes » de Florian Philippot
4/ La liste soutenue par « Europe Écologie Les Verts » avec Yannick Jadot pour tête de liste
5/ La liste menée par des élus de Place Publique, du Parti socialiste et de Nouvelle donne avec Raphael Glucksman pour tête de liste

19 En octobre 2018, quel pays du monde arabe a adopté une loi pénalisant le racisme ?

1/ La Tunisie
2/ Le Maroc
3/ L'Algérie
4/ La Libye
5/ La Syrie

20 En décembre 2018, dans quel pays des manifestations contre le gouvernement de Viktor Orbán ont-elles éclaté ?

1/ La Bulgarie
2/ L'Estonie
3/ L'Autriche
4/ La Hongrie
5/ La Roumanie

21 **En mai 2019, sur quel territoire français un projet très controversé d'extraction aurifère, désigné sous les termes « La Montagne d'Or », a été officiellement abandonné par le gouvernement ?**

1/ La Réunion
2/ La Martinique
3/ La Guadeloupe
4/ La Guyane
5/ La Polynésie française

22 **Lequel de ces départements français ne fait pas partie de la région Nouvelle Aquitaine ?**

1/ La Charente
2/ Les Landes
3/ La Dordogne
4/ La Gironde
5/ Le Lot

23 **Lequel de ces fleuves français est le plus long ?**

1/ Le Rhône
2/ La Seine
3/ La Loire
4/ La Garonne
5/ La Meuse

24 **En 2018, quel pays avait le plus gros budget militaire au monde ?**

1/ Les États-Unis
2/ L'Inde
3/ La Chine
4/ La France
5/ L'Arabie Saoudite

25 **En France, en juillet 2019, l'incendie de Notre-Dame de Paris a entraîné :**

1/ Un affaissement des berges de la Seine
2/ Une invasion de puces de plancher dans tous les bâtiments à plusieurs centaines de mètres autour de la cathédrale
3/ Une pollution au plomb dans certains bâtiments avoisinants
4/ La découverte d'armes et bombes cachées depuis la Seconde Guerre mondiale
5/ Une propagation d'insectes mangeurs de bois

26 **En 1959, lequel de ces États américains est devenu le 50e État des États-Unis ?**

1/ L'Alaska
2/ Le Nebraska
3/ Hawaï
4/ L'Utah
5/ La Floride

27 **L'ALENA est un accord de libre-échange entre les États-Unis, le Canada et :**

1/ La Russie
2/ La Chine
3/ Le Mexique
4/ L'Union européenne
5/ Le Brésil

28 Laquelle des institutions suivantes n'est pas une agence spécialisée de l'ONU ?

1/ L'Organisation mondiale du commerce
2/ La Banque mondiale
3/ Le Fond monétaire international
4/ L'Organisation mondiale de la santé
5/ L'Organisation internationale du travail

29 Les accords dits « de Bâle » portent sur :

1/ La régulation du système bancaire
2/ Le commerce international
3/ La régulation des armes à feu
4/ L'immigration
5/ L'aide au développement

30 En France, en mars 2019, quel est le nom du navire italien qui s'est échoué au large de La Rochelle ?

1/ Le Concordia
2/ Le Grande America
3/ Le Vespucci
4/ L'Aquarius
5/ L'Ocean Viking

31 Parmi les sports suivants, lequel ne fait pas partie des nouvelles disciplines introduites aux Jeux olympiques d'été, se tenant à Tokyo en 2021 ?

1/ L'escalade
2/ Le karaté
3/ Le skateboard
4/ L'aïkido
5/ Le surf

32 En France, en 1982, quel ministre de la Culture a lancé la première fête de la musique ?

1/ André Malraux
2/ Jacques Lang
3/ Maurice Druon
4/ Jacques Toubon
5/ Frédéric Mitterrand

33 En septembre 2018, qu'est-il arrivé au candidat de Donald Trump à la Cour Suprême des États-Unis ?

1/ Il a été accusé de crime raciste
2/ Il a été accusé de viol
3/ Il a été accusé d'homophobie
4/ Il a été accusé d'esclavagisme
5/ Il a été accusé de crime de guerre alors qu'il était au front en Irak

34 En France, laquelle des entreprises suivantes n'est pas cotée en bourse ?

1/ Auchan Holding
2/ Amundi
3/ Air Liquide
4/ Groupe BIC
5/ Aperam

35 En France, depuis 2015, comment se nomme le Gouverneur de la Banque de France en poste ?

1/ Jean-Claude Trichet
2/ Christine Lagarde
3/ Pierre Moscovici
4/ François Pérol
5/ François Villeroy de Galhau

36 En 2019, dans quel pays a eu lieu la coupe du monde féminine de football ?

1/ En Russie
2/ Aux États-Unis
3/ En Allemagne
4/ En Israël
5/ En France

37 En France, en quelle année eut lieu la dernière exécution par guillotine ?

1/ En 1910
2/ En 1923
3/ En 1967
4/ En 1977
5/ En 1981

38 Que signifie l'acronyme CETA ?

1/ Communauté Européenne Transatlantique
2/ Canadian and European Trade Agreement
3/ Commerce Équitable Transatlantique
4/ Comprehensive Economic and Trade Agreement
5/ Circulation Équitable Transatlantique

39 En France, quel est le nom du Haut-commissaire à la réforme des retraites qui a démissionné en décembre 2019 ?

1/ Martin Hirsch
2/ Yves Brechet
3/ Jean-Marie Marx
4/ Christophe Itier
5/ Jean-Pierre Delevoye

40 Laquelle de ces villes ne se situe pas en Nouvelle Aquitaine ?

1/ Poitiers
2/ La Rochelle
3/ Châteauroux
4/ Châtellerault
5/ Biarritz

41 Au Royame-Uni, en juillet 2019, Boris Johnson est devenu Premier ministre. Quel poste a-t-il occupé précédemment ?

1/ Président de la Chambre des Lords
2/ Chef du cabinet de la Reine Elizabeth II
3/ Maire de Londres
4/ Chef du Parti travailliste
5/ Ministre de l'Intérieur

42 Quelle était la nationalité du philosophe Baruch Spinoza, appartenant au courant rationaliste ?

1/ Espagnole
2/ Italienne
3/ Française
4/ Britannique
5/ Néerlandaise

43 En décembre 2018, dans quel pays les corps de deux jeunes randonneuses scandinaves assassinées par quatre hommes se revendiquant de Daech ont-ils été retrouvés ?

1/ Au Maroc
2/ En Algérie
3/ Au Yémen
4/ Au Soudan
5/ Au Mali

44 **En France, en juillet 2019, quelle personnalité a été investie par La République en Marche pour les élections municipales à Paris ?**

1/ Cédric Villani
2/ Benjamin Griveaux
3/ Marlène Schiappa
4/ Anne Hidalgo
5/ Mounir Mahjoubi

45 **En Algérie, en avril 2019, qui est devenu chef de l'État par intérim suite à la démission d'Abdelaziz Bouteflika ?**

1/ Saïd Bouteflika
2/ Abdelkader Bensalah
3/ Ahmed Ouyahia
4/ Ali Benflis
5/ Rachid Nekkaz

46 **En juin 2019, quel dignitaire a été mis en cause par l'ONU dans l'assassinat du journaliste Jamal Khashoggi ?**

1/ Mohamed Ben Salman, prince héritier saoudien
2/ Benyamin Netanyahou, Premier ministre israélien
3/ Abdrabbo Mansour Hadi, président de la République du Yémen
4/ Abdallah II, roi de Jordanie
5/ Ashraf Ghani, président de la République islamique d'Afghanistan

47 **En France, le 7 mai 1945, dans quelle ville la capitulation de l'Allemagne a-t-elle été signée ?**

1/ À Paris
2/ À Strasbourg
3/ À Bordeaux
4/ À Metz
5/ À Reims

48 **Dans quelle ville s'est tenue la COP 25, du 2 au 13 décembre 2019 ?**

1/ À Santiago du Chili
2/ À Paris
3/ À Madrid
4/ À Caracas
5/ À Barcelone

49 **Quelle est la date de la première manifestation des gilets jaunes en France ?**

1/ Le 28 septembre 2018
2/ Le 8 octobre 2018
3/ Le 17 novembre 2018
4/ Le 7 décembre 2018
5/ Le 3 janvier 2019

50 **Les États-Unis ont annoncé en septembre 2019 leur plus bas taux de chômage depuis 1969, le taux annoncé par l'administration américaine, en pourcentage de la population active était de :**

1/ 0,80 %
2/ 1,70 %
3/ 2,60 %
4/ 3,50 %
5/ 5,40 %

Épreuve de compréhension et expression écrite en français

1re partie : expression - 35 questions

51 Parmi les propositions suivantes, inspirées de Racine (*Andromaque*), laquelle est correctement conjuguée ?

1/ Je sais que de mes vœux on lui promit l'empire
2/ Je sais que pour régner elle vînt dans l'Epire
3/ Le sort vous y voulûtes l'une et l'autre amener
4/ Vous pour portez des fers, elle pour en donnait
5/ Cependant ais-je pris quelque soin de lui plaire ?

52 Parmi les propositions suivantes, laquelle correspond le mieux à une personne qualifiée de « hère » ?

1/ Une personne fière
2/ Une personne misérable
3/ Une personne trop modeste
4/ Une personne prétentieuse
5/ Une personne extravagante

53 Parmi les propositions suivantes, laquelle est correcte ?

1/ Un bel oriflamme battait au vent
2/ Un oriflamme est une torche ancienne
3/ On pouvait s'acheter une belle oriflamme publicitaire sur internet
4/ Une oriflamme est un casque surmonté d'une plume
5/ Un oriflamme est un monument aux morts dans lequel brûle une flamme en permanence

54 Parmi les propositions suivantes, laquelle est incorrecte ?

1/ Une allocution est une médaille romaine représentant un chef haranguant ses soldats
2/ Une allocution est un petit discours de circonstance
3/ Une allocation est une assistance financière versée dans un contexte précis
4/ Une allocution désigne le discours du pape à ses cardinaux
5/ Une allocation désignait les lettres par lesquelles les Rois de France annonçaient aux provinces l'arrivée de plénipotentiaires

55 **Parmi les propositions suivantes, laquelle est correcte ?**

1/ Son discours est incompréhensible, c'est un véritable galimatias
2/ Son discours est incompréhensible, c'est un véritable galimatia
3/ Son discours est incompréhensible, c'est un véritable gallimatia
4/ Son discours est incompréhensible, c'est un véritable galimathia
5/ Son discours est incompréhensible, c'est un véritable gualimmatia

56 **Parmi les propositions suivantes, laquelle est correcte ?**

1/ Son attitude débaunaire lui pose des difficultés dans l'éducation de ses enfants
2/ Son attitude débonère lui pose des difficultés dans l'éducation de ses enfants
3/ Son attitude débonerre lui pose des difficultés dans l'éducation de ses enfants
4/ Son attitude débonnaire lui pose des difficultés dans l'éducation de ses enfants
5/ Son attitude débaunère lui pose des difficultés dans l'éducation de ses enfants

57 **Parmi les propositions suivantes, que signifie l'expression « espèces sonnantes et trébuchantes » ?**

1/ Se rapporte à la musique d'une cérémonie religieuse
2/ Se dit d'une arrivée maladroite
3/ Se dit d'une attitude nonchalante
4/ Se rapporte à de l'argent sous forme de pièces de monnaie
5/ Se dit d'une arrivée théâtrale

58 **Parmi les propositions suivantes, laquelle est correctement conjuguée ?**

1/ Théo apparit à temps pour lui retirer la bouteille
2/ Leo s'enfuya dans la forêt
3/ Alice perdit ses clés pour la troisième fois
4/ Renée reconnus son parapluie
5/ Max mordut dans la pomme

59 **Parmi les verbes suivants, lequel est un verbe défectif qui n'existe qu'à l'infinitif et ne se conjugue jamais ?**

1/ Abstraire
2/ Falloir
3/ Éclore
4/ Ravoir
5/ Béer

60 **Parmi les définitions suivantes, quelle est celle qui correspond à la figure de style « anaphore » ?**

1/ Procédé qui consiste à commencer par le même mot les divers membres d'une phrase
2/ Procédé qui consiste à exprimer une idée par son contraire
3/ Procédé qui consiste à remplacer une expression littérale (idée désagréable, triste) par une forme atténuée, adoucie
4/ Procédé qui consiste à mettre en relief une idée au moyen d'une expression exagérée
5/ Procédé qui fait coexister deux termes de sens contraires à l'intérieur d'un même groupe de mots

61 Parmi les propositions suivantes, laquelle est correctement orthographiée ?

1/ Ma sœur méberge pendant une semaine
2/ Les enfants seront hébergés dans un centre en ville
3/ Les adultes seront ébergés dans un centre à la campagne
4/ On doit ébergger les nouveaux venus
5/ On hébberge les mineurs dans ce centre

62 Parmi les propositions suivantes, laquelle est grammaticalement correcte ?

1/ Le manuel auquel nous devons travailler est très intéressant
2/ Les filles auxquelles tu t'adresses sont autrichiennes
3/ Les étagères sur lesquels tu as posé tes livres sont très belles
4/ Nous pourrons voir ensemble les cours auquel je pourrai participer ?
5/ Vous verrez les spectacles pour lesquelles vous avez payé

63 Parmi les propositions suivantes, quel verbe n'est pas intransitif ?

1/ Démissionner
2/ Déjeuner
3/ Délirer
4/ Défaire
5/ Culminer

64 Parmi les propositions suivantes laquelle est correcte ?

1/ Marc était un vrai plébéien, c'est-à-dire un vrai bagarreur
2/ Marc était un vrai plébéien, c'est-à-dire un homme issu d'une vieille région italienne
3/ Marc était un vrai plébéien, toujours prêt à pleurer devant un obstacle
4/ Marc était un vrai plébéien, issu du peuple, un rien vulgaire
5/ Marc était un vrai plébéien, c'est-à-dire un bavard intempéré

65 Parmi les propositions suivantes, laquelle est correctement orthographiée ?

1/ Les syndicats soulignent la soufrance physique des ouvriers qui subissent les émanassions de souffre diffusées par les soufleries de l'usine
2/ Les syndicats soulignent la soufrance physique des ouvriers qui subissent les émanations de souffre diffusées par les doufferies de l'usine
3/ Les syndicats soulignent la souffrance physique des ouvriers qui subissent les émanations de souffre diffusées par les souffleries de l'usine
4/ Les syndicats soulignent la souffrance physique des ouvriers qui subissent les émanations de souffre diffusées par les soufleries de l'usine
5/ Les syndicats soulignent la souffrance physique des ouvriers qui subissent les émanations de soufre diffusées par les souffleries de l'usine

66 **Parmi les propositions suivantes, laquelle est correctement conjuguée ?**

1/ Emma envit la grandeur d'âme d'Alexandra
2/ La direction du journal choisit de rester à Morlaix
3/ Quelques Bretons se convertisse au protestantisme au XVIe siècle
4/ Les premières assemblées se tienne d'abord chez les fidèles
5/ Un bombardement anéantie le temple en 1944

67 **Parmi les propositions suivantes, laquelle est incorrectement conjuguée ?**

1/ Écoute-le expliquer ce cas
2/ Sache que je ne suis pas convaincu
3/ Prétends ce que tu veux, je ne te crois pas
4/ Donnes-lui une chance de te convaincre
5/ Va me chercher un café

68 **Parmi les propositions suivantes, laquelle est incorrecte ?**

1/ Ils nous ont prédits un avenir meilleur
2/ Les deux sœurs sont revenues sur leur décision
3/ Elles sont parties en vacances depuis une semaine
4/ Les fleurs sont fanées, il faut les jeter
5/ Ses fils sont rentrés dans leur pays d'origine

69 **Parmi les propositions suivantes, laquelle est grammaticalement correcte ?**

1/ Les Chinois ont les Comores pour pays de naissances
2/ La voiture tourna dans une allée bordée de sapins
3/ Deux femmes étaient assises près de la cheminée de marbres blancs
4/ Les extraits de naissances des étudiants sont arrivés hier
5/ Les étagères pleines de livre s'effondraient

70 **Parmi les propositions suivantes, laquelle est grammaticalement correcte ?**

1/ Les deux footballeuses se sont échangé leur fanion
2/ Les deux footballeuses se sont échangés leur fanion
3/ Les deux footballeuses se sont échangée leur fanion
4/ Les deux footballeuses se sont échangées leur fanion
5/ Les deux footballeuses se s'ont échangées leur fanion

71 **Dans cette phrase extraite de *Jane Eyre* de Charlotte Brontë : « Lorsque nous fûmes rentrées et que je lui eus retiré son chapeau et son manteau, je la pris sur mes genoux », quel est le temps utilisé pour le verbe « retirer » ?**

1/ Le passé antérieur de l'indicatif
2/ Le passé simple de l'indicatif
3/ L'imparfait du subjonctif
4/ Le plus-que-parfait du subjonctif
5/ Le présent du conditionnel

72 Parmi les propositions suivantes, laquelle est correcte ?

1/ Le négus est un poisson d'eau douce
2/ Le négus était le breuvage des dieux
3/ Le négus est le titre porté par les souverains éthiopiens
4/ Le négus est un arbre ornemental d'Amérique
5/ Le négus est un vaste cimetière antique

73 Parmi les propositions suivantes, laquelle n'est pas un pléonasme ?

1/ Ce médicament est une panacée universelle
2/ Il s'est inscrit à un forum de discussion
3/ Nous repoussons notre rendez-vous à une date ultérieure
4/ La voyante nous a prédit à l'avance que nous gagnerions au loto
5/ Il a mis son veto pour ce projet de construction

74 Parmi les propositions suivantes, laquelle est correcte ?

1/ La poésie sattirique rencontre beaucoup de succès auprès des jeunes générations
2/ La poésie satiryque rencontre beaucoup de succès auprès des jeunes générations
3/ La poésie satyrique rencontre beaucoup de succès auprès des jeunes générations
4/ La poésie satirique rencontre beaucoup de succès auprès des jeunes générations
5/ La poésie sathirique rencontre beaucoup de succès auprès des jeunes générations

75 Parmi les propositions suivantes, laquelle est correcte ?

1/ Il n'osa pas rompre l'assentiement général
2/ Il se taisait, n'osant rompre l'assentimant général
3/ Margot ne se permettait jamais de ronpre l'assentiement général
4/ La décision remporta l'assentiment général
5/ Devant un tel enthousiasme, il renporta son dossier chez lui

76 Parmi les propositions suivantes, laquelle est correcte ?

1/ Un alexandrin désigne un palais construit par Alexandre le Grand
2/ Un alexandrin désigne un vers de douze pieds en poésie
3/ L'alexandrin est une plante découverte par Alexandre le Grand
4/ L'alexandrin est une marionnette célèbre
5/ L'alexandrin est un personnage de la comédie italienne

77 **Dans cette phrase extraite du roman *Le Rouge et le Noir* de Stendhal : « Après cette peine afflictive, il se pardonna. », quelle est la signification du mot « afflictive » ?**

1/ Affligeante
2/ Qui a attrait à l'affection
3/ Sentimentale
4/ Infligée à son corps
5/ Qui a pour but d'expier ses péchés

78 **Parmi les propositions suivantes, laquelle est grammaticalement correcte ?**

1/ Corinne adore la musique qu'elle a entendu jouer dans ce petit café
2/ Ils ont acheté la maison qu'ils ont vue construire
3/ Marguerite, que j'ai observée danser, a beaucoup de talent
4/ Ils ont pleuré lorsqu'ils ont vus les enfants partir
5/ Alice et Tobias, que j'ai vu grandir, vivent ensemble

79 **Parmi les propositions suivantes, laquelle est correctement conjuguée au subjonctif présent ?**

1/ Nous cherchions une occupation qui nous permette de ne plus réfléchir
2/ Nous voulions une soirée qui nous permet de faire connaissance
3/ Ils souhaitaient que nous retournons à Ardelle
4/ Il voulait que tu courres jusqu'au supermarché pour lui acheter du café
5/ Ils veulent que tu soies l'acteur principal dans leur nouveau film

80 **Parmi les propositions suivantes, laquelle est grammaticalement correcte ?**

1/ Il faut avoir un employeur principal ou être auto-entrepreneur et justifié d'un SMIC par mois
2/ Il faut être auto-entrepreneur et avoir justifier de trois ans d'ancienneté
3/ Il faut avoir un employeur principale et justifié d'un SMIC par mois
4/ Il faut être auto-entrepreneur et justifier d'un SMIC par mois
5/ Il faut avoir un employeur principal et justifié de trois SMIC par mois

81 **Parmi les propositions suivantes, laquelle est correcte ?**

1/ Il est l'heure de faire un choix, il faut vous déciders
2/ Il est l'heure de faire un choix, il faut vous décidé
3/ Il est l'heure de faire un choix, il faut vous décidait
4/ Il est l'heure de faire un choix, il faut vous décidez
5/ Il est l'heure de faire un choix, il faut vous décider

82 **Parmi les propositions suivantes laquelle est conjuguée au passé simple ?**

1/ Nous parlâmes toute la nuit
2/ Je pensais à elle, sans pouvoir la revoir
3/ Vous n'auriez pas dû lui manquer de respect
4/ Il avait apprécié ce repas
5/ Vous avez parlé, nous vous avons écouté

83 **Parmi les propositions suivantes, laquelle est correctement orthographiée ?**

1/ Il a subi une fracture au coquecisse
2/ Il a subi une fracture au cocksis
3/ Il a subi une fracture au cauxys
4/ Il a subi une fracture au coccyx
5/ Il a subi une fracture au coquesis

84 **Parmi les propositions suivantes, laquelle est correctement orthographiée ?**

1/ Il m'a embarassée et rendue honteuse
2/ L'étincelle s'est embrassée subitement
3/ La joie m'a embrasé d'un seul coup
4/ Débarassons la table du déjeuner
5/ Nous avons embarrasser notre hôte

85 **Parmi les propositions suivantes, laquelle ne respecte pas la concordance des temps ?**

1/ Après avoir refusé le ministère de l'Écologie sous plusieurs présidences, il accepte finalement d'occuper le poste en 2017
2/ Après qu'il a refusé le ministère de l'Écologie sous plusieurs présidences, Nicolas Hulot accepte d'occuper le poste en 2017
3/ Après qu'il aura refusé le ministère de l'Écologie sous plusieurs présidences, Nicolas Hulot a accepté d'occuper le poste en 2017
4/ Après qu'il aura refusé le ministère de l'Écologie sous plusieurs présidences, Nicolas Hulot acceptera, finalement, le poste en 2017
5/ Après qu'il avait refusé le ministère de l'Écologie sous plusieurs présidences, Nicolas Hulot acceptait, finalement le poste en 2017

2e partie : Compréhension – 15 questions

Texte

Source : *Sciences et vie* / Octobre 2019

Placebo : vers une révolution médicale

Prescrire sciemment un placebo pour soulager un patient ? Assumée ou non, la pratique existe déjà. Il y a dix ans, une enquête conduite auprès de 1 200 internes et rhumatologues américains avait montré qu'environ la moitié d'entre eux prescrivaient régulièrement des traitements qu'ils savaient être des placebos. Et des études menées en France, au Royaume-Uni et en Allemagne ont abouti à des constats comparables.

Bien sûr, les médecins prescrivent rarement des placebos purs (des pilules de sucre ou des solutions salines sans substance active), ils ont plutôt recours à des placebos dits impurs, comme du magnésium ou une vitamine pour traiter une fatigue en l'absence de carence avérée. « *Beaucoup de médecins savent que les patients ne vont pas répondre en raison des ingrédients actifs contenus dans le médicament mais ils donnent quand même ces traitements pour créer une réponse placebo* », explique Luana Colloca, professeure associée à l'université du Maryland. Convaincue par des années de recherche active dans le domaine, elle propose désormais, comme plusieurs de ses confrères, d'aller plus loin : officialiser et organiser le recours au placebo dans la pratique médicale. « *Je suis certain que tout médecin peut utiliser une part d'effet placebo dans sa pratique quotidienne, -conscient de l'intérêt que cela peut avoir pour ses patients* », explique pour sa part Jean Sibilia, président de la Conférence française des doyens de médecine. « *C'est un domaine en pleine expansion qui justifie un questionnement scientifique avec beaucoup d'ouverture d'esprit, mais qui doit s'appuyer sur des expertises sérieuses et surtout, des études de qualité…* ».

C'est donc bien un basculement qui semble s'amorcer avec l'accumulation des connaissances sur le placebo ces dernières années. On sait désormais qu'il n'est pas seulement déclenché par l'attente consciente d'un mieux-être, d'un soulagement aux effets malheureusement trop inconstants, mais aussi par un apprentissage inconscient du corps qu'il est même possible de renforcer.

Nombre d'études l'ont en effet démontré, chez l'animal et chez l'homme : la prise répétée d'un médicament, quel qu'il soit, induit un conditionnement de l'organisme, sur le modèle du chien de Pavlov. Si l'on associe plusieurs fois la prise d'un médicament à un signal (boisson, couleur des pilules, environnement), puis que ce médicament est remplacé par un placebo dans le même contexte et toujours avec le même signal, celui-ci mimera l'effet du médicament. Car l'organisme activera alors les mêmes voies biochimiques que celles activées par le vrai traitement. Que le corps soit conditionné avec de la morphine (un opioïde), et il se mettra à produire des endorphines qui se fixeront sur les mêmes récepteurs cérébraux ; qu'il soit conditionné avec des non-opioïdes, comme de l'aspirine ou du kérotolac, et il produira des endocannabinoïdes au mode d'action similaire. Cette procédure a été baptisée placebo par prolongement de dose (*dose-extending placebos*). Et elle présente plusieurs avantages pour la médecine moderne : non seulement elle amplifie l'effet placebo, mais elle permet de le rendre moins variable d'un individu à l'autre et de le faire durer dans le temps, le médicament pouvant être réintroduit à intervalles réguliers.

→

« Nous savons qu'il faut au moins quatre jours au corps pour apprendre, précise Luana Colloca. C'est pourquoi on parle de dose-extending *; il s'agit de prolonger l'action du médicament. »* L'approche a déjà été testée avec succès pour traiter plusieurs pathologies (TDAH, psoriasis, rhinite allergique), et même pour minimiser le rejet de greffe lors d'une transplantation d'organe. *« C'est une approche très prometteuse. Des essais cliniques de plus grande ampleur sont nécessaires, maïs l'idée est là ! C'est innovant et cela permet de proposer un autre scénario, car c'est très différent de l'utilisation historique du placebo, où on donne juste une pilule au patient pour lui faire plaisir »*, s'enthousiasme la neuroscientifique.

Une telle approche présente un autre avantage non négligeable : en réduisant les doses de substance active, elle permet d'atténuer les effets secondaires des médicaments tout en prolongeant leur action.

« C'est l'application la plus prometteuse de la recherche sur le placebo, la réduction de la prise de médicaments à travers un paradigme de conditionnement selon une séquence médicament-médicament, médicament, placebo-placebo, médicament, médicament-placebo... » confirme Fabrizio Benedetti, professeur de physiologie à l'université de Turin, spécialiste mondial du placebo.

Reste un problème de taille : utiliser un tel paradigme supposerait que les médecins continuent de ne pas dire à leurs patients qu'ils sont parfois traités avec des pilules sans substance active. Car, pour avoir une action, pour déclencher dans l'organisme la cascade d'événements moléculaires qui aboutissent au fameux effet placebo, ne faut-il pas que le placebo cache sa véritable nature ? Le placebo par prolongement de dose impliquerait donc une part de mensonge. Difficile de l'officialiser pour une médecine qui se veut désormais « fondée sur les preuves ». Et *quid* d'un patient qui porterait plainte pour tromperie ou pour ce qu'il considérerait comme une absence de soins ? À moins que l'imposture ne soit en réalité pas indispensable... C'est ce qu'a révélé une série d'études menées ces dernières années par un éminent spécialiste de l'effet placebo à la faculté de médecine de l'université Harvard, Ted Kaptchuk. L'idée est surprenante, et pourtant les résultats sont là : l'effet placebo peut survenir même quand le patient sait que la pilule qui lui a été prescrite ne contient aucune substance active. Le placebo n'aurait donc pas besoin de se cacher. La première étude à l'avoir suggéré remonte à 2010. Cette année-là, Ted Kaptchuk imagine un protocole expérimental inédit, impliquant 80 patients atteints du syndrome du côlon irritable. Deux groupes sont constitués. Le premier ne reçoit aucun traitement ; le second se voit administrer des pilules de sucre ouvertement étiquetées placebo - on parle de « placebos ouverts ». *« Nous expliquions aux participants que nous ne savions pas si le placebo ouvert fonctionnait pour leur pathologie et que tester cette question était précisément l'objet de cet essai [...]. On leur parlait des preuves neurobiologiques et psychologiques sur l'effet placebo en général. Le dialogue faisait ressortir le questionnement » : « Voyons ce qui se passe »*, racontent Ted Kaptchuk et l'éthicien Franklin Miller, dans la revue médicale britannique BMJ.

Contre toute attente, cela fonctionne : 59 % des patients informés de la nature placebo de leurs pilules rapportent une amélioration de leurs symptômes, contre 35 % seulement dans le groupe n'ayant reçu aucun traitement. Une expérience qui a, depuis, été reproduite avec trois autres pathologies sur plus de 60 patients chaque fois (lombalgies chroniques, fatigue liée au cancer, attaques de migraine), *« Nous expliquons tout aux patients à propos de ces pilules inertes, explique Ted Kaptchuk. Nous ne leur disons jamais « ça va marcher » pour augmenter leurs attentes, nous sommes absolument transparents. »* Et pourtant, ça marche.

« Au départ, j'étais très sceptique, raconte Luana Colloca. Mais à la même époque, avec un collègue, nous avons mis sur pied une expérience de placebo ouvert. Nous utilisions de la vaseline, une crème locale purement placebo, avec laquelle nous avons conditionné des participants. Ensuite, nous disions à 50 % d'entre eux : nous utilisons de la vaseline, vous voyez ? C'est un placebo sans aucun effet analgésique. Or certains ont tout de même répondu au traitement factice et développé un effet placebo ! Nous étions estomaqués ! »

→

La méthode du conditionnement pharmacologique (placebo par extension de dose) est de plus en plus prise au sérieux. Des grands noms de la recherche, à commencer par Ted Kaptchuck, devenu conseiller scientifique de la Fondation pour la science de la rencontre thérapeutique, militent pour « *mener des recherches sur le placebo et influencer les protocoles et les politiques de santé.* » Selon eux, le médecin devrait pouvoir prescrire à ses patients des plaquettes de médicaments contenant à la fois des pilules de substance active et des pilules placebo, afin de réduire les doses de médicaments absorbés et les effets secondaires d'accoutumance associés.

L'industrie pharmaceutique est-elle prête à tirer avantage de l'effet placebo dans ses spécialités ? À voir. « *Je ne pense pas que les grands groupes y soient nécessairement opposés,* avance Dominique Démolie, cofondatrice de l'entreprise Tools4Patient, spécialisée dans le développement d'outils de prédiction de la réponse des patients aux traitements. *On cherche toujours à avoir la meilleure balance entre risque (effets secondaires) et bénéfice. Donc, si on peut à effet thérapeutique égal avoir moins d'effets secondaires en donnant une dose plus faible de produit, l'ensemble des acteurs du secteur en sortirait gagnants.* ». Cela étant, aucune grande firme ne s'est, pour l'instant, officiellement lancée dans cette voie.

Et les patients ? Ils semblent prêts, aux États-Unis du moins. Une enquête menée en Californie il y a quelques années a révélé que 62 % accepteraient de prendre des placebos non dissimulés s'ils étaient recommandés par leur médecin. Et une étude britannique a donné des résultats similaires. Encourageant quand on songe qu'il s'agit de renoncer à l'un des grands dogmes de la médecine officielle. Mais cette acceptabilité du placebo - à vérifier dans les faits - profite sûrement de la crise de confiance envers l'industrie pharmaceutique, dont témoignent le boom des médecines alternatives ou la crise de la vaccination.

Les praticiens auraient tout intérêt à jouer le jeu. Au-delà de cette exploitation très pragmatique du placebo imaginée par les neuroscientifiques, mieux connaître ses ressorts-suggestion et conditionnement-leur permettrait d'améliorer les prises en charge. Car n'oublions pas que l'effet placebo représente aussi une part non négligeable de l'effet des médicaments et, plus généralement, des soins. « *Sa force est tellement grande qu'il mériterait d'être mieux compris pour être mieux utilisé,* considère Anne-Françoise Allaz, du Centre multidisciplinaire de la douleur des hôpitaux universitaires de Genève. *L'effet de conditionnement, notamment, est utile en clinique. On a constaté, dans des cas de douleur chronique, que les patients ayant reçu un médicament inefficace en première intention sont ensuite conditionnés négativement et ne répondent plus aussi bien que s'ils avaient reçu un premier traitement efficace. Il est donc très important de bien choisir ce premier médicament pour obtenir un conditionnement positif utile pour la suite des soins.* »

Mais qui dit comprendre l'effet placebo dit aussi comprendre le tout aussi crucial effet nocebo, également responsable de nombreux effets secondaires (maux de ventre, de tête, nausées…), quand il ne réduit pas l'efficacité de certains médicaments. Quant à l'attention, la suggestion, l'établissement d'une relation de confiance, ils restent de puissants leviers de l'effet placebo que la communauté médicale pourrait mieux exploiter. Et que les patients pourraient même s'appliquer en automédication.

La recherche l'a montré sans ambiguïté : l'impact des paroles du soignant sur l'efficacité d'un traitement est extrêmement fort. Exemple : Nora Volkow, directrice du *National Institut on Drug Abuse* (États-Unis), a montré que chez des toxicomanes traités pour sevrage avec du méthylphénidate - un stimulant du système nerveux dont les effets s'apparentent à ceux de la cocaïne - le métabolisme cérébral (la consommation d'énergie du cerveau) augmentait, mais que cette augmentation était 50 % supérieure si les expérimentateurs leur avaient dit ce que contenaient les pilules. En cause : l'effet placebo lié à l'attente d'une excitation corticale venait s'ajouter à celui du médicament.

Très au fait des recherches dans le domaine de la suggestion et du placebo, le Centre multidisciplinaire de la douleur de Genève a mis en place des « consultations de prescription », « *afin que les médicaments soient discutés, valorisés dans leur efficacité,*

→

explique Anne-Françoise Allaz. *Si nous voulons utiliser l'effet placebo en clinique, nous devons travailler sur l'empathie, la confiance, être positifs, attentifs, s'adresser au patient dans son monde, avec ses représentations. Sur tout cela, nous pouvons nous améliorer.* »

On le voit, la médecine est peut-être à l'aube d'une incroyable révolution, intégrant l'effet placebo dans l'arsenal thérapeutique. Une médecine misant non plus exclusivement sur la pharmacologie, mais aussi sur les patients et les pouvoirs guérisseurs de leur corps et de leur esprit. Une médecine plus « humaine » en quelque sorte.

Peut-on s'auto-conditionner ?

Difficile d'imaginer préparer son corps à produire des anticorps en intercalant des pilules de sucre entre deux médicaments actifs. Une telle procédure, si elle est adoptée un jour, devra dans tous les cas être encadrée par un médecin. Mais il est possible de doper son attente et sa confiance dans un traitement, et donc son effet placebo. Comment ? En discutant du médicament avec un praticien. « *Peu importe de qui vient la conviction que le produit est efficace : médecin, pharmacien, pioche, média... sorcier du village ! L'essentiel est que le patient ait assez confiance en cette personne et que la conviction de celle-ci soit suffisante pour faire naître une persuasion similaire chez le patient* », assure Patrick Lemoine, psychiatre à Lyon. De même, nombre d'effets secondaires listés dans les notices sont en réalité le fruit de l'effet nocebo, l'anticipation anxieuse desdits symptômes négatifs (nausées, maux de ventre...) qui entravent l'effet placebo.

Questions

86 Parmi les propositions suivantes, laquelle est correcte ?

1/ Ce texte est une publicité pour le placebo
2/ « Prescrire sciemment » signifie que les médecins donnent des explications scientifiques aux patients
3/ Un placebo est un médicament avec des colorants vis pour le rendre agréable
4/ Un placebo est produit sans réel principe actif
5/ La prescription de placebos n'existe qu'aux États-Unis

87 Parmi les propositions suivantes, laquelle est correcte ?

1/ Un rhumatologue est un docteur spécialisé dans les rhumes
2/ On distingue les placebos purs, sans aucun principe actif, des placebos impurs, qui contiennent un principe actif minimal
3/ Les médecins prescrivent un placebo impur quand la maladie du patient est trop déclarée
4/ Le magnésium fait partie des placebos purs
5/ La vitamine est un placebo pur

88 **Parmi les propositions suivantes, laquelle est correcte ?**

1/ Une « carence avérée » est une maladie détectée
2/ Les médecins savent que les placebos prescrits auront un effet selon les principes actifs contenus
3/ Luana Colloca est l'auteur du texte
4/ Luana Colloca travaille de temps en temps pour la revue Sciences et vie
5/ Luana Colloca a mené des recherches sur le magnésium

89 **Parmi les propositions suivantes, laquelle est correcte ?**

1/ Pour Jean Sibilia le placebo doit remplacer les médicaments peu à peu
2/ Pour Jean Sibilia, le placebo ne pourra jamais entrer dans la recherche scientifique
3/ Depuis quelques années, le placebo est reconnu pour le mieux-être qu'il provoque
4/ Le placebo est reconnu comme apportant des effets réguliers
5/ Le corps doit apprendre à réagir aux placebos de façon plus consciente

90 **Parmi les propositions suivantes, laquelle est correcte ?**

1/ Le chien de Pavlov conditionne les personnes qui prennent des médicaments
2/ Le chien est le seul animal à réagir comme un homme face aux médicaments
3/ Il suffit d'associer un médicament à un signal et de faire la même chose avec un placebo pour qu'il fonctionne comme un médicament
4/ Il faut associer le médicament et un contexte et opérer de la même façon avec le placebo pour qu'il fonctionne comme un médicament
5/ Le placebo doit toujours être coloré

91 **Parmi les propositions suivantes, laquelle est correcte ?**

1/ Un corps recevant de la morphine produira des opioïdes
2/ La morphine fait partie des endocannabinoïdes
3/ Les placebos produisant de l'endocannabinoïde peuvent remplacer temporairement les opioïdes
4/ Le recours au placebo remonte à la médecine antique
5/ Le placebo produisant de l'endocannabinoïde peut avoir des effets trop variables pour être utilisé

92 Parmi les propositions suivantes, laquelle est correcte ?

1/ Le recours au placebo est parfois appelé « dose-extending »
2/ La rhinite allergique a parfois pu être traitée avec des placebos uniquement
3/ D'après Luana Colloca, il faut continuer à donner des placebos car cela plaît aux patients
4/ Le placebo ne peut pas être utilisé en cas de greffe
5/ L'idée d'utiliser les placebos dans un traitement est présente depuis des années dans la médecine

93 Parmi les propositions suivantes, laquelle est incorrecte ?

1/ Le recours préparé au placebo permettrait de réduire les effets secondaires, courants avec les médicaments
2/ Luana Colloca travaille sur des alternances médicaments-placebos
3/ Un conditionnement bénéfique pourrait être créé et permettre d'alterner des prises médicaments et placebos selon des règles précises
4/ Fabrizio Benedetti travaille à l'université de Turin, en Italie
5/ Des recherches sur le placebo sont menées à l'université de Turin

94 Parmi les propositions suivantes, laquelle est correcte ?

1/ Les médecins ont pour habitude de dire à leurs patients qu'ils reçoivent des placebos
2/ On est sûr que le placebo ne peut pas avoir ses effets bénéfiques même quand il est révélé
3/ La position des médecins est difficile quand il y a recours au placebo, la dissimulation pourrait ne pas être déontologique
4/ D'après Ted Kapchuk, il serait surprenant que l'effet placebo ait lieu si les patients sont mis au courant
5/ Ted Kapchuk préfère ne donner aucun traitement plutôt que des placebos

95 Parmi les propositions suivantes, laquelle est correcte ?

1/ Frank Miller est un éthicien, c'est-à-dire un spécialiste des irritations cutanées
2/ Moins de la moitié des patients informés lors de l'essai « placebo ouvert » ont connu des améliorations
3/ Ted Kapchuk préconise la transparence lors du recours aux placebos, ayant prouvé que cela fonctionnait tout de même
4/ Une pilule inerte est un périmé
5/ L'expérience sur l'utilisation des placebos a été menée sur la seule lombalgie

96 Parmi les propositions suivantes, laquelle est correcte ?

1/ Luana Colloca et ses collègues n'ont pas été convaincus par le fait de révéler aux patients qu'ils sont traités avec des placebos
2/ Les recherches sur le placebo sont très répandues actuellement
3/ Ted Kapchuk et son équipe souhaiteraient développer les traitements incluant des placebos afin d'alléger les traitements lourds
4/ Les groupes pharmaceutiques sont enthousiastes face à cette innovation médicale
5/ Utiliser des placebos lors de traitements lourds augmenterait la durée du traitement d'après Dominique Démolie

97 Parmi les propositions suivantes, laquelle est correcte ?

1/ En France, 62 % des patients accepteraient ce nouvel usage des placebos
2/ L'acceptation a priori des placebos par de nombreux patients s'expliquerait par la méfiance actuelle vis-à-vis des laboratoires pharmaceutiques
3/ La vaccination connaît un grand succès actuellement
4/ Les chercheurs, à Genève, ne croient pas à l'apport des placebos lors des traitements
5/ Dans le cas de douleur chronique, les conditionnements sont inefficaces, d'après Anne-Françoise Allaz

98 Parmi les propositions suivantes, laquelle est incorrecte ?

1/ Un effet nocebo est un effet négatif
2/ Le placebo peut également avoir des effets négatifs
3/ L'effet placebo doit être accompagné de conditionnement pour être efficace
4/ Le discours accompagnant la prescription de placebo est fondamental pour la réussite du traitement
5/ Face aux traitements de sevrage de cocaïne, le recours aux placebos d'extension de médicaments ne fonctionne pas

99 Parmi les propositions suivantes, laquelle est incorrecte ?

1/ À Genève, des recherches sont souhaitées sur les discours d'accompagnement, incluant l'empathie
2/ La médecine connaîtrait une nouvelle phase, plus humaine, en incluant les placebos dans les traitements
3/ La pharmacologie est actuellement dénigrée par les médecins
4/ L'effet placebo s'appuie sur le pouvoir guérisseur de l'esprit
5/ Anne-Françoise Allaz souhaiterait développer le recours aux placebos dans les centres de douleur

100 Parmi les propositions suivantes, laquelle est correcte ?

1/ Il serait a priori facile de conditionner son corps à fabriquer des anticorps
2/ Le rôle du médecin serait moins important pour développer les effets placebo
3/ Les sorciers et les médias ne pourraient qu'avoir un rôle négatif dans le recours aux placebos
4/ L'anticipation des effets secondaires a souvent un effet nocebo, c'est-à-dire entrainant la naissance de ces effets secondaires
5/ Le développement médical des placebos permettrait aux psychiatres de relancer leur carrière

Épreuve de raisonnement logique et numérique

101 On sait qu'un neuvième d'un nombre entier X est égal à un tiers d'un autre nombre entier, qui, si on le triple et qu'on l'ajoute à X donnera un nombre qui sera le double de X. Parmi les réponses proposées, qu'elle est la seule qui peut convenir pour X ?

① 35
② 45
③ 50
④ 55
⑤ Toutes les valeurs précédentes peuvent convenir

102 Sur une boussole classique, quel est l'angle formé entre la direction ENE (Est – Nord Est) et la direction SSO (Sud – Sud Ouest) ?

① 45 degrés
② 67,5 degrés
③ 90 degrés
④ 112,5 degrés
⑤ 135 degrés

103 Un marchand de statuettes de divinités achète un lot de centaures (2 yeux, 2 bras, 4 jambes), de cyclopes (1 œil, 2 bras, 2 jambes) et de déesses Shiva (3 yeux, 4 bras, 2 jambes). Sa livraison comporte 16 yeux, 22 bras et 20 jambes. Combien de statuettes a-t-il reçues ?

① 8
② 9
③ 10
④ 11
⑤ 12

104 XLMTIVH est le résultat du cryptage d'un mot obtenu en remplaçant A par Z, B par Y, C par X … Y par B et Z par A. Quel était le mot d'origine ?

① COUPONS
② COUPOLE
③ CUISINE
④ CONGRES
⑤ COMMUNE

105 **Votre job d'été sera de tondre quatre fois l'ensemble des 30 hectares de pelouse d'un golf à l'aide d'une tondeuse de largeur 1,5 m. Quelle distance minimale allez-vous devoir parcourir ?**

① 80 km
② 1 800 km
③ 8 000 hm
④ 180 hm
⑤ 8 000 m

106 **Quelle équation passe par les trois points suivants : (–1, 3) (1, 1) et (2, 3) ?**

① $f(x) = -x^2 - x + 3$
② $g(x) = x^2 - 2x + 2$
③ $h(x) = x^2 - x + 1$
④ $i(x) = 2x^2 - 3x + 1$
⑤ $j(x) = 2x^2 + x - 3$

107 **Soit la définition suivante : $S_n = \dfrac{2^{n-1}}{n!}$**
Que vaut S_{11} ?

① $\dfrac{2^{10}}{9}$
② $\dfrac{11}{2} \times S_{10}$
③ $\dfrac{2}{10} \times S_{10}$
④ $\dfrac{2^{11}}{11!}$
⑤ $\dfrac{2 \times S_9}{55}$

108 **Quelle figure complète la suite de manière logique ?**

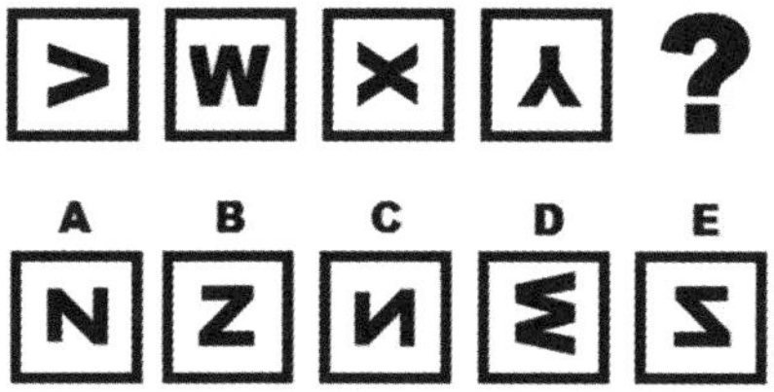

① La figure A
② La figure B
③ La figure C
④ La figure D
⑤ La figure E

109 **Complétez cette suite logique : FO GN IL LI …**

① OE
② NI
③ QF
④ PE
⑤ PF

110 **Quelle carte complète la figure ?**

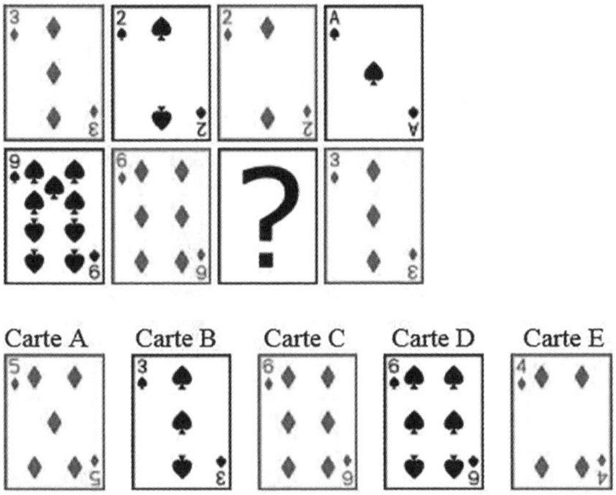

① La carte A
② La carte B
③ La carte C
④ La carte D
⑤ La carte E

111 **La cote de popularité d'un politicien est de 73 points en janvier. Elle s'effrite chaque mois de 10 % (et non de 10 points), arrondie à l'entier le plus proche. Quelle est sa popularité moyenne sur les 6 premiers mois de l'année ?**

① 52 points
② 55 points
③ 57 points
④ 58 points
⑤ 68 points

112 **Soit un échantillon statistique comportant les cinq données suivantes : {20 20 20 20 25}. Calculez l'écart-type de cet ensemble.**

① 2
② 2,5
③ 3
④ 3,5
⑤ 4

113 **Soit un dé dont trois faces sont peintes en bleu, deux en vert et une en rouge. On lance deux dés de ce type, quelle est la probabilité que les deux faces du dessus soient de couleurs différentes ?**

① $\frac{5}{9}$

② $\frac{11}{18}$

③ $\frac{2}{3}$

④ $\frac{13}{18}$

⑤ $\frac{7}{9}$

114 **Soit un dé dont trois faces sont peintes en vert, deux en rouge et une en bleu. On lance deux dés de ce type. Quelle est la probabilité que les deux faces du dessus soient de la même couleur ?**

① 84,999 %

② 89,999 %

③ 94,999 %

④ 99,999 %

⑤ 100 %

115 **Un centre d'appel d'une société de dépannage a enregistré le nombre d'appels par jour sur une période de 52 jours :**

Nombre d'appels	14	15	16	17	18	19	20	21	22	23	24	25
Nombre de jours	1	4	2	4	5	7	7	8	6	5	1	2

Quels sont les 3 quartiles de cette série de valeurs ?

① 16/17/18

② 16/18/20

③ 17/18/19

④ 17/19/21

⑤ 18/20/22

116 **Après avoir rempli le nombres-croisés suivant avec les nombres répondant aux définitions proposées, quel chiffre apparaît le plus grand nombre de fois ?**

A : carré de colonne 1b

B : divisible par 9 mais pas par 6

C_a : divisible par 5 et dont la somme des chiffres fait 8 – C_b : puissance de 2

D : chiffre des dizaines est le carré de deux

1_a : carré – 1_b : plus petit nombre premier supérieur à 30

2 : nombre palindromique

3_a : multiple de trois – 3_b : carré

4 : égal à ligne B

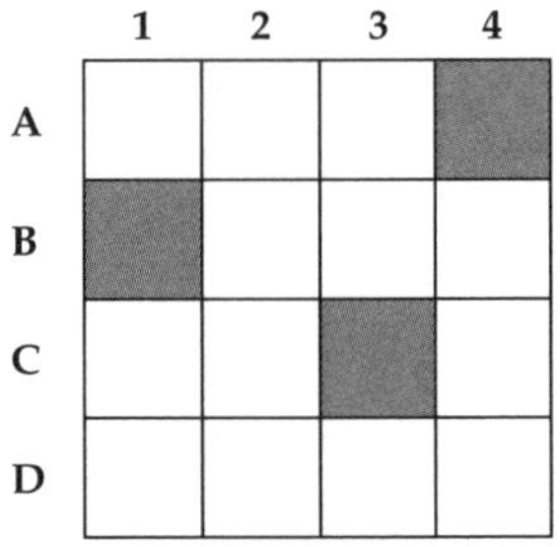

① 2
② 4
③ 5
④ 6
⑤ 8

117 **Quel nombre continue logiquement la suite suivante :**
43 46 50 50 55 60 66 72 79 86 … ?

① 90
② 92
③ 93
④ 94
⑤ 95

118 **La documentation d'un tableur imaginaire, nous indique que la fonction ARRONDI_INF admet deux arguments : NOMBRE qui représente un nombre réel quelconque à arrondir en tendant vers zéro en prenant en compte CHIFFRES après la virgule. Ainsi, =ARRONDI_INF(Pi 4) donnera comme résultat 3,1415 car la valeur de Pi est 3,14159265.... Si dans la cellule A1, on a mis la formule = 1 000 / 3, quel sera le résultat de la formule de calcul suivante =ARRONDI_INF(A1/1 000) × 100**

① 300
② 330
③ 333
④ 3 330
⑤ 3 333

119 **On dispose d'une balance parfaitement équilibrée à vide. On y place différents poids selon le schéma ci-dessous. Quel poids faut-il placer à la place du « ? » pour que la balance soit en équilibre ?**

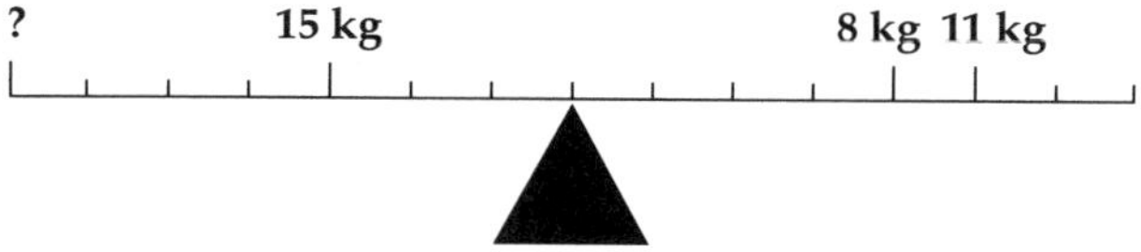

① 4 kg
② 4,5 kg
③ 5 kg
④ 5,5 kg
⑤ 6 kg

120 **Dans une région de France, il pleut le matin 1 fois sur 3. S'il pleut le matin, il y a 3 chances sur 5 qu'il pleuve l'après-midi. Sinon, il n'y a qu'une chance sur 5 qu'il pleuve l'après-midi. Quelle est la probabilité approximative qu'il pleuve dans la journée ?**

① 40 %
② 42,5 %
③ 44 %
④ 44,5 %
⑤ 46,5 %

Épreuve de compréhension et expression écrite en anglais

1re partie : expression – 35 questions

121 **The employee of the year award is given to a member of staff … performance is considered to have been exceptional.**

1/ Whose
2/ Who's
3/ Which
4/ Whom
5/ That

122 **When the backup procedure failed, Simon would have phoned the helpdesk to ask about it, if only he … the telephone number.**

1/ Knows
2/ Would know
3/ Had known
4/ Was knowing
5/ Will know

123 **The company … its reserves and buying some oil products in a bid to keep customers happy while damaged facilities are repaired.**

1/ Uses down
2/ Is using up
3/ Has used down
4/ Uses on
5/ Is using at

124 **Each stage of the production process is carefully monitored and all of these … have been shown to be necessary for everything to run without problems.**

1/ Checks
2/ Stops
3/ Highs
4/ Ups
5/ Times

125 **American investment in defence far exceeds … the European Union.**

1/ Those
2/ These
3/ This one
4/ That one
5/ That of

126 **Some experts have … concern about the environmental impact that construction of the new airport would have.**

1/ Said
2/ Sounded
3/ Told
4/ Spoken
5/ Voiced

127 Banking rules in European countries require account holders to retain all payment … for five years after the transaction date.

1/ Parts
2/ Pieces
3/ Depots
4/ Slips
5/ Stripes

128 George had been warned by his mother to set the washing machine to "woollens" for his pullovers. Otherwise there was a risk they would …

1/ Recede
2/ Shred
3/ Shrivel
4/ Shrink
5/ Shine

129 I don't really know exactly what's going to happen: that's why I …

1/ Showed down
2/ Showed in
3/ Showed at
4/ Showed up
5/ Showed to

130 The market niche seems …

1/ Security
2/ Secured
3/ To secure
4/ Secure
5/ Securing

131 Their lack … cooperation had only made matters worse.

1/ To
2/ For
3/ From
4/ Off
5/ Of

132 The former Governor attended the event to promote Democratic candidates … a platform of gun safety in the state's upcoming elections

1/ Running off
2/ Running to
3/ Running at
4/ Running by
5/ Running on

133 News has come through from head office that the company is … to the south of the country in order to reduce costs.

1/ Relocating
2/ Reporting
3/ Rebranding
4/ Retraining
5/ Restructuring

134 Instagram is nearly 10 years old and … among the top 5 most downloaded apps in the world.

1/ Ranks
2/ Rinks
3/ Rocks
4/ Raves
5/ Rakes

135 **It had been raining all morning and ... began to appear on the pavement outside.**

1/ Peddles
2/ Puddles
3/ Poodles
4/ Piddles
5/ Pebbles

136 **In addition to ... several hotels in central New York, the Marrant Corporation also has two vacation resorts in New Jersey.**

1/ Own
2/ Owns
3/ Owning
4/ Owned
5/ Owner

137 **The politician was ... for his conservative views.**

1/ Clued in
2/ Seldom heard
3/ Well known
4/ Overheard
5/ Far out

138 **This week, the store is running a special promotion on mobile phone stands and shoppers can pick one up for a ... ten dollars.**

1/ Just
2/ Some
3/ Less
4/ Only
5/ Mere

139 **To avoid answering the journalist's question, the M.D. pretended to be ... by the suggestion that company was in financial difficulty.**

1/ Insulting
2/ Affront
3/ Perplexing
4/ Offended
5/ Confound

140 **In the opinion of many space experts, people who believe that the moon landings never took place are very much ...**

1/ Mistook
2/ Mistaken
3/ Mistaking
4/ Mistake
5/ Mistakenly

141 **The cost of the weekend study trip was over £300 and many of the students could not ... it.**

1/ Permit
2/ Afford
3/ Accord
4/ Meet
5/ Manage

142 **The country once had the world's fastest-growing economy, but ... battered by global and domestic forces.**

1/ It will
2/ It have
3/ They are
4/ It has been
5/ They will

143 He stared … the large glass window.

1/ Beyond
2/ Within
3/ Over
4/ Inside
5/ Through

144 Others seemed to know little about redistricting and were simply interested … information.

1/ To getting most
2/ On got more
3/ In gets least
4/ In getting more
5/ By get most

145 Many people, after leaving university, … a living doing odd jobs before becoming established in a career.

1/ Save
2/ Start
3/ Do
4/ Have
5/ Make

146 I'm sure Mai Ling … in touch if there had been any problem at all.

1/ Will get
2/ Gets
3/ Would have got
4/ Got
5/ Would have been getting

147 It should never be taken for … that wild animals bred in captivity are naturally more docile.

1/ Given
2/ Donated
3/ Awarded
4/ Gifted
5/ Granted

148 The old … cottage on the cliff had been purchased by a German family who intended to turn it into their holiday home.

1/ Downhill
2/ Downtrodden
3/ Downcast
4/ Disabled
5/ Tumbledown

149 As part of her daily exercise … , Mariko goes for a two kilometer walk and then does one hour of yoga.

1/ Conduct
2/ Routine
3/ Use
4/ Condition
5/ Design

150 After a winter's day spent hiking in the Highlands of Scotland, it was … to soak in a hot bath.

1/ Blitz
2/ Ecstatic
3/ Bliss
4/ Bless
5/ Blast

151 **By subscribing to a Safe Star insurance plan, you will be able to ... from comprehensive health insurance.**

1/ Receive
2/ Allow
3/ Access
4/ Benefit
5/ Enable

152 **The government expected substantial financial ... from the EU.**

1/ Assist
2/ Assistant
3/ Assistance
4/ Assisted
5/ Insistant

153 **For a long time before we got married, we ... meet secretly in a local shopping centre in order to spend time together away from our families.**

1/ Would
2/ Will
3/ Were
4/ Are able to
5/ Can

154 **The company's latest phone is quite similar to the ... model, except that it has a more sophisticated camera.**

1/ Prior
2/ Latter
3/ Precedent
4/ Ahead
5/ Previous

155 **The judge has ruled that the Maxdat corporation cannot be held ... for the content of the websites that it hosts on its servers.**

1/ Account
2/ Accountable
3/ Accountability
4/ Accounting
5/ Accountant

Texte

Read the article and answer the 15 questions that follow.

CAN GREAT DANES ENGINEER A ZERO-CARBON COPENHAGEN?

The city is on its way to carbon-neutrality by 2025.A ski slope on a power plant roof is just part of the plan.

Derek Robertson in Copenhagen
Fri 11 Oct 2019

"We call it hedonistic sustainability," says Jacob Simonsen of the decision to put an artificial ski slope on the roof of the £485m Amager Resource Centre (Arc), Copenhagen's cutting-edge new waste-to-energy power plant. "It's not just good for the environment, it's good for life." Skiing is just one of the activities that Simonsen, Arc's chief executive, and Bjarke Ingels, its lead architect, hope will enhance the latest jewel in Copenhagen's sustainability crown.

The incinerator building also incorporates hiking and running trails, a street fitness gym and the world's highest outdoor climbing wall, an 85-metre "natural mountain" complete with overhangs that rises the full height of the main structure. It's all part of Copenhagen's plan to be net carbon-neutral by 2025. Even now, after a summer that saw wildfires ravage the Arctic Circle and ice sheets in Greenland suffer near-record levels of melt, the goal seems ambitious. In 2009, when the project was formulated, it was positively revolutionary.

"A green, smart, carbon-neutral city," declared the cover of the climate action plan, before detailing the scale of the challenge: 100 new wind turbines a 20 % reduction in both heat and commercial electricity consumption 75 % of all journeys to be by bike, on foot, or by public transport the biogasification of all organic waste 60,000 sq metres of new solar panels and 100 % of the city's heating requirements to be met by renewables.

Radical and far-reaching, the scheme dared to rethink the very infrastructure underpinning the city. There's still not a climate project anywhere else in the world that comes close. And, so far, it's working. CO_2 emissions have been reduced by 42% since 2005, and while challenges around mobility and energy consumption remain (new technologies such as better batteries and carbon capture are being implemented), the city says it is on track to achieve its ultimate goal.

More significant still is that Copenhagen has achieved this while continuing to grow in traditional economic terms. Even as some commentators insist that nothing short of a total rethink of free-market economics and corporate structures is required to stave off global catastrophe, the Danish capital's carbon transformation has happened alongside a 25 % growth in its economy over two decades. Copenhagen's experience will be a model for other world cities.

The sentiment that lies behind Arc's conception as a multi-use public good – "hedonistic sustainability" – is echoed by Bo Asmus Kjeldgaard, former mayor of Copenhagen for the environment and the man originally tasked, back in 2010, with making the plan a reality. "We combined life quality with sustainability and called it 'liveability'," says Kjeldgaard, now CEO of his own climate adaptation company, Greenovation. "We succeeded in building a good narrative around this, one that everybody could believe in."

So far the plan appears on track: there has been a 15 % reduction in heat consumption, 66 % of all trips in the city are now by bike, on foot or public transport, and 51 % of heat and power comes from renewables. The onus placed on ordinary Copenhageners to walk and cycle more, pay higher taxes (especially on cars) and put up with the inconvenience of infrastructure construction has generally been met with understanding and good grace. And while some people remain critical of the fact that Copenhagen airport is not factored into the CO_2 calculations – it lies beyond the city's boundaries – and grumble about precise definitions and formulae, dissent has been rare.

This relative lack of nimbyism and carping about change can, says Frank Jensen, the city's lord mayor, be traced to longstanding political traditions. "Caring for the environment and taking responsibility for society in general has been an integral part of the upbringing of many Danes," he says. "Moreover, there is a general awareness that climate change now calls for immediate, ambitious and collective action." A 2018 survey by Concito, a thinktank, found that such action was a top priority for voters.

Besides, as Jensen noted, there is little alternative, and even less time: "National states have failed to take enough responsibility, but cities have the power and the will to create concrete solutions. We need to start accelerating their implementation – we need to act now." It is also, he says, natural for business to be concerned with issues around sustainability and to be willing to endure short-term pain: "To do responsible, long-term business, you need to see yourself as part of the larger puzzle that is called 'society'."

Questions

156 What is the main subject of the article?

1/ Architectural innovation in Copenhagen
2/ The introduction of new waste processing practices in Copenhagen
3/ The environmental transformation of Copenhagen
4/ A Danish campaign to introduce more stringent environmental legislation
5/ The environmental impact of urban construction in Copenhagen

157 What is NOT mentioned as a characteristic of the Amager Resource Centre?

1/ It will provide electrical power
2/ It is the world's tallest incineration plant
3/ It is a multi-purpose facility
4/ It will process waste from Copenhagen
5/ It includes spaces designated for leisure activities

158 What does the journalist imply about Copenhagen's plans for 2025 (paragraph 2)?

1/ They are likely to cost more than they were supposed to
2/ They have been delayed
3/ They are unpopular with Copenhagen residents
4/ They already reached their objectives
5/ They were originally considered to be extremely radical

159 Which of the following is NOT mentioned as an objective of the Copenhagen climate action plan?

1/ Lowering the level of heating in the city
2/ Banning private vehicles from the city centre
3/ Building new wind turbines
4/ Generating electricity from sunlight
5/ Processing waste to produce fuel

160 What does the journalist say about the Copenhagen economy (paragraph 4)?

1/ It has suffered as a result of the climate action plan
2/ It needs to be restructured
3/ It has been improving for a number of years
4/ It is unlikely to improve further
5/ It has grown faster than the national economy

161 What of the following statements about Bo Kjeldgaard is true?

1/ He manages his own business
2/ He is currently mayor of Copenhagen
3/ He is the director of the Amager Resource Centre
4/ He is a critic of the Amager Resource Centre
5/ He wrote a book about the Amager Resource Centre

162 What direct effect has the climate action plan had on Copenhageners?

1/ They have had to contribute more financially than before
2/ They have had to travel less within the city
3/ They have had to pay more for their electricity
4/ They have had to invest in new heating systems
5/ They have had to recycle more of their waste

163 According to Frank Jensen, how have most Copenhagen residents reacted to the climate action plan?

1/ They have organised protests against it
2/ They have asked for it to be modified
3/ They have refused to vote for it
4/ They have accepted it
5/ They are less enthusiastic about it than they originally were

164 Which of the following is NOT something that Frank Jensen says about climate change?

1/ It is irreversible
2/ It should be addressed collectively
3/ It is a problem that Danish people are aware of
4/ It is a problem that should be given urgent attention
5/ It is a problem that requires bold initiatives

165 What does Frank Jensen suggest as the best way to deal with climate change?

1/ Focusing on the actions that cities can take
2/Asking national governments to get more involved
3/ Giving more power to local authorities
4/ Taking more time to consider possible solutions
5/ Encouraging cities to share their resources

166 The word "cutting edge" in paragraph 1 could best be replaced by:

1/ Innovative
2/ Latest
3/ Exceptional
4/ Foremost
5/ Spectacular

167 The adjective "far-reaching" in paragraph 4 is closest in meaning to:

1/ Spacious
2/ Global
3/ Extensive
4/ Further
5/ Widespread

168 The verb "stave off" in paragraph 5 could best be replaced by:

1/ Avoid
2/ Attenuate
3/ Alter
4/ Discourage
5/ Postpone

169 The word "onus" in paragraph 7 is used to refer to something that is:

1/ A responsibility
2/ A disposition
3/ An option
4/ A necessity
5/ An explanation

170 The adjective "longstanding" in paragraph 8 could best be replaced by:

1/ Enduring
2/ Permanent
3/ Antiquated
4/ Conventional
5/ Authentic

Score IAE-Message

Éléments de réponse

GRILLE DES RÉPONSES COMPLÉTÉE

SCORE IAE MESSAGE

Session : 13/03/21

Nom : ____________

Prénom : ____________

Date de naissance : ___/___/___

Centre : ____________

Signature du candidat

N° d'inscription

0	0	0	0	0	0	0
1	1	1	1	1	1	1
2	2	2	2	2	2	2
3	3	3	3	3	3	3
4	4	4	4	4	4	4
5	5	5	5	5	5	5
6	6	6	6	6	6	6
7	7	7	7	7	7	7
8	8	8	8	8	8	8
9	9	9	9	9	9	9

MARQUAGE DES REPONSES

- Utilisez un crayon mine et une gomme propre ou un blanc correcteur
- Ne graphitez qu'une seule réponse par question

Marquage CORRECT ▬

INCORRECT ⊖ ⊖ ⊥ ✕ ⁄ ▫

Culture G	Réponse	Français	Réponse	RLN	Réponse	Anglais	Réponse
1	2	51	1	101	2	121	1
2	2	52	2	102	5	122	3
3	1	53	3	103	1	123	2
4	4	54	5	104	4	124	1
5	5	55	1	105	3	125	5
6	3	56	4	106	3	126	5
7	1	57	4	107	5	127	4
8	1	58	3	108	1	128	4
9	2	59	4	109	4	129	4
10	5	60	1	110	4	130	4
11	3	61	2	111	3	131	5
12	1	62	2	112	1	132	5
13	5	63	4	113	2	133	1
14	5	64	4	114	4	134	1
15	1	65	5	115	5	135	2
16	1	66	2	116	3	136	3
17	3	67	4	117	4	137	3
18	4	68	1	118	1	138	5
19	1	69	2	119	5	139	4
20	4	70	1	120	5	140	2
21	4	71	1			141	2
22	5	72	3			142	4
23	3	73	5			143	5
24	1	74	4			144	4
25	3	75	4			145	5
26	3	76	2			146	3
27	3	77	4			147	5
28	1	78	3			148	5
29	1	79	1			149	2
30	2	80	4			150	3
31	4	81	5			151	4
32	2	82	1			152	3
33	2	83	4			153	1
34	1	84	3			154	5
35	5	85	3			155	2
36	5	86	4			156	3
37	4	87	2			157	2
38	4	88	1			158	5
39	5	89	5			159	2
40	3	90	4			160	3
41	3	91	3			161	1
42	5	92	1			162	1
43	1	93	2			163	4
44	2	94	3			164	1
45	2	95	3			165	1
46	1	96	3			166	1
47	5	97	2			167	3
48	3	98	5			168	1
49	3	99	3			169	1
50	4	100	4			170	1

EXPLICATIONS DES RÉPONSES DE L'ÉPREUVE DE RAISONNEMENT LOGIQUE ET NUMÉRIQUE

101 **On sait qu'un neuvième d'un nombre entier X est égal à un tiers d'un autre nombre entier, qui, si on le triple et qu'on l'ajoute à X donnera un nombre qui sera le double de X. Parmi les réponses proposées, qu'elle est la seule qui peut convenir pour X ?**

① 35
② 45
③ 50
④ 55
⑤ Toutes les valeurs précédentes peuvent convenir

Mettons en équation les données de la question avec Y l'autre nombre. On a donc X/9 = Y/3 et 3Y + X = 2X. Donc 3Y = X et 3Y = X, c'est la même équation, nous ne pouvons pas trouver de solutions uniques, mais on s'aperçoit quand même que X doit être un multiple de 3, parmi les propositions qui sont faites, seule 45 convient donc.

---

102 **Sur une boussole classique, quel est l'angle formé entre la direction ENE (Est – Nord Est) et la direction SSO (Sud – Sud Ouest) ?**

① 45 degrés
② 67,5 degrés
③ 90 degrés
④ 112,5 degrés
⑤ 135 degrés

La boussole est divisée en quatre grands axes (Nord, Sud, Est et Ouest), qu'on divise en deux pour former les directions de la forme Nord-Est et qu'on divise encore en deux pour les combinaisons de la forme Nord, Nord-Est (NNE). La boussole est donc divisée en 16 secteurs de 22,5 degrés (360 / 16).
De ENE à SS0 il y a 6 secteurs (ENE, E), (E, ESE), (ESE, SE), (SE, SSE), (SSE, S), (S, SSO) soit 6 x 22,5 = 135 degrés.

103 **Un marchand de statuettes de divinités achète un lot de centaures (2 yeux, 2 bras, 4 jambes), de cyclopes (1 œil, 2 bras, 2 jambes) et de déesses Shiva (3 yeux, 4 bras, 2 jambes). Sa livraison comporte 16 yeux, 22 bras et 20 jambes. Combien de statuettes a-t-il reçues ?**

① 8
② 9
③ 10
④ 11
⑤ 12

Pour résoudre ce problème il faut poser les 3 équations aux 3 inconnues en posant X le nombre de centaures, Y le nombre de cyclopes et Z le nombre de Shiva. On doit alors résoudre le système :

$$\begin{cases} 2X + 2Y + 3Z = 16 \\ 2X + 2Y + 4Z = 22 \\ 2X + 2Y + 2Z = 20 \end{cases}$$

La solution est X = 2, Y = 3 et Z = 3. Il y a donc 8 statuettes.

104 **QXLMTIVH est le résultat du cryptage d'un mot obtenu en remplaçant A par Z, B par Y, C par X … Y par B et Z par A. Quel était le mot d'origine ?**

① COUPONS
② COUPOLE
③ CUISINE
④ CONGRES
⑤ COMMUNE

Pour décrypter le mot, on utilise la même méthode que pour le cryptage : X → C, L → O, M → N, T → G, I → R, V → E, H → S, le mot d'origine était donc : CONGRES
La période étant 6, la 60e décimale est donc égale à la 6e (puis 12e, 18e, etc.) décimale, soit 4.

105 **Votre job d'été sera de tondre quatre fois l'ensemble des 30 hectares de pelouse d'un golf à l'aide d'une tondeuse de largeur 1,5 m. Quelle distance minimale allez-vous devoir parcourir ?**

① 80 km
② 1 800 km
③ 8 000 hm
④ 180 hm
⑤ 8 000 m

30 hectares cela représente 300 000 mètres carrés. Quatre fois cette surface cela fait 1 200 000 mètres carrés. La largeur de la tondeuse étant de 1,5 m, la distance minimale pour faire ce travail est de 1 200 000 / 1,5 = 800 000 m = 8 000 hm.

106 **Quelle équation passe par les trois points suivants : (-1, 3) (1, 1) et (2, 3) ?**

Il suffit de remplacer ces valeurs dans les équations pour trouver celle qui les vérifie toutes, à savoir $h(x) = x^2 - x + 1$.

① $f(x) = -x^2 - x + 3$

② $g(x) = x^2 - 2x + 2$

③ $h(x) = x^2 - x + 1$

④ $i(x) = 2x^2 - 3x + 1$

⑤ $j(x) = 2x^2 + x - 3$

107 **Soit la définition suivante : $S_n = \dfrac{2^{n-1}}{n!}$**
Que vaut S_{11} ?

$S_{11} = \dfrac{2^{10}}{11!}$ et $S_{10} = \dfrac{2^9}{10!}$ t.

Donc $S_{11} = \dfrac{2}{11}$ et $S_{10} = \dfrac{4}{110} \times S_9 = \dfrac{2 \times S_9}{55}$.

① $\dfrac{2^{10}}{9}$

② $\dfrac{11}{2} \times S_{10}$

③ $\dfrac{2}{10} \times S_{10}$

④ $\dfrac{2^{11}}{11!}$

⑤ $\dfrac{2 \times S_9}{55}$

108 **Quelle figure complète la suite de manière logique ?**

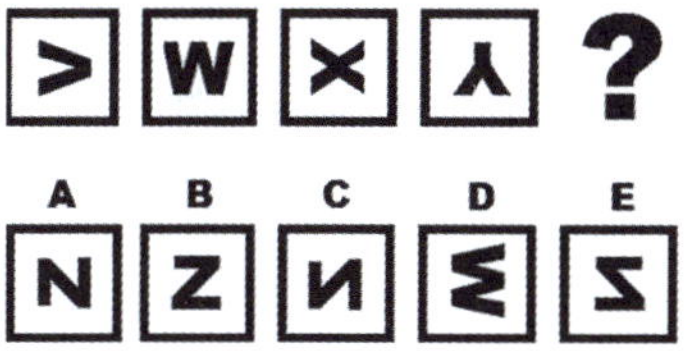

Le V est tête à gauche, le W tête en haut, le X est tête à droite, le Y est tête en bas, donc la prochaine figure est la A, c'est un Z la tête à gauche.

① La figure A

② La figure B

③ La figure C

④ La figure D

⑤ La figure E

109 **Complétez cette suite logique : FO GN IL LI …**

Considérons l'ordre alphabétique. Pour la première lettre du motif on prend à la première étape la lettre suivante, à la seconde la lettre située 2 rangs après, à la troisième étape la lettre 3 rangs après et ainsi de suite. F, G, I, L, P. Pour la seconde lettre du motif, même principe mais en prenant les lettres précédentes : O, N, L, I, E. Le prochain terme est PE.

① OE

② NI

③ QF

④ PE

⑤ PF

SESSION 7

110 **Quelle carte complète la figure ?**

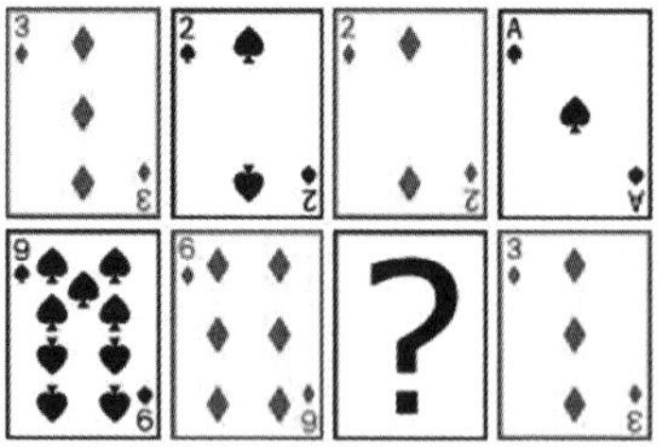

L'alternance de pique et de carreau nous indique qu'on cherche un pique. Les valeurs du bas sont les triples des valeurs du haut. 2 × 3 = 6. C'est donc le 6 de pique.

① La carte A

② La carte B

③ La carte C

④ La carte D

⑤ La carte E

111 **La cote de popularité d'un politicien est de 73 points en janvier. Elle s'effrite chaque mois de 10 % (et non de 10 points), arrondie à l'entier le plus proche. Quelle est sa popularité moyenne sur les 6 premiers mois de l'année ?**

10 % de 73 vaut 7,3, donc 7 arrondi à l'entier le plus proche.
Sa cote de popularité est donc de 66 en février. Selon le même principe, elle est de 59 en mars (–7), de 53 en avril (–6), de 48 en mai (–5), et de 43 en juin (–5).
La moyenne des cotes est donc égale à :

$$\frac{73 + 66 + 59 + 53 + 48 + 43}{6} = 57.$$

Il peut être plus rapide de soustraire à la cote initiale la moyenne des points perdus cumulés.

① 52 points

② 55 points

③ 57 points

④ 58 points

⑤ 68 points

112 **Soit un échantillon statistique comportant les cinq données suivantes : {20 20 20 20 25}. Calculez l'écart-type de cet ensemble.**

① 2
② 2,5
③ 3
④ 3,5
⑤ 4

On calcule tout d'abord la moyenne qui vaut :
$\frac{20+20+20+20+25}{5}=\frac{105}{5}=21.$
Ensuite nous allons calculer la variance qui vaut :
$\frac{4\times(20-21)^2+(25-21)^2}{5}=\frac{4\times 1+16}{5}=\frac{20}{5}.$
L'écart-type est la racine carrée de la variance, il vaut donc 2.

113 **Soit un dé dont trois faces sont peintes en bleu, deux en vert et une en rouge. On lance deux dés de ce type, quelle est la probabilité que les deux faces du dessus soient de couleurs différentes ?**

① $\frac{5}{9}$
② $\frac{11}{18}$
③ $\frac{2}{3}$
④ $\frac{13}{18}$
⑤ $\frac{7}{9}$

La probabilité d'avoir deux faces bleues est $P(B)=\frac{3}{6}\times\frac{3}{6}=\frac{1}{4}.$
Celle d'avoir deux faces vertes est : $P(V)=\frac{2}{6}\times\frac{2}{6}=\frac{1}{9}.$
Celle d'avoir deux faces rouges est : $P(R)=\frac{1}{6}\times\frac{1}{6}=\frac{1}{36}.$
La probabilité d'avoir deux faces de même couleur est :
$P(R)+P(V)+P(B)=\frac{1}{4}+\frac{1}{9}+\frac{1}{36}=\frac{14}{36}=\frac{7}{18}.$
Ce que nous cherchons est le complémentaire de cette probabilité soit : $1-\frac{7}{18}=\frac{11}{18}.$

114 **Pour accéder à son espace personnel, un candidat à un concours se voit attribuer un code à 4 caractères (parmi les 26 lettres de l'alphabet) tous distincts. Il ne connaît pas son code mais décide quand même d'essayer de se connecter en tapant 4 caractères au hasard. Malheureusement au bout de 3 essais faux consécutifs, son compte sera désactivé. Quelle est approximativement la probabilité que son compte soit désactivé ? (on fera l'hypothèse qu'il tente 3 codes différents lors de ses 3 essais).**

① 84,999 %

② 89,999 %

③ 94,999 %

④ 99,999 %

⑤ 100 %

À la 1re tentative, il y a 26 × 25 × 24 × 23 codes possibles (soit 358 800 codes), et un seul de bon, il a donc 358 799 chances de se tromper sur 358 800.
Au second, comme nous savons qu'il a retenu que le 1er code était erroné et qu'il ne va pas retenté le même, au second essai il a 358 798 chances sur 358 799 de se tromper et de même au 3e 358 797 chances sur 358 798, au final et en simplifiant, il a 358 797 chances 358 800 de se tromper soit 99,9991 % de chances de désactiver son compte.

115 **Un centre d'appel d'une société de dépannage a enregistré le nombre d'appels par jour sur une période de 52 jours :**

Nombre d'appels	14	15	16	17	18	19	20	21	22	23	24	25
Nombre de jours	1	4	2	4	5	7	7	8	6	5	1	2

① 16/17/18

② 16/18/20

③ 17/18/19

④ 17/19/21

⑤ 18/20/22

On construit le tableau des fréquences cumulées, et comme il y a 52 mesures, donc la médiane (Q2) est située entre le 26e et 27e, correspond 20 appels. Le 1er quartile est entre le 13e et 14e jour soit 18 appels, et le 3e quartile est entre le 39e et le 40e soit 22 appels.

116 **Après avoir rempli le nombres-croisés suivant avec les nombres répondant aux définitions proposées, quel chiffre apparaît le plus grand nombre de fois ?**

A : carré de colonne 1b

B : divisible par 9 mais pas par 6

C_a : divisible par 5 et dont la somme des chiffres fait 8 – C_b : puissance de 2

D : chiffre des dizaines est le carré de deux

1_a : carré – 1_b : plus petit nombre premier supérieur à 30

2 : nombre palindromique

3_a : multiple de trois – 3_b : carré

4 : égal à ligne B

	1	2	3	4
A				■
B	■			
C			■	
D				

① 2

② 4

③ 5

④ 6

⑤ 8

Voici un ordre de résolution de la grille :

1b = 31 est le plus petit nombre premier supérieur à 30

→ A = 961 & C = 35

→ 2 = 6556

→ 3 = 12 ou 15 ou 18, on peut enlever 15 car 5 n'est pas une puissance de 2 (définition de Cb)

si 3 = 12 → B = 522 (seul nombre entre 520 et 529 divisible par 9) mais 522 est divisible par 6, donc 3 = 18 → B = 585 → 4 = 585

Voici la grille complète :

	1	2	3	4
A	2	6	1	■
B	■	5	8	5
C	3	5	■	8
D	1	6	4	**5**

C'est le chiffre 5 qui apparaît le plus de fois (4 fois).

117 **Quel nombre continue logiquement la suite suivante : 43 46 50 50 55 60 66 72 79 86 … ?**

Un élément n de la suite est constitué en ajoutant à l'élément précédent (n-1), le chiffre des dizaines de celui-ci si n – 1 est pair et le chiffre des unités si n-1 est impair, soit n = 2 → n – 1 = 1 : impair → 43 + 3 = 46, n = 3 → n – 1 = 2 → 46 + 4 = 50, n = 4 → 50 + 0 = 50, n = 5 → 50 + 5 = 55, n = 6 → 55 + 5 = 60, … donc le prochain nombre pour n = 10 est 86 + 8 = 94.

① 90
② 92
③ 93
④ 94
⑤ 95

118 **La documentation d'un tableur imaginaire, nous indique que la fonction ARRONDI_INF admet deux arguments : NOMBRE qui représente un nombre réel quelconque à arrondir en tendant vers zéro en prenant en compte CHIFFRES après la virgule. Ainsi, = ARRONDI_INF(Pi 4) donnera comme résultat 3,1415 car la valeur de Pi est 3,14159265.... Si dans la cellule A1, on a mis la formule = 1 000 / 3, quel sera le résultat de la formule de calcul suivante = ARRONDI_INF(A1/1 000) × 100.**

Le résultat affiché dans la cellule A1 est 333,3333…
Procédons au calcul manuel de la formule = ARRONDI_INF(A1/100;0)*100 :
A1/100 donnera 3,3333…, ARRONDI_INF(A1/100;0) donnera 3 et enfin ARRONDI_INF(A1/100;0)*100 = 3 × 100 = 300.

① 300
② 330
③ 333
④ 3 330
⑤ 3 333

119 **On dispose d'une balance parfaitement équilibrée à vide. On y place différents poids selon le schéma ci-dessous. Quel poids faut-il placer à la place du « ? » pour que la balance soit en équilibre ?**

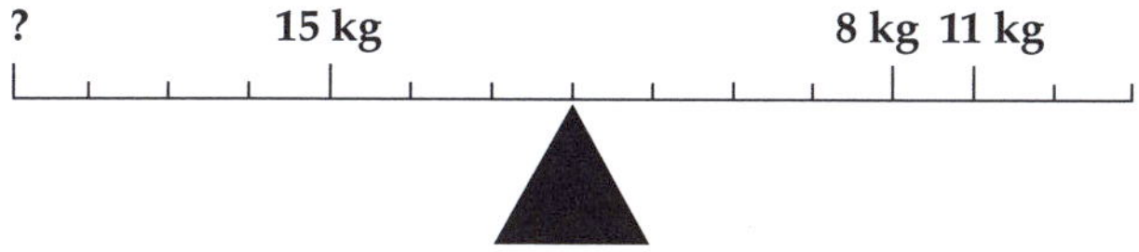

① 4 kg
② 4,5 kg
③ 5 kg
④ 5,5 kg
⑤ 6 kg

Pour que la balance soit équilibrée, il faut que la répartition des poids des deux côtés soit identique, soit si on appelle X le poids en kg que l'on cherche, on aura $7X + 15 \times 3 = 8 \times 4 + 11 \times 5$

soit $X = \dfrac{32 + 55 - 45}{7} = \dfrac{47}{7} = 6$.

120 **Dans une région de France, il pleut le matin 1 fois sur 3. S'il pleut le matin, il y a 3 chances sur 5 qu'il pleuve l'après-midi. Sinon, il n'y a qu'une chance sur 5 qu'il pleuve l'après-midi. Quelle est la probabilité approximative qu'il pleuve dans la journée ?**

① 40 %
② 42,5 %
③ 44 %
④ 44,5 %
⑤ 46,5 %

Pour calculer cette probabilité, nous allons calculer 1 – la probabilité qu'il ne pleuve ni le matin, ni l'après-midi.
La probabilité qu'il ne pleuve pas le matin est 2/3, celle qui ne pleuve pas alors l'après-midi est de 4/5, donc la probabilité qu'il ne pleuve pas la journée est 2/3 x 4/5 soit 8/15, et, par conséquent, celle qu'il pleuve la journée est

$1 - \dfrac{8}{15} = \dfrac{7}{15}$ soit 46,5 %

SCORE IAE-MESSAGE

SESSION DU 20 MARS 2021

Pour vous mettre dans la situation exacte de l'épreuve, nous avons reproduit la page de garde du document remis aux candidats à la Session du 20 mars 2021.
Lisez-la attentivement avant de vous lancer.

N'oubliez pas d'utiliser la grille vierge de la page 76 pour y noter vos réponses puis de la comparer à la grille de la page 117 pour calculer votre score.

SCORE IAE MESSAGE

Session :

Nom :

Prénom :

Date de naissance : ___/___/___

Centre :

Signature du candidat

N° d'inscription

0	0	0	0	0	0	0
1	1	1	1	1	1	1
2	2	2	2	2	2	2
3	3	3	3	3	3	3
4	4	4	4	4	4	4
5	5	5	5	5	5	5
6	6	6	6	6	6	6
7	7	7	7	7	7	7
8	8	8	8	8	8	8
9	9	9	9	9	9	9

MARQUAGE DES REPONSES

- Utilisez un crayon mine et une gomme propre ou un blanc correcteur
- Ne graphitez qu'une seule réponse par question

Marquage CORRECT

INCORRECT

Culture G	1	2	3	4	5
1					
2					
3					
4					
5					
6					
7					
8					
9					
10					
11					
12					
13					
14					
15					
16					
17					
18					
19					
20					
21					
22					
23					
24					
25					
26					
27					
28					
29					
30					
31					
32					
33					
34					
35					
36					
37					
38					
39					
40					
41					
42					
43					
44					
45					
46					
47					
48					
49					
50					
	1	2	3	4	5

Français	1	2	3	4	5
51					
52					
53					
54					
55					
56					
57					
58					
59					
60					
61					
62					
63					
64					
65					
66					
67					
68					
69					
70					
71					
72					
73					
74					
75					
76					
77					
78					
79					
80					
81					
82					
83					
84					
85					
86					
87					
88					
89					
90					
91					
92					
93					
94					
95					
96					
97					
98					
99					
100					
	1	2	3	4	5

RLN	1	2	3	4	5
101					
102					
103					
104					
105					
106					
107					
108					
109					
110					
111					
112					
113					
114					
115					
116					
117					
118					
119					
120					
	1	2	3	4	5

Anglais	1	2	3	4	5
121					
122					
123					
124					
125					
126					
127					
128					
129					
130					
131					
132					
133					
134					
135					
136					
137					
138					
139					
140					
141					
142					
143					
144					
145					
146					
147					
148					
149					
150					
151					
152					
153					
154					
155					
156					
157					
158					
159					
160					
161					
162					
163					
164					
165					
166					
167					
168					
169					
170					
	1	2	3	4	5

2e session 2021

Samedi 20 mars 2021

session 2

À REMPLIR PAR LE CANDIDAT :

Nom : .... Prénom : ....

Identifiant Score IAE-Message : ....

Votre identité (nom et prénom), date de naissance, votre identifiant SIM, ainsi que le centre d'écrit et la session ont été pré-remplis sur la grille de réponses. Merci de les vérifier. Vous devez apposer votre signature dans la case prévue à cet effet.

Le présent livret regroupe les quatre épreuves : Culture générale, économique et managériale Compréhension et expression écrite en français Raisonnement logique et numérique Compréhension et expression écrite en anglais, d'une durée de trois heures.

L'épreuve comprend cent soixante-dix (170) questions à choix multiple. Le tableau suivant fait apparaître leur répartition par matière, les pages où vous en prendrez connaissance, la durée indicative de leur traitement (durée qui n'est fournie que pour faciliter la gestion de votre temps).

Matière	**Pages du livret**	**Nombre de questions**	**Durée indicative de traitement**
Culture générale, économique et managériale	2 à 9	50	45 minutes
Compréhension et expression écrite en français	10 à 24	50	45 minutes
Raisonnement logique et numérique	25 à 30	20	45 minutes
Compréhension et expression écrite en anglais	31 à 39	50	45 minutes

Pour chaque question, cinq (5) réponses vous sont proposées **une seule réponse est correcte**.
Le barème de notation est le suivant :

	Épreuve de Culture générale, économique et managériale	Épreuve de Compréhension et expression écrite en français	Épreuve de Raisonnement logique et numérique	Épreuve de Compréhension et expression écrite en anglais
Bonne réponse	2 points	2 points	5 points	2 points
Mauvaise réponse, absence de réponse ou réponses multiples	0 point	0 point	0 point	0 point

Vos réponses devront être portées sur la grille codée qui vous est remise, et qui ne doit être ni pliée, ni écornée. Pour chacune des questions, graphitez entièrement une case (1, 2, 3, 4, 5) de la ligne numérotée correspondant à la question, en utilisant, pour permettre la lecture optique, un crayon de bois. En cas de correction, le blanc correcteur vous est vivement recommandé.

À la fin de l'épreuve, vous remettrez la grille codée au surveillant et vous lui restituerez également le présent livret.

RAPPELS

L'usage de la calculatrice, dictionnaire, lexique ou grammaire est formellement interdit.
Aucune sortie n'est autorisée pendant l'épreuve, toute sortie étant définitive.

Ce document contient 39 pages (compte tenu de cette page de garde).

Merci de vérifier que toutes les pages sont jointes au document.

Bonne chance !

Épreuve de culture générale, économique et managériale

1 **Avec quelle autre grande entreprise du secteur aéronautique le groupe EADS souhaite-t-il faire une fusion ?**

1/ Boeing
2/ Dassault
3/ BAE
4/ Thales
5/ Matra

2 **Comment s'appelle la monnaie virtuelle annoncée par Facebook en juin 2019 ?**

1/ Bitcoin
2/ FaceMoney
3/ Freedom
4/ Ocean
5/ Libra

3 **En 2018, d'après la Banque mondiale, le PIB par habitant de la France était de l'ordre de :**

1/ 25 000 $
2/ 29 000 $
3/ 31 000 $
4/ 38 000 $
5/ 43 000 $

4 **Dans quelle mythologie peut-on lire des récits sur la déesse Némésis ?**

1/ Dans la mythologie étrusque
2/ Dans la mythologie égyptienne
3/ Dans la mythologie romaine
4/ Dans la mythologie grecque
5/ Dans la mythologie perse

5 **De quelle nationalité est la jeune activiste Greta Thunberg, engagée pour le climat, et présente au sommet mondial pour le climat de l'ONU en septembre 2019 ?**

1/ Finlandaise
2/ Norvégienne
3/ Allemande
4/ Estonienne
5/ Suédoise

6 **Depuis quelle année Vladimir Poutine est-il à la tête de l'État russe, en tant que président de la Fédération de Russie ou en tant que président du gouvernement russe ?**

1/ 1992
2/ 1999
3/ 2005
4/ 2009
5/ 2014

7 **En 2016, lors du référendum sur la sortie du Royaume-Uni de l'Union européenne, quel pays était le plus opposé à cette sortie avec 38 % des voix ?**

1/ L'Irlande
2/ L'Irlande du Nord
3/ L'Écosse
4/ Le Pays de Galle
5/ L'Angleterre

8 **En 2018, quel géant de l'agrochimie a été condamné à verser 289 millions de dollars à Dewayne Johnson, jardinier américain, en phase terminale d'un cancer du système lymphatique, qu'il attribue à son exposition à des herbicides ?**

1/ Cheminova
2/ Dow AgroSciences
3/ Syngenta
4/ Monsanto
5/ FMC

9 **En Autriche, en mai 2019, quel est le nom du chancelier qui a été destitué par le Parlement à la suite d'un scandale de corruption ?**

1/ Alfred Gusenbauer
2/ Heinz Fischer
3/ Sebastian Kurz
4/ Herbert Kickl
5/ Peter Pilz

10 **En avril 2019, un monarque a abdiqué au profit de son fils. De qui s'agit-il ?**

1/ Du roi de Norvège
2/ Du roi des Pays-Bas
3/ Du roi de Belgique
4/ De l'émir du Qatar
5/ De l'empereur du Japon

11 **En décembre 2018, comment se nommait le bateau affrété par SOS Méditerranée et Médecins Sans Frontières ayant effectué des opérations d'aide auprès de migrants et dont l'activité a dû cesser ?**

1/ Help
2/ Aquarius
3/ Lifeline
4/ Open arms
5/ Viking

12 **En France, en juillet 2019, pour quelle raison François de Rugy a-t-il mis fin aux fonctions de sa directrice de cabinet Nicole Klein ?**

1/ Elle voulait se porter candidate à la mairie de Paris
2/ Elle a tenu des propos homophobes sur Twitter
3/ Elle a été accusée de fraude fiscale par Mediapart
4/ Elle a conservé un logement HLM à Paris sans l'habiter pendant 12 ans
5/ Elle a pris part à une réunion d'un groupuscule d'extrême-droite

13 **En France, en mai 2019, lors des élections européennes, qui était la tête de liste soutenue par « La France Insoumise » ?**

1/ Manon Aubry
2/ Alexis Corbière
3/ Clémentine Autain
4/ Adrien Quatennens
5/ François Ruffin

14 **En France, en mai 2019, lors des élections européennes, qui était le chef de liste soutenue par « Europe Écologie Les Verts » ?**

1/ Pascal Durand
2/ Yannick Jadot
3/ José Bové
4/ Daniel Cohn-Bendit
5/ Eva Joly

15 **En France, en mai 2019, quelle liste a obtenu le plus de voix avec 23,33 % des suffrages exprimés lors des élections européennes ?**

1/ La liste soutenue par « Les Républicains »
2/ La liste soutenue par le « Rassemblement National »
3/ La liste soutenue par « La France Insoumise »
4/ La liste soutenue par « La République En Marche » et le « MODEM »
5/ La liste menée par des élus de « Place Publique », du « Parti Socialiste » et de « Nouvelle Donne »

16 **En France, en quelle année le baccalauréat a-t-il été créé ?**

1/ En 1738
2/ En 1778
3/ En 1808
4/ En 1858
5/ En 1908

17 **En France, le 17 octobre 2018, pour quelle raison Pascal Pavageau, secrétaire général du syndicat Force Ouvière, a-t-il été contraint de démissionner ?**

1/ En raison de la perte d'un très grand nombre d'adhérents
2/ En raison de l'échec des mobilisations engagées contre la politique gouvernementale
3/ En raison de dépenses jugées excessives pour la rénovation de son logement de fonction
4/ En raison de son engagement dans un parti politique par ailleurs
5/ En raison de l'existence d'un fichier injurieux sur les cadres du syndicat

18 **En France, le 6 juillet 2020, qui a été nommé.e ministre de la Transition écologique ?**

1/ Élisabeth Borne
2/ Yannick Jadot
3/ Christophe Castaner
4/ Bernard Cazeneuve
5/ Barbara Pompili

19 **En juillet 2019, Béji Caïd Essebsi, Président tunisien, est décédé. Quelle était sa particularité ?**

1/ Il n'a jamais accepté de rencontrer des chefs d'État étrangers
2/ Il est le premier Président tunisien élu démocratiquement
3/ Il était le chef d'État le plus jeune du continent africain
4/ Il n'était jamais sorti de Tunisie
5/ Il est le Président à être resté le plus longtemps au pouvoir

20 **En juin 2019, quel ancien dictateur a été exhumé pour être enterré aux côtés de son épouse ?**

1/ Joseph Staline
2/ Le général Franco
3/ Nicolae Ceausescu
4/ Benito Mussolini
5/ Adolf Hitler

21 **En quelle année les Françaises ont-elles pu voter pour la première fois ?**

1/ En 1921
2/ En 1936
3/ En 1938
4/ En 1944
5/ En 1945

22 **En mai 2019, a été célébré le 500e anniversaire d'un célèbre peintre italien. Lequel ?**

1/ Raphaël
2/ Léonard de Vinci
3/ Le Caravage
4/ Sandro Boticelli
5/ Michel-Ange

23 **En mars et avril 2019, dans quel pays plusieurs pannes d'électricité massives se sont succédé ?**

1/ Le Costa-Rica
2/ Le Honduras
3/ Le Venezuela
4/ L'Équateur
5/ La Bolivie

24 **En novembre 2018, dans quel pays du Golfe a été lancée la construction du premier réacteur nucléaire à but scientifique dans la perspective d'une diversification des sources d'énergie ?**

1/ Les Émirats Arabes Unis
2/ Le Qatar
3/ L'Arabie Saoudite
4/ Bahreïn
5/ Oman

25 **En octobre 2018, quelle entreprise a abandonné son projet de trier les curriculum vitae grâce à l'intelligence artificielle en raison de biais sexistes ?**

1/ Google
2/ PricewaterhouseCoopers
3/ Unilever
4/ Danone
5/ Amazon

26 **En Ukraine, en avril 2019, qui a été élu Président ?**

1/ Volodymyr Zelensky
2/ Arsen Avakov
3/ Oleksandr Moroz
4/ Andriy Paroubiy
5/ Vitaly Zhuravsky

27 **Lequel des pays suivants n'est pas côtier de la mer de Chine ?**

1/ Le Viêt-Nam
2/ La Malaisie
3/ Les Philippines
4/ La Birmanie
5/ Le Brunei

28 **L'Allemagne a signé un traité de paix avec les Alliés, le 28 juin 1919, scellant la fin de la Première Guerre mondiale. Quel est le nom de ce traité dont nous fêtons le centième anniversaire ?**

1/ Le traité de Maastricht
2/ Le traité de Paris
3/ Le traité de Rome
4/ Le traité de Versailles
5/ Le traité de Yalta

29 **L'opération turque à l'encontre des Kurdes en Syrie amène certains analystes à suggérer la radiation de la Turquie de l'Organisation du traité de l'Atlantique Nord. En quelle année la Turquie a-t-elle été admise comme État membre de l'OTAN ?**

1/ En 1949
2/ En 1952
3/ En 1964
4/ En 1971
5/ En 1982

30 **Le 26 septembre 2018, quelle entreprise dirigeait Dieter Zetsche quand il a annoncé qu'il mettrait fin à son mandat 6 mois plus tôt que prévu ?**

1/ Deutsche Bank
2/ Volkswagen
3/ Daimler
4/ BASF
5/ Allianz

31 **Le 27 septembre 2018, quelle était la valeur des produits contrefaits saisis aux frontières de l'Union européenne en 2017, selon une annonce de la commission européenne ?**

1/ 325 millions d'euros
2/ 580 millions d'euros
3/ 930 millions d'euros
4/ 1,5 milliard d'euros
5/ 3,4 milliards d'euros

32 **Le taux d'intérêt dans la fonction keynésienne de demande de monnaie :**

1/ Est le taux du marché monétaire
2/ Est un coût d'opportunité
3/ Est un coût de financement
4/ Est un indicateur avancé de la valeur des titres
5/ Est un indicateur de performance

33 Lequel des pays suivants ne fait pas partie du continent africain ?

1/ La République de Maurice
2/ Les Comores
3/ Le Cap-Vert
4/ La République de Djibouti
5/ Le Bhoutan

34 Où se situe sur le globe la Terre Adélie, territoire revendiqué par la France, et abritant la base scientifique française Dumont-d'Urville ?

1/ En Polynésie française
2/ Dans l'Océan indien
3/ Au Québec
4/ En Antarctique
5/ En mer de Chine

35 Parmi les pays suivants, lequel est le plus gros producteur et exportateur mondial de cobalt ?

1/ La Russie
2/ Madagascar
3/ La République Démocratique du Congo
4/ La Zambie
5/ La Chine

36 Parmi les pays suivants, lequel fait partie de la zone euro ?

1/ La Lettonie
2/ La Suisse
3/ L'Islande
4/ La Suède
5/ La Croatie

37 Parmi les propositions suivantes, sur les territoires de quels pays le désert de Chihuahua se trouve-t-il ?

1/ Le Brésil et le Paraguay
2/ Le Mexique et les États-Unis
3/ Le Venezuela et la Colombie
4/ Le Chili et l'Argentine
5/ Le Pérou et la Bolivie

38 Quel archipel, situé entre la mer d'Okhotsk et l'océan Pacifique, est actuellement occupé par la Russie, et revendiqué par le Japon ?

1/ Les Mascareignes
2/ Les îles Aléoutiennes
3/ L'archipel Alexandre
4/ Les Îles Féroé
5/ Les îles Kouriles

39 Quel chef d'entreprise français est arrêté et écroué au Japon, le 19 novembre 2018, sur des soupçons de dissimulation de revenus dans les publications financières de l'entreprise qu'il dirige ?

1/ Carlos Ghosn
2/ Pablo Isla
3/ Martin Bouygues
4/ Bernard Charlès
5/ Jean-Laurent Bonnafé

40 Quel économiste est l'auteur de la théorie du revenu permanent ?

1/ Léon Walras
2/ James Stemble Duesenberry
3/ John Maynard Keynes
4/ Friedrich Hayek
5/ Milton Friedman

41 **Quel est l'océan le plus grand ?**

1/ Océan Atlantique
2/ Océan Indien
3/ Océan Austral
4/ Océan Arctique
5/ Océan Pacifique

42 **Quel ancien dirigeant russe, Prix Nobel de la paix, a publié, le 2 octobre 2019, un livre intitulé *Le futur du monde global*, livrant ses inquiétudes face à la situation politique mondiale ?**

1/ Boris Eltsine
2/ Mikhaïl Gorbatchev
3/ Léonid Brejnev
4/ Nikita Khrouchtchev
5/ Dmitri Medvedev

43 **Quel était le nom de famille du jeune homme prénommé Steve, porté disparu à Nantes, à la suite d'une intervention policière lors de la fête de la musique, et dont le corps a été retrouvé 5 semaines après dans la Loire ?**

1/ Pereira
2/ Aceveda
3/ Maia Caniço
4/ Chauffremont
5/ Girardin

44 **Parmi les propositions suivantes, quel est l'intrus ?**

1/ La Place d'Espagne
2/ La Fontaine de Trevi
3/ La Place Navonna
4/ Le Ponte Vecchio
5/ Le Colisée

45 **En juin 2019, quelle est la nationalité de la personne ayant été nommée à la tête de la Commission européenne ?**

1/ Française
2/ Italienne
3/ Espagnole
4/ Portugaise
5/ Allemande

46 **Qui a assassiné le roi Henri IV le 14 mai 1610 ?**

1/ Raoul Villain
2/ François Ravaillac
3/ Jean Maillart
4/ Louis Pierre Louvel
5/ Jacques Clément

47 **Qui est Patrick Demarchelier ?**

1/ Un sculpteur
2/ Un photographe de mode
3/ Un journaliste économique
4/ Un écrivain de romans policiers
5/ Un critique gastronomique

48 **Qui était Joao Gilberto, décédé en juillet 2019 ?**

1/ Un guitariste et chanteur de Bossa nova
2/ Un footballeur
3/ Un peintre
4/ Un écrivain
5/ Un acteur

49 Qui était Shimon Peres ?

1/ Le Premier Président de l'État d'Israël
2/ L'avant-dernier secrétaire général de l'ONU
3/ L'avocat qui a défendu les criminels nazis pendant les procès de Nuremberg
4/ L'avant-dernier Président d'Israël
5/ Le premier Président de la Palestine

50 Selon la Banque mondiale, en 2018, la dette des pays en développement a crû de 5,3 %. En moyenne, le niveau d'endettement extérieur des 76 pays les plus pauvres a doublé depuis 2009. Le record de cette hausse sur la période 2000-2018 est détenu par l'Éthiopie. Il est de :

1/ 285 %
2/ 485 %
3/ 685 %
4/ 885 %
5/ 1 085 %

Épreuve de compréhension et expression écrite en français

1re partie : expression - 35 questions

51 **Dans cette phrase extraite de *La lettre volée* d'E. A. « Oh ! Bonté du ciel ! Qui a jamais ouï parler d'une idée pareille ? », quel est le temps utilisé pour le verbe « ouïr » ?**

1/ Le passé simple de l'indicatif
2/ L'imparfait de l'indicatif
3/ Le passé antérieur de l'indicatif
4/ Le passé composé de l'indicatif
5/ L'imparfait du subjonctif

52 **Dans cette phrase extraite de *Lolita* de V. Nabokov : « Ses doigts bruns et effilés avançant à tâtons avec une lenteur somnambulique : puis son genou opalescent commençait son long et prudent périple », quelle est la signification du mot « opalescent » ?**

1/ Qui ne laisse pas passer les rayons lumineux
2/ Qui est vieillissant, passé de mode, qui n'est plus utilisé
3/ Qui a la teinte, les reflets changeants et irisés d'une pierre précieuse
4/ Qui est vague, flou, confus
5/ Qui est désarticulé au niveau de la rotule

53 **Dans cette phrase extraite des *Grandes Espérances* de C. Dickens : « Il avait en outre une confiance obtuse en son argent et en la grandeur de sa famille, confiance qui lui était parfois fort utile », quelle est la signification du mot « obtuse » ?**

1/ Qui est bouchée hermétiquement
2/ Qui est endettée fortement jusqu'à la ruine
3/ Qui est reconnaissante, redevable
4/ Qui manque de finesse, bornée
5/ Qui est plus grande qu'un angle droit

54 **Dans l'extrait « Et c'était bon enfant, gai et joli, toute la vieille guinguette française » tiré de l'œuvre d'Émile Zola *La Débâcle* :**

1/ La guinguette un instrument de musique
2/ La guinguette signifie la population âgée
3/ La guinguette évoque de vieilles chansons françaises
4/ La guinguette est un café populaire où l'on dansait
5/ La guinguette évoque la garde nationale

55 Parmi les phrases suivantes, laquelle est correctement orthographiée ?

1/ Il a passé l'après-midi à installer les pleintes dans la cuisine
2/ Elle a porté plinthe contre son agresseur
3/ Aux innocents les mains plaines
4/ Les pleines sont couvertes de graminées au printemps
5/ Il s'est plaint de recevoir des lettres anonymes

56 Parmi les propositions suivantes conjuguées au subjonctif présent, laquelle est incorrecte ?

1/ Il faut impérativement que vous payiez l'intégralité de la facture
2/ Il est préférable que vous vouvoyiez vos supérieurs
3/ Il est préférable que vous ployiez sous ses ordres
4/ Il faut que vous appuyiez plus fort
5/ Il faut que vous soyiez plus patients

57 Parmi les propositions suivantes laquelle est incorrectement conjuguée à l'impératif ?

1/ Regarde un peu ce que tu fais
2/ Ne te fais pas trop d'illusions
3/ Prend ce livre
4/ Viens, je t'accompagne en voiture
5/ Oignez le canard d'huile avant la cuisson

58 Parmi les propositions suivantes, laquelle correspond le mieux au mot « marotte » ?

1/ Une tournée visant à venir en aide à des personnes en danger
2/ Les pièces d'une monnaie disparue
3/ Un dialecte parlé par moins de 10 000 personnes
4/ Une promesse non tenue
5/ Une idée fixe, obsessionnelle

59 Parmi les propositions suivantes, laquelle donne le sens correct du proverbe « Un âne gratte l'autre » ?

1/ Un ami peut toujours vous aider
2/ Une difficulté peut en cacher une autre
3/ Les situations difficiles nous poussent à devenir ingénieux
4/ Deux ignorants ensemble se font des compliments
5/ Faire confiance à un ennemi peut entraîner des ennuis

60 Parmi les propositions suivantes, laquelle est correcte ?

1/ Sa prime de fin d'année lui a à peine suffit à payer ses impôts
2/ Sa prime de fin d'année lui a à peine suffi à payer ses impôts
3/ Sa prime de fin d'année lui a à peine suffie à payer ses impôts
4/ Sa prime de fin d'année lui a à peine suffis à payer ses impôts
5/ Sa prime de fin d'année lui a à peine suffies à payer ses impôts

61 **Parmi les propositions suivantes, laquelle est correcte ?**

1/ Au Pagaillou, tous les vendredi de la semaine, c'est soupe de poissons
2/ Au Pagaillou, tous les vendredis de la semaine, c'est soupe de poissons
3/ Au Pagaillou, tout les vendredi de la semaine, c'est soupe de poissons
4/ Au Pagaillou, tout les vendredis de la semaine, c'est soupe de poissons
5/ Au Pagaillou, tous les vendredis de la semaine, c'est soupe de poisson

62 **Parmi les propositions suivantes, laquelle est correcte ?**

1/ Une ambiance délétère règne sur cette assemblée
2/ Une ambiance délaitère règne sur cette assemblée
3/ Une ambiance délétaire règne sur cette assemblée
4/ Une ambiance dellétère règne sur cette assemblée
5/ Une ambiance délettère règne sur cette assemblée

63 **Parmi les propositions suivantes, laquelle est correcte ?**

1/ Il est déjà très tard, pourtant la fête bat son plain
2/ Il est déjà très tard, pourtant la fête bat son plin
3/ Il est déjà très tard, pourtant la fête bat son plein
4/ Il est déjà très tard, pourtant la fête bat son plains
5/ Il est déjà très tard, pourtant la fête bat son pleins

64 **Parmi les propositions suivantes, laquelle est correcte ?**

1/ Cette fonction fournit dans le plan de section droite des hyperboles orthogonales
2/ Le fait que la French Summer School sorte du cursus diplômant est orthogonal au fait qu'elle soit ou non obligatoire
3/ Cette décision est orthogonale au rapport que fera le responsable technique
4/ La montre de Céline est ronde, on pourrait également dire orthogonale
5/ Deux droites ne peuvent pas être orthogonales si elles sont perpendiculaires

65 **Parmi les propositions suivantes, laquelle est correcte ?**

1/ Agnès est vraiment dispendieuse, elle dépense son salaire en trois jours
2/ Elle mène un train de vie dispendieux
3/ Son train de vie est dispensieux
4/ Elle mène une vie dispensaire, dépensant beaucoup d'argent
5/ Elle est par trop dépendieuse, dépensant l'argent sans compter

66 Parmi les propositions suivantes, laquelle est correctement conjuguée ?

1/ Les boxeurs en ont découd jusqu'à ce que l'un d'entre eux se résolve à la défaite
2/ Les boxeurs en ont décousu jusqu'à ce que l'un d'entre eux se résolve à la défaite
3/ Les boxeurs en ont découds jusqu'à ce que l'un d'entre eux se résolvent à la défaite
4/ Les boxeurs en ont décousus jusqu'à ce que l'un d'entre eux se résolvent à la défaite
5/ Les boxeurs en ont décousus jusqu'à ce que l'un d'entre eux se résolve à la défaite

67 Parmi les propositions suivantes, laquelle est correctement conjuguée ?

1/ Devant tant de saveurs, le palais en ai venu à s'attendre à des merveilles
2/ Pierre en es venu aux mains hier lors du concert
3/ Tu en est venu aux mains trop rapidement
4/ Elle en est venue à regretter Paris
5/ Elle en ait venue à révéler tous les secrets de sa soeur

68 Parmi les propositions suivantes, laquelle est correctement conjuguée ?

1/ Ils ont voulut changer de voiture
2/ Ils ont choisit une voiture noire
3/ Elle as roulé trois kilomètres et s'est arrêtée
4/ Alain a ouvert la porte, furieux
5/ Il a rejoins la forêt et s'est perdu

69 Parmi les propositions suivantes, laquelle est correctement conjuguée au conditionnel présent ?

1/ Je batterais ce stupide lièvre si je n'avais cette maison sur le dos, pensait la tortue
2/ La tortue courerait plus vite si elle était motivée
3/ Le lièvre courrait moins vite s'il avait une coque sur le dos
4/ Nous courions plus vite avec de bonnes chaussures
5/ Il courrai avec son ami s'il avait plus de temps libre

70 Parmi les propositions suivantes, laquelle est grammaticalement correcte ?

1/ On frappa discrètement a sa porte vers dix heures
2/ Elle réussit enfin a piqué ma curiosité
3/ Il a des brûlures à la main gauche
4/ Le service de radiologie est a côté de l'accueil
5/ Marc a un colis a aller chercher avant demain

71 Parmi les propositions suivantes, laquelle est correctement orthographiée ?

1/ Tu n'es pas sensé partir aujourd'hui
2/ Julie est censée finir ce mémoire en trois jours
3/ Nul n'est sensé ignorer la loi
4/ Toute personne censée partirait loin de ce monstre
5/ Pierre est un être censé et fiable

72 Parmi les propositions suivantes, laquelle est correctement orthographiée ?

1/ Le Premier ministre Britannique a contacté ses homologues Européens, inquiets de la réaction des Irlandais au Brexit
2/ Le premier ministre britannique a contacté ses homologues européens, inquiets de la réaction des irlandais au Brexit
3/ Le Premier ministre britannique a contacté ses homologues européens, inquiets de la réaction des Irlandais au Brexit
4/ Le premier ministre Britannique a contacté ses homologues européens, inquiets de la réaction des Irlandais au Brexit
5/ Le premier ministre britannique a contacté ses homologues Européens, inquiets de la réaction des Irlandais au Brexit

73 Parmi les propositions suivantes, laquelle est correctement orthographiée ?

1/ Marc empreintera les escaliers, l'ascenseur est en panne
2/ Il emprintera de l'argent à ses parents pour acheter une voiture
3/ Il empruntera l'escalier de gauche et Sylvie, l'escalier de droite
4/ Il faut un compte en banque pour empreinter de l'argent
5/ Il a emprainté le chemin vallonné pour rejoindre la plage

74 Parmi les propositions suivantes, laquelle est grammaticalement correcte ?

1/ Les abeilles se seraient-elles enfui dans de lointaines contrées ?
2/ Elles se sont lavées les mains avant de venir dîner
3/ Ils se sont vite rendus compte qu'ils allaient perdre leur bateau
4/ Ils se sont aperçus de leur erreur et ont changé de direction
5/ Elle se sont aperçu qu'il était plus de minuit et sont parties

75 Parmi les propositions suivantes, laquelle est grammaticalement correcte ?

1/ Il fait croire qu'elle était saoul pour la tuer
2/ Il fait croire qu'elle est passer par-dessus bord toute seule
3/ Ellen et Amalia tuent la femme cruelle pour prendre sa place
4/ Amalia, cette gentille jeune fille, a-t-elle été écrasé volontairement par Gerd ?
5/ Ces soldes inconditionnelles sont formidables

75 **Parmi les propositions suivantes, laquelle est grammaticalement incorrecte ?**

1/ Laura et Léna portaient les mêmes robes lors du gala
2/ Les voitures même d'occasion ne se vendent plus facilement
3/ Alice et Benoît ! Vous couperez vous-même votre viande aujourd'hui
4/ Les bijoux anciens, même abîmés, ont encore de la valeur
5/ Ils souhaitaient refaire les mêmes voyages, dormir dans les mêmes hôtels tous les ans

77 **Parmi les propositions suivantes, laquelle est incorrecte ?**

1/ Ces étoffes rouges sont trop foncées pour en faire des rideaux
2/ Elle ne porte que des robes noires
3/ Ses yeux bleus-verts sont magnifiques
4/ Des chaises beiges iraient très bien dans ta nouvelle maison
5/ Les souris vertes n'existent pas

78 **Parmi les propositions suivantes, laquelle est incorrecte ?**

1/ Ce produit est cancérigène, il vaut mieux éviter d'y être exposé
2/ Ce produit est oncogène, il vaut mieux éviter d'y être exposé
3/ Ce produit est carcinogène, il vaut mieux éviter d'y être exposé
4/ Ce produit est arcinogène, il vaut mieux éviter d'y être exposé
5/ Ce produit est cancérogène, il vaut mieux éviter d'y être exposé

79 **Parmi les propositions suivantes, laquelle ne contient pas de complément circonstanciel ?**

1/ Le temps est frais cet automne
2/ Elle a changé de direction
3/ Elle s'impatiente dans la file d'attente
4/ Samedi, nous partirons en Espagne
5/ J'irai voir le film au cinéma demain

80 **Parmi les propositions suivantes, laquelle est incorrectement conjuguée à l'imparfait de l'indicatif ?**

1/ Vous justifiiez chacune de vos décisions, à cette époque
2/ Vous créiez chaque semaine un nouveau slogan
3/ Vous parodiez vos amis
4/ Vous balayiez plus souvent, l'année dernière
5/ Vous interrogiez vos interlocuteurs

81 **Parmi les propositions suivantes, quel mot pourrait correspondre à la définition suivante « se dit d'un discours inintelligible » ?**

1/ Un syllogisme
2/ Un opprobre
3/ Un palindrome
4/ Un galimatias
5/ Un soliloque

82 Quelle est l'orthographe correcte du mot manquant dans cette phrase extraite des *Grandes Espérances* de C. Dickens : « M. Wopsle, personnifiant la victime [...] de l'ingratitude dans la tragédie récente, se prit à méditer à voix haute dans son jardin de Camberwell » ?

1/ Avinculaire
2/ Avunculère
3/ Avinculerre
4/ Avunculaire
5/ Avinculair

83 Quelle est la définition du mot « homonyme » ?

1/ Mot qui, par le sens, s'oppose directement à un autre
2/ Mot qui présente avec un autre mot une certaine analogie phonétique, mais sans avoir le même sens
3/ Mots de prononciation identique et de sens différents
4/ Mots qui ont un sens identique ou très voisin
5/ Mot dont le sens inclut celui d'autres mots plus spécifiques

84 Quelle est la définition du mot « hyperonyme » ?

1/ Mot qui, par le sens, s'oppose directement à un autre
2/ Mot qui présente avec un autre mot une certaine analogie phonétique, mais sans avoir le même sens
3/ Mots de prononciation identique et de sens différents
4/ Mots qui ont un sens identique ou très voisin
5/ Mot dont le sens inclut celui d'autres mots plus spécifiques

85 Sans tenir compte de la signification lexicale, quelle phrase est orthographiquement parlant correctement écrite ? :

1/ Plut à Dieu, aujourd'hui Il a plus plut qu'hier, cela ne m'a pas plut
2/ Plût à Dieu, aujourd'hui Il a plusse plu qu'hier, cela ne m'a pas plus
3/ Plut à Dieu, aujourd'hui Il a plus plu qu'hier, cela ne m'a pas plût
4/ Plût à Dieu, aujourd'hui Il a plus plu qu'hier, cela ne m'a pas plu
5/ Plut à Dieu, aujourd'hui Il a plus plus qu'hier, cela ne m'a pas plu

Texte

Sciences humaines, Novembre 2019
Dossier : Comment manager aujourd'hui ?

L'ENTREPRISE, LIEU D'UTOPIES

Philipe Trouvé et Jean-Claude Casalegno

L'aspiration utopique est une constante anthropologique. Les hommes ont toujours rêvé et imaginé des sociétés de rechange, que cet esprit d'utopie soit resté à l'état onirique, cantonné dans de volumineux pavés écrits, ou qu'il se soit concrètement réalisé, notamment dans l'ordre politique ou économique. Les utopies d'entreprises ou les entreprises utopiques sont de cette dernière nature. Telle la « vieille taupe » de Karl Marx, elles ressurgissent régulièrement des sous-sols de l'histoire, notamment dans la retombée des grandes révolutions, des crises sociales radicales ou des périodes d'anomie où les sociétés se mettent à douter de leurs principes organisateurs. D'où leur faculté organique de résistance et de contestation de l'ordre dominant, mais aussi la grande diversité de leurs formes à travers l'histoire. S'agissant des utopies de l'organisation productive, seules seront évoquées ici celles portées par des entrepreneurs des patrons socialisants, en laissant de côté tout un pan de l'histoire pas moins abondant des utopies émancipatrices réalisées par les travailleurs eux-mêmes. Dans ce foisonnement des utopies patronales modernes qu'on devrait aussi appeler les « utopies par le haut », on peut distinguer trois foyers emblématiques.

1. Les utopies socialisantes

Portées par les grandes utopies sociales du XIXe siècle, des mouvements sociétaires, solidaristes et coopératifs, elles sont dirigées vers la lutte contre les inégalités et l'émancipation éducative des plus déshérités. Robert Owen (1771-1858) en est la figure la plus emblématique. Fils d'un quincaillier, il rachète en 1807 à son beau-père l'une des plus grandes filatures de la région de Glasgow dans le but de transformer radicalement son organisation. Il est convaincu avant l'heure que c'est la communauté qui détermine le comportement des individus plutôt que leur soi-disant personnalité. Si on veut bénéficier de leur engagement, il faut donc mettre en place des conditions de vie décentes, respectueuses et plus équitables. C'est ce qu'il fait sur le site industriel de New Lanark qu'il transforme en village coopératif en offrant à ses employé(e)s des rémunérations plus importantes et des conditions de travail très en avance sur son époque. Il réduit le temps de travail et l'âge minimum des ouvriers, et crée plusieurs écoles où chaque enfant peut bénéficier de soins vigilants et d'une attention bienveillante ; écoles qu'il transforme, le soir, en centres de formation, de dialogue et de loisirs pour adultes. On pourrait également évoquer Jean-Baptiste André Godin (1817-1888). Sensible aux idées du philosophe Charles Fourier qu'il a découvert en 1842, il décide de mettre sa fortune au service du bien commun en créant, autour de son usine de Guise, un espace social alternatif à la société bourgeoise capitaliste : le familistère. Outre des logements de fonction, des lavoirs et des magasins d'approvisionnement réservés aux ouvriers de ses fabriques, il crée une école obligatoire et gratuite, un théâtre et une bibliothèque. La construction du familistère de Guise s'étend de 1859 à 1884. Au cours de cette période, l'activité de la manufacture se développe considérablement pour employer jusqu'à 1 500 personnes.

→

2. Les utopies industrialistes

Au XXe siècle, les avancées utopiques de certains entrepreneurs consistent à combiner l'excellence économique et la « capacité sociale ». Leur but : humaniser le taylorisme. Leur figure la plus accomplie serait celle d'Adriano Olivetti (1901-1960). Il entre en 1926 dans l'entreprise de son père qui a créé la première société de machines à écrire en Italie en 1908. En 1933, il en devient le directeur général après avoir occupé tous les postes. Cinq convictions vont inspirer son action, très marquée par le personnalisme du philosophe Emmanuel Mounier :

- la finalité d'une entreprise ne peut se limiter au seul profit financier. Celle-ci a une vocation : « Permettre l'élévation matérielle, culturelle et sociale du lieu où elle opère. » ;
- il est nécessaire de responsabiliser les travailleurs en leur donnant un pouvoir de décision dans les ateliers mais aussi dans le gouvernement de l'entreprise. Cela passe par l'instauration d'espaces de délibération dans les organisations comme dans les territoires ;
- la communauté est une dimension dont les individus ont besoin pour actualiser leur potentialité. C'est par la vie communautaire que l'individu se révèle ;
- il faut diffuser massivement la culture scientifique et humaniste, sans différenciation de classes, et encourager la collaboration interdisciplinaire entre les experts ;
- le travailleur doit être productif pour que l'entreprise soit compétitive, mais la contrepartie est de réinvestir les profits dans l'innovation et le progrès social de l'entreprise.

On peut citer aussi Thomas Bata (1876-1932). Issu d'une famille de cordonniers depuis huit générations, il crée un petit atelier de fabrication de chaussures avec son frère et sa sœur à Zlin, en Tchécoslovaquie. En 1930, l'entreprise, devenue un groupe international implanté dans 64 pays, regroupe plus de 30 000 salariés qui fabriqueront près de 15 millions de chaussures par an. T. Bata mise sur l'initiative, les savoir-faire et la responsabilité des individus. Il met en place pour cela des unités autonomes de travail, faisant de chaque atelier une entreprise dans l'entreprise, un système de redistribution des résultats, un système d'autodiscipline et de contrôle collectif. Pour lui, le chef n'est pas là pour imposer de façon autoritaire son point de vue mais pour faire participer les salariés à la résolution des problèmes.

3. Les hétérotopies néomanagériales

Dans la seconde moitié du XXe siècle, ces nouvelles utopies qui se sont présentées au départ sous le terme « d'entreprises libérées » prennent généralement des formes très diverses. Cinq points, cependant, permettent de les repérer assez nettement :

1. Le développement de l'autonomie d'action des personnes et de leur capacité à décider au nom du principe de subsidiarité ;
2. L'adoption d'une conception responsabilisante de l'autorité ;
3. La valorisation de la dynamique collective plutôt que du talent individuel ;
4. L'émergence (dans certains cas) d'une certaine forme de démocratie directe par la mise en place de référendums ;
5. L'association des acteurs à l'organisation du travail, à la définition des objectifs collectifs et parfois à la stratégie.

Dans cette catégorie, on remarquera plusieurs figures marquantes :

Gérard Endenburg qui, aux Pays-Bas, invente dans les années 1970 la sociocratie. Celle-ci repose sur une organisation en cercles animés par des représentants élus chargés de faciliter les décisions par consentement mutuel ;

Brian Robertson aux États-Unis dans les années 2000 proposera l'holacratie. Celle-ci se distingue du modèle précédent par la mise en place d'une constitution et d'un système de définition partagée des rôles. On la retrouve par exemple en France dans les entreprises Biocoop, Scarabée ou Arcadie ;

Michel Hervé, PDG fondateur d'un groupe du même nom, défendra dès les années 1990, en France, la nécessité d'organiser le partage du pouvoir à travers ce qu'il appelle aujourd'hui une démocratie concertative favorisant les prises de décision par la confrontation des points de vue avec les pairs et non avec le manager ;

Veenet Nayar, plus récemment, dirigeant en Inde d'une entreprise de services informatiques de 70 000 salariés, propose d'inverser la pyramide en considérant que les premiers clients de l'entreprise sont ses salariés.

Si ces premières utopies sont en rupture radicale avec l'économie dominante, les utopies modernes ont perdu de leur puissance contestataire. Elles sont totalement au service de l'idéologie néolibérale et se soucient peu « de l'émancipation des classes les plus nombreuses et des plus pauvres » (Saint-Simon). C'est leur ambiguïté...

PEUT-ON SE PASSER DE CHEFS ?

Pascal Ughetto

Faut-il à tout prix des chefs ? Depuis six ou sept ans, des dirigeants se penchent sérieusement sur cette question, y compris dans de grands groupes réputés pour leur hiérarchie. D'Orange à SNCF, des banques à des sociétés de conseil informatique, ces directions s'inquiètent de savoir si les modes de management qui, depuis un quart de siècle, ont donné le pouvoir aux processus de gestion – couramment nommés les process –, n'ont pas atteint leurs limites. Les membres des directions et les agences qui les conseillent surestiment éventuellement la nouveauté de leur réflexion. Mais leur attrait pour des modèles moins hiérarchisés et plus égalitaires ne manque pas d'intérêt – à condition toutefois d'examiner si les directions parviennent à échapper au regard biaisé qu'elles portent habituellement sur le travail des managers intermédiaires. Que les équipes se voient dorénavant confier des responsabilités et une hauteur de vue jusqu'alors réservées à la ligne hiérarchique, tant mieux ! Mais comment les entreprises perçoivent-elles la contribution qui était classiquement celle des cadres ? Comment comptent-elles redistribuer celle-ci à des équipes devenues plus autonomes ? Et anticipent-elles réellement l'activité qui serait à déployer par les managers dans leur nouveau rôle ?

Les entreprises sont tentées d'expérimenter un surcroît d'autonomie parce qu'elles se sentent menacées par des acteurs ultra puissants du numérique, ou de plus petites start-up et leur capacité d'innovation réputée disruptive. Le modèle de gestion des ressources humaines prêté à tort à ces dernières exerce son attrait : des rapports relativement égalitaires, une facilité à proposer et à innover, et une rapidité dans la prise de décision, en contraste avec les grandes structures aux habitudes plus compassées, aux disciplines incorporées et aux processus gestionnaires rigides. Un autre argument est la désaffection prêtée aux jeunes générations envers les lourdeurs des grands groupes, comme envers un travail dominé par le reporting (les comptes à rendre formellement) et manquant cruellement de sens.

Il est ainsi parfois question de *new ways of working* – vocabulaire issu de l'architecture – : dans des espaces supposés s'adapter de façon dynamique à l'activité de travail, les salariés pourraient s'autoriser à suggérer même les idées les plus surprenantes, à poser des questions sans disposer immédiatement de réponses, à interagir avec leurs managers de façon moins convenue. On attend d'eux de collaborer avec autrui, par-delà les différences de métier, les niveaux hiérarchiques ou les silos créés par les divisions internes de l'entreprise.

De telles organisations du travail, fondées sur le recul du contrôle hiérarchique et la promotion de l'autonomie, s'inscrivent à rebours de l'effort inlassable des directions, lors des dernières décennies, pour renforcer des outils de gestion très homogénéisants et la prescription. Le revirement est brutal et, curieusement, ne s'accompagne guère d'une justification des directions par rapport à leurs choix passés. Elles veulent voir les salariés pratiquer l'autonomie, mais sans les renseigner sur la manière dont elles les imaginent composer avec des process qui ne disparaîtront pourtant pas totalement.

Toutefois, c'est sans doute pour la ligne managériale que le virage est particulièrement difficile à négocier, du point de vue des identités professionnelles et des pratiques de tous les jours. Classiquement, les cadres doivent incarner les logiques d'organisation et la nécessité d'outils homogènes… tout en encadrant des équipes qui sont au contact de situation éminemment plus complexes et variées. Quotidiennement un manager est supposé faire un va-et-vient entre les deux, dans une activité organisatrice. Qu'en sera-t-il dans les nouvelles organisations ?

Un premier modèle de ce que sont supposés devenir les cadres est le manager de l'entreprise procédant à la transformation digitale. On le dépeint souvent comme un animateur de communautés ou un coach : animant plus que faisant, donnant la vision et le sens et suscitant les initiatives et les envies de faire, favorisant l'émergence de projets, invitant les collaborateurs à se faire confiance et à proposer, les aidant à réunir les conditions pour déployer ces projets. Curieux retournement, on n'est pas loin de l'avenir promis aux encadrants lorsqu'étaient envisagés, dans les années 1980, la rupture avec le taylorisme et l'*empowerment* des exécutants… mais que le pilotage par indication et le management par processus avaient empêchés. Deuxième modèle, le manager de l'entreprise libérée. Celui-ci est voué à une quasi disparition ou, dans le meilleur des cas, remplacé par un rôle de facilitateur. Il est dépossédé d'un pouvoir de prescription et se trouve converti à l'écoute. Non seulement il ne peut plus décider seul, mais il doit simplement suggérer et animer la discussion collective par les questions les moins invasives qui soient : « Que proposes-tu et pour quelle raison ? »

Or les firmes ayant connu la « libération » témoignent presque toujours d'un désarroi des cadres, acculés à se convertir ou à démissionner. Les dirigeants libérateurs prétendent souvent que cela exprime la résistance de modes de pensée profondément incorporés chez leurs managers. Ces derniers n'auraient pas compris le changement attendu d'eux. En réalité cela pourrait tout aussi bien attester d'un investissement insuffisant dans l'accompagnement de leur reconversion. Peut-être manquent-ils de soutien à l'apprentissage de nouvelles modalités d'exercice du travail. À moins que cela soit la marque de politiques trop improvisées, les directions décidant de la suppression des cadres sans avoir pris la mesure de ce que produisait le travail de ces derniers. L'entreprise libérée présume parfois que le cadre intermédiaire est improductif, sans analyser positivement sa contribution et sans réfléchir aux conditions dans lesquelles on pourrait réaffecter ses tâches auprès des exécutants.

Transformation digitale, entreprise libérée, mode agile, *new ways of working*… quelle que soit l'inspiration, au fond, le travail consistant à manager l'autonomie est une question que les entreprises ont sous-estimée jusqu'à récemment. Au-delà d'une posture à tenir, rares sont celles qui se sont préoccupées de dire quelles tâches cela recouvrait exactement et quelle activité il fallait déployer. (…)

Manager l'autonomie n'est pas laisser faire. Un manager doit aussi rappeler le cadre, fixer des limites, juger ce qui est permis et ce qui ne l'est pas. On trouve difficilement une réflexion construite, dans les grands groupes, sur les difficultés que doivent affronter les managers, et plus encore sur les appuis, l'aide, les moyens que cela nécessite. (…)

D'une certaine manière, la réflexion sur les nouvelles organisations du travail reproduit des lacunes dans la façon dont les directions des entreprises conçoivent les membres de la ligne managériale. (…) En définitive, pour réussir le pari de conférer de l'autonomie à chaque salarié, les entreprises doivent à tout prix se préoccuper du travail de leurs managers. Le paradoxe n'est qu'apparent.

Questions

86 **Parmi les propositions suivantes, laquelle est correcte ?**

1/ Ce texte appartient à la catégorie littéraire des utopies
2/ Ce texte est un traité économique sur les entreprises
3/ L'écriture d'utopies est une constante humaine
4/ Les utopies humaines demeurent à l'état de rêve
5/ Les envies d'utopies humaines peuvent être tournées vers le monde économique

87 **Parmi les propositions suivantes, laquelle est correcte ?**

1/ Les entreprises utopiques font partie de ce que l'on appelle les utopies économiques
2/ Karl Marx avait une taupe dans son jardin
3/ Les utopies d'entreprises sont nées au XXe siècle
4/ Les révolutions bloquent les aspirations utopiques
5/ Une anomie est une irrégularité sociale

88 **Parmi les propositions suivantes, laquelle est correcte ?**

1/ Les utopies d'entreprises ont pris une forme uniforme au cours des siècles
2/ Le texte se propose d'étudier les utopies patronales socialisantes
3/ Le texte se propose d'étudier les utopies menées par les ouvriers des grandes entreprises
4/ Au cours de l'histoire, il y a eu peu d'utopies émancipatrices
5/ Les utopies par le haut sont des utopies visant à conduire au paradis

89 **Parmi les propositions suivantes, laquelle est correcte ?**

1/ Robert Owen est un utopiste du XVIIe siècle
2/ Les utopies sociales du XIXe siècle s'intéressaient peu à la scolarisation des plus démunis
3/ Robert Owen a offert une filature à son beau-père
4/ Robert Owen est l'un des premiers à considérer l'influence du milieu dans la construction identitaire
5/ Robert Owen fait travailler plus longtemps ses ouvriers grâce à des conditions de vie équilibrées

90 Parmi les propositions suivantes, laquelle est correcte ?

1/ Charles Fourier a créé des centres de formation pour adultes, appelés familistères
2/ Godin a eu le souci du bien-être mais aussi de la culture de ses ouvriers
3/ L'expérience de Godin a précipité sa manufacture à la ruine
4/ L'expérience de Godin s'est arrêtée aussitôt après sa mort
5/ L'expérience de Godin fait partie des utopies industrialistes.

91 Parmi les prpositions suivantes, laquelle est correcte ?

1/ Certaines utopies du XXe siècle visent uniquement à améliorer le rendement des entreprises
2/ Le taylorisme est une vision industrielle issue de la monarchie française
3/ Adriano Olivetti a inventé la machine à écrire
4/ Adriano Olivetti est un exemple des utopies mêlant excellence économique et humanisme
5/ Adriano Olivetti a fondé la société des machines Olivetti

92 Parmi les propositions suivantes, laquelle est incorrecte ?

1/ Pour Adriano Olivetti, l'entreprise doit apporter une amélioration économique, culturelle et sociale là où elle s'installe
2/ Olivetti encourage la participation des employés dans les décisions de l'entreprise
3/ Olivetti encourage le développement de l'esprit communautaire
4/ Olivetti est un partisan de l'éducation scientifique pour ses employés des postes les plus élevés
5/ Olivetti est pour l'investissement des bénéfices dans l'entreprise pour permettre l'innovation et le progrès social

93 Parmi les propositions suivantes, laquelle est correcte ?

1/ Thomas Bata est un utopiste socialisant
2/ Thomas Bata a été le premier français à délocaliser ses entreprises
3/ En 1930, l'entreprise Bata a fabriqué environ 300 000 chaussures
4/ Thomas Bata a développé un système hiérarchique vertical
5/ Thomas Bata a développé un système de management collectif

94 **Parmi les propositions suivantes, laquelle est incorrecte ?**

1/ Les hétérotopies sont des formes très variées d'utopies
2/ Les hétérotopies sont nées au XXe siècle
3/ Le principe de subsidiarité est un principe selon lequel toute entreprise doit partager ses bénéfices
4/ Les entreprises libérées cherchent à développer l'autonomie des employés
5/ Les entreprises libérées encouragent le développement de l'autorité responsabilisante

95 **Parmi les propositions suivantes, laquelle est correcte ?**

1/ Les entreprises libérées misent sur l'individu avant tout
2/ Les entreprises libérées encouragent la participation, sous différentes formes, des employés dans les décisions managériales
3/ La sociocratie est une forme de management avec participation directe des employés dans les décisions principales
4/ L'holacratie est une forme de management défendue par Michel Hervé
5/ La force des nouvelles utopies est leur préoccupation du sort des plus démunis

96 **Parmi les propositions suivantes, laquelle est correcte ?**

1/ Philippe Trouvé et Jean-Claude Casalegno, après avoir analysé les utopies d'entreprise s'intéressent à l'avenir des chefs
2/ Les grandes sociétés s'interrogent sur les avantages d'un management moins hiérarchique
3/ Un process est un mode de management américain
4/ Pour Pascal Ughetto, développer les responsabilités des employés rassurerait les cadres actuels
5/ Les grandes entreprises cherchent à développer des rapports plus égalitaires par souci humaniste

97 **Parmi les propositions suivantes, laquelle est correcte ?**

1/ Il est prouvé que les start-up séduisent parce qu'elles ont un système de prise de décision rapide
2/ Il est prouvé que les jeunes générations n'apprécient plus les lourdeurs managériales des grands groupes
3/ L'architecture a inspiré une nouvelle façon de manager avec des collaborations au-delà des hiérarchies
4/ Les « *new ways of working* » sont issus des systèmes américains
5/ La volonté de diminuer le contrôle hiérarchique s'inscrit dans les mesures prises par les entreprises depuis des décennies

98 **Parmi les propositions suivantes, laquelle est correcte ?**

1/ Ughetto reproche aux entreprises de ne pas expliquer les nouvelles pratiques managériales aux salariés
2/ Le rôle classique du manager est conservé dans les nouvelles organisations
3/ La transformation digitale des entreprises oblige à réintroduire le management par processus
4/ Le manager est souvent vu comme celui qui facilite l'émergence de projets en faisant lui-même les choses
5/ Depuis les années 1980, le manager était devenu un coach favorisant la confiance entre les salariés

99 **Parmi les propositions suivantes, laquelle est correcte ?**

1/ Dans les années 1980, le taylorisme est revenu en force
2/ Le nouveau manager ne serait plus un prescripteur mais un animateur
3/ Cette nouvelle formule, lorsqu'elle a été testée a séduit les cadres
4/ Les dirigeants des entreprises libérées apportent un grand soutien pour la conversion des cadres
5/ Le cadre intermédiaire devient le grand gagnant dans les entreprises libérées

100 **Parmi les propositions suivantes, laquelle est correcte ?**

1/ Le management de l'autonomie peut passer uniquement par la digitalisation
2/ Les dirigeants ont pris le temps de définir les nouvelles tâches des managers dans une entreprise libérée
3/ Dans un contexte d'autonomie, les managers doivent apprendre à laisser faire
4/ Parvenir à une autonomie des salariés implique de se débarrasser des managers intermédiaires
5/ Parvenir à une autonomie des salariés implique de définir le travail des managers intermédiaires

ÉPREUVE DE RAISONNEMENT LOGIQUE ET NUMÉRIQUE

101 **Quel mot peut compléter la série suivante : ARgeNtiNe, BeLgiQuE, ChiLi, DaNeMaRk, ... ?**

① EgyPtE
② FRaNCe
③ ESpaGne
④ FiNlaNde
⑤ EStONiE

102 **De ce cube formé de 5 × 5 × 5 petits cubes gris, nous en avons retiré 27 comme sur la photo ci-dessous. On le plonge dans un bain de peinture rouge. Si, maintenant, on démonte les 98 petits cubes, combien auront exactement 3 faces rouges peintes ?**

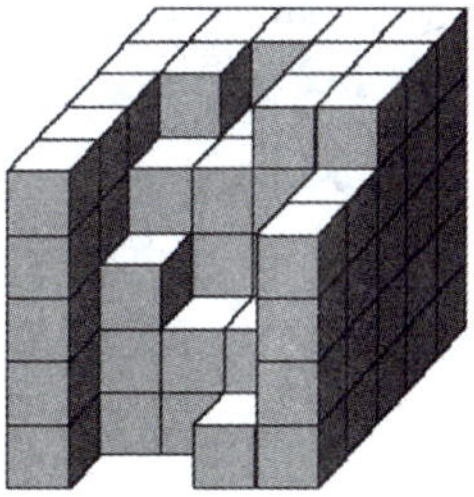

① 15
② 16
③ 17
④ 18
⑤ 19

103 **Une religieuse est une pâtisserie basée sur deux choux qui comporte un glaçage extérieur et une crème intérieure, tous les deux du même parfum. Malheureusement, la machine qui permet de fourrer les religieuses de crème se dérègle et mélange les parfums. En effet, les religieuses arrivent avec leur glaçage dans la machine qui fait pénétrer l'un des quatre parfums de crème à l'intérieur (café, chocolat, caramel et vanille) des choux. Combien allez-vous pouvoir créer de religieuses anormales et différentes les unes des autres avec cette machine déréglée ?**

① 12
② 16
③ 30
④ 120
⑤ 360

session

104 Dans un sac opaque, il y a 12 cerises dont six sont véreuses, mais il est impossible de les discerner au toucher. On prend d'un coup cinq cerises au hasard, quelle est la probabilité qu'il ne reste ensuite qu'une seule cerise véreuse dans le sac ?

① 1 chance sur 2
② 24 chances sur 55
③ 13 chances sur 270
④ 8 chances sur 12
⑤ 1 chance sur 132

105 Dans une usine de confection en activité constante (24h sur 24) et régulière, on fabrique 1 200 pantalons par jour. Ce mercredi à 16h, l'activité est totalement stoppée pendant deux heures suite à une alerte incendie. À quelle cadence journalière la confection de pantalons doit-elle passer après l'alerte pour réussir à produire les 1 200 pantalons à minuit ?

① 1 300
② 1 320
③ 1 500
④ 1 600
⑤ 1 800

106 Sur un terrain carré est construite une maison qui occupe au sol 150 m^2 de terrain. 60 % du reste du terrain est un jardin de pelouse. Sachant que 10 m^2 de pelouse sont tondus en 2 minutes et qu'il faut 1h30 pour tondre la totalité du jardin, quelle est la longueur du terrain ?

① 27 m
② 30 m
③ 32 m
④ 33 m
⑤ 35 m

107 Retrouvez le mot caché derrière ce code : J6-M2-F6-J5-C4-I5-B3.

① NORVEGE
② PORTUGAL
③ SENEGAL
④ ALGERIE
⑤ POLOGNE

108 Un cadeau est fourni dans une boîte de céréales. 4 objets sont à collectionner, chaque boîte contenant l'un des 4 objets, ceux-ci étant affectés de manière équiprobable. Combien de boîtes en moyenne devra-t-on acheter et ouvrir avant d'obtenir un objet cadeau en double (à 0,01 près) ?

① 3
② 3,22
③ 3,5
④ 3,62
⑤ 5

109 **Soient les fonctions $f(x) = 2x^2 - 1$ et $g(x) = x^2 + 2$, combien vaut $f(g(x))$?**

① $2x^4 - 4x^2 + 8$
② $2x^4 - 8x^2 - 2$
③ $2x^4 + 8x^2 + 7$
④ $x^4 - 4x^2 + 7$
⑤ $g(f(x))$

110 **Quelle figure complète la suite de manière logique ?**

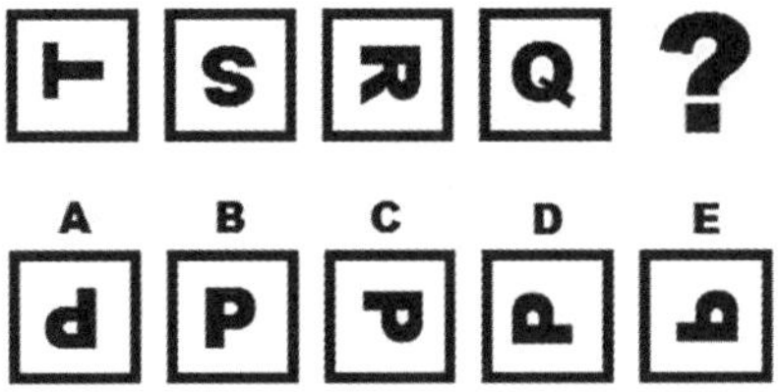

① La figure A
② La figure B
③ La figure C
④ La figure D
⑤ La figure E

111 **Complétez cette suite : 8 ; 15 ; 24 ; 35 ; 48 ; … .**

① 60
② 61
③ 62
④ 63
⑤ 64

112 **Complétez de manière logique cette suite : pôles, triangle, points cardinaux, doigts, … .**

① carré
② dé
③ cheval
④ milliard
⑤ pentagone

113 **Dans un train comportant 480 places, 240 voyageurs prennent place au départ de Bordeaux à 8h. Arrivés à 10h en gare de Toulouse, la moitié des voyageurs descend et à nouveau 240 montent. À 11h30, en gare de Montpellier, les trois quarts des voyageurs descendent et 30 montent dans le train jusqu'au terminus, 13h00 en gare de Nîmes. En moyenne sur la durée du trajet, quel est le taux d'occupation du train ?**

① 40 %
② 50 %
③ 52,5 %
④ 55 %
⑤ 60 %

114 **Soit la fonction MEDIANE qui calcule la médiane des éléments passés en paramètre. Parmi ces valeurs de X, laquelle permet de vérifier les égalités :**
MEDIANE(– 10 ; 9 ; X ; 8 ; 4 ; 0 ; 11) =
MEDIANE(6 ; – 2 ; 7 ; X ; – 3) = X.

① 1
② 3
③ 5
④ 7
⑤ 9

115 **La figure ci-dessous représente les valeurs d'une variable Y en fonction des valeurs d'une variable X. Combien vaut le degré de corrélation entre les variables X et Y ?**

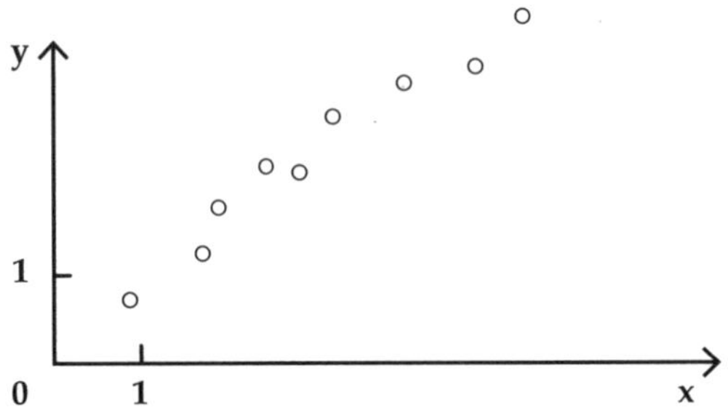

① Une valeur légèrement inférieure à – 1
② Une valeur légèrement supérieure à – 1
③ Une valeur proche de 0
④ Une valeur légèrement inférieure à 1
⑤ Une valeur légèrement supérieure à 1

116 **Combien peut-on faire d'anagrammes différentes avec les lettres de ce mot : « XYYXZZ » ?**

① 120
② 720
③ 360
④ 90
⑤ 30

117 **En partant des signes déjà placés, et en sachant que chaque ligne, chaque colonne et chaque carré de 3 × 3 contient une seule et unique fois tous les signes suivants : ()*/-+.,' quel signe doit être placé dans la cellule noire de cette grille ?**

	)		,	-	.	/	'	(
,	-	(	'	/		)		.
'	/	.	)	*	(		,	-
.		/	-	,	'		(	)
	(	,	.	■	)	-	/	'
-	'	)	/	(		.		,
/	,	'		)	-	(	.	
(	.	-	*	'	/	,	)	
)			(	.	,	'	-	/

① (
②)
③ –
④ +
⑤ *

118 **Soit une suite de nombres dont on calcule un élément en retranchant au double de l'élément qui le suit celui qui le précède. En sachant que les deux premiers éléments sont respectivement 3 et 1, quelle est la valeur du sixième élément ?**

① 1,625
② 1,675
③ 1,75
④ 2
⑤ 4

119 **La documentation d'un tableur imaginaire, nous indique que la fonction ARRONDI admet deux arguments : NOMBRE qui représente un nombre réel quelconque à arrondir en prenant en compte CHIFFRES après la virgule. Ainsi, = ARRONDI(Pi ; 4) donnera comme résultat 3,1416 car la valeur de Pi est 3,14159265... De plus, la fonction HASARD() renvoie un nombre aléatoire réel compris entre 0 et 1 soit sur l'intervalle [0;1]. Quelle formule de calcul permettra d'obtenir les valeurs possibles suivantes : 0 ; 0,25 ; 0,5 ; 0,75 ou 1 ?**

① ARRONDI(HASARD();0) × 4 / 4

② ARRONDI(HASARD() / 4;4) × 4

③ ARRONDI(HASARD() × 4;0) / 4

④ ARRONDI(HASARD() / 4;0)

⑤ ARRONDI(HASARD() × 4;0) × 4

120 **Jean-Hubert regarde une photo de famille sur laquelle apparaissent ses parents, ses grands-parents, ses arrière-grands-parents et ainsi de suite jusqu'à ses arrière-arrière-arrière-arrière-grands-parents. Combien y-a-t-il de personnes présentes sur la photo ?**

① 64

② 65

③ 112

④ 126

⑤ 127

Épreuve de compréhension et expression écrite en anglais

1re partie : expression – 35 questions

121 **... some of its overseas businesses continue to be unprofitable, Comoco's European operations have reported record earnings for this quarter.**

1/ While
2/ But
3/ Indeed
4/ During
5/ Even

122 **... the economy slides further into recession, many businesses have already started to reduce payroll.**

1/ As
2/ In
3/ For
4/ By
5/ With

123 **... the screen of your mobile phone, cover it completely with the enclosed adhesive film.**

1/ Protecting
2/ Protection
3/ To protect
4/ Protect
5/ Protected

124 **After years of ... talks an agreement was finally reached.**

1/ Ill mannered
2/ Outdated
3/ Farfetched
4/ Liberatin
5/ Painstaking

125 **Any agreement to reduce a sentence for a crime is contingent on the accused ... the names of all their accomplices.**

1/ Handing over
2/ Handing under
3/ Handing to
4/ Handing up
5/ Handing off

126 **St Johns is a male ... rugby playing college.**

1/ Dominant
2/ Domain
3/ Dominates
4/ Dominated
5/ Dominating

127 **Both sides issued statements describing recent discussions as productive. The question now is … high-level talks next month will yield progress.**

1/ With
2/ What
3/ Whose
4/ Where
5/ Whether

128 **Climate scientists have warned of the catastrophic impact of deforestation but in some countries, …, politicians are allowing the destruction to continue.**

1/ Whatever
2/ Whatsoever
3/ Wherever
4/ However
5/ Whenever

129 **Customers took to tactile screens extremely quickly, … to the surprise of the industry.**

1/ Many
2/ Though
3/ Although
4/ Much
5/ Without

130 **During his speech earlier today, the mayor … to reassure residents about the impact that the budget cuts would have on the city's infrastructure.**

1/ Seek
2/ Sought
3/ Seeking
4/ Was sought
5/ Is seeking

131 **During periods of unusually hot weather, some plant species, … as tomatoes, will produce flowers but no fruit.**

1/ Such
2/ So
3/ Much
4/ With
5/ Like

132 **Hervé Semper … time to finish his opening remarks to shareholders before he was interrupted from the floor.**

1/ Hardly had been
2/ Hardly had
3/ Hardly was
4/ Hardly in
5/ Hardly ever

133 **If you call me later this morning, I should … let you have the information you need.**

1/ Be able to
2/ Can
3/ Want to
4/ Ought to
5/ Could

134 **It became clear to the police that the witness had told them a … of lies, and that his testimony was worthless.**

1/ Pack
2/ Herd
3/ Flock
4/ Gang
5/ Hoard

135 **It is quite possible that some of the President's supporters will reconsider their positions in … of his inflammatory remarks on Twitter.**

1/ Place
2/ Part
3/ Case
4/ Charge
5/ Light

136 **It was a desperate situation to … themselves in.**

1/ Fund
2/ Find
3/ Fond
4/ Fanned
5/ Fear

137 **Jennifer was caught in the heavy shower without an umbrella or a coat, and as a result she was … to the skin.**

1/ Shaken
2/ Soaked
3/ Sobbed
4/ Soaped
5/ Inundated

138 **John estimates he … 7,000 calories a day during the tournament.**

1/ Downs
2/ Downing
3/ Down
4/ Have down
5/ Will downs

139 **Labour has … the process of reversing Clark's reform.**

1/ Begins
2/ Begun
3/ Began
4/ Beginner
5/ Beginners

140 **Mary is a conscientious worker and she always arrives … at the office before nine o'clock.**

1/ Pile
2/ Rapidly
3/ Pep
4/ Train
5/ Promptly

141 **Michael's grandfather died at home. He passed … peacefully in his sleep at the age of 95.**

1/ On
2/ Out
3/ By
4/ Away
5/ Through

142 President Hilman announced Wednesday that his administration is revoking the county's authority to set auto mileage standards … those issued by federal regulators.

1/ Strict that
2/ Strictest this
3/ Stricter of
4/ Strict most
5/ Stricter than

143 Talks are … in the hope of reaching a decision.

1/ Outgoing
2/ Ongoing
3/ Incoming
4/ Upcoming
5/ Oncoming

144 The global economy is slowing as manufacturing activity …, and political tensions, are creating uncertainty for businesses.

1/ Weak
2/ Weaken
3/ To weak
4/ Waked
5/ Weakens

145 The main priority was to meet … .

1/ Handouts
2/ Deadends
3/ Fallout
4/ Deadlines
5/ Pickups

146 The old sports car was difficult to drive and had a few … . For instance it would understeer viciously in sharp left hand bends.

1/ Quirks
2/ Quacks
3/ Quicks
4/ Queries
5/ Quits

147 The operating instructions are really quite … and users should have no difficulty following them.

1/ Resolute
2/ Alternative
3/ Negligible
4/ Straightforward
5/ Immediate

148 The Taylors stated clearly that the offer for the house was … on work being done to repair the damage to the roof.

1/ Condition
2/ Conditions
3/ Conditionally
4/ Conditional
5/ Conditioning

149 Years of late evening and tight deadlines have taken their … on David and he has started to exhibit some serious health worries.

1/ Toll
2/ Sprain
3/ Break
4/ Force
5/ Strength

150 **There was a wide range of products … display.**

1/ On
2/ In
3/ At
4/ Being
5/ From

151 **There were many people present when the accident occurred and all the witness … was carefully recorded and filed.**

1/ Testament
2/ Dialogue
3/ Record
4/ Testimony
5/ Script

152 **This company has filed … bankruptcy in the past.**

1/ For
2/ At
3/ On
4/ By
5/ In

153 **Unfortunately, Ms. Schapiro will be unable to attend today's event so she has arranged for one of her colleagues to deliver her presentation … .**

1/ Instead
2/ Indeed
3/ Despite
4/ Apart
5/ Around

154 **We advertised the post back in February and, although we received a high volume of …, we still haven't been able to find anyone suitable.**

1/ Applications
2/ Applies
3/ Applying
4/ Appliances
5/ Applied

155 **When Salman Hurst went to ask for a raise, he … on a day he knew his boss was in a good mood.**

1/ Does so
2/ Was so
3/ Were so
4/ Did so
5/ Is so

2e partie : Compréhension – 15 questions

Texte

Read the article and answer the 15 questions that follow.

The perils of joining a Japanese workplace

Strict immigration laws are being relaxed to offset a labour shortage, but overseas workers face poor conditions.

Justin McCurry
Wed 2 Jan 2019

1. Two years ago, Pisey Eng left her young son in the care of her mother-in-law and came to Japan to start a job she was told would pay her a decent wage and teach her skills that would serve her well back home in Cambodia. Despite having been told she would receive 120,000 yen ($1,100) a month – a far bigger salary than she could have expected in Cambodia – Eng, 33, found herself working punishing hours ironing and packing in a garment factory for just half of what she was promised.

2. Months after fleeing her workplace in despair, she is jobless, homeless and unable to afford the airfare home. "I started work at 8.30am and sometimes I continued working until one, two or three o'clock in the morning," said Eng, who was part of the Japanese government's technical intern training programme, a scheme launched in 1993 to offer on-the-job training to young men and women from developing countries. "I didn't have any holidays; I became ill and had no appetite."

3. The expected arrival of large numbers of foreign, blue-collar workers in Japan over the coming five years has raised fears of a sharp rise in incidences of exploitation of the kind experienced by Eng. In December, the country's parliament passed legislation that will soon open the door to an estimated 345,000 thousand foreign workers, in what is being called the end of Japan's traditional opposition to large-scale immigration.

4. The world's third-biggest economy is battling its tightest labour shortage in decades due to its low birth rate and rapidly ageing society. Unemployment is at its lowest level since the early 1990s, and last year job availability rose to its highest in 44 years, with 150 jobs open to every 100 people seeking work.

Critics say the government has not done enough to prevent employers from using the change to secure cheap labour, amid evidence that many pay existing foreign workers below the going rate and force them to work long hours.

5. There is a risk that the same abuse will be repeated with the new intake from next year, so there must be an acknowledgement that the existing programme has been a failure," said Shoichi Ibusuki, a lawyer who helps abused foreign workers. "It's vitally important to stamp out human rights violations."

A labour ministry investigation found that of the 6,000 firms that hire a total of 260,000 technical trainees, about 70% had broken labour regulations on illegal and unpaid overtime.

6. Last year, more than 7,000 interns fled from their workplaces, with most citing low wages and long hours. Others were physically abused, while in some cases pregnant trainees were forced to choose between having an abortion or leaving their job, according to the Asahi Shimbun newspaper.

→

7. Soon after parliament approved the immigration change, the justice ministry revealed that 174 technical trainees, mostly people in their 20s and 30s from China, Vietnam and Indonesia, had died between 2010 and 2017. The majority had died in workplace accidents, while 13 had taken their own lives. Others had suffered heart attacks and strokes, both of which are associated with karoshi, or death from overwork.

8. In December the Japanese government approved measures it claimed would prevent the abuse suffered by existing technical trainees. It pledged to offer "proper" working conditions to new workers, including fair pay and hours, adding that it would cooperate with other countries to prevent brokers from collecting fees from workers before they arrive in Japan.

9. Eng's hourly overtime rate of 300 yen to 500 yen ($2.70-$4.50) was far lower than the 800 yen minimum wage in Gifu, the central Japanese prefecture where her workplace was located. "I couldn't take any holidays, even when my Japanese coworkers were taking them," she said. Her plight has been worsened by the $4,000 debt she has to repay to the Cambodian company that brokered her placement in Japan, while her former employer in Japan told labour inspection officials that she had lied about her poor working conditions.

10. According to Ibusuki, many trainees are deeply indebted to brokers in their home countries before they even set foot in Japan. "Once they're here they are reluctant to speak out and continue to work in illegal conditions because they know they have to pay back the original sum," he said.

11. Eng, who now lives in a shelter with 15 other foreign trainees, is counting the days until she can be reunited with her eight-year-old son in Cambodia. "I feel very sad, because I have no work and no money, all because of the problems I had with my employer," she said. "Now I just want to go home and take care of my son."

Questions

156 What is the main subject of the article?

1/ The ageing of Japan's workforce
2/ The condition of immigrant workers in Japan
3/ The changing demographics of Japanese society
4/ A Japanese government training initiative
5/ Labour shortages in Japanese companies

157 According to the journalist, what did Pisey Eng discover when she arrived in Japan?

1/ Her salary was half what it would have been in Cambodia
2/ Her job was not very demanding
3/ She lacked the skills necessary for her job
4/ Her salary was lower than she had expected
5/ The promises she had received had been respected

158 Which of the following is mentioned as a possible consequence of the changes to immigration law in Japan?

1/ Some Japanese workers will lose their jobs
2/ Salaries for Japanese workers will fall
3/ Some industrial sectors will be reserved for Japanese employees only
4/ Japanese blue-collar workers will have more job opportunities
5/ Workers may be taken advantage of

159 What was the objective of the legislation passed by the Japanese parliament in December?

1/ To restrict the number of immigrants arriving in Japan
2/ To give more rights to foreign workers in Japan
3/ To compensate for a declining workforce
4/ To reinforce existing government policies on immigration
5/ To encourage more Japanese workers to seek employment abroad

160 What does the journalist say about the Japanese economy today?

1/ It is the leading economy in the world
2/ It has fewer unemployed than in the past
3/ It is more productive than it was before
4/ It is benefitting from changes in the birth rate
5/ It has more job seekers than positions available

161 What have critics of the Japanese government accused it of doing?

1/ Over-protecting Japanese workers
2/ Paying excessive salaries to immigrant workers
3/ Preventing employers from accessing cheap labour
4/ Allowing employers to pay less to some of their workers
5/ Forcing Japanese workers to work longer hours

162 In the opinion of Shoichi Ibusuki, what should the Japanese government do?

1/ Admit that its legislation has been unsuccessful
2/ Accept that human rights violations are inevitable
3/ Reduce the intake of foreign workers for the coming year
4/ Increase the number of foreign workers in the country
5/ Monitor human rights violations more closely

163 What did the justice ministry disclose concerning the 174 deceased technical trainees?

1/ They were recruited from countries outside Asia
2/ Most of the victims took their own lives
3/ Some of them developed medical conditions as a result of too much work
4/ They were in poor health when they arrived in Japan
5/ They had all worked in Japan for more than ten years

164 Which of the following is NOT something that the Japanese government is proposing in order to protect technical trainees?

1/ Reducing the number of trainees it recruits
2/ Inspecting companies that employ technical trainees
3/ Working with other countries to prevent abuse
4/ Ensuring equitable rates of pay
5/ Providing better working conditions

165 What does Shoichi Ibusuki say some technical trainees have to do in order to find work in Japan?

1/ Borrow money from a bank
2/ Satisfy Japanese labour ministry requirements
3/ Pay $4,000 to the Japanese government
4/ Seek permission from their home governments
5/ Pay money to an intermediary in their home country

166 The verb "offset" in the subtitle is closest in meaning to?

1/ Rely on
2/ Involve in
3/ Result from
4/ Comply with
5/ Compensate for

167 The word "garment" in paragraph 1 refers to:

1/ An item of clothing
2/ A mechanical component
3/ A beverage
4/ A computer accessory
5/ A food product

168 The word "amid" as used in paragraph 4, could best be replaced by:

1/ Because of
2/ In light of
3/ While
4/ When
5/ Although

169 The word "plight" in paragraph 9 is closest in meaning to:

1/ Outcome
2/ Intention
3/ Movement
4/ Fate
5/ Plan

170 To "set foot" in paragraph 10 is closest in meaning to:

1/ Consider
2/ Leave
3/ Remove
4/ Reach
5/ Arise

SCORE IAE-MESSAGE

ÉLÉMENTS DE RÉPONSE

GRILLE DES RÉPONSES COMPLÉTÉE

SCORE IAE MESSAGE

Session : 20/03/21

Nom : ____________________

Prénom : ____________________

Date de naissance : ____/____/____

Centre : ____________________

Signature du candidat

N° d'inscription

0	0	0	0	0	0	0
1	1	1	1	1	1	1
2	2	2	2	2	2	2
3	3	3	3	3	3	3
4	4	4	4	4	4	4
5	5	5	5	5	5	5
6	6	6	6	6	6	6
7	7	7	7	7	7	7
8	8	8	8	8	8	8
9	9	9	9	9	9	9

MARQUAGE DES REPONSES

- Utilisez un crayon mine et une gomme propre ou un blanc correcteur
- Ne graphitez qu'une seule réponse par question

Marquage CORRECT —

INCORRECT

SESSION 2

Culture G	1	2	3	4	5
1			■		
2					■
3				■	
4				■	
5					■
6		■			
7			■		
8				■	
9			■		
10					■
11		■			
12				■	
13	■				
14		■			
15		■			
16			■		
17					■
18					■
19		■			
20		■			
21					■
22		■			
23			■		
24			■		
25					■
26	■				
27				■	
28				■	
29		■			
30			■		
31		■			
32		■			
33					■
34				■	
35			■		
36	■				
37		■			
38					■
39	■				
40					■
41					■
42		■			
43			■		
44				■	
45					■
46		■			
47		■			
48	■				
49				■	
50				■	

Français	1	2	3	4	5
51				■	
52			■		
53				■	
54				■	
55					■
56					■
57			■		
58					■
59				■	
60		■			
61	■				
62	■				
63			■		
64	■				
65		■			
66		■			
67				■	
68				■	
69			■		
70			■		
71		■			
72			■		
73			■		
74				■	
75			■		
76			■		
77			■		
78				■	
79		■			
80			■		
81				■	
82				■	
83			■		
84					■
85				■	
86					■
87	■				
88		■			
89				■	
90		■			
91				■	
92				■	
93					■
94			■		
95		■			
96		■			
97			■		
98	■				
99		■			
100					■

RLN	1	2	3	4	5
101			■		
102				■	
103	■				
104					■
105				■	
106		■			
107					■
108		■			
109			■		
110				■	
111				■	
112		■			
113		■			
114			■		
115				■	
116				■	
117				■	
118	■				
119			■		
120				■	

Anglais	1	2	3	4	5
121	■				
122	■				
123			■		
124					■
125	■				
126				■	
127					■
128				■	
129				■	
130		■			
131	■				
132		■			
133	■				
134	■				
135					■
136		■			
137		■			
138	■				
139		■			
140					■
141				■	
142					■
143		■			
144					■
145				■	
146	■				
147				■	
148				■	
149	■				
150	■				
151				■	
152	■				
153	■				
154	■				
155				■	
156		■			
157				■	
158					■
159			■		
160		■			
161				■	
162	■				
163			■		
164		■			
165					■
166					■
167	■				
168		■			
169				■	
170				■	

EXPLICATIONS DES RÉPONSES DE L'ÉPREUVE DE RAISONNEMENT LOGIQUE ET NUMÉRIQUE

101 **Quel mot peut compléter la série suivante : ARgeNtiNe, BeLgiQuE, ChiLi, DaNeMaRk, ... ?**

Les mots, comme les propositions, sont tous des noms de pays. La première lettre du pays suit la suite logique A, B, C, D et donc E. Enfin, chaque lettre du nom des pays est en majuscule lorsque celle qui précède est une voyelle, sinon elle apparaît en minuscule. Seul ESpaGne convient.

① EgyPtE
② FRaNCe
③ ESpaGne
④ FiNlaNde
⑤ EStONiE

102 **De ce cube formé de 5 × 5 × 5 petits cubes gris, nous en avons retiré 27 comme sur la photo ci-dessous. On le plonge dans un bain de peinture rouge. Si maintenant on démonte les 98 petits cubes, combien auront exactement 3 faces rouges peintes ?**

Sur le schéma suivant on voit la liste des cubes ayant 3 faces rouges, il y en a 18.

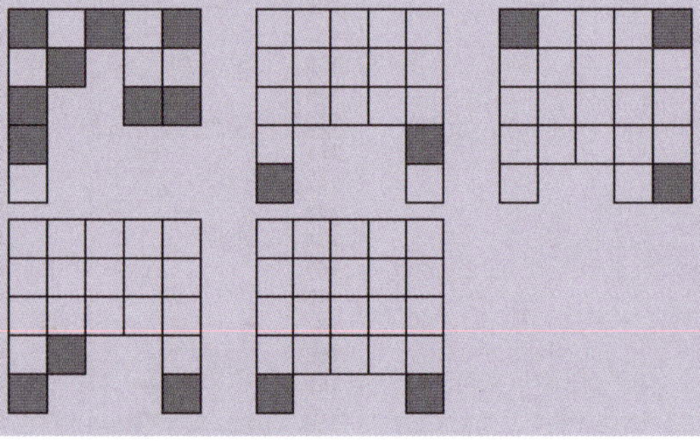

① 15
② 16
③ 17
④ 18
⑤ 19

103 **Une religieuse est une pâtisserie basée sur deux choux qui comporte un glaçage extérieur et une crème intérieure, tous les deux du même parfum. Malheureusement la machine qui permet de fourrer les religieuses de crème se dérègle et mélange les parfums. En effet, les religieuses arrivent avec leur glaçage dans la machine qui fait pénétrer l'un des quatre parfums de crème à l'intérieur (café, chocolat, caramel et vanille) des choux. Combien allez-vous pouvoir créer de religieuses anormales et différentes les unes des autres avec cette machine déréglée ?**

① 12
② 16
③ 30
④ 120
⑤ 360

Pour chacun des 4 parfums de glaçage, la machine peut mettre n'importe quel autre des 4 parfums. Il y a donc potentiellement 16 combinaisons possibles dont 4 sont les combinaisons normales, il en reste donc 12 autres.

104 **Dans un sac opaque, il y a 12 cerises dont six sont véreuses, mais il est impossible de les discerner au toucher. On prend d'un coup cinq cerises au hasard, quelle est la probabilité qu'il ne reste ensuite qu'une seule cerise véreuse dans le sac ?**

① 1 chance sur 2
② 24 chances sur 55
③ 13 chances sur 270
④ 8 chances sur 12
⑤ 1 chance sur 132

Pour qu'il ne reste qu'une cerise véreuse dans le sac après les cinq retraits, il faut que l'on ait pris cinq cerises véreuses. Calculons la probabilité de cet événement : lors du premier tirage, on a 6 chances sur 12 de tomber sur un fruit véreux, lors du second, il reste 11 fruits dans le sac dont 5 véreux, on a donc 5 chances sur 11 de tirer un fruit véreux, et ainsi de suite pour les trois tirages suivants.

Il y a donc : $\frac{6}{12} \times \frac{5}{11} \times \frac{4}{10} \times \frac{3}{9} \times \frac{2}{8}$, en simplifiant il reste : $\frac{1}{132}$, soit 1 chance sur 132 que les 5 cerises tirées soient véreuses et que par conséquent il n'en reste qu'une seule dans le sac.

105 **Dans une usine de confection en activité constante (24h sur 24) et régulière, on fabrique 1 200 pantalons par jour. Ce mercredi à 16h, l'activité est totalement stoppée pendant deux heures suite à une alerte incendie. À quelle cadence journalière la confection de pantalons doit-elle passer après l'alerte pour réussir à produire les 1 200 pantalons à minuit ?**

① 1 300
② 1 320
③ 1 500
④ 1 600
⑤ 1 800

En une heure, il est normalement produit $\frac{1\,200}{24} = 50$ pantalons.
Pendant l'alerte, aucun pantalon n'est produit. Soit c la cadence requise pour rattraper le retard de production sur les 6 heures restantes. On a donc :
$16 \times 50 + 2 \times 0 + 6 \times c = 1\,200 \leftrightarrow v = \frac{400}{6}$ pantalons par heure.
Ce qui correspond à $\frac{400}{6 \times 24} = 1\,600$ pantalons par jour.

106 **Sur un terrain carré est construite une maison qui occupe au sol 150 m² de terrain. 60 % du reste du terrain est un jardin de pelouse. Sachant que 10 m² de pelouse sont tondus en 2 minutes et qu'il faut 1h30 pour tondre la totalité du jardin, quelle est la longueur du terrain ?**

① 27 m
② 30 m
③ 32 m
④ 33 m
⑤ 35 m

Il y a $10 \times \frac{90}{2} = 450$ m² de pelouse sur le terrain.
La pelouse représente 60 % de la partie du terrain non occupée par la maison. La surface du terrain est donc de $\frac{450}{6} \times 10 + 150 = 900$ m².
Le terrain étant carré, sa longueur est de $\sqrt{900} = 30$ m.

107 **Retrouvez le mot caché derrière ce code : J6-M2-F6-J5-C4-I5-B3.**

① NORVEGE
② PORTUGAL
③ SENEGAL
④ ALGERIE
⑤ POLOGNE

Ce code consiste à prendre une lettre et un chiffre et de décaler d'autant de position dans l'ordre alphabétique cette lettre, exemple A4 → E, J3 → M, ainsi on peut décoder le mot : POLOGNE.

108 **Un cadeau est fourni dans une boîte de céréales. 4 objets sont à collectionner, chaque boîte contenant l'un des 4 objets, ceux-ci étant affectés de manière équiprobable. Combien de boîtes en moyenne devra-t-on acheter et ouvrir avant d'obtenir un objet cadeau en double (à 0,01 près) ?**

① 3

② 3,22

③ 3,5

④ 3,62

⑤ 5

Le premier cadeau reçu ne peut être déjà en double.
Le deuxième cadeau a une chance sur 4 d'être identique au premier.
Si les deux premiers cadeaux sont différents (3 chances sur 4), le troisième cadeau a deux chances sur quatre d'être identique à l'un des deux premiers. On a donc une probabilité de $\frac{2}{4} \times \frac{3}{4} = \frac{3}{8}$ d'avoir un doublon à partir du troisième cadeau.
Si les trois premiers cadeaux sont différents (probabilité de $1 - \frac{1}{4} - \frac{3}{8} = \frac{3}{8}$), le quatrième cadeau a trois chances sur quatre d'être identique à l'un des trois premiers. On a donc une probabilité d'avoir un doublon à partir du quatrième cadeau.
Enfin, dans le cas où les quatre premiers cadeaux sont différents, le cinquième cadeau reçu est forcément identique à l'un des quatre premiers (probabilité de $1 - \frac{1}{4} - \frac{3}{8} - \frac{9}{32}$ $= \frac{3}{32}\left(-\frac{1}{4} - \frac{3}{8} - \frac{9}{32} = \frac{3}{32}\right)$.
Le nombre moyen de cadeau avant découverte d'un doublon est donc de :
$2 \times \frac{1}{4} + 3 \times \frac{3}{8} + 4 \times \frac{9}{32} + 5 \times \frac{3}{32} = \frac{1}{2} + \frac{9}{8} + \frac{9}{8} + \frac{15}{32} = \frac{103}{32} = 3{,}22.$

109 **Soient les fonctions $f(x) = 2x^2 - 1$ et $g(x) = x^2 + 2$, combien vaut $f(g(x))$?**

① $2x^4 - 4x^2 + 8$

② $2x^4 - 8x^2 - 2$

③ $2x^4 + 8x^2 + 7$

④ $x^4 - 4x^2 + 7$

⑤ $g(f(x))$

$f(g(x)) = f(x^2 + 2) = 2 \times (x^2 + 2)^2 - 1 = 2 \times (x^4 + 4x^4 + 4) - 1$
$= 2x^4 + 8x^2 + 7.$

110 **Quelle figure complète la suite de manière logique ?**

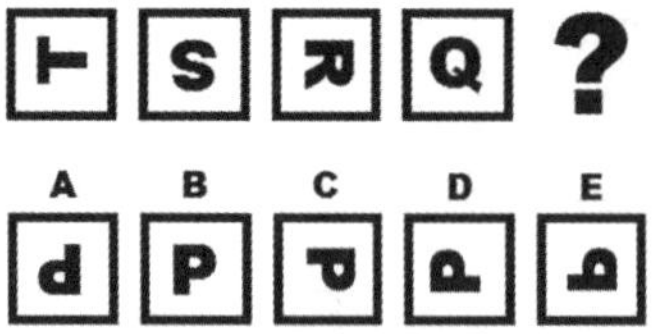

① La figure A
② La figure B
③ La figure C
④ La figure D
⑤ La figure E

La suite est T, S, R, Q, P. Le T la tête à gauche, le S la tête en bas, le R la tête à gauche, le Q la tête en haut et donc le P la tête à gauche est la bonne réponse, c'est donc la figure D.

111 **Complétez cette suite : 8 ; 15 ; 24 ; 35 ; 48 ; … .?**

① 60
② 61
③ 62
④ 63
⑤ 64

Cette suite est la suite des carrés soustrés d'un, $(8 = 3^2 - 1)$, $(15 = 4^2 - 1)$, $(24 = 5^2 - 1)$, etc.
Le suivant est $8^2 - 1 = 63$.

112 **Complétez de manière logique cette suite : pôles, triangle, points cardinaux, doigts, … .**

① carré
② dé
③ cheval
④ milliard
⑤ pentagone

Chaque terme fait référence à un chiffre, les 2 pôles, les 3 côtés ou sommets d'un triangle, les 4 points cardinaux, les 5 doigts de la main et donc les 6 faces d'un dé.

113 **Dans un train comportant 480 places, 240 voyageurs prennent place au départ de Bordeaux à 8h. Arrivés à 10h en gare de Toulouse, la moitié des voyageurs descend et à nouveau 240 montent. À 11h30, en gare de Montpellier, les trois quarts des voyageurs descendent et 30 montent dans le train jusqu'au terminus, 13h00 en gare de Nîmes. En moyenne sur la durée du trajet, quel est le taux d'occupation du train ?**

① 40 %
② 50 %
③ 52,5 %
④ 55 %
⑤ 60 %

Le train est rempli à moitié durant les deux premières heures, aux trois quarts durant l'heure et demie suivante $(240 - 120 + 240 = 360)$, puis au quart durant la dernière heure et demie $(\frac{360}{4} + 30 = 120)$. En moyenne, sur les 5 heures de voyage, le taux d'occupation est donc de 50 %.

114 **Soit la fonction MEDIANE qui calcule la médiane des éléments passés en paramètre. Parmi ces valeurs de X, laquelle permet de vérifier les égalités : MEDIANE(– 10 ; 9 ; X ; 8 ; 4 ; 0 ; 11) = MEDIANE(6 ; – 2 ; 7 ; X ; – 3) = X.**

① 1
② 3
③ 5
④ 7
⑤ 9

Si X doit être la médiane, on doit avoir dans le premier cas {– 10 ; 0 ; 4 ; X ; 8 ; 9 ; 11} et dans le second {– 3 ; – 2 ; X ; 6 ; 7}. Toute valeur de X entre 4 et 6 est donc acceptable. La seule correcte parmi les choix proposés est 5.

115 **La figure ci-dessous représente les valeurs d'une variable Y en fonction des valeurs d'une variable X. Combien vaut le degré de corrélation entre les variables X et Y ?**

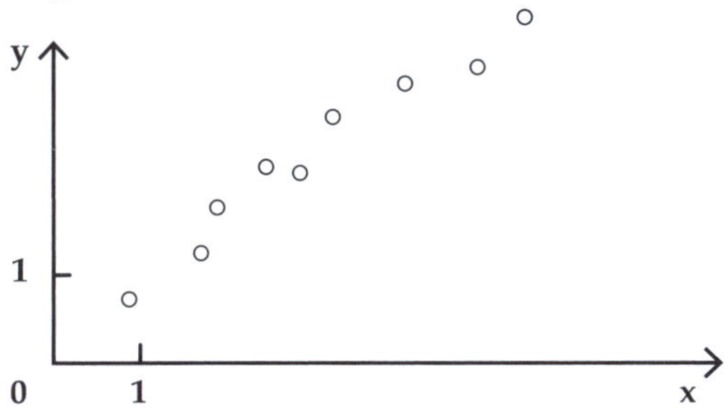

① Une valeur légèrement inférieure à – 1
② Une valeur légèrement supérieure à – 1
③ Une valeur proche de 0
④ Une valeur légèrement inférieure à 1
⑤ Une valeur légèrement supérieure à 1

Les valeurs de X évoluent en phase avec les valeurs de Y. La corrélation est donc clairement positive. Étant donné que le degré de corrélation entre variables est compris entre – 1 et 1, cette valeur est proche mais inférieure à 1.

116 **Combien peut-on faire d'anagrammes différentes avec les lettres de ce mot : « XYYXZZ » ?**

① 120
② 720
③ 360
④ 90
⑤ 30

En théorie avec un mot de six lettres, on peut faire factorielle six anagrammes. Or dans notre cas, les lettres X, Y et Z sont chacune présente en deux exemplaires, il va donc falloir diviser notre résultat par factorielle deux (soit 2) à 3 reprises.

Il y a donc : $\frac{6!}{2! \times 2! \times 2!} = \frac{720}{8} = 10$ anagrammes.

117 **En partant des signes déjà placés, et en sachant que chaque ligne, chaque colonne et chaque carré de 3 x 3 contient une seule et unique fois tous les signes suivants : ()*/-+.,' quel signe doit être placé dans la cellule noire de cette grille ?**

	)		,	-	.	/	'	(
,	-	(	'	/		)		.
'	/	.	)	*	(		,	-
.		/	-	,	'		(	)
	(	,	.	■	)	-	/	'
-	'	)	/	(		.		,
/	,	'		)	-	(	.	
(	.	-	*	'	/	,	)	
)			(	.	,	'	-	/

① (

②)

③ –

④ +

⑤ *

En analysant les réponses proposées et la grille, on peut tout de suite éliminer les réponses « , » et « – » car elles sont déjà présentes dans le carré central. La résolution d'un sudoku de ce type peut se faire de plusieurs manières, l'une d'entre elles est de commencer par remplir le carré de 3 x 3 en haut et au milieu : il manque juste le « + » ; alors on peut remplir la case manquante dans cette même colonne par un « * », alors la case noire au milieu du carré central peut être remplie par un « + ».

118 **Soit une suite de nombres dont on calcule un élément en retranchant au double de l'élément qui le suit celui qui le précède. En sachant que les deux premiers éléments sont respectivement 3 et 1, quelle est la valeur du sixième élément ?**

① 1,625

② 1,675

③ 1,75

④ 2

⑤ 4

Mettons en équation les données du problème, soit l'un nième élément de la liste, on a alors le relation $u_n = 2 \times u_{n+1} - u_{n-1}$, soit $u_{n+1} = \frac{u_n + u_{n-1}}{2}$. On peut donc alors calculer les éléments de la suite : 3 ; 1 ; $\frac{(1 + 3)}{2} = 2$; $\frac{(2 + 1)}{2} = 1,5$; $\frac{(2 + 1,5)}{2} = 1,75$; $\frac{(1,5 + 1,75)}{2} = 1,625$.

Le sixième élément est donc 1,625.

119 **La documentation d'un tableur imaginaire, nous indique que la fonction ARRONDI admet deux arguments : NOMBRE qui représente un nombre réel quelconque à arrondir en prenant en compte CHIFFRES après la virgule. Ainsi, =ARRONDI(Pi ;4) donnera comme résultat 3,1416 car la valeur de Pi est 3,14159265... De plus, la fonction HASARD() renvoie un nombre aléatoire réel compris entre 0 et 1 soit sur l'intervalle [0;1]. Quelle formule de calcul permettra d'obtenir les valeurs possibles suivantes : 0 ; 0,25 ; 0,5 ; 0,75 ou 1 ?**

① ARRONDI(HASARD();0) × 4 / 4

② ARRONDI(HASARD()/4;4) × 4

③ ARRONDI(HASARD()×4;0) / 4

④ ARRONDI(HASARD()/4;0)

⑤ ARRONDI(HASARD()×4;0) × 4

Procédons au calcul manuel étape par étape des formules proposées en réponse.
ARRONDI(HASARD();0) × 4 / 4, HASARD() donne une valeur réelle comprise entre 0 et 1, donc ARRONDI(HASARD();0) donne une valeur entière 0 ou 1.
Et enfin ARRONDI(HASARD();0) × 4 / 4
donne toujours une valeur entière entre 0 et 1 car on multiplie par 1.
ARRONDI(HASARD()/4;4) × 4, HASARD() donne une valeur réelle entre 0 et 1, donc HASARD()/4 donne une valeur réelle entre 0 et 0,25, et ARRONDI(HASARD()/4;4) donne une valeur réelle entre 0 et 0,2500 arrondi à 4 chiffres après la virgule.
Et enfin ARRONDI(HASARD()/4;4) x 4 donne toujours une valeur réelle entre 0 et 1 ARRONDI(HASARD()*4;0) / 4.
HASARD() donne une valeur réelle comprise entre 0 et 1, donc HASARD() × 4 donne une valeur réelle entre 0 et 4, ARRONDI(HASARD()*4;0) donne une valeur entière entre 0 et 4 (soit 0,1, 2, 3 ou 4). Et enfin ARRONDI(HASARD()*4;0) / 4, donnera les 5 valeurs possibles 0 (0 / 4), 1 / 4, 2 / 4, 3 / 4 et 1 (4 / 4)
ARRONDI(HASARD()/4;0). HASARD() donne une valeur réelle comprise entre 0 et 1, donc HASARD()/4 donne une valeur réelle entre 0 et 0,25, ARRONDI(HASARD()*4;0) donne 0
ARRONDI(HASARD()×4;0) x4. HASARD() donne une valeur

réelle comprise entre 0 et 1, donc HASARD()/4 donne une valeur réelle entre 0 et 0,25, ARRONDI(HASARD()*4;0) donne 0 ARRONDI(HASARD()×4;0) ×4. HASARD() donne une valeur réelle comprise entre 0 et 1, donc HASARD()×4 donne une valeur réelle entre 0 et 4, ARRONDI(HASARD()*4;0) donne une valeur entière entre 0 et 4 (soit 0, 1, 2, 3 ou 4). Et enfin ARRONDI(HASARD()*4;0) x 4, donnera les 5 valeurs possibles 0, 4, 8, 12, ou 16.

120 **Jean-Hubert regarde une photo de famille sur laquelle apparaissent ses parents, ses grands-parents, ses arrière-grands-parents et ainsi de suite jusqu'à ses arrière-arrière-arrière-arrière-grands-parents. Combien y a-t-il de personnes présentes sur la photo ?**

① 64
② 65
③ 112
④ 126
⑤ 127

Il y a les 2 parents, les 4 grands-parents, les 8 arrière-grands-parents, les 16 arrière-arrière-grands-parents, les 32 arrière-arrière-arrière-grands-parents et les 64 arrière-arrière-arrière-arrière-grands-parents, soit 2 + 4 + 8 + 16 + 32 + 64 = 126 personnes.

SESSION 3

SCORE IAE-MESSAGE

SESSION DU 25 MARS 2021

Pour vous mettre dans la situation exacte de l'épreuve, nous avons reproduit la page de garde du document remis aux candidats à la Session du 25 mars 2021. Lisez-la attentivement avant de vous lancer.

N'oubliez pas d'utiliser la grille vierge de la page 128 pour y noter vos réponses puis de la comparer à la grille de la page 169 pour calculer votre score.

Session :

SCORE IAE MESSAGE

Nom : ______________________________

Prénom :______________________________

Date de naissance : ____/____/____

Centre : ______________________________

Signature du candidat

N° d'inscription

0	0	0	0	0	0	0
1	1	1	1	1	1	1
2	2	2	2	2	2	2
3	3	3	3	3	3	3
4	4	4	4	4	4	4
5	5	5	5	5	5	5
6	6	6	6	6	6	6
7	7	7	7	7	7	7
8	8	8	8	8	8	8
9	9	9	9	9	9	9

MARQUAGE DES REPONSES

- Utilisez un crayon mine et une gomme propre ou un blanc correcteur
- Ne graphitez qu'une seule réponse par question

Marquage CORRECT

INCORRECT

Culture G (1 2 3 4 5)	Français (1 2 3 4 5)	RLN (1 2 3 4 5)	Anglais (1 2 3 4 5)
1	51	101	121
2	52	102	122
3	53	103	123
4	54	104	124
5	55	105	125
6	56	106	126
7	57	107	127
8	58	108	128
9	59	109	129
10	60	110	130
11	61	111	131
12	62	112	132
13	63	113	133
14	64	114	134
15	65	115	135
16	66	116	136
17	67	117	137
18	68	118	138
19	69	119	139
20	70	120	140
21	71		141
22	72		142
23	73		143
24	74		144
25	75		145
26	76		146
27	77		147
28	78		148
29	79		149
30	80		150
31	81		151
32	82		152
33	83		153
34	84		154
35	85		155
36	86		156
37	87		157
38	88		158
39	89		159
40	90		160
41	91		161
42	92		162
43	93		163
44	94		164
45	95		165
46	96		166
47	97		167
48	98		168
49	99		169
50	100		170

SCORE IAE MESSAGE

3e session 2021

Jeudi 25 mars 2021

SCORE IAE MESSAGE

session 3

À REMPLIR PAR LE CANDIDAT :

Nom : .... Prénom : ....

Identifiant Score IAE-Message : ....

Votre identité (nom et prénom), date de naissance, votre identifiant SIM, ainsi que le centre d'écrit et la session ont été pré-remplis sur la grille de réponses. Merci de les vérifier. Vous devez apposer votre signature dans la case prévue à cet effet. Le présent livret regroupe les quatre épreuves : Culture générale, économique et managériale Compréhension et expression écrite en français Raisonnement logique et numérique Compréhension et expression écrite en anglais, d'une durée de trois heures.

L'épreuve comprend cent soixante-dix (170) questions à choix multiple. Le tableau suivant fait apparaître leur répartition par matière, les pages où vous en prendrez connaissance, la durée indicative de leur traitement (durée qui n'est fournie que pour faciliter la gestion de votre temps).

Matière	Pages du livret	Nombre de questions	Durée indicative de traitement
Culture générale, économique et managériale	2 à 9	50	45 minutes
Compréhension et expression écrite en français	10 à 24	50	45 minutes
Raisonnement logique et numérique	25 à 30	20	45 minutes
Compréhension et expression écrite en anglais	31 à 39	50	45 minutes

Pour chaque question, cinq (5) réponses vous sont proposées **une seule réponse est correcte**.
Le barème de notation est le suivant :

	Épreuve de Culture générale, économique et managériale	Épreuve de Compréhension et expression écrite en français	Épreuve de Raisonnement logique et numérique	Épreuve de Compréhension et expression écrite en anglais
Bonne réponse	2 points	2 points	5 points	2 points
Mauvaise réponse, absence de réponse ou réponses multiples	0 point	0 point	0 point	0 point

Vos réponses devront être portées sur la grille codée qui vous est remise, et qui ne doit être ni pliée, ni écornée. Pour chacune des questions, graphitez entièrement une case (1, 2, 3, 4, 5) de la ligne numérotée correspondant à la question, en utilisant, pour permettre la lecture optique, un crayon de bois. En cas de correction, le blanc correcteur vous est vivement recommandé.

À la fin de l'épreuve, vous remettrez la grille codée au surveillant et vous lui restituerez également le présent livret.

RAPPELS

L'usage de la calculatrice, dictionnaire, lexique ou grammaire est formellement interdit.
Aucune sortie n'est autorisée pendant l'épreuve, toute sortie étant définitive.

Ce document contient 39 pages (compte tenu de cette page de garde).

Merci de vérifier que toutes les pages sont jointes au document.

Bonne chance !

Épreuve de culture générale, économique et managériale

1 **Qui était Paul Virilio, décédé le 10 septembre 2018 à l'âge de 86 ans ?**

1/ Un homme politique
2/ Un artiste-peintre
3/ Un philosophe
4/ Un musicien
5/ Un athlète

2 **En France, en décembre 2018, quelle ville a été touchée par un attentat qui a fait cinq morts et plusieurs blessés pendant les festivités du marché de Noël ?**

1/ Colmar
2/ Strasbourg
3/ Reims
4/ Nancy
5/ Schiltigheim

3 **Quelle capitaine de l'équipe américaine de football féminin, gagnante de la coupe du monde disputée de France en 2019, a pris position publiquement contre la politique de Donald Trump et affirmé son refus de se rendre à la Maison Blanche pour fêter la victoire de son équipe ?**

1/ Megan Rapinoe
2/ Alyssa Naeher
3/ Carli Lloyd
4/ Tobin Heath
5/ Rose Lavelle

4 **En octobre 2018, lequel de ces constructeurs automobiles a fait son entrée en bourse ?**

1/ Aston Martin
2/ Ford
3/ Porsche
4/ Lexus
5/ Rolls-Royce

5 **En juin 2017, une île des Antilles s'est déclarée en faveur de son rattachement aux États-Unis via un référendum. Laquelle ?**

1/ La Barbade
2/ La Jamaïque
3/ Trinité
4/ Haïti
5/ Porto-Rico

6 **En Malaisie, en janvier 2019, comment se nomme le nouveau roi élu pour cinq ans suite à l'abdication du roi Muhammad Faris Petra ?**

1/ Abdullah Shah
2/ Sri Mulyani Indrawati
3/ Sarbini Sumawinata
4/ Dede Koswara
5/ Mbah Gotho

7 **Quels pays détiennent, à égalité, le plus grand nombre de sites classés patrimoines de l'humanité par l'UNESCO ?**

1/ L'Iran et les États-Unis
2/ L'Inde et l'Angola
3/ L'Italie et la Chine
4/ Le Royaume-Uni et la Suède
5/ Madagascar et le Canada

8 **Parmi les propositions suivantes, lequel de ces pays n'est pas en partie occupé par la forêt Amazonienne ?**

1/ Le Brésil
2/ Le Pérou
3/ L'Argentine
4/ La Colombie
5/ Le Venezuela

9 **Zine El Abidine Ben Ali, Président de la Tunisie entre 1987 et 2011, en exil en Arabie Saoudite, est décédé en septembre 2019. Il avait été chassé de son pays par une protestation populaire. Quel nom avait été donné à ce soulèvement ?**

1/ La révolution de velours
2/ Le printemps des roses
3/ La révolution de jasmin
4/ Le mouvement Hirak
5/ Le soulèvement des femmes

10 **De quel parti politique Xi Jinping, Président chinois, est-il issu ?**

1/ Le parti démocrate chinois
2/ Le parti national chinois
3/ Le parti capitaliste chinois
4/ Le parti républicain chinois
5/ Le parti communiste chinois

11 **Quel est le musée le plus visité au monde ?**

1/ La National Gallery
2/ Le Musée du Louvre
3/ Le British Museum
4/ Les Musées du Vatican
5/ Le Musée national de Chine

12 **Que s'est-il passé lors de la nuit de la Saint Barthélémy ?**

1/ Le massacre des catholiques
2/ Le massacre des juifs
3/ Le massacre des protestants
4/ Le massacre des maures
5/ Le massacre des femmes

13 **Dans quel pays a été réalisé puis censuré « Rafiki », film sorti en septembre 2018 et sélectionné pour le festival de Cannes, qui raconte l'idylle adolescente de deux jeunes femmes ?**

1/ Le Kenya
2/ L'Afrique du Sud
3/ Le Liban
4/ L'Arabie Saoudite
5/ Le Maroc

14 **Parmi les propositions suivantes, lequel de ces départements ne fait pas partie de la région Auvergne Rhône Alpes ?**

1/ La Haute-Loire
2/ L'Allier
3/ La Savoie
4/ La Lozère
5/ Le Cantal

15 Quels pays regroupent le Mercosur, organisation commerciale avec laquelle l'Union européenne a passé un accord de libre-échange en juin 2019 ?

1/ Le Brésil, l'Argentine, le Paraguay, l'Uruguay
2/ Le Brésil, le Mexique
3/ Le Brésil, le Mexique, le Chili
4/ Le Brésil, le Mexique, le Chili, les États-Unis
5/ Le Brésil, le Mexique, le Chili, les États-Unis, Canada

16 Quel est le nom actuel du pays qui portait le nom de Zaïre entre 1971 et 1997 ?

1/ Le Bénin
2/ Le Togo
3/ La Guinée Bissau
4/ Le Zimbabwe
5/ La République Démocratique du Congo

17 Lequel de ces pays n'est pas membre du conseil de sécurité de l'ONU ?

1/ La France
2/ La Suisse
3/ La Russie
4/ Les États-Unis
5/ La Chine

18 En 2019, quel espace maritime est le théâtre du bras de fer entre l'Iran et les États-Unis, avec la saisie par l'Iran de plusieurs tankers américains, au cours de l'été en mer d'Arabie, puis deux tirs de missiles sur le Sabiti, un tanker iranien, le 11 octobre ?

1/ La mer Noire
2/ L'océan Indien
3/ La mer Rouge
4/ La mer Méditerranée
5/ La mer Caspienne

19 En mai 2019, dans quel pays où les attaques djihadistes se sont multipliées depuis 2014, quatre églises ont fait l'objet d'attaques terroristes en moins d'un mois ?

1/ L'Angola
2/ Le Libéria
3/ Le Burkina Faso
4/ Le Kenya
5/ La Mauritanie

20 En France, quelle est la cause défendue par la pétition « L'Affaire du siècle » lancée en décembre 2018 ?

1/ La lutte contre toutes les formes de sexisme
2/ La lutte contre l'antisémitisme
3/ La lutte contre le travail illégal des enfants
4/ La lutte contre l'exclusion et la pauvreté
5/ La lutte contre le changement climatique

21 En novembre 2018, quel pays européen a rappelé son ambassadeur car il suspectait le pouvoir iranien de préparer un attentat sur son territoire ?

1/ L'Allemagne
2/ Le Danemark
3/ L'Espagne
4/ Les Pays-Bas
5/ La Grande-Bretagne

22 En Indonésie, le 22 décembre 2018, quelle catastrophe naturelle a provoqué la mort de 222 personnes dans le détroit de la Sonde ?

1/ Une tornade
2/ Un tsunami volcanique
3/ Un ouragan
4/ Un tremblement de terre
5/ La crue d'un fleuve

23 Combien de pays forment la zone euro ?

1/ 15
2/ 17
3/ 19
4/ 21
5/ 23

24 En décembre 2018, de quel pays l'ancien Président Donald Trump a-t-il annoncé le retrait lent des troupes américaines considérant que l'Etat Islamique était presque vaincu ?

1/ L'Irak
2/ La Syrie
3/ Le Liban
4/ Le Tchad
5/ L'Iran

25 En mai 2019, quel club de football français a remporté la Ligue de champions féminine pour la quatrième fois d'affilée et la sixième fois au total ?

1/ L'Olympique Lyonnais
2/ Le Paris-Saint-Germain
3/ Le FC Nantes
4/ L'Olympique de Marseille
5/ L'AS Saint-Étienne

26 Quel homme politique français des Antilles, né vers 1743 en Haïti, chef de la Révolution haïtienne, est devenu l'une des grandes figures des mouvements anticolonialiste, abolitionniste et d'émancipation des Noirs ?

1/ Ambroise Croizat
2/ Toussaint Louverture
3/ Roger Salengro
4/ Benjamin Constant
5/ Jean-François De Lapérouse

27 En 2019, pour quel événement Franky Zapata est-il devenu célèbre ?

1/ Il a gagné le Tour de France à seulement 19 ans
2/ Il s'est évadé d'une prison indonésienne
3/ Il a succédé à Karl Lagerfeld après son décès
4/ Il a traversé la Manche en Flyboard Air
5/ Il a sauvé un enfant suspendu à un balcon avant d'être décoré par E. Macron

28 En Hongrie, en mars 2019, quel est le nom du Premier ministre suspendu provisoirement du Parti populaire européen (PPE) à la suite de déclarations publiques très controversées ?

1/ Viktor Orbán
2/ Tibor Nagy
3/ Miklós Horthy
4/ Ferenc Gyurcsány
5/ Gordon Bajnai

29 Quel député, membre de la majorité LREM, a décidé de poser sa candidature dissidente pour les municipales de la mairie de Paris de 2020, contre le candidat choisi par son parti ?

1/ Éric Bothorel
2/ Cédric Villani
3/ Mounir Mahjoubi
4/ Brigitte Bourguignon
5/ Gilles Le Gendre

30 La théorie de l'efficience des marchés a été développée par :

1/ Eugene Fama
2/ Thomas Piketty
3/ Joh, Kenneth Galbraith
4/ Esther Duflo
5/ Gary Becker

31 En juillet 2019, quels pays se sont affrontés en finale de la Coupe du monde féminine de football ?

1/ Pays-Bas / Norvège
2/ France / Angleterre
3/ Pays-Bas / États-Unis
4/ Norvège / États-Unis
5/ Finlande / Allemagne

32 En France, dans quelle entreprise, le canadien Benjamin Smith a-t-il été nommé au poste de directeur général en août 2018 ?

1/ Dassault Aviation
2/ Air France-KLM
3/ Danone
4/ Renault
5/ Engie

33 Aux États-Unis, en quelle année fut assassiné Martin Luther King Jr., connu pour son célèbre discours débutant par « I have a dream » ?

1/ En 1951
2/ En 1958
3/ En 1968
4/ En 1976
5/ En 1984

34 En France, en quelle année, la grotte de Lascaux a-t-elle été découverte par quatre adolescents ?

1/ En 1914
2/ En 1927
3/ En 1940
4/ En 1955
5/ En 1970

35 **En Chine, en octobre 2019, les chinois ont commémoré la fondation de la République populaire de Chine. De quel anniversaire s'agit-il ?**

1/ Du quarantième
2/ Du cinquantième
3/ Du soixantième
4/ Du soixante-dixième
5/ Du quatre-vingtième

36 **« Le Lac » de Lamartine est un poème majeur :**

1/ Du courant romantique
2/ Du courant baroque
3/ Du courant parnassien
4/ Du courant naturaliste
5/ Du courant classique

37 **En décembre 2018, quelle femme a été nommée Directrice Générale d'Air France ?**

1/ Anne Lauvergeon
2/ Dominique Senequier
3/ Anne-Marie Idrac
4/ Anne Rigail
5/ Delphine Ernotte

38 **En France, en juin 2019, quel groupe ayant repris l'usine d'Alstom dans le territoire de Belfort suscite des inquiétudes sur la pérennité des emplois de l'usine ?**

1/ Airbus
2/ General Electric
3/ Huawei
4/ PSA
5/ Dassault

39 **Au cours de l'année 2017, le groupe PSA Peugeot-Citroën est devenu le deuxième constructeur automobile mondial en rachetant :**

1/ Nissan
2/ Volvo
3/ Opel-Vauxhall
4/ Renault
5/ Mazda

40 **En juillet 2019, dans quel pays a eu lieu une violente mutinerie dans une prison, provoquant la mort de 57 personnes dont plusieurs par décapitation ?**

1/ Au Mexique
2/ Aux États-Unis
3/ Au Venezuela
4/ Au Brésil
5/ Au Canada

41 **En juin 2019, avec quelle entité l'Union européenne a-t-elle passé un accord de libre-échange controversé ?**

1/ ALENA
2/ Mercosur
3/ OMC
4/ OEA
5/ ASEAN

42 Parmi les personnalités suivantes, laquelle était la fille de Lord Byron, et pionnière de la science informatique, principalement connue pour avoir réalisé le premier programme informatique, lors de son travail sur un ancêtre de l'ordinateur ?

1/ Artemisia Gentileschi
2/ Ada Lovelace
3/ Angela Davis
4/ Diane Arbus
5/ Alexandra David-Néel

43 En France, qui était président de la République au moment de la fin de la Guerre d'Algérie ?

1/ Charles de Gaulle
2/ Michel Debré
3/ Georges Pompidou
4/ René Coty
5/ Alain Poher

44 Quel économiste affirme que le déficit budgétaire d'un État permet de soutenir la demande effective par l'injection de nouvelles ressources ?

1/ David Ricardo
2/ Milton Friedman
3/ Karl Marx
4/ John Maynard Keynes
5/ Adam Smith

45 Dans quelle ville espagnole peut-on visiter l'Alhambra, un ensemble palatial constituant l'un des monuments majeurs de l'architecture islamique ?

1/ À Séville
2/ À Grenade
3/ À Alicante
4/ À Madrid
5/ À Barcelone

46 Quel est le nom de l'opération turque menée contre les forces kurdes dans le nord-est de la Syrie ?

1/ Source de paix
2/ Concordia
3/ Foudre de guerre
4/ Turquoise
5/ Sangaris

47 Dans lequel des films suivants Anémone, décédée en avril 2019, avait-elle reçu le César de la meilleure actrice en 1988 ?

1/ « Le Grand Chemin »
2/ « Le père Noël est une ordure »
3/ « Voisins, voisines »
4/ « Le Quart d'heure américain »
5/ « Ma femme s'appelle reviens »

48 Parmi les romans suivants, lequel a été écrit par Toni Morrison, décédée en août 2019 ?

1/ *Le Bruit et la fureur*
2/ *Beloved*
3/ *À l'est d'Éden*
4/ *Ne tirez pas sur l'oiseau moqueur*
5/ *Gatsby le Magnifique*

49 Qu'est-ce que « l'assouplissement quantitatif » (« *Quantitative easing* » en anglais) ?

1/ Une technique utilisée par les banques centrales pour relancer l'économie via le rachat de titres de dettes auprès des acteurs financiers
2/ Une technique utilisée par les marchés financiers pour faire monter le cours des actions via la suspension temporaire des cotations
3/ Une technique utilisée par les États pour attirer les investisseurs étrangers via l'assouplissement des règles qui régissent leurs marchés financiers
4/ Une politique d'harmonisation fiscale à l'échelle européenne
5/ Une politique fiscale visant à réduire la pression exercée par l'impôt sur les foyers les plus modestes

50 Selon la banque mondiale le taux de croissance du PIB de la France pour 2019 a été de :

1/ 0,30 %
2/ 0,90 %
3/ 1,5 %
4/ 2,70 %
5/ 3,20 %

Épreuve de compréhension et expression écrite en français

1re partie : expression - 35 questions

51 **Parmi les propositions suivantes, laquelle est correcte ?**

1/ Une phlogistique est une formation de caillot de sang dans les veines
2/ Phlogistique est un nom féminin
3/ Une phlogistique est un raisonnement logique à trois temps
4/ Un phlogistique est un fluide particulier que l'on croyait présent dans tout corps
5/ Un phlogistique est un appareil dégageant de la chaleur

52 **Dans cette phrase extraite de *L'introduction aux romans* de S. Zweig : « Le continent le plus civilisé de la planète tombe dans les sentines des nationalismes », quelle est la signification du mot « sentines » ?**

1/ Synonyme de bras
2/ Figuratif de donner l'accolade
3/ En pamoison devant
4/ Endroits malpropres et nauséabonds
5/ Synonyme d'embuscade

53 **Dans cette phrase extraite de *La promesse de l'aube* de Romain Gary : « Cependant, je me battis courageusement, comme il sied à un Français, et je gagnais la bataille », quel est l'infinitif du verbe utilisé après le mot « comme » ?**

1/ Seindre
2/ Seoir
3/ Sire
4/ Soier
5/ Soyer

54 **Que signifie l'adjectif « suranné » ?**

1/ Qui a vécu plusieurs overdoses
2/ Qui souffre de plusieurs intolérances d'origine alimentaires
3/ Qui manque de lumière
4/ Qui a été trop exposé au soleil
5/ Qui appartient à une époque révolue

55 **Parmi les propositions suivantes, laquelle est conjuguée au subjonctif imparfait ?**

1/ Qu'il cuisine
2/ Il eût cuisiné
3/ Qu'il cusinasse
4/ Qu'il cuisinât
5/ Qu'il eût cuisiné

56 Parmi les définitions suivantes, quelle est celle qui correspond à la figure de style « Euphémisme » ?

1/ Procédé qui consiste à commencer par le même mot les divers membres d'une phrase
2/ Procédé qui consiste à exprimer une idée par son contraire
3/ Procédé qui consiste à remplacer une expression littérale (idée désagréable, triste) par une forme atténuée, adoucie
4/ Procédé qui consiste à mettre en relief une idée au moyen d'une expression exagérée
5/ Procédé qui fait coexister deux termes de sens contraires à l'intérieur d'un même groupe de mots

57 Parmi les propositions suivantes, laquelle est correctement conjuguée ?

1/ Pour que vous voyez ce détail, il faudrait que vous ayez mis vos lunettes
2/ Pour que vous voyiez ce détail, il faudrait que vous ayiez mis vos lunettes
3/ Pour que vous voyez ce détail, il faudrait que vous ayiez mis vos lunettes
4/ Pour que vous voyez ce détail, il faudrait que vous ayiez mises vos lunettes
5/ Pour que vous voyiez ce détail, il faudrait que vous ayez mis vos lunettes

58 Parmi les propositions suivantes, laquelle n'est pas une caractéristique de la préposition ?

1/ Un mot invariable
2/ S'accorde en genre et en nombre
3/ Ne peut être effacée ou déplacée
4/ Unit deux éléments dans une phrase
5/ Peut avoir des sens différents selon le contexte

59 Parmi les propositions suivantes, laquelle est correcte ?

1/ Par acquis de conscience, je préfèrerais que tu vérifies toi-même
2/ Par aquis de conscience, je préfèrerais que tu vérifies toi-même
3/ Par acquit de conscience, je préfèrerais que tu vérifies toi-même
4/ Par aquit de conscience, je préfèrerais que tu vérifies toi-même
5/ Paracquis de conscience, je préfèrerais que tu vérifies toi-même

60 Les mots « ressasser » et « radar » sont des :

1/ Anaphores
2/ Palindromes
3/ Litotes
4/ Allégories
5/ Oxymores

61 **Parmi les propositions suivantes, laquelle correspond au sens d'une mesure dilatoire ?**

1/ Mesure ayant pour but d'étendre le domaine d'action
2/ Mesure visant à anticiper un changement de situation
3/ Mesure visant à intégrer de nouveaux participants à une action
4/ Mesure ayant pour but d'assainir une situation
5/ Mesure ayant pour but de gagner du temps

62 **Quelle est l'orthographe correcte du mot manquant dans cette phrase extraite de *La Chute de la Maison Usher* de E. A. Poe : « Un domestique, au pas furtif, me conduisit en silence à travers [...] passage obscur et compliqué vers le cabinet de son maître » ?**

1/ Main
2/ Mainte
3/ Maints
4/ Mains
5/ Maint

63 **Parmi les propositions suivantes, laquelle est correctement conjuguée ?**

1/ Renée voiera enfin son but se réaliser
2/ Désormais vous aurait une certitude pour avancer
3/ Tessa voudrat une cité à son image
4/ Il progressera vite en étudiant ainsi
5/ Les enfants se taieront quand la cloche aura sonné

64 **Parmi les propositions suivantes, laquelle est correctement orthographiée ?**

1/ Elle se sentait mal et eut un haut le cœur
2/ Il était inutile de se faire du mauvais sans, il n'y avait aucun danger
3/ Ce sourire lui donnait l'air d'une garggouille
4/ Il parlait d'un ton bourru
5/ Il est inutile d'inffliger une répétition à tout le monde

65 **Parmi les propositions suivantes, laquelle correspond à un usage correct de l'adjectif « impavide » ?**

1/ L'humanité va à sa perte, les hommes sont devenus impavides : ils pillent les ressources naturelles, malgré leur raréfaction, pour combler leurs désirs de plus en plus nombreux
2/ La femme est restée impavide face aux attaques de la foule, elle a une grande maîtrise d'elle-même
3/ Le choix de cet acteur pour la campagne publicitaire est impavide, sa notoriété est insuffisante pour promouvoir efficacement le produit
4/ Les enfants impavides fatiguent leurs parents par leurs gesticulations continuelles
5/ Les chaussées impavides de Paris et de plusieurs grandes villes françaises posent des problèmes de bruit lors du passage des automobiles

66 **Parmi les propositions suivantes, laquelle est correctement conjuguée ?**

1/ Le scientifique décelle une faille dans le raisonnement
2/ La parentalité écartelle l'individu entre ses devoirs professionnels et parentaux
3/ L'entreprise amoncelle les bons résultats
4/ L'écologiste martelle l'importance d'un changement des habitudes de consommation
5/ L'artiste modelle une nouvelle œuvre dans la glaise

67 **Parmi les propositions suivantes, laquelle est correcte ?**

1/ Je vous saurai gré de bien vouloir me rendre l'argent avancé
2/ Je vous saurai grés de bien vouloir me rendre l'argent avancé
3/ Je vous saurais grés de bien vouloir me rendre l'argent avancé
4/ Je vous serai gré de bien vouloir me rendre l'argent avancé
5/ Je vous serai grés de bien vouloir me rendre l'argent avancé

68 **Parmi les phrases suivantes, laquelle est à la forme emphatique ?**

1/ C'est aujourd'hui que vient Christophe
2/ Nous préférons les raviolis aux lasagnes
3/ Arrête de te faire du mal
4/ Je me fiche de tes caprices
5/ Il achète des croissants à la boulangerie

69 **Parmi les propositions suivantes, laquelle est correctement conjuguée ?**

1/ Je pensais que je ne parviendrais pas à traiter ce dossier qui m'était échus dans la période qui m'était impartie
2/ Je pensai que je ne parviendrai pas à traiter ce dossier qui m'était échue dans la période qui m'était impartit
3/ Je pensais que je ne parviendrai pas à traiter ce dossier qui m'était échus dans la période qui m'était impartie
4/ Je pensai que je ne parviendrais pas à traiter ce dossier qui m'était échut dans la période qui m'était imparti
5/ Je pensais que je ne parviendrais pas à traiter ce dossier qui m'était échu dans la période qui m'était impartie

70 **Parmi les propositions suivantes, laquelle est correcte ?**

1/ J'ai beaucoup aimé cette pièce de théâtre et ses personnages trucculents
2/ J'ai beaucoup aimé cette pièce de théâtre et ses personnages trucculants
3/ J'ai beaucoup aimé cette pièce de théâtre et ses personnages trucullents
4/ J'ai beaucoup aimé cette pièce de théâtre et ses personnages trucullants
5/ J'ai beaucoup aimé cette pièce de théâtre et ses personnages truculents

71 **Parmi les propositions suivantes, laquelle est correctement orthographiée ?**

1/ Quand la pauvretée entre par la porte, l'amour s'en va par la fenêtre
2/ Avec du temps et de la patience, on vient à bouts de tout
3/ Il n'y a pas de grenouille qui ne trouve son crapaut
4/ Un petit chez soit vaut mieux qu'un grand chez les autres
5/ Il vaut mieux arriver en retard qu'arriver en corbillard

72 **Parmi les propositions suivantes, laquelle est correctement orthographiée ?**

1/ Célia se laissait aller à la mélancholye
2/ La mélencolie est un sentiment douloureux
3/ La mélancholie ne faisait pas partie de son vocabulaire
4/ Elle ressentait souvent de la mélancolie face à la mer
5/ Il ne ressentait jamais de mélencholie

73 **Parmi les propositions suivantes, laquelle est grammaticalement correcte ?**

1/ Incroyable, le rêve d'une vie est j'ai loupé ce spectacle
2/ Nos cousins sont arrivés est il va falloir les loger
3/ Ils sont enchantés de leur voyage et ne cessent de le dire
4/ Et Nora déclare qu'elle et meilleure couturière que peintre
5/ Il faudrait lessiver est savonner est poncer est ciré cet endroit

74 **Parmi les propositions suivantes, laquelle est correctement conjuguée ?**

1/ Je suis ravie qu'on aie réglé ça
2/ Elle souhaite que vous apprennez ce texte par cœur
3/ Il faut que la pluie revient pour sauver les cultures
4/ Ils souhaitaient que tout le monde fasse honneur au diner
5/ Il était ravi que tu soies venu

75 **Quelle est l'orthographe correcte du mot manquant dans cette phrase extraite de *24h de la vie d'une femme* de S. Zweig : « Sur ces …, les enfants s'étaient réveillées là-haut et en chemises de nuit elles appelaient leur mère par la fenêtre » :**

1/ Entrefaites
2/ Entre-faites
3/ Entrefaits
4/ Entre-faits
5/ Entre-fètes

76 **Parmi les propositions suivantes, laquelle est correctement conjuguée ?**

1/ Benoît créra un festival de théâtre qui aura un grand succès
2/ Rachel et Alice créront un festival de musique contemporaine à Cologne
3/ Tu créera certainement une œuvre majeure bientôt
4/ Je créerais un nouveau module de littérature en septembre
5/ Ensemble, vous créerez un festival de musique et de théâtre

77 L'« héliophobie » est une sensibilité particulière :

1/ Au vent
2/ À la lumière artificielle
3/ À la lumière du soleil
4/ À la pollution
5/ À la chaleur

78 Parmi les propositions suivantes, laquelle est correcte ?

1/ Elle s'est coupait en jardinant
2/ Elle est parti acheté un peu de pain pour le diner
3/ Après avoir finie sa sieste, cette petite fille a repris sa lecture
4/ Malgré le coût et la fatigue, il a choisi de travailler loin de son domicile
5/ Elle à préféré cuisiner une pâtisserie pour ses voisines

79 Parmi les propositions suivantes, laquelle est grammaticalement correcte ?

1/ Cette fleur était la plus belle du jardin, elle la cueillie pour la mettre dans un vase
2/ Marc a passé la journée au bord de la mer avec Sylvie puis il la reconduit à la gare
3/ Julie cherche toujours a attiré l'attention de ses parents
4/ Marie passe des heures a regardé une nouvelle série américaine
5/ C'est une machine à mixer et à chauffer en même temps

80 Qu'est-ce qu'un « amphigouri » ?

1/ C'est un animal de la famille de la grenouille
2/ C'est un singe de Madagascar
3/ C'est un discours incompréhensible et burlesque
4/ C'est une amphore antique destinée au transport du riz
5/ C'est un outil de chirurgie.

81 Parmi les propositions suivantes, laquelle correspond le mieux à la définition du mot « acmé » ?

1/ Maladie de la peau
2/ Enfant de moins de 2 ans
3/ Langue disparue ou morte
4/ Apogée
5/ Bijou

82 Parmi les propositions suivantes, laquelle est correcte ?

1/ À force d'aguapes, il est fatigué
2/ À force d'agappes, il est fatigué
3/ À force d'aguappes, il est fatigué
4/ À force d'aggapes, il est fatigué
5/ À force d'agapes, il est fatigué

83 Parmi les propositions suivantes, laquelle est une expression incorrecte de la concession ?

1/ On lui proposerait une grosse prime de départ qu'il conserverait son emploi quand même
2/ Il garde son emploi malgré qu'il n'en soit pas satisfait
3/ Il conservera son emploi quoi qu'il lui en coûte
4/ Quand bien même une meilleure situation lui serait offerte, il conserverait son emploi
5/ Bien qu'il soit souvent absent, son employeur le trouve efficace

84 Parmi les propositions suivantes, laquelle est correcte ?

1/ Avoir des yeux vairons signifie que l'on louche
2/ Dire d'un homme qu'il est vairon signifie qu'il est malhonnête
3/ Avoir des yeux vairons signifie avoir des yeux de couleurs différentes
4/ Être vairon signifie que l'on a perdu beaucoup d'argent eu jeu
5/ Avoir des yeux vairons signifie qu'on a les yeux gonflés

85 Parmi les propositions suivantes, laquelle est incorrecte ?

1/ Cette lettre est arrivée à ton domicile par erreur, il faut que tu la renvoyes
2/ Il paie toujours ses factures avant l'échéance
3/ Nous nettoyons notre maison chaque dimanche
4/ Il s'est ennuyé à cette réunion de famille
5/ À force d'insister, elle noya le moteur de sa voiture

Texte

Le Monde, 23 septembre 2019 - Entretien Gisèle Halimi
Propos recueillis par Annick Cojean

JE NE SERAIS PAS ARRIVÉE LÀ SI...

Si ma mère, et tout mon entourage depuis la prime enfance, ne m'avaient constamment rappelé que le fait d'être une fille impliquait un sort très différent de celui de mes frères. Un sort dans lequel le choix, le libre arbitre, la liberté n'avaient aucune place. Un sort uniquement déterminé par mon genre. « *Ma grand-mère, ma mère et moi avons vécu comme ça alors toi aussi !* », me disait ma mère, Fritna, faisant du mariage et de la sujétion à un homme mon horizon ultime. Cela impliquait de me mettre au service des hommes de la famille, de servir mes frères à table et de faire leur lit, le ménage et la vaisselle. Je trouvais cela stupéfiant. Pourquoi ? Au nom de quoi ? Avant même la révolte, je ressentais une immense perplexité. Pourquoi cette différence ? Elle n'avait selon moi aucun fondement ni aucun sens.

L'anecdote familiale autour de votre naissance ne vous avait-elle pas donné très tôt un indice de la différence de traitement entre garçons et filles ?

Si ! Tout était déjà là. Et ce récit, entendu dès mon plus jeune âge, m'a tout de suite fait comprendre la malédiction d'être née femme. C'est l'histoire de mon père, Édouard, si consterné en apprenant que sa femme avait mis au monde une petite fille qu'il a nié ma naissance pendant près de trois semaines ! Aux amis qui venaient aux nouvelles, il affirmait : « *Non, Fritna n'a pas encore accouché. Bientôt, bientôt…* » Il a fini par s'habituer à l'idée de la catastrophe après tout, l'honneur était sauf, il avait déjà un fils aîné, et nous nous sommes beaucoup aimés. Mais tout, dans mon enfance, était fait pour me rappeler que je n'étais qu'une femme, un être éminemment inférieur.

D'où la rébellion ?

Instinctive ! Viscérale ! Elle s'est même exprimée par une grève de la faim quand j'avais 10 ans. C'est une arme terrible, vous savez. Elle déconcerte les parents et les affole très vite. Ma mère en perdait la tête. Mais il n'était pas question que je fasse les tâches ménagères dont mes frères étaient exemptés. Plutôt mourir ! Et mes parents ont cédé. Ce fut au fond ma première victoire féministe. « *C'est pas juste !*, disais-je constamment. *C'est pas juste !* » Mon père s'énervait : « *Tu n'as que ce mot-là à la bouche !* » C'est vrai. Je l'ai eu toute ma vie. Et il est indéniable que mon féminisme et mon besoin de corriger les injustices sont ancrés dans cette révolte initiale.

Aimiez-vous l'école ?

Avec passion ! C'est là que je me sentais le mieux. J'étais une bonne élève. Et j'étais littéralement amoureuse de ma prof de français, mademoiselle Nicot, qui poussait un soupir en rendant les rédactions : « *Et, comme toujours, c'est Gisèle la première.* ».

Je me souviens du chagrin fou ressenti lorsque je l'ai croisée un jour au bras d'un homme plus âgé dont elle devait être la fiancée. Elle ne m'avait pas prévenue ! Je me disais : « *C'est pas possible qu'elle me fasse ça !* » Je l'ai perdue de vue, mais elle a été un phare, elle a tout de suite perçu ma conviction que l'école serait ma libération. Je me demande parfois ce que je serais devenue sans elle. Mais j'aurais forcément fait quelque chose, car j'avais en moi, comment vous dire, une force mauvaise, une force sauvage. Une rage : faut pas qu'on m'empêche ! Je veux apprendre ! Je dois me sauver !

→

Vos parents étaient fiers de vos exploits scolaires ?

Fiers ? Ils s'en fichaient. Je rapportais mes bonnes notes dans l'indifférence générale. J'étais l'inessentielle. Toute l'attention était focalisée sur mon frère aîné, l'essentiel, qui passait son temps entre colles, mensonges, zéros pointés et renvois. Ce qui rendait fou mon père, qui hurlait et tabassait mon frère lors de scènes d'une violence insensée. Tout l'espoir de la famille y compris nous sortir de la pauvreté reposait sur ce fils aîné pour lequel mes parents étaient prêts à tous les sacrifices. Moi, en revanche, je ne devais pas leur coûter un sou. Ma mère ne voyait d'ailleurs pas l'utilité d'investir dans l'éducation. « *Les frais du lycée pourraient payer ton trousseau de mariée !* », a-t-elle dit lorsque je devais entrer en 6e. Mais je m'étais renseignée. J'avais appris, dès l'âge de 10 ans, qu'il existait un concours des bourses, et j'ai été reçue première. Je ne leur ai donc rien coûté ! Même pas en livres, puisque les élèves de familles « nombreuses et nécessiteuses » avaient droit à un prêt pendant leurs études.

Quelle chance !

Et quelle frustration lorsque je devais les rendre en fin d'année scolaire ! J'aurais tellement aimé les garder. C'était ça, la vraie nourriture. Je les palpais, les humais, les feuilletais mille fois. Il n'y avait aucun livre à la maison et, petite, je me contentais de l'annuaire et d'un gros dictionnaire médical qu'un représentant de commerce avait laissé chez nous. Mais, plus tard, inscrite dans toutes les bibliothèques, je lisais avec fièvre et boulimie. Nous étions quatre enfants dans la chambre et ma mère déclarait très tôt l'extinction des feux. J'avais acheté une mini-ampoule de 1 watt, que je branchais sur une prise au ras du sol. La lumière était trop faible pour que ma mère puisse la repérer de sa chambre et je lisais à plat ventre sur le sol des nuits entières. C'est à ce moment-là que j'ai compris que les livres me donnaient de la force et que c'était à moi, et à moi seule, de décider de mon chemin.

Ce tempérament indépendant et votre refus du schéma classique inquiétaient-ils votre mère ?

C'était bien au-delà de l'inquiétude. Elle me pensait anormale. Quelque chose ne tournait pas rond chez sa fille pour qu'elle refuse ainsi sa condition de fille. Elle-même avait été mariée à 16 ans, selon la norme en Tunisie, avait ensuite enfanté tous les deux ans, et entendait bien que je poursuive la tradition. Le jour où j'ai eu mes règles, elle m'a d'ailleurs prévenue : « *Maintenant, c'est fini ! Qu'est-ce qui est fini ? Tu ne joues plus du tout avec les garçons.* »

J'étais sidérée. Moi qui jouais au foot avec eux, courais pieds nus dans les rues, nageais à perte de souffle avec une bande de copains, j'aurais dû tout arrêter ? « Mais pourquoi ?

- C'est comme ça ! »

Là encore, quelle injustice ! De quoi étais-je coupable ? Quand j'avais 16 ans, elle a tenté de me marier à un riche marchand d'huile de 35 ans. « *Il a trois voitures !* », répétait-elle, tel l'Harpagon de L'Avare répétant « *sans dot !* »

La dot, comme dans la pièce de Molière, était-elle encore en usage ?

Et comment ! Il y avait des tarifs qui variaient en fonction de la situation du fiancé. Pour épouser par exemple un médecin (ce qui était exclu pour moi, car c'était bien trop cher), il fallait fournir une belle somme et apporter ce que l'on appelait « la maison montée », c'est-à-dire une maison complète, de la petite cuillère au drap brodé. La future belle-mère de la mariée venait vérifier à l'avance que rien ne manquait. Je me souviens de mon père travaillant comme un fou, parce qu'il devait marier ses deux sœurs et payer leur dot. Je trouvais cela ahurissant. Je voulais étudier. Et devenir avocate

Avocate avec un « e » ?

Ah oui ! J'ai toujours rectifié quand les bâtonniers me présentaient comme avocat. Je prétends, surtout à l'époque où j'ai commencé, que ce n'est pas la même chose. C'est le même métier, le même diplôme, mais je prétends qu'une femme ne plaide pas de la même façon qu'un homme quand elle défend la vie d'un client. Je ne dis pas qu'elle plaide mieux ou moins bien. Je dis qu'il y a des étincelles provoquées par une sensibilité mêlée à une intelligence différente. Nos parcours et notre expérience de la discrimination nourrissent cette différence.

Quand j'entre dans le prétoire, j'emporte ma vie avec moi.

Que saviez-vous de ce métier ?

Mon père avait été garçon de courses avant de devenir clerc d'avocat. Quand j'allais le chercher au travail, l'univers m'était donc familier. Et puis ma propension à m'insurger à l'école contre les injustices m'avait souvent valu que l'on me pose la question : « *Vous vous prenez pour une avocate ?* » Eh bien, l'idée s'est en effet imposée, dès mon adolescence. Je défendrais les autres, et, par ce biais, je me défendrais moi-même. Je remettrais en cause les choses injustement établies. Et j'aurais une voix publique. Ma révolte personnelle est à la source de tous mes engagements.

Vous partez donc à Paris à 18 ans, le bac en poche, pour faire des études de droit et... de philosophie...

Oui, il me semblait que les deux matières allaient de pair, et il fut d'ailleurs une époque où de grands avocats humanistes avaient cette double formation. J'achetais les polycopiés de droit, que j'apprenais très facilement mais, pour la philo, j'allais à la Sorbonne suivre avec passion les conférences des professeurs. La philo aurait même pu devenir prioritaire si je n'avais pas eu la rage de me mettre au service des plus faibles et des plus isolés. J'étais depuis le début dans leur camp. J'aime cette phrase de l'abbé Lacordaire [dominicain, journaliste et homme politique, 1802-1861] : « *Entre le faible et le fort, c'est la liberté qui opprime et le droit qui affranchit.* »

Comment votre retour à Tunis, en 1949, où vous vous inscrivez au barreau sitôt vos diplômes réussis, se passe-t-il ?

Je prête serment sous les yeux éblouis de mon père, qui se pavane comme un paon dans les couloirs du palais de justice. Son fils aîné a ruiné ses espoirs d'ascension sociale, il est contraint de faire un transfert sur sa fille. Ma mère est là, elle aussi, enrubannée dans une robe de dentelle de laine noire, malgré le soleil, et parée de tous ses bijoux. Et mon père sort son petit Kodak. Peu après, je me présente à un tournoi d'éloquence ouvert aux jeunes stagiaires. Je suis la première femme à m'inscrire à ce concours.

On a l'impression que vous aviez alors toutes les audaces. Quel est le thème de ce concours ?

« *Le droit de supprimer la vie.* » Les plaidoiries ont lieu dans la plus vaste salle du tribunal, devant un jury composé des bâtonniers et membres du conseil de l'ordre, qu'on installe à la place des juges. Les candidats prennent la place des procureurs. Et, en bas, deux énormes fauteuils accueillent le représentant de Son Altesse le bey et le résident général [le représentant officiel du gouvernement français en Tunisie, sous protectorat]. C'est terriblement impressionnant, mais je suis très calme. Le sujet me passionne, et quand je commence à parler, je me sens m'envoler. Non à la peine de mort, bien sûr ; je cite Camus et Victor Hugo. Oui à l'euthanasie et au droit au suicide ; et je cite les stoïciens. L'écoute est attentive. Tout le monde se demande qui est cette fille à l'accent français. Mon père, debout en attendant l'issue des délibérations, dit autour de lui : « *C'est ma fille !* » Je suis proclamée lauréate à l'unanimité. Et, dès le lendemain, je suis embauchée par l'un des meilleurs avocats de Tunisie.

Pleine de fougue et d'ambition ?

Comme un être « *dont un dessein ferme emplit l'âme* », selon le mot de Victor Hugo. Il se trouve que l'histoire est rapidement venue à ma rencontre. Les luttes d'indépendance m'ont cueillie de plein fouet. D'abord celle de mon pays d'origine, la Tunisie, que je soutenais spontanément. Puis celle de l'Algérie. Je commence commise d'office devant les tribunaux militaires. Il est possible de refuser, mais j'accepte, ravie.

(...)

En 1971, le Manifeste des 343 femmes proclamant avoir avorté a lancé un sacré pavé dans la mare. Simone de Beauvoir, Françoise Sagan, Catherine Deneuve, Delphine Seyrig...

Et moi ! J'avais tenu à le signer malgré ma profession d'avocate et le blâme probable qui en résulterait. Car j'avais moi aussi, à 19 ans, connu la plus

→

profonde détresse après un avortement réalisé par un jeune médecin sadique, un monstre, qui avait fait un curetage à vif en disant : « *Comme ça, tu ne recommenceras pas.* » J'ai beaucoup pleuré cette nuit-là, avec le sentiment qu'on m'avait torturée pour sanctionner ma liberté de femme et me rappeler que je dépendais des hommes. Mais je ne regrettais pas. La biologie m'avait tendu un piège. Je l'avais déjoué. Je voulais vivre en harmonie avec mon corps, pas sous son diktat.

Et puis est arrivé le procès de Bobigny, en 1972, dont vous avez fait un grand procès politique de l'avortement…

L'histoire était exemplaire, comme son héroïne, Michèle Chevalier, la mère si courageuse et si intègre de la jeune Marie-Claire, violée à 16 ans et accusée de s'être fait avorter. Alors, oui, j'ai choisi d'en faire un procès politique et de m'adresser, au-dessus de la tête des magistrats, à l'opinion publique et au pays. Les accusées reconnaissaient les faits, ne s'en excusaient pas, ne les regrettaient pas. Et, avec leurs témoins, elles faisaient le procès d'une loi et d'un système ineptes. Pendant que je plaidais, j'entendais la foule, aux portes du tribunal, crier avec Delphine Seyrig : « *Libérez Marie-Claire !* » ou « *Nous avons toutes avorté !* » Ça porte, vous savez. Comme la colère que je ressentais devant ces hommes qui allaient nous juger et qui ne savaient rien de la vie d'une femme.

(…)

Questions

86 Parmi les propositions suivantes, laquelle est correcte ?

1/ Ce texte est un extrait de l'autobiographie de Gisèle Halimi
2/ Ce texte est un extrait de l'autobiographie d'Annick Cojean
3/ Annick Cojean imagine ce que sa vie aurait été si elle n'avait pas rencontré Gisèle Halimi
4/ Ce texte est un dialogue entre une journaliste et une célèbre avocate
5/ Gisèle Halimi a été marquée car dès l'âge de six ans, sa mère lui a fait comprendre le sort des filles

87 Parmi les propositions suivantes, laquelle est correcte ?

1/ C'est parce qu'elle a des frères que Gisèle Halimi fut traitée durement
2/ C'est parce qu'elle avait un style affreux que Gisèle Halimi fut traitée durement par sa mère
3/ La mère de Gisèle Halimi reproduisait un schéma traditionnel en éduquant ainsi sa fille
4/ Pour Gisèle Halimi, le mariage était l'objectif suprême
5/ La « sujétion » signifie que l'homme doit respect à la femme

88 **Parmi les propositions suivantes, laquelle est incorrecte ?**

1/ C'est à l'âge adulte que Gisèle Halimi a entendu l'anecdote familiale sur sa naissance
2/ Gisèle Halimi n'a pas été déclarée avant d'avoir déjà trois semaines
3/ Pour le père de Gisèle Halimi, avoir une fille n'était pas une bonne chose
4/ Bien qu'il considérât les filles comme inférieures, Édouard Halimi a beaucoup aimé sa fille
5/ Le père de Gisèle Halimi était rasséréné car il avait déjà un garçon

89 **Parmi les propositions suivantes, laquelle est correcte ?**

1/ En évoquant sa rébellion « viscérale », Gisèle Halimi signifie sa révolte était très raisonnée
2/ Gisèle Halimi a entamé une grève de la faim parce qu'elle n'aimait pas faire le ménage
3/ Grâce à une grève de la faim, Gisèle Halimi a obtenu de ne plus avoir à servir ses frères
4/ Toute sa vie, Gisèle Halimi a pensé que l'injustice était inéluctable
5/ Pour Gisèle Halimi, le féminisme doit se contenter d'exister dans le privé

90 **Parmi les propositions suivantes, laquelle est correcte ?**

1/ Gisèle Halimi et mademoiselle Nicot, professeur de français, ont vécu une histoire d'amour
2/ L'école était un « phare » pour Gisèle Halimi
3/ Gisèle Halimi adorait l'école, qui était pour elle un moyen d'échapper à sa condition de fille
4/ Les parents de Gisèle Halimi surveillaient avec attention ses résultats
5/ Son frère aîné était un bon élève, aussi rebelle qu'elle

91 **Parmi les propositions suivantes, laquelle est correcte ?**

1/ Le père battait ses enfants lorsqu'ils ne rapportaient pas de bons résultats
2/ La mère a voulu marier sa fille, Gisèle, lorsqu'elle est entrée au lycée
3/ Gisèle Halimi a bénéficié d'une bourse pour aller au lycée car elle venait d'une famille nombreuse
4/ C'est après avoir réussi un concours, que Gisèle Halimi a pu recevoir une bourse pour ses études au lycée
5/ Durant ses années de lycée, Gisèle Halimi a pu se constituer une véritable bibliothèque

92 Parmi les propositions suivantes, laquelle est correcte ?

1/ Gisèle Halimi avait un rapport très passionné avec les livres
2/ Le père de Gisèle Halimi a été un temps représentant de commerce dans le médical
3/ La mère de Gisèle Halimi encourageait sa fille dans sa soif de lecture
4/ Gisèle Halimi partageait sa passion pour les livres avec ses frères et sœurs
5/ C'est avec sa mère que Gisèle Halimi a toujours pris ses décisions

93 Parmi les propositions suivantes, laquelle est correcte ?

1/ Pour sa mère, Gisèle Halimi représente l'espoir de rompre avec les traditions qui emprisonnaient les filles
2/ Gisèle Halimi est née au Maroc puis a habité en Tunisie
3/ Il était de tradition, pour une fille, de se marier à 16 ans en Tunisie
4/ La mère de Gisèle Halimi a su expliquer pourquoi elle ne devait plus jouer avec les garçons
5/ « La dot » était une somme d'argent que le fiancé apportait à sa future femme

94 Parmi les propositions suivantes, laquelle est correcte ?

1/ La dot consistait en une somme fixe qu'apportait la fiancée à son futur époux
2/ La dot, somme d'argent à apporter au fiancé, était typique des traditions tunisiennes
3/ La dot pouvait consister en meubles, linge de maison et argenterie
4/ On ne devait payer une dot que pour ses filles
5/ Gisèle Halimi voulait utiliser sa dot pour étudier

95 Parmi les propositions suivantes, laquelle est correcte ?

1/ Gisèle Halimi s'est toujours présentée comme avocate, pour éviter toute confusion avec le fruit
2/ « Les bâtonniers » sont des étudiants en droit, stagiaires dans des cabinets d'avocats
3/ Les femmes avocates, à l'époque de Gisèle Halimi, passaient un examen différent de celui des avocats
4/ Pour Gisèle Halimi, les avocates sont plus aptes à plaider pour la vie que les avocats
5/ Pour Gisèle Halimi, toute plaidoirie est nourrie de l'expérience de vie de l'avocat.e la faisant

96 Parmi les propositions suivantes, laquelle est correcte ?

1/ C'est son père qui a poussé Gisèle Halimi à devenir avocate
2/ C'est sa révolte personnelle qui a poussé Gisèle Halimi à lutter contre les injustices grâce à sa profession
3/ Pour l'abbé Lacordaire, le droit délivre les forts
4/ Gisèle Halimi a commencé ses études à Paris mais les a terminées à Tunis
5/ La mère de Gisèle Halimi a porté le deuil le jour où elle a prêté serment en tant qu'avocate

97 Parmi les propositions suivantes, laquelle est correcte ?

1/ Gisèle Halimi venait d'une riche famille tunisienne, ruiné à cause des déboires de son frère aîné
2/ Gisèle Halimi, comme cinq autres femmes, a participé à un concours d'éloquence à Tunis en 1949
3/ Gisèle Halimi a remporté ce concours en plaidant contre toute forme d'interruption de la vie
4/ Les stoïciens défendaient une certaine forme de suicide
5/ Gisèle Halimi a remporté ce concours avec une plaidoirie en arabe, teintée d'accent français

98 Parmi les propositions suivantes, laquelle est correcte ?

1/ Gisèle Halimi a d'abord été contre l'indépendance de la Tunisie, pour aider les femmes
2/ Gisèle Halimi est entrée dans l'histoire en ayant accepté de travailler dans les tribunaux militaires
3/ Tunisienne, Gisèle Halimi n'a pas voulu soutenir l'indépendance de l'Algérie
4/ Gisèle Halimi a pris son rôle de commis d'office de façon ironique et détachée
5/ « De plein fouet » signifie que Gisèle Halimi était préparée à ces événements

99 Parmi les propositions suivantes, laquelle est correcte ?

1/ En 1971, il était facile et légal d'avorter, comme l'ont signé 343 femmes
2/ Gisèle Halimi a signé le manifeste par soutien, elle-même n'ayant pas avorté mais subi un curetage
3/ L'avortement était pour de nombreuses femmes la seule solution pour ne pas être prisonnière de la biologie
4/ C'est en 1971 que Gisèle Halimi a subi un curetage
5/ Le médecin, proche de la retraite, qui a opéré Gisèle Halimi n'approuvait pas sa décision

100 Parmi les propositions suivantes, laquelle est incorrecte ?

1/ Gisèle Halimi n'a pas hésité à faire un procès pour changer un système en 1972
2/ Les femmes défendues par Gisèle Halimi niaient l'accusation d'avortement
3/ Ce procès de 1972 a mobilisé les foules
4/ Marie-Claire Chevalier s'est fait avorter suite à un viol
5/ Les juges, lors de ce procès, étaient tous des hommes

ÉPREUVE DE RAISONNEMENT LOGIQUE ET NUMÉRIQUE

101 **Un produit s'est vendu à 200 exemplaires en réalisant un bénéfice de 10 % du prix de vente du produit. Si l'on augmente ce prix et donc la marge de 5 euros par article, on remarque que le bénéfice total reste le même car les ventes baissent de 20 %. Quel est le prix de vente du produit ?**

① 50 euros
② 100 euros
③ 150 euros
④ 200 euros
⑤ 250 euros

102 **Hubert a pêché un poisson (composé d'une tête, d'un corps et d'une queue) dont voici les caractéristiques : la tête du poisson fait 4 cm de long. Son corps (entre la tête et la queue) est égal à 75 % de la longueur de la tête plus celle de la queue. Enfin, la queue est elle égale à 25 % de la tête plus la moitié du corps. Quelle est la taille du poisson pêché par Hubert ?**

① 12
② 17
③ 18
④ 24
⑤ 27

103 **Lors de la crise financière, la banque centrale européenne a défini une loi de probabilité P(X) qu'une banque fasse faillite. Soit A et B deux banques partenaires qui vérifiaient cette loi. On a calculé que P (A∪B) = 7 %, et que P (A∩B) = 3 %. Sachant que le risque pour A était double de celui de B, que valait P(A) ?**

① 4 %
② 5 %
③ 6 %
④ 6,67 %
⑤ 7 %

104 **Complétez cette égalité : CCX × ??? = MMCCCX**

① VI
② XI
③ DI
④ X
⑤ CXXI

105 **Un robot se trouve sur une forme (voir figure ci-dessous en grisé), à la position A et se déplace aléatoirement. À chaque pas, il se déplace d'un carreau en haut, en bas, à gauche ou à droite de manière équiprobable. Quelle est la probabilité qu'au bout de trois pas, il ne soit jamais sorti de la forme sur laquelle il se trouve ?**

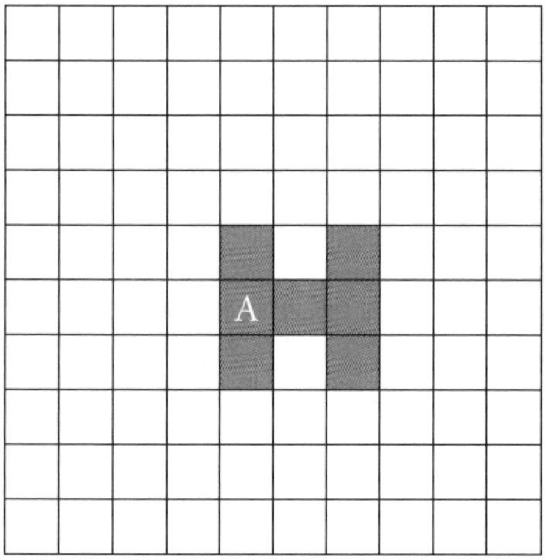

① $\frac{1}{64}$

② $\frac{1}{16}$

③ $\frac{3}{16}$

④ $\frac{1}{8}$

⑤ $\frac{1}{6}$

106 **Yves a initialement une prime annuelle 20 % plus élevée que celle de Kamel. Cette année, Yves reçoit une prime augmentée de 600 euros, quant à la prime de Kamel, elle est doublée. Kamel gagne maintenant une prime 25 % plus élevée que celle d'Yves. Quelle est la nouvelle prime de Kamel ?**

① 1 500 euros

② 2 000 euros

③ 2 500 euros

④ 3 000 euros

⑤ 3 500 euros

107 **Soit un cube de deux mètres de côté. On y insère une boule d'un mètre de rayon, c'est-à-dire qu'elle touche les 6 faces. Quel est le pourcentage p d'occupation de cette boule dans ce cube ? (on prendra 3,14 pour la valeur de Pi).**

① 0 % < p < 49 %

② 49 % < p < 51 %

③ 51 % < p < 53 %

④ 53 % < p < 55 %

⑤ 55 % < p < 100 %

108 Deux techniciens fabriquent les mêmes objets à des cadences différentes. On leur fournit chacun un outil différent, l'un permettant de quadrupler la vitesse de production du technicien l'utilisant, l'autre permettant de multiplier cette vitesse par 10. Après avoir distribué les outils aux techniciens, on se rend compte qu'ainsi équipés, ils produisent à la même cadence. Quel serait le gain de productivité moyen si les ouvriers échangeaient leurs outils ?

① + 36 %
② + 45 %
③ + 56 %
④ + 150 %
⑤ + 250 %

109 Soit la fonction $f(x) = x^2 - 2x$, quelle est la formule pour $f(f(x))$?

① $x^4 - 4x^3 + 4x^2$
② $x^4 - 2x^3 - 2x^2 + x$
③ $x^4 - 4x^3 + 2x^2 + 4x$
④ $x^4 - 2x^3 + x$
⑤ $x^4 - 2x^3 + 2x^2 + 4x$

110 Que va afficher ce petit programme informatique ?

A = 20
B = 30
C = 2A – B
D = C + A
B = D – 10
A = A – 15
D = B – 5
C = A +B

SI (A > B) ALORS AFFICHER (valeur(B) – valeur(C) – valeur(A))
SINON AFFICHER(valeur(D) – valeur(A) – valeur(B))

① 20 - 30 - 30
② 15 - 5 - 20
③ 30 - 10 - 30
④ 20 - 25 - 15
⑤ 5 - 10 - 15

111 **Quelle carte complète la figure de manière logique ?**

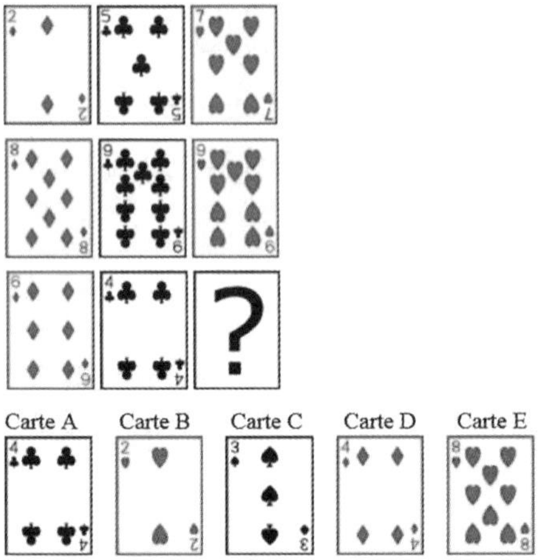

① Carte A
② Carte B
③ Carte C
④ Carte D
⑤ Carte E

112 **Voici trois balises de navigation maritime. On peut placer la première au nord d'un obstacle à éviter, la deuxième au sud et la troisième à l'est. Quelle balise est à placer à l'ouest d'un obstacle ?**

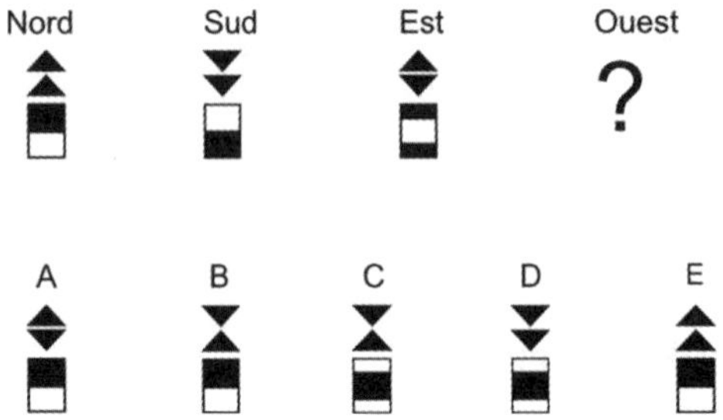

① Balise A
② Balise B
③ Balise C
④ Balise D
⑤ Balise E

113 **Combien de nombres non premiers compris entre 1 et 50 sont divisibles par un et un seul nombre premier ?**

① 5
② 6
③ 7
④ 8
⑤ 9

114 **Soit la fonction MOYENNE qui calcule la moyenne des nombres qui lui sont passés en paramètres. On a l'égalité suivante : MOYENNE(1418202226X) = X. Quelle est la valeur de X ?**

① 20
② 22
③ 24
④ 25
⑤ 26

115 **Laure a obtenu 12 en mathématiques coefficient 3, 16 en anglais coefficient 2 et 7 en technologie coefficient 0,5. Quelle est sa moyenne générale pondérée ?**

① 12
② 12.5
③ 13
④ 13,3333
⑤ 14

116 **Combien peut-on faire d'anagrammes différentes avec les lettres de ce mot : « BEBBBE » ?**

1/ 720
2/ 15
3/ 120
4/ 30
5/ 90

117 **Lors d'une enquête réalisée sur un groupe d'étudiants, nous avons représenté graphiquement les réponses à la question « quel est votre réseau social préféré ? ». Parmi les interprétations proposées, laquelle est la seule correcte ?**

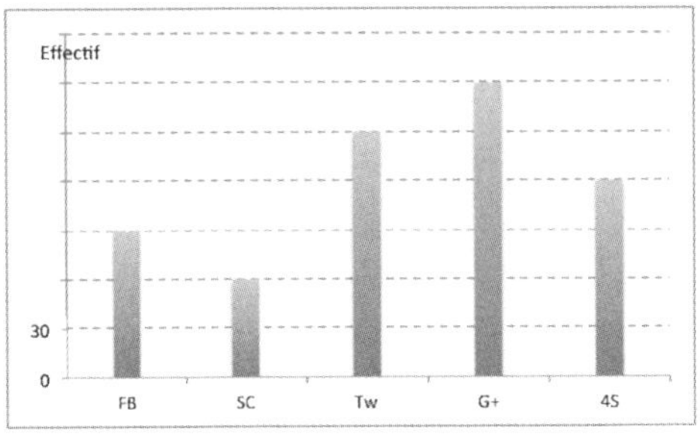

① L'effectif 4S est 60
② La fréquence de Tw est 1/3
③ La fréquence de G+ est 30 %
④ La fréquence cumulée de Tw et 4S est supérieure à 50 %
⑤ L'effectif de 4S est 50 % plus élevé que celui de SC

118 **Soit une suite de nombres dont on calcule un élément en retranchant à l'élément qui le suit, celui qui le précède et en divisant le résultat par deux. En sachant que les deux premiers éléments sont respectivement 4 et 8, quelle est la valeur du cinquième élément ?**

① 20
② 36
③ 48
④ 88
⑤ 116

119 **En simplifiant l'expression** $1 + \dfrac{1}{1 + \dfrac{1}{1 + \sqrt{3}}}$**, quelle valeur obtenez-vous ?**

① $-1-\sqrt{3}$
② $-\sqrt{3}$
③ $1-\sqrt{3}$
④ $\sqrt{3}$
⑤ $1+\sqrt{3}$

120 **Des oiseaux sont posés sur les branches du peuplier de votre jardin et du platane de votre voisin, et ils discutent entre eux. Un des oiseaux perché sur le peuplier dit à un des oiseaux posé sur le platane : « Si tu nous rejoins sur notre branche, notre nombre sera la moitié du vôtre ». L'autre lui répond alors « si c'est toi qui viens chez nous, on sera cinq fois plus nombreux ». Combien y a-t-il d'oiseaux sur le platane ?**

① 3
② 5
③ 7
④ 9
⑤ 11

Épreuve de compréhension et expression écrite en anglais

1re partie : expression – 35 questions

121 **The country could be … another recession soon.**

1/ Face
2/ Facing
3/ To face
4/ Faces
5/ Would face

122 **On social media, there has been … condemnation of Mr. Jackson's provocative comments on the subject of gender bias in professional sport.**

1/ Many
2/ Available
3/ Widespread
4/ Main
5/ Whole

123 **The campaign manager himself acknowledged the existential challenge the campaign's shaky finances present … of success.**

1/ At chance
2/ To its chance
3/ At its chancing
4/ Chances
5/ To their chances

124 **He was more … willing to help his friend.**

1/ That
2/ Than
3/ Thus
4/ The
5/ To

125 **The potential house buyers were not able to secure a loan in time so the sale fell …**

1/ Over
2/ Down
3/ Out
4/ Though
5/ Through

126 **There has been a … stream of tax cuts since 2015.**

1/ Strong
2/ Steady
3/ Steely
4/ Sturdy
5/ Strange

127 **Jane was supposed to submit her report by e-mail yesterday but we … haven't heard from her.**

1/ Even
2/ Already
3/ Until
4/ Though
5/ Still

128 **John Bolton had been having difficulty finding a job after he was made redundant and finally … and left the area.**

1/ Sold off
2/ Sold away
3/ Sold to
4/ Sold in
5/ Sold up

129 **In a tweet, John said his action would result in less expensive, … cars.**

1/ Safest
2/ Fastest
3/ Most
4/ Smallest
5/ Safer

130 **The politician evaded questions and gave answers that at times veered towards …**

1/ Rumbling
2/ Rambling
3/ Roaming
4/ Roving
5/ Rooting

131 **The minister was … by the Speaker of the House of Commons for his use of inappropriate language.**

1/ Spooked
2/ Revoked
3/ Rebooked
4/ Invoked
5/ Rebuked

132 **Losing the championship final for the third year in a … was a terrible disappointment both for the players and all their supporters.**

1/ Line
2/ Order
3/ Batch
4/ Row
5/ Rank

133 **Generally, we get new employees to work a … period which allows us to see if they are a good fit for the company.**

1/ Permanence
2/ Probationary
3/ Pre-eminence
4/ Preposterous
5/ Prevalent

134 **Of the six candidates who announced that they would be … for the presidential nomination, four have already withdrawn from the race.**

1/ Intending
2/ Belonging
3/ Resigning
4/ Standing
5/ Posing

135 **Philip was fluent in French, and had a ... of German after spending six months in Berlin on a study trip.**

1/ Smothering
2/ Something
3/ Smelling
4/ Smattering
5/ Pattering

136 **When she checked her bill, Jennifer realised that she had been ... for several items.**

1/ Overrated
2/ Overcharged
3/ Overtaken
4/ Overpriced
5/ Overspent

137 **Some teenagers have developed the habit of consuming large quantities of alcohol at regular intervals. This is known as ... drinking.**

1/ Cringe
2/ Binge
3/ Grunge
4/ Bingo
5/ Out

138 **They were ... about future success.**

1/ Optional
2/ Optimised
3/ Opinionated
4/ Optimistic
5/ Optimising

139 **There was no known ... for the killing.**

1/ Format
2/ Action
3/ Matter
4/ Motive
5/ Move

140 **For a young person, buying a second hand car is not always possible due to the high price of ... premiums.**

1/ Assurance
2/ Insurance
3/ Assured
4/ Insured
5/ Insuring

141 **The CEO ... in his resignation following the allegations.**

1/ Handled
2/ Handing
3/ Held
4/ Handed
5/ Holds

142 **In its ... just after the war the old cinema would be packed every evening.**

1/ Halcyon
2/ Heir
3/ Heyday
4/ Haywire
5/ Highway

143 **…, Jessica Trumble would have been the perfect choice to head up the new research unit at the university.**

1/ If she stays
2/ If she was to stay
3/ Had she stayed
4/ She had stayed
5/ Has she stayed

144 **Scientists … they may be able to reverse the frailty of old age after using drugs to flush toxic cells.**

1/ Had said this
2/ Have said that
3/ Has said than
4/ Says
5/ Has

145 **He denied any … to the incident.**

1/ Correction
2/ Connection
3/ Connected
4/ Connects
5/ Connecting

146 **… all of Stantonville's main city streets now feature designated cycle lanes.**

1/ Quite
2/ Still
3/ Mainly
4/ Almost
5/ Hardly

147 **In his first year as Managing Director at Trayburn Electronics, Jeff Sillum had … doubts about the future of the company.**

1/ Been
2/ Seen
3/ Said
4/ Taken
5/ Had

148 **Since the boiler broke down, I have been trying to find the necessary part online but I can't … of the one I need for this model.**

1/ Get hitched
2/ Get hold
3/ Get through
4/ Get shot
5/ Get lost

149 **The party game consisted of one person wearing a blind … and trying to guess the identity of any other partygoers they managed to grab.**

1/ Chief
2/ Scarf
3/ Spot
4/ Cloth
5/ Fold

150 **Using pesticides to protect cereal crops can increase yields significantly even if doing so may … long term environmental damage.**

1/ Ensue
2/ Entail
3/ Endure
4/ Entice
5/ Enjoin

151 **The auditors were thorough in their examination of the books and each director and head of department had to undergo at least one … interview session lasting several hours.**

1/ Deeper
2/ Deepen
3/ Deeply
4/ In-depth
5/ Deepest

152 **If we can't agree a price for Heston Electronics then it's likely to be sold to our closest …**

1/ Compete
2/ Competition
3/ Competing
4/ Competitor
5/ Competed

153 **The United States is in a … position compared with other large economic powers.**

1/ Comparatives
2/ Comparatively strong
3/ To compare
4/ Comparatist
5/ Compares

154 **The first stages of the software project have gone exactly as planned and the developers are confident that they will be able to deliver the complete package … schedule.**

1/ On
2/ With
3/ In
4/ Between
5/ Beside

155 **Once the runners … they will have a thirty minute period to rest before they set off again on the last stage of the race.**

1/ Arrival
2/ Will arrive
3/ Is arriving
4/ Will be arrived
5/ Arrive

2e partie : compréhension – 15 questions

Texte

Read the article and answer the 15 questions that follow.

Beneath the jobs market boom lies a skills shortage

An ageing population has left 83% of businesses fighting to find workers with the right skills, a problem that is slated to worsen

Dominic Rushe in Ohio
Mon 16 Sep 2019

For someone who makes "job-killing robots" Tony Nighswander has an ironic problem. The US jobs market has not been this hot for 50 years and the president of APT Manufacturing Solutions, an Ohio-based company that specializes in robotic equipment, can't find enough workers.

With American unemployment at lows last seen around the time of the first lunar landing, his clients are turning to APT and its robots to fill the positions they can't find people for. But he doesn't dare take on more salespeople because he's not sure he can hire enough workers to get the robots running.

"Robots killing jobs, that's a myth. Nine out of 10 times when we put in robots, they increase production but they don't take away people," says Nighswander. And right now "there's a war for people", he says as he shows off APT's shiny, air-conditioned facility in Hicksville, a rural village set in flat farmland on the edge of Indiana.

Many US businesses are now facing Nighswander's dilemma. Attracting quality applicants consistently ranks as the top issue facing businesses. And beneath today's jobs boom lies a bigger problem: a skills shortage that is leaving many behind and can only get worse if, or rather when, the current jobs boom fades.

Some 83% of U.S. businesses are currently struggling to find workers with the right skills, according to the Society for Human Resource Management. An ageing population means the pool of skilled labor is shrinking. By 2029 employers in nearly every state will face significant shortages of qualified workers, according to a report by American Action Forum (AAF).

Yet while APT can't make enough robots to do those jobs, the unemployment rate in Ohio is 4.2%, slightly above the national average of 3.7% but a fraction of the 12% it reached in January 2010 as the last recession unwound. Across the border in Indiana just 3.3% of the population is unemployed.

Nationally, the figures also still show a substantial divide by race. Some 6% of African Americans were unemployed in July and 4.5% of Hispanics didn't have a job. Those figures have come down substantially since the recession, but the gap remains. For teenagers, the unemployment rate is a depressing 12.8%.

The number of people staying out of the jobs market also remains high. In July, the participation rate – the percentage of people in work or actively looking for a job – was 63%. It peaked at 67.3% in early 2000 after rising for decades. Now it seems stuck and has changed little for three years despite falling unemployment suggesting that even in this market a large pool of people have just given up.

Wages, too, have grown slowly despite the continuing strength of hiring. Despite these issues,

→

there is still no arguing that the US job market has enjoyed a record run. But today's white-hot jobs market hides some structural issues that will reveal themselves when the tide of hiring recedes, warns Maurice Jones, chief executive of Local Initiatives Support Corporation (LISC).

LISC works with local government agencies, foundations and the private sector to get those in struggling areas back to work. While he agrees the job market is still booming across the country Jones sees pockets of deep unemployment in communities that can only dream of a job in robotics. "It's an incredibly robust jobs market, but it's an incredibly robust jobs market only for the folks that can bring those skills that the jobs market now rewards," says Jones.

"That 3.7% [unemployment rate] is an aggregate that is simply not a true picture of what is happening on the ground for a huge chunk of America," he says. "Every day people continue to be challenged by a job market that is growing but one where they need an investment to take any advantage of."

Without an investment in training people and in transportation and childcare many will be left behind, he warns. "In our market we get people coming in with high school diplomas whose literacy and numeracy skills are somewhere between the sixth and eight grade [ages 11 to 14]. With investment, these folks can get to where they need to be but they are not going to be able to compete for these jobs without that."

Questions

156 What is the main subject of the article?

1/ The impact of automation on jobs
2/ Economic growth in the state of Ohio
3/ A structural weakness in the U.S. job market
4/ Working conditions in U.S. technology firms
5/ Workforce mobility in the U.S.

157 What can be inferred in paragraph 2 about the U.S. jobs market?

1/ It has deteriorated as a result of automation
2/ There are more applicants for vacant positions than before
3/ U.S. employers prefer to use robots instead of people
4/ There has been an increase in the number of sales jobs available
5/ It is more favourable than it has been for some time

158 What does M. Nighswander say about robots?

1/ They can make businesses more productive
2/ They create more jobs than they destroy
3/ They are more efficient than humans
4/ They invariably lead to productivity gains
5/ They are easier to manage than human employees

159 What does the journalist indicate about U.S. businesses?

1/ They need to install more robots
2/ They have problems recruiting suitable candidates
3/ They are not looking for new employees
4/ They need to invest in training their existing employees
5/ They have too many applicants for vacant positions

160 According to the Society for Human Resource Management and the American Action Forum, how will the jobs market evolve in the U.S.?

1/ More companies will have to rely on unskilled workers
2/ The skills shortage will be felt across the country
3/ Businesses will have to recruit workers from foreign countries
4/ Skilled workers will have to work longer hours
5/ More workers with suitable skills will be entering the jobs market

161 Which of the following statements about the unemployment rate in the state of Ohio is true?

1/ It is lower than it was in the past
2/ It is currently at 12%
3/ It is higher than it has ever been
4/ It is the same as the national unemployment rate
5/ It is lower than in Indiana

162 According to the journalist, national unemployment numbers show that:

1/ Racial origin has less impact on employment than it once did
2/ More Hispanics are unemployed than African Americans
3/ Young people have better job prospects than many other demographic groups
4/ More people are unemployed today than in the past
5/ There is no correlation between racial origin and unemployment

163 According to the journalist, what does the July participation rate indicate?

1/ The number of people in work or seeking employment is rising
2/ More people are seeking work today than in 2000
3/ Fewer people are looking for employment than in 2000
4/ 67% of people currently have jobs
5/ More people are seeking work than there are people employed

164 What does Maurice Jones say about today's jobs market?

1/ The number of job offers has peaked
2/ It is not benefiting everyone
3/ All unemployed people stand to gain from it
4/ The jobs market is likely to continue to improve
5/ Jobs in robotics will create opportunities in areas of high unemployment

165 What does M. Jones say about people trying to enter the job market?

1/ They are not old enough
2/ They need to improve their skills
3/ They are unable to read or write
4/ They will never be able to compete for jobs
5/ They have invested too much time in their education

166 The word 'slated' in the subtitle is closest in meaning to:

1/ Intended
2/ Planned
3/ Allowed
4/ Expected
5/ Timed

167 The word "facility" in paragraph 3 could best be replaced by:

1/ Warehouse
2/ Store
3/ Premises
4/ Construction site
5/ Office space

168 The word "fades" in paragraph 4 could best be replaced by:

1/ Waivers
2/ Transforms
3/ Weakens
4/ Diverges
5/ Removes

169 The word "shrinking" in paragraph 5 is used to refer to something that is becoming:

1/ Bigger
2/ Closer
3/ Smaller
4/ More imminent
5/ Less unlikely

170 The word "recedes" in paragraph 9 is closest in meaning to:

1/ Fails
2/ Diminishes
3/ Changes
4/ Varies
5/ Increases

session 3

SCORE IAE-MESSAGE

ÉLÉMENTS DE RÉPONSE

GRILLE DES RÉPONSES COMPLÉTÉE

Session 3

Session : 25/03/21

SCORE IAE MESSAGE

Nom : ______________________

Prénom : ______________________

Date de naissance : ____/____/____

Centre : ______________________

Signature du candidat

N° d'inscription

0	0	0	0	0	0	0
1	1	1	1	1	1	1
2	2	2	2	2	2	2
3	3	3	3	3	3	3
4	4	4	4	4	4	4
5	5	5	5	5	5	5
6	6	6	6	6	6	6
7	7	7	7	7	7	7
8	8	8	8	8	8	8
9	9	9	9	9	9	9

MARQUAGE DES REPONSES

- Utilisez un crayon mine et une gomme propre ou un blanc correcteur
- Ne graphitez qu'une seule réponse par question

Marquage CORRECT ▬

INCORRECT ▭ — _ X / -

Culture G	1	2	3	4	5
1			▬		
2		▬			
3	▬				
4	▬				
5					▬
6	▬				
7			▬		
8			▬		
9			▬		
10					▬
11		▬			
12			▬		
13	▬				
14				▬	
15	▬				
16					▬
17		▬			
18			▬		
19			▬		
20					▬
21		▬			
22		▬			
23			▬		
24		▬			
25	▬				
26		▬			
27				▬	
28	▬				
29		▬			
30	▬				
31			▬		
32		▬			
33			▬		
34			▬		
35				▬	
36	▬				
37				▬	
38		▬			
39			▬		
40				▬	
41		▬			
42		▬			
43	▬				
44				▬	
45		▬			
46	▬				
47	▬				
48		▬			
49	▬				
50			▬		

Français	1	2	3	4	5
51				▬	
52				▬	
53		▬			
54					▬
55				▬	
56			▬		
57					▬
58		▬			
59			▬		
60		▬			
61					▬
62					▬
63				▬	
64				▬	
65		▬			
66			▬		
67	▬				
68	▬				
69					▬
70					▬
71					▬
72				▬	
73			▬		
74				▬	
75	▬				
76					▬
77			▬		
78				▬	
79					▬
80			▬		
81				▬	
82					▬
83		▬			
84			▬		
85	▬				
86				▬	
87			▬		
88	▬				
89		▬			
90			▬		
91				▬	
92	▬				
93			▬		
94			▬		
95					▬
96		▬			
97				▬	
98		▬			
99			▬		
100		▬			

RLN	1	2	3	4	5
101				▬	
102		▬			
103				▬	
104		▬			
105			▬		
106				▬	
107			▬		
108		▬			
109			▬		
110		▬			
111		▬			
112			▬		
113				▬	
114	▬				
115			▬		
116		▬			
117			▬		
118					▬
119				▬	
120				▬	

Anglais	1	2	3	4	5
121		▬			
122			▬		
123					▬
124		▬			
125					▬
126		▬			
127					▬
128					▬
129					▬
130		▬			
131					▬
132				▬	
133		▬			
134				▬	
135				▬	
136		▬			
137		▬			
138				▬	
139				▬	
140		▬			
141				▬	
142			▬		
143			▬		
144		▬			
145		▬			
146				▬	
147					▬
148		▬			
149					▬
150		▬			
151				▬	
152				▬	
153		▬			
154	▬				
155					▬
156			▬		
157					▬
158	▬				
159		▬			
160		▬			
161	▬				
162	▬				
163			▬		
164		▬			
165		▬			
166				▬	
167			▬		
168			▬		
169			▬		
170		▬			

EXPLICATIONS DES RÉPONSES DE L'ÉPREUVE DE RAISONNEMENT LOGIQUE ET NUMÉRIQUE

101 **Un produit s'est vendu à 200 exemplaires en réalisant un bénéfice de 10 % du prix de vente du produit. Si l'on augmente ce prix et donc la marge de 5 euros par article, on remarque que le bénéfice total reste le même car les ventes baissent de 20 %. Quel est le prix de vente du produit ?**

① 50 euros
② 100 euros
③ 150 euros
④ 200 euros
⑤ 250 euros

Soit P le prix de vente du produit. Le bénéfice total est de $200 \times 0{,}1 \times P$. En changeant de prix, le bénéfice total est de $200 \times 0{,}8 \times (0{,}1 \times P + 5)$. Or ce bénéfice est stable donc : $200 \times 0{,}1 \times P = 200 \times 0{,}8 \times (0{,}1 \times P + 5)$, soit $20 \times P = 16 \times P + 800$ et $4 \times P = 800$. Donc $P = 200$.

102 **Hubert a pêché un poisson (composé d'une tête, d'un corps et d'une queue) dont voici les caractéristiques : la tête du poisson fait 4 cm de long. Son corps (entre la tête et la queue) est égal à 75 % de la longueur de la tête plus celle de la queue. Enfin, la queue est elle égale à 25 % de la tête plus la moitié du corps. Quelle est la taille du poisson pêché par Hubert ?**

① 12
② 17
③ 18
④ 24
⑤ 27

Soit t, c et q les longueurs respectives de la tête, du corps et de la queue. Si on met en équation les données, nous avons alors :
$t = 4$, $c = \frac{3}{4}t + q$ et $q = \frac{1}{4}t + \frac{c}{2}$.
Il nous faut donc résoudre ce système d'équations.
On a $c = t + \frac{c}{2}$ ou encore $c = 2t$ soit $c = 8$, donc $q = 5$.
Le poisson pêché par Hubert mesure donc $4 + 8 + 5$ soit 17 cm.

103 **Lors de la crise financière, la banque centrale européenne a défini une loi de probabilité P(X) qu'une banque fasse faillite. Soit A et B deux banques partenaires qui vérifiaient cette loi. On a calculé que P (A∪B) = 7 %, et que P (A∩B) = 3 %. Sachant que le risque pour A était double de celui de B, que valait P(A) ?**

① 4 %
② 5 %
③ 6 %
④ 6,67 %
⑤ 7 %

Selon l'énoncé, nous avons les deux formules suivantes :

$$\begin{cases} P(A \cup B) = P(A) + P(B) - P(A \cap B) \\ P(A) = 2.P(B) \end{cases}$$

Donc 7 % = P(A) + P(B) – 3 % et P(A) = 2.P(B), on en déduit que P(A) = 6,67 % et P(B) = 3,33 %.

104 **Complétez cette égalité : CCX x ??? = MMCCCX**

① VI
② XI
③ DI
④ X
⑤ CXXI

Ce calcul en chiffres romains donne 210 x ??? = 2310, soit 11, XI.

105 **Un robot se trouve sur une forme (voir figure ci-dessous en grisé), à la position A et se déplace aléatoirement. À chaque pas, il se déplace d'un carreau en haut, en bas, à gauche ou à droite de manière équiprobable. Quelle est la probabilité qu'au bout de trois pas, il ne soit jamais sorti de la forme sur laquelle il se trouve ?**

① $\frac{1}{64}$
② $\frac{1}{16}$
③ $\frac{3}{16}$
④ $\frac{1}{8}$
⑤ $\frac{1}{6}$

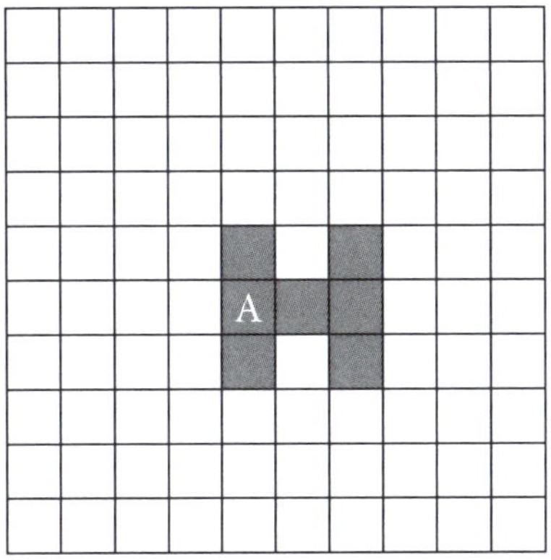

Au premier pas, le robot a trois chances sur quatre de rester sur la figure (en allant en haut, en bas ou à droite).
S'il va à droite, au deuxième pas, il a alors une chance sur deux de rester sur la figure. Dès lors, qu'il soit allé à droite ou à gauche, il a alors trois chances sur quatre de rester sur la figure au troisième pas.
Si lors du premier pas le robot est allé en haut ou en bas, il a alors une seule chance sur quatre de rester sur la figure au deuxième pas, en revenant au point de départ. Au troisième pas, il a alors trois chances sur quatre de rester dans la figure.
En définitive, ses chances de rester sur la figure durant tout le mouvement sont de :
$\frac{1}{2} \times \frac{1}{4} \times \frac{3}{4} + \frac{1}{4} \times \frac{3}{4} \times \frac{1}{2} \times \frac{3}{32} + \frac{3}{32} = \frac{3}{16}$.

---

106 **Quelle équation passe par les trois points suivants : (-1, 3) (1, 1) et (2, 3) ?**

① 1 500 euros
② 2 000 euros
③ 2 500 euros
④ 3 000 euros
⑤ 3 500 euros

Soit Y le salaire initial de Yves, K celui de Kamel. On a Y = 1,2 K et 2 K = 1,25 (Y + 600) ↔ 2 K = 1,25Y + 750 ↔ $K = \frac{5}{8}Y + 375$.
On remplace Y par 1,2K dans la deuxième relation, pour obtenir :
$K = \frac{5}{8}Y \times 1{,}2\ K + 375 \leftrightarrow K = \frac{3}{4}K + 375 \leftrightarrow \frac{K}{4} = 375 \leftrightarrow K = 1\,500$.
La nouvelle prime de Kamel est donc de 1 500 × 2 = 3 000 euros.

---

107 **Soit un cube de deux mètres de côté. On y insère une boule d'un mètre de rayon, c'est-à-dire qu'elle touche les 6 faces. Quel est le pourcentage p d'occupation de cette boule dans ce cube ? (on prendra 3,14 pour la valeur de Pi).**

① 0 % < p < 49 %
② 49 % < p < 51 %
③ 51 % < p < 53 %
④ 53 % < p < 55 %
⑤ 55 % < p < 100 %

Le volume du cube est tout simplement de 8 m³.
Le volume de la sphère V est donné par la formule 4/3.PI.R³ : avec R = 1 mètre et Pi = 3,14. On trouve que V = 4,19 m³, soit 52,33 % du volume total.

108 **Deux techniciens fabriquent les mêmes objets à des cadences différentes. On leur fournit chacun un outil différent, l'un permettant de quadrupler la vitesse de production du technicien l'utilisant, l'autre permettant de multiplier cette vitesse par 10. Après avoir distribué les outils aux techniciens, on se rend compte qu'ainsi équipés, ils produisent à la même cadence. Quel serait le gain de productivité moyen si les ouvriers échangeaient leurs outils ?**

① + 36 %
② + 45 %
③ + 56 %
④ + 150 %
⑤ + 250 %

Soit x la cadence initiale du technicien 1, y celle du technicien 2. Après affectation des outils, on obtient une cadence C1 = 4x + 10y, et on sait aussi que 4x = 10y. Donc on a C1 = 8x.

Après inversion des outils, on a $C2 = 10x + 4y = 10x + 4 \times \frac{4}{10}x = \frac{116}{10} \times X$.

On a donc $\frac{C_2}{C_1} = \frac{\frac{116}{10}}{8} = \frac{116}{80} = 1{,}45$, soit une augmentation de la cadence de 45 %.

109 **Soit la fonction f(x) = x² – 2x, quelle est la formule pour f(f(x)) ?**

① $x^4 - 4x^3 + 4x^2$
② $x^4 - 2x^3 - 2x^2 + x$
③ $x^4 - 4x^3 + 2x^2 + 4x$
④ $x^4 - 2x^3 + x$
⑤ $x^4 - 2x^3 + 2x^2 + 4x$

$f(f(x)) = (f(x))^2 - 2.f(x) = (x^2 - 2x)^2 - 2(x^2 - 2x)$
$= x4 - 4x3 + 4x^2 - 2x^2 + 4x = x4 - 4x3 + 2x^2 + 4x$

110 **Que va afficher ce petit programme informatique ?**

A = 20
B = 30
C = 2A – B
D = C + A
B = D – 10
A = A – 15
D = B – 5
C = A +B
SI (A > B) ALORS AFFICHER (valeur(B) – valeur(C) – valeur(A))
SINON AFFICHER(valeur(D) – valeur(A) – valeur(B))

① 20 - 30 - 30
② 15 - 5 - 20
③ 30 - 10 - 30
④ 20 - 25 - 15
⑤ 5 - 10 - 15

Suivons la valeur de chacune des variables A, B, C et D en fonction du temps (à chaque étape du programme).
A = 20 : A = 20, B = ??, C = ??, D = ??
B = 30 : A = 20, B = 30, C = ??, D = ??
C = 2A – B : A = 20, B = 30, C = 10, D = ??
D = C + A : A = 20, B = 30, C = 10, D = 30
B = D – 10 : A = 20, B = 20, C = 10, D = 30
A = A – 15 : A = 5, B = 20, C = 10, D = 30
D = B – 5 : A = 5, B = 20, C = 10, D = 15
C = A + B : A = 5, B = 20, C = 25, D = 15
Le test SI(A>B) est faux, donc c'est la partie du « sinon » qui va s'afficher avec les valeurs de D, de A et de B soit : 15 – 5 – 20

---

111 **Quelle carte complète la figure de manière logique ?**

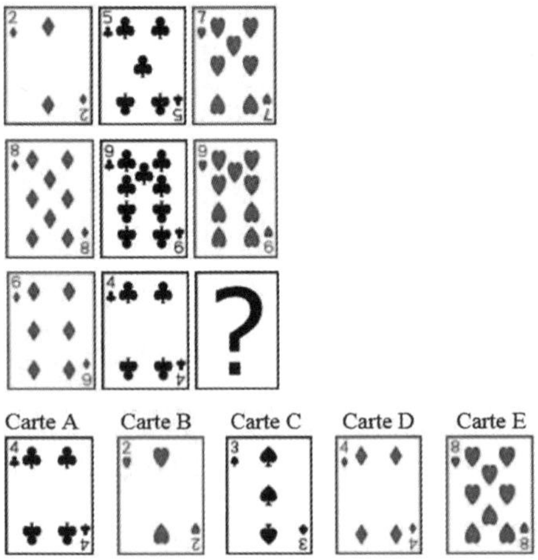

① La carte A
② La carte B
③ La carte C
④ La carte D
⑤ La carte E

Verticalement il y a des sommes.
2 de carreau + 6 de carreau = 8 carreau.
5 de trèfle + 4 de trèfle = 9 de trèfle. 7 de cœur + 2 de cœur = 9 de cœur.

112 **Voici trois balises de navigation maritime. On peut placer la première au nord d'un obstacle à éviter, la deuxième au sud et la troisième à l'est. Quelle balise est à placer à l'ouest d'un obstacle ?**

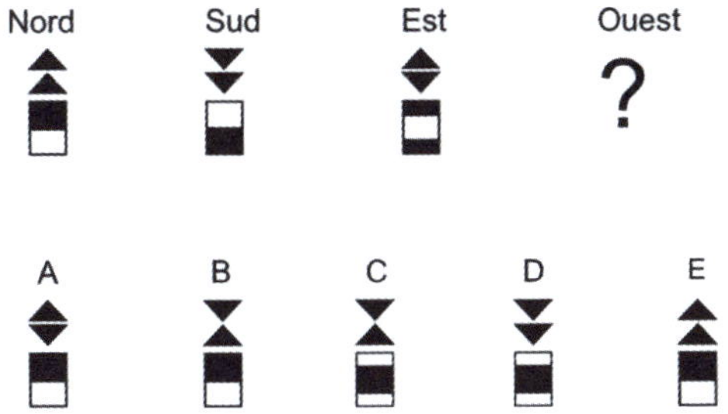

Seule la combinaison de deux flèches pointe en bas n'a pas été utilisée pour nord, sud et est : la réponse est donc B ou C. De même, le corps de la balise B a déjà été utilisé (pour le nord). La réponse est donc la balise C.

① Balise A
② Balise B
③ Balise C
④ Balise D
⑤ Balise E

113 **Combien de nombres non premiers compris entre 1 et 50 sont divisibles par un et un seul nombre premier ?**

Il s'agit de dénombrer les puissances de nombres premiers inférieures à 50 : $2^2, 2^3, 2^4, 2^5, 3^2, 3^3, 5^2, 7^2$.

① 5
② 6
③ 7
④ 8
⑤ 9

114 **Soit la fonction MOYENNE qui calcule la moyenne des nombres qui lui sont passés en paramètres. On a l'égalité suivante : MOYENNE(1418202226X) = X. Quelle est la valeur de X ?**

On cherche une valeur de X qui ne modifie par la moyenne X, donc X vaut la moyenne des autres valeurs soit :

$$\frac{14 + 18 + 20 + 22 + 26}{5} = \frac{100}{5} = 20.$$

① 20
② 22
③ 24
④ 25
⑤ 26

115 **Laure a obtenu 12 en mathématiques coefficient 3, 16 en anglais coefficient 2 et 7 en technologie coefficient 0,5. Quelle est sa moyenne générale pondérée ?**

Calculons la moyenne :

$$\frac{13 \times 12 + 2 \times 16 + 7 \times 0,5}{3 + 2 + 0,5} = \frac{36 + 32 + 3,5}{5,5} = 13.$$

① 12
② 12.5
③ 13
④ 13,3333
⑤ 14

116 **Combien peut-on faire d'anagrammes différentes avec les lettres de ce mot : « BEBBBE » ?**

En théorie avec un mot de six lettres on peut faire factorielle six anagrammes. Or dans notre cas, la lettre B est présente en quatre exemplaires et la lettre E en deux exemplaires, il va donc falloir diviser notre résultat respectivement par factorielle quatre et factorielle deux.

Il y a donc : $\frac{6\,!}{(4\,! \times 2\,!)} = \frac{720}{48} = 15$ anagrammes.

① 720
② 15
③ 120
④ 30
⑤ 90

117 **Lors d'une enquête réalisée sur un groupe d'étudiants, nous avons représenté graphiquement les réponses à la question « quel est votre réseau social préféré ? ». Parmi les interprétations proposées, laquelle est la seule correcte ?**

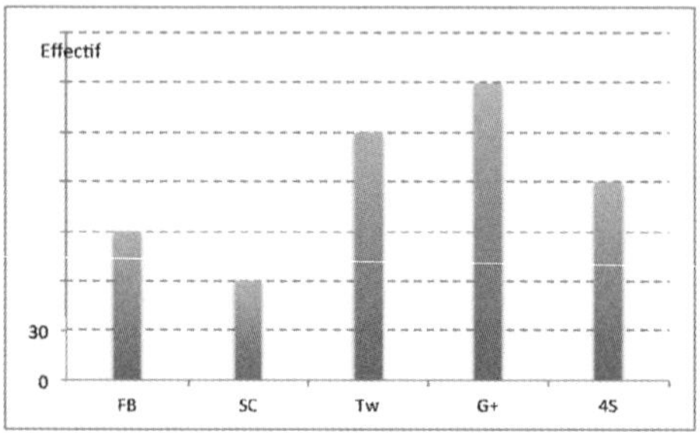

① L'effectif 4S est 60
② La fréquence de Tw est 1/3
③ La fréquence de G+ est 30 %
④ La fréquence cumulée de Tw et 4S est supérieure à 50 %
⑤ L'effectif de 4S est 50 % plus élevé que celui de SC

À la lecture du graphique, voici les effectifs mesurés par réseau : FB (90), SC (60), Tw (150), G+ (180), 4S (120) soit un total de 600.
La réponse 1 ne convient donc pas : effectif 4S 120 et non 60.
La fréquence de Tw est donc de 150/600 soit $\frac{1}{4}$ ce qui exclut la réponse 2.
La fréquence de G+ est $\frac{180}{600}$ soit 30 % la réponse 3 est donc correcte.
La fréquence de Tw et 4S est 150 + 120 soit 270 < 300, la réponse 4 est fausse.

---

118 **Soit une suite de nombres dont on calcule un élément en retranchant à l'élément qui le suit, celui qui le précède et en divisant le résultat par deux. En sachant que les deux premiers éléments sont respectivement 4 et 8, quelle est la valeur du cinquième élément ?**

① 20
② 36
③ 48
④ 88
⑤ 116

Mettons en équation les données du problème, soit u_n le nième élément de la liste, on a alors le relation $u_n = \frac{u_{n+1} - u_{n-1}}{2}$, soit $u_{n+1} = 2u_n + u_{n-1}$. On peut donc alors calculer les éléments de la suite : 4 ; 8 ; 8 × 2 + 4 = 20 ; 20 × 2 + 8 = 48 ; 48 × 2 + 20 = 116.
Le cinquième élément est donc 116.

---

119 **En simplifiant l'expression $1 + \cfrac{1}{1 + \cfrac{1}{1 + \sqrt{3}}}$, quelle valeur obtenez-vous ?**

① $-1 - \sqrt{3}$
② $-\sqrt{3}$
③ $1 - \sqrt{3}$
④ $\sqrt{3}$
⑤ $1 + \sqrt{3}$

En utilisant l'identité remarquable $a^2 - b^2 = (a - b)(a + b)$,

l'expression s'écrit $1 + \dfrac{1}{1 + \dfrac{1 - \sqrt{3}}{(1 + \sqrt{3}) \times (1 - \sqrt{3})}}$

soit $1 + \dfrac{1}{1 + \dfrac{1 - \sqrt{3}}{1 - 3}}$ ou encore $1 + \dfrac{1}{1 + \dfrac{1 - \sqrt{3}}{-2}}$.

En mettant au même dénominateur, on a $1 + \dfrac{1}{\dfrac{-2 + (1 - \sqrt{3})}{-2}}$

En simplifiant par 2, il reste $1 - 1 + \sqrt{3})$, soit $1 + \dfrac{2}{1 + \sqrt{3}}$

et en utilisant la même identité remarquable, on aboutit au final à $\sqrt{3}$.

120 **Des oiseaux sont posés sur les branches du peuplier de votre jardin et du platane de votre voisin, et ils discutent entre eux. Un des oiseaux perché sur le peuplier dit à un des oiseaux posé sur le platane : « Si tu nous rejoins sur notre branche, notre nombre sera la moitié du vôtre ». L'autre lui répond alors « si c'est toi qui viens chez nous, on sera cinq fois plus nombreux ». Combien y a-t-il d'oiseaux sur le platane ?**

① 3
② 5
③ 7
④ 9
⑤ 11

Soit pe et pl les nombres d'oiseaux respectifs sur le peuplier et le platane. En mettant en équation les phrases de chacun des oiseaux, on a alors (A) $2 \times (pe + 1) = (pl - 1)$ et (B) $5 x \times (pe - 1) = pl + 1$. En faisant (B) – (A), on obtient $3 \times pe - 7 = 2$ soit $pe = 3$, et donc d'après (B), on obtient $pl = 9$.

SCORE IAE-MESSAGE

SESSION DU 3 AVRIL 2021

Pour vous mettre dans la situation exacte de l'épreuve, nous avons reproduit la page de garde du document remis aux candidats à la Session du 3 avril 2021.
Lisez-la attentivement avant de vous lancer.

N'oubliez pas d'utiliser la grille vierge de la page 180 pour y noter vos réponses puis de la comparer à la grille de la page 220 pour calculer votre score.

SCORE IAE MESSAGE

Session :

Nom : ______________________

Prénom : ______________________

Date de naissance : ___/___/___

Centre : ______________________

Signature du candidat

N° d'inscription

0	0	0	0	0	0	0
1	1	1	1	1	1	1
2	2	2	2	2	2	2
3	3	3	3	3	3	3
4	4	4	4	4	4	4
5	5	5	5	5	5	5
6	6	6	6	6	6	6
7	7	7	7	7	7	7
8	8	8	8	8	8	8
9	9	9	9	9	9	9

MARQUAGE DES REPONSES

- Utilisez un crayon mine et une gomme propre ou un blanc correcteur
- Ne graphitez qu'une seule réponse par question

Marquage CORRECT

INCORRECT

Culture G	1 2 3 4 5	Français	1 2 3 4 5	RLN	1 2 3 4 5	Anglais	1 2 3 4 5
1		51		101		121	
2		52		102		122	
3		53		103		123	
4		54		104		124	
5		55		105		125	
6		56		106		126	
7		57		107		127	
8		58		108		128	
9		59		109		129	
10		60		110		130	
11		61		111		131	
12		62		112		132	
13		63		113		133	
14		64		114		134	
15		65		115		135	
16		66		116		136	
17		67		117		137	
18		68		118		138	
19		69		119		139	
20		70		120		140	
21		71			1 2 3 4 5	141	
22		72				142	
23		73				143	
24		74				144	
25		75				145	
26		76				146	
27		77				147	
28		78				148	
29		79				149	
30		80				150	
31		81				151	
32		82				152	
33		83				153	
34		84				154	
35		85				155	
36		86				156	
37		87				157	
38		88				158	
39		89				159	
40		90				160	
41		91				161	
42		92				162	
43		93				163	
44		94				164	
45		95				165	
46		96				166	
47		97				167	
48		98				168	
49		99				169	
50		100				170	
	1 2 3 4 5		1 2 3 4 5				1 2 3 4 5

SCORE IAE MESSAGE

4e session 2021

Samedi 3 avril 2021

SCORE IAE MESSAGE

session 4

À REMPLIR PAR LE CANDIDAT :

Nom : .... Prénom : ....

Identifiant Score IAE-Message : ....

Votre identité (nom et prénom), date de naissance, votre identifiant SIM, ainsi que le centre d'écrit et la session ont été pré-remplis sur la grille de réponses. Merci de les vérifier. Vous devez apposer votre signature dans la case prévue à cet effet.
Le présent livret regroupe les quatre épreuves : Culture générale, économique et managériale Compréhension et expression écrite en français Raisonnement logique et numérique Compréhension et expression écrite en anglais, d'une durée de trois heures.

L'épreuve comprend cent soixante-dix (170) questions à choix multiple. Le tableau suivant fait apparaître leur répartition par matière, les pages où vous en prendrez connaissance, la durée indicative de leur traitement (durée qui n'est fournie que pour faciliter la gestion de votre temps).

Matière	Pages du livret	Nombre de questions	Durée indicative de traitement
Culture générale, économique et managériale	2 à 9	50	45 minutes
Compréhension et expression écrite en français	10 à 23	50	45 minutes
Raisonnement logique et numérique	24 à 29	20	45 minutes
Compréhension et expression écrite en anglais	30 à 38	50	45 minutes

Pour chaque question, cinq (5) réponses vous sont proposées **une seule réponse est correcte**.
Le barème de notation est le suivant :

	Épreuve de Culture générale, économique et managériale	Épreuve de Compréhension et expression écrite en français	Épreuve de Raisonnement logique et numérique	Épreuve de Compréhension et expression écrite en anglais
Bonne réponse	2 points	2 points	5 points	2 points
Mauvaise réponse, absence de réponse ou réponses multiples	0 point	0 point	0 point	0 point

Vos réponses devront être portées sur la grille codée qui vous est remise, et qui ne doit être ni pliée, ni écornée. Pour chacune des questions, graphitez entièrement une case (1, 2, 3, 4, 5) de la ligne numérotée correspondant à la question, en utilisant, pour permettre la lecture optique, un crayon de bois. En cas de correction, le blanc correcteur vous est vivement recommandé.

À la fin de l'épreuve, vous remettrez la grille codée au surveillant et vous lui restituerez également le présent livret.

RAPPELS

L'usage de la calculatrice, dictionnaire, lexique ou grammaire est formellement interdit.
Aucune sortie n'est autorisée pendant l'épreuve, toute sortie étant définitive.

Ce document contient 38 pages (compte tenu de cette page de garde).

Merci de vérifier que toutes les pages sont jointes au document.

Bonne chance !

Épreuve de culture générale, économique et managériale

1 **En 2019, quel pourcentage de la population mondiale vit dans des zones urbaines ?**

1/ 30 %
2/ 45 %
3/ 55 %
4/ 70 %
5/ 80 %

2 **Combien de pays appartiennent au « mouvement des non-alignés » ?**

1/ 50
2/ 75
3/ 90
4/ 120
5/ 140

3 **Quel est le titre du dernier film réalisé par Quentin Tarantino, sorti en 2019 ?**

1/ « La Mule »
2/ « Green Booké »
3/ « Us »
4/ « Once upon a time… in Hollywood »
5/ « Glass »

4 **Parmi les affirmations suivantes, laquelle est correcte ?**

1/ La zone euro comprend l'espace Schengen
2/ L'espace Schengen comprend la zone euro
3/ Il est impossible d'appartenir à la fois à l'espace Schengen et à la zone euro
4/ Il n'y a aucun lien entre l'espace Schengen et la zone euro
5/ La zone euro et l'espace Schengen se recoupent parfaitement

5 **En 2019, le budget de l'Union européenne était de l'ordre de :**

1/ 98 milliards d'euros
2/ 148 milliards d'euros
3/ 208 milliards d'euros
4/ 248 milliards d'euros
5/ 308 milliards d'euros

6 **En février 2019, dans quelle ville s'est déroulé le deuxième sommet donnant lieu à une rencontre entre Donald Trump et Kim Jong-Un ?**

1/ À Kuala-Lumpur
2/ À Tokyo
3/ À Hanoi
4/ À Pyongyang
5/ À Washington

7 **Au Portugal, quel homme politique a dirigé le pays pendant 36 ans, de 1932 à 1968, à la tête d'un régime autoritaire ?**

1/ António de Oliveira Salazar
2/ Francisco Lucas Pires
3/ Miguel Macedo
4/ Mário Soares
5/ Afonso Costa

8 **Lequel des pays suivants ne fait pas partie de l'Union européenne ?**

1/ La Norvège
2/ La Roumanie
3/ La Bulgarie
4/ La Finlande
5/ Chypre

9 **Sur quelle île du pacifique se réfugièrent les révoltés de la Bounty, navire anglais, suite à leur mutinerie du 28 avril 1789 ?**

1/ L'île de Pâques
2/ Pitcairn
3/ Wallis
4/ Iwo Jima
5/ Clipperton

10 **Aux États-Unis, quel est le nom du Procureur général qui a donné son nom au rapport d'enquête final, publié en avril 2019, sur le rôle de la Russie dans la campagne présidentielle de 2016 et les soupçons de collusion avec l'équipe de campagne de Donald Trump ?**

1/ Robert Mueller
2/ Elliot Richardson
3/ John Ashcroft
4/ Edwin Meese
5/ Dick Thornburgh

11 **Dans quel pays actuel les Étrusques vivaient-ils jusqu'au IIe siècle avant Jésus-Christ ?**

1/ Au Portugal
2/ En Italie
3/ En France
4/ En Espagne
5/ En Grèce

12 **Qui a composé les « Gymnopédies » ?**

1/ Maurice Ravel
2/ Claude Debussy
3/ Hector Berlioz
4/ Erik Satie
5/ Gabriel Fauré

13 **Quelle est la nationalité du président du Parlement européen élu en juin 2019 ?**

1/ Française
2/ Italienne
3/ Belge
4/ Portugaise
5/ Espagnole

14 **En Ukraine, quelle était la profession de Volodymyr Zelensky avant qu'il ne soit élu Président en avril 2019 ?**

1/ Écrivain
2/ Ouvrier
3/ Comédien humoriste
4/ Joueur d'échecs
5/ Footballeur

15 **En Grande-Bretagne, en mai 2019, quel est le nom du ministre de la Défense limogé suite à des fuites dans la presse sur la décision du Royaume-Uni d'autoriser une participation de l'équipementier chinois Huawei au réseau 5G ?**

1/ Alistair Darling
2/ George Osborne
3/ Philip Hammond
4/ Jeremy Hunt
5/ Gavin Williamson

16 **En France, en 1859, quel architecte a recréé la flèche de Notre-Dame de Paris ?**

1/ Le Baron Haussmann
2/ Louis Visconti
3/ Jean-Antoine Alavoine
4/ Eugène Viollet-le-Duc
5/ Hector Guimard

17 **En juillet 2019, pour quelle raison Kim Darroch, ambassadeur britannique aux États-Unis a-t-il démissionné ?**

1/ Il a été soupçonné d'agressions sexuelles
2/ Des mémos de sa part critiquant Emmanuel Macron ont fuité dans la presse
3/ Des mémos de sa part critiquant Donald Trump ont fuité dans la presse
4/ Il a été soupçonné de consommation de drogue
5/ Il a été soupçonné de conduite en état d'ivresse

18 **Quel fleuve traverse la ville de Vienne ?**

1/ Le Rhin
2/ Le Danube
3/ La Volga
4/ L'Elbe
5/ L'Oder

19 **Lequel de ces États a l'arme nucléaire sans reconnaissance officielle ?**

1/ L'Afrique du Sud
2/ Le Japon
3/ La Chine
4/ La Palestine
5/ Israël

20 À quel économiste doit-on le terme « Les Trente Glorieuses » ?

1/ Wassily Leontief
2/ Alfred Marshall
3/ James Tobin
4/ Kenneth Arrow
5/ Jean Fourastié

21 En France, en juin 2019, quel homme d'affaires a racheté la multinationale Sotheby's ?

1/ Xavier Niel
2/ Patrick Drahi
3/ Stéphane Richard
4/ Jacques Saadé
5/ Jean-Pascal Tricoire

22 En juillet 2019, quel volcan est entré en éruption dix ans après sa dernière grande éruption ?

1/ El Chichón
2/ Le Vésuve
3/ La Montagne Pelée
4/ Le Mont Saint Helens
5/ L'Etna

23 En France, en décembre 2018, le Président Emmanuel Macron avait proposé quatre thèmes lors du lancement du Grand débat national. Lequel des thèmes suivants n'en faisait pas partie ?

1/ La transition écologique
2/ La France et l'Europe
3/ La fiscalité et les dépenses publiques
4/ La démocratie et la citoyenneté
5/ L'organisation de l'État et des services publics

24 Quel pays les Khmers rouges ont-ils dirigé, notamment sous l'égide de Pol Pot ?

1/ Le Vietnam
2/ Le Cambodge
3/ La Thaïlande
4/ La Birmanie
5/ Le Laos

25 En 2015, pour quelle raison la BNP a-t-elle été condamnée à verser près de 9 milliards de dollars d'amende aux États-Unis ?

1/ La Banque a falsifié ses comptes pour payer moins d'impôts sur le sol américain
2/ La Banque a abusé d'une position dominante aux États-Unis
3/ La Banque a aidé des contribuables américains à dissimuler leurs avoirs en les plaçant dans des paradis fiscaux
4/ La Banque a aidé des trafiquants de drogue à blanchir de l'argent
5/ La Banque a violé l'embargo américain imposé à l'Iran

26 Parmi les pays suivants, lequel est membre de l'OCDE ?

1/ Israël
2/ La Russie
3/ La Chine
4/ La Thaïlande
5/ La Côte d'Ivoire

27 En avril 2019, quel pays a déchu Julian Assange, fondateur de Wikileaks, de la nationalité qui lui permettait d'échapper aux poursuites de la justice américaine, en séjournant dans l'ambassade de ce pays à Londres ?

1/ La Russie
2/ L'Équateur
3/ Le Danemark
4/ Le Chili
5/ La Hongrie

28 Quelle est la monnaie officielle des pays l'Union Économique Ouest Africaine (UEMOA) ?

1/ Le dollar
2/ Le franc CFA
3/ Le shilling
4/ Le dinar
5/ La livre

29 Amelia Earhart était la première femme à :

1/ Participer aux Jeux Olympiques
2/ Obtenir le Prix Nobel de la Paix
3/ Interpréter un rôle au théâtre
4/ Traverser l'Atlantique en avion
5/ Voter en France

30 Quel fleuve sépare, dans la capitale hongroise Budapest, les deux parties de la ville, Buda et Pest ?

1/ Le Danube
2/ La Volga
3/ L'Oural
4/ L'Elbe
5/ La Vistule

31 Quel est le deuxième plus haut sommet du Monde ?

1/ Le Nanga Parbat
2/ Le Kilimandjaro
3/ Le K2
4/ Le Mont Fuji
5/ Le Denali

32 Charlotte Corday est connue pour avoir assassiné :

1/ Georges Jacques Danton
2/ Le comte de Mirabeau
3/ Maximilien de Robespierre
4/ Jean-Paul Marat
5/ Le Marquis de La Fayette

33 En France, en février 2019, quel journal quotidien a été placé en redressement judiciaire avec poursuite d'activité accompagnée d'une période d'observation de six mois ?

1/ Libération
2/ La Croix
3/ L'Humanité
4/ Ouest France
5/ Le Midi Olympique

34 En janvier 2019, quel exploit a réalisé la mission Chang'e 4 ?

1/ Le lancement du premier satellite chinois autour de Mars
2/ Le premier vol d'une fusée fonctionnant entièrement à l'énergie solaire
3/ Le premier lancement d'une fusée chinoise en orbite autour de la Terre
4/ Le premier alunissage de l'Histoire sur la face cachée de la Lune
5/ Le premier lancement par la Chine d'un satellite chargé d'intercepter toutes les communications des personnes fichées par le gouvernement chinois

35 En Indonésie, en décembre 2018, sous quel nom est connu le volcan dont l'éruption a provoqué un tsunami dans le détroit de la Sonde qui a fait plus de 400 morts ?

1/ La Soufrière
2/ Le Piton de la Fournaise
3/ Le Kilimandjaro
4/ Le Krakatoa
5/ Le Sakurajima

36 De quel pays Mohamed Morsi, décédé au début du mois de juin 2019 lors d'une comparution au tribunal, avait-il été le Président ?

1/ L'Algérie
2/ Le Maroc
3/ La Tunisie
4/ L'Égypte
5/ Le Sénégal

37 Dans lequel des pays suivants, les musulmans chiites ne sont pas majoritaires dans la population ?

1/ L'Iran
2/ L'Irak
3/ L'Azerbaïdjan
4/ Le Bahreïn
5/ Le Yémen

38 En Suède, en septembre 2018, quel parti politique est arrivé en tête des élections législatives ?

1/ Le Parti social-démocrate (centre-gauche)
2/ Les démocrates de Suède (extrême-droite)
3/ Le Parti modéré de rassemblement (droite)
4/ Le Parti de gauche (gauche)
5/ Les chrétiens-démocrates (centre-droit)

39 En France, en février 2019, quel nom porte le groupe Facebook regroupant essentiellement de jeunes hommes journalistes, communicants et publicitaires parisiens, dont certains sont accusés de cyberharcèlement ?

1/ La guilde médias
2/ La confrérie du web
3/ La fraternité
4/ La ligue du LOL
5/ Les frères trolls

40 En France, de quel journal Xavier Niel est-il devenu actionnaire en juin 2019, puis l'unique propriétaire en février 2020 ?

1/ Le Figaro
2/ Libération
3/ L'Obs
4/ Challenges
5/ Nice-Matin

41 Au Royaume-Uni, en 2019, quel parti Theresa May dirigeait-elle avant de démissionner de ses fonctions au début du mois de juin ?

1/ Le parti travailliste
2/ Le parti du Brexit
3/ Le parti conservateur
4/ Les Libéraux-Démocrates
5/ Le parti national écossais

42 En France, en mars 2019, quel Cardinal a remis sa démission (refusée) au Pape après sa condamnation à six mois de prison avec sursis pour non-dénonciation d'agressions sexuelles sur mineurs ?

1/ Roger Etchegaray
2/ Jean-Pierre Ricard
3/ Dominique Mamberti
4/ Paul Poupard
5/ Philippe Barbarin

43 En France, depuis avril 2018, qui est le Premier secrétaire du parti socialiste ?

1/ Benoît Hamon
2/ Olivier Faure
3/ Claude Bartolone
4/ Patrick Kanner
5/ Pierre Moscovici

44 En France, quelle personnalité a créé et présenté « Le Grand Échiquier » avant que cette célèbre émission ne fasse son retour sur France 2 ?

1/ Jacques Chancel
2/ Michel Drucker
3/ Philippe Bouvard
4/ Bernard Pivot
5/ Roger Gicquel

45 En janvier 2019, quelle entreprise dirigeait Jean-Dominique Senard avant de devenir président de Renault ?

1/ La SNCF
2/ Michelin
3/ Alstom
4/ Valeo
5/ Siemens

46 En septembre 2018, le président d'Interpol :

1/ A été assassiné aux États-Unis
2/ A disparu en Chine
3/ A été arrêté au Japon
4/ Sa femme et ses enfants ont été enlevés au Mexique
5/ Son domicile a fait l'objet d'un incendie criminel

47 En Chine, en septembre 2018, dans quelle région un mouvement indépendantiste a-t-il été interdit ?

1/ Macao
2/ Taïwan
3/ Hong Kong
4/ Hunan
5/ Tibet

48 Laquelle de ces capitales n'est pas bordée par la mer Méditerranée ?

1/ Athènes
2/ Tripoli
3/ Ankara
4/ Beyrouth
5/ Tunis

49 Qui était Simón Bolívar ?

1/ Un anarchiste espagnol de la fin du XIXe siècle
2/ Un joueur du FC Séville dans les années 1930
3/ Un conquistador portugais au XVIe siècle
4/ Un indépendantiste vénézuélien au début du XIXe siècle
5/ Un prix Nobel de littérature argentin dans les années 1960

50 En septembre 2018, quelle marque italienne a été rachetée par le groupe américain Michael Kors ?

1/ Dolce & Gabbana
2/ Giorgio Armani
3/ Gucci
4/ Sergio Rossi
5/ Versace

Épreuve de compréhension et expression écrite en français

1re partie : expression - 35 questions

51 Parmi les propositions suivantes, laquelle est incorrectement orthographiée ?

1/ Il fait preuve d'intransigeance envers ses salariés
2/ La vengeance n'a jamais été une solution
3/ La négligeance dans l'entretien de ta maison est vraiment désagréable
4/ L'obligeance est une vertu en voie d'extinction
5/ Ce monarque a demandé allégeance à ses sujets

52 Parmi les propositions suivantes, laquelle est un pléonasme ?

1/ « Vivez, froide Nature, et revivez sans cesse » (Alfred de Vigny)
2/ Son père nous a quittés brutalement
3/ La visite de ce musée m'a permis de contempler un magnifique bronze de Rodin
4/ J'ai proposé aux étudiants de travailler un extrait tiré d'un article paru dans *Le Monde*
5/ Cet agriculteur est très fier de son troupeau de 70 têtes

53 Parmi les propositions suivantes, laquelle est correcte ?

1/ Cette jolie plante ne t'était pas destinée, il faut que tu la rendes
2/ Cette jolie plante ne t'était pas destinée, il faut que tu l'as rendes
3/ Cette jolie plante ne t'était pas destinée, il faut que tu las rendes
4/ Cette jolie plante ne t'était pas destinée, il faut que tu l'a rendes
5/ Cette jolie plante ne t'était pas destinée, il faut que tu là rendes

54 En grammaire française, qu'appelle-t-on des « diacritiques » ?

1/ Une figure de style
2/ Des lettres qui ont disparu de notre alphabet actuel
3/ Les signes ajoutés à certaines lettres tels que les accents
4/ Des lettres et signes qui n'ont pas encore de retranscription informatique
5/ Des mots qui n'existent plus dans le dictionnaire actuel

55 **« L'algophobie » est la peur :**

1/ Des mers et des océans
2/ Des algues
3/ Des douleurs
4/ Des espaces fermés
5/ Des poissons et crustacés

56 **Parmi les propositions suivantes, laquelle est incorrectement orthographiée ?**

1/ Les fiancés ont publié les bans la semaine dernière
2/ La municipalité a décidé de remplacer les bancs par des sièges individuels
3/ Les artistes qui proposaient des formes nouvelles ont souvent été mis au banc
4/ Les demi-assis sont des bancs trop inclinés et trop hauts pour une position assise
5/ Différer d'une norme entraîne souvent une mise au ban

57 **Sans tenir compte de la signification lexicale, quelle phrase est orthographiquement parlant correctement écrite ?**

1/ Du haut de sa chair, la très chère professeure inspecta les chaires qu'elle jugea cheres
2/ Du haut de sa chaire, la très chère professeure inspecta les chairs qu'elle jugea chères
3/ Du haut de sa chaire, la très chere professeure inspecta les chaires qu'elle jugea chères
4/ Du haut de sa chair, la très chère professeure inspecta les chairs qu'elle jugea cher
5/ Du haut de sa chaire, la très cher professeure inspecta les chaires qu'elle jugea chères

58 **La « conchyliculture » est la culture des :**

1/ Volailles
2/ Bovidés
3/ Coquillages
4/ Fruits à noyau
5/ Fruits à coque

59 **Un « autodafé » est une destruction par :**

1/ L'eau, la noyade
2/ Le vent
3/ Le fait d'être enterré
4/ Une épidémie
5/ Le feu

60 **Parmi les propositions suivantes, laquelle est grammaticalement correcte ?**

1/ Sais-tu quel cadeau ils ont offerts à Jean pour sa retraite ?
2/ Alice a acheté une armoire qu'elle a montée toute seule
3/ Rachel a passées ses vacances à écrire un blog
4/ Elle n'aime pas les livres que tu lui as envoyé
5/ Il a édité les badges et les a déposé à l'accueil

61 **Parmi les propositions suivantes, laquelle est correctement orthographiée ?**

1/ Malgré ses multiples tamtatives, Marie a perdu son tournoi
2/ Après plusieurs tantatives, Marc a abandonné le tennis
3/ Il faut plusieurs tentatives pour réussir ce jeu
4/ Elle a pu monter ces étagères après de multiples temtatives
5/ Il a remporté ce challenge en une seul temttative

62 **Parmi les propositions suivantes, laquelle est correctement conjuguée ?**

1/ Il assaillit son ennemi et le vaint avec bravoure
2/ Il assaille son ennemi et le vains avec bravoure
3/ Il assaillit son ennemi et le vainc avec bravoure
4/ Il assaille son ennemi et le vainc avec bravoure
5/ Il assaille son ennemi et le vaint avec bravoure

63 **Parmi les propositions suivantes, laquelle est correctement conjuguée ?**

1/ Il faudrait que vous vous soyiez injecté l'antipoison
2/ Il souhaite que nous ayions pris le train plus tôt
3/ Nous souhaitions que les enfants aiyent pris leur goûter avant de partir
4/ Elles souhaitaient que les enfants ayent mis leur manteau
5/ Il faudrait que les séries françaises aient une fin heureuse

64 **Parmi les propositions suivantes, laquelle comporte une incise ?**

1/ L'argent, dit le sage, ne fait pas le bonheur
2/ Souhaitez-vous boire quelque chose ?
3/ Mon amie, quelle douceur de vivre à vos côtés
4/ Elle ne sait pas encore si elle a envie d'avoir des enfants
5/ Il préfère la violence au dialogue

65 **Parmi les propositions suivantes, laquelle pourrait remplacer « acrimonieux » dans la phrase suivante : « Le dirigeant se montre particulièrement acrimonieux lors d'interviews données pour différents journaux, au sujet de son entreprise. » ?**

1/ Dithyrambique
2/ Élogieux
3/ Déçu
4/ Amer
5/ Indifférent

66 **Dans cette phrase extraite d'*Orgueil et préjugés* de J. Austen : « … elle se détourna avec un mouvement de mauvaise humeur qu'elle ne pût tout de suite surmonter, ... », quel est le temps utilisé pour le verbe « pouvoir » ?**

1/ Le passé simple de l'indicatif
2/ L'imparfait de l'indicatif
3/ Le passé antérieur de l'indicatif
4/ Le présent du subjonctif
5/ L'imparfait du subjonctif

67 **Parmi les propositions suivantes, laquelle est correcte ?**

1/ La décrue est terminée, pourtant l'eau ruisselle toujours le long des trottoirs
2/ La décrue est terminée, pourtant l'eau ruissèle toujours le long des trottoirs
3/ La décrue est terminée, pourtant l'eau ruissaille toujours le long des trottoirs
4/ La décrue est terminée, pourtant l'eau ruisèle toujours le long des trottoirs
5/ La décrue est terminée, pourtant l'eau ruiselle toujours le long des trottoirs

68 **Parmi les propositions suivantes, laquelle est correctement orthographiée ?**

1/ Le faite d'échanger entre différentes cultures peut être effrayant
2/ Le faît de participer à ce tournoi est un atout
3/ Le faîte de la toiture est en mauvais état
4/ Le fait de la maison est à refaire
5/ Le faîte de la montagne était majestueux

69 **Parmi les propositions suivantes, laquelle est rédigée à la voix passive ?**

1/ Le maire de la commune a décidé de ne pas accepter les aménagements proposés
2/ Sa passion pour les animaux pourrait donner l'impression qu'elle les préfère aux humains
3/ La cuisine n'est pas son fort, elle se nourrit essentiellement de plats préparés
4/ Le concert bat son plein, la foule se déhanche au rythme des guitares
5/ La ministre a été interpellée sur une question économique mal maîtrisée

70 Parmi les propositions suivantes, laquelle est correcte ?

1/ Le ministre a été cloué au piloriz pour ses dernières propositions de loi
2/ Le ministre a été cloué au pilorit pour ses dernières propositions de loi
3/ Le ministre a été cloué au pillori pour ses dernières propositions de loi
4/ Le ministre a été cloué au pilleauris pour ses dernières propositions de loi
5/ Le ministre a été cloué au pilori pour ses dernières propositions de loi

71 Parmi les propositions suivantes, laquelle correspond à un usage correct de l'adjectif « comminatoire » ?

1/ Les employés se sont sentis fiers tant le ton de la note était comminatoire
2/ Les employés se sont sentis menacés tant le ton de la note était comminatoire
3/ Les employés ont senti qu'ils étaient pris en compte tant le ton de la note était comminatoire
4/ Les employés se sont sentis trahis tant le ton de la note était comminatoire
5/ Les employés se sont sentis flattés tant le ton de la note était comminatoire

72 Parmi les propositions suivantes, laquelle n'est pas à la voie passive ?

1/ Cet employé est connu pour son grand sérieux
2/ L'entreprise est considérée comme plus compétitive depuis son rachat par les employés
3/ Quinze ouvrages ont été sélectionnés pour le prix Goncourt de cette année
4/ Cette solution aurait été retenue sans son refus obstiné
5/ Les employés sont revenus à des pratiques plus conventionnelles

73 Parmi les propositions suivantes, de l'ouvrage de Patrice Romain, laquelle est grammaticalement correcte ?

1/ Barbara s'est rendu à l'école lundi
2/ Monsieur, elle est revenue car elle ne vous pas vue dans la cour
3/ Je l'est envoyée deux fois à l'école
4/ Je vous prie de l'excusée
5/ Mais j'ai bien envoyé ma nièce à l'école lundi

74 Parmi les propositions suivantes laquelle est correcte ?

1/ Yves a rabroué, rassemblé, ces deux poutres avec un cordage solide
2/ Lise a raboté, rassemblé, ces deux poutres avec un solide cordage
3/ Marc a râblé, assemblé, ces deux poutres avec un cordage solide
4/ Alice a rabouté, assemblé, ces deux poutres avec un solide cordage
5/ Michel a râblé, assemblé, ces deux poutres avec un solide cordage

75 **Parmi les propositions suivantes, laquelle est correctement orthographiée ?**

1/ Elle aimait se promener le long de la jeté à Brest
2/ La pitiée se distingue de l'empathie
3/ Alice n'a pas fait de faute à sa dicté
4/ La charité ne peut se moquer de l'hôpital
5/ Mon livre est d'une excellente qualitée

76 **Parmi les propositions suivantes, laquelle est incorrectement conjuguée au futur simple de l'indicatif ?**

1/ Nous serons fiers de travailler avec les agriculteurs croates
2/ Nous oeuvrirons avec eux pour préserver l'environnement
3/ Vous découvrirez ce nouveau partenariat sur notre site
4/ Nous œuvrerons toujours dans un souci d'équité
5/ Nous participerons à la préservation du patrimoine

77 **Quelle est l'orthographe correcte du mot manquant dans cette phrase extraite des *Grandes Espérances* de C. Dickens : « Il avait en outre une confiance […] en son argent et en la grandeur de sa famille, confiance qui lui était parfois fort utile. » ?**

1/ Obtu
2/ Obtue
3/ Obtuse
4/ Obetue
5/ Obtus

78 **Parmi les propositions suivantes, laquelle est correctement conjuguée ?**

1/ Les enfants expatriés en Australie s'endurcissaient de jour en jour
2/ Elle s'endurçait avec les années
3/ Vous vous endurciez face à ces tragédies
4/ Ils s'endurcissait en pratiquant la boxe
5/ On s'endurçait grâce à notre travail persévérant

79 **Parmi les propositions suivantes, laquelle est correctement conjuguée ?**

1/ Peu me chaud quelles seront les conséquences, je m'entête
2/ Peu me chauent quelles seront les conséquences, je m'entêtes
3/ Peu me chaut quelles seront les conséquences, je m'entête
4/ Peu me chauent quelles seront les conséquences, je m'entête
5/ Peu me chaud quelles seront les conséquences, je m'entêtes

80 **Parmi les propositions suivantes, laquelle est correcte ?**

1/ Quel que soit la beauté et la fragilité d'une fleur, il faut l'arroser judicieusement
2/ Quels que soient la beauté et la fragilité d'une fleur, il faut l'arroser judicieusement
3/ Quelles que soient la beauté et la fragilité d'une fleur, il faut l'arroser judicieusement
4/ Quelque soit la beauté et la fragilité d'une fleur, il faut l'arroser judicieusement
5/ Qu'elles que soient la beauté et la fragilité d'une fleur, il faut l'arroser judicieusement

81 **Parmi les propositions suivantes, laquelle ne correspond pas à une forme conjuguée correcte du verbe « résoudre » ?**

1/ Vous résoudriez ce problème avec plus de concentration
2/ Il résout ce problème facilement
3/ Vous résoudrez ce problème sans difficulté
4/ Nous résolûmes ce problème en trois jours
5/ Tu résouts le problème que tu rencontres

82 **Parmi les propositions suivantes, laquelle est incorrecte ?**

1/ Un amalgame est un alliage de mercure avec un autre métal
2/ Un amalgame est l'union de différents produits culinaires
3/ Un amalgame est un mélange de personnes très différentes
4/ Un amalgame est un minéral à structure cubique
5/ Un amalgame est une réunion, dans un même corps d'unités, de recrutement différent

83 **Parmi les propositions suivantes, laquelle est correcte ?**

1/ Phèdre est au paroxysme de sa souffrance, signifie qu'elle a cessé de souffrir
2/ Éléonore a atteint un paroxysme de rage signifie qu'elle a été contaminée et a la rage
3/ Alice est au paroxysme d'une crise d'otite, signifie qu'elle est au plus haut degré de souffrance
4/ Jean suit un traitement paroxystique signifie qu'il suit un traitement doux, alternatif
5/ Un paroxysme est tout simplement un paradoxe

84 **Parmi les propositions suivantes, laquelle est correcte ?**

1/ On dit d'une personne qu'elle est thaumaturge lorsqu'elle a subi un grave accident
2/ Un thaumaturge est une personne capable de faire des miracles
3/ Une thaumaturgie est une pièce de théâtre courte et tragique
4/ Une thaumaturgie est un traitement de la peau par l'eau
5/ Un thaumaturge est un escroc repenti

85 **Dans ce vers extrait du poème « Il pleure dans mon cœur » de P. Verlaine : « Il pleure dans mon cœur Comme il pleut sur la ville » : quel est le type du verbe « pleuvoir » ?**

1/ Un verbe défectif
2/ Un verbe transitif
3/ Un verbe impersonnel
4/ Un verbe intransitif
5/ Un verbe pronominal

Texte

Source : Geneviève Clastres, « Le cadeau empoisonné du tourisme culturel », *Le Monde Diplomatique*, juillet 2019, page 6

Patrimoine mondial de l'Unesco, les effets inattendus d'un label

LE CADEAU EMPOISONNÉ DU TOURISME CULTUREL

Chaque année, une cinquantaine de sites naturels ou culturels se portent candidats à l'inscription sur la liste du patrimoine mondial pour se voir accorder une protection au bénéfice de toute l'humanité. Cependant, en délivrant ce label, l'Unesco oriente aussi fortement les flux touristiques. Un appel d'air rémunérateur, mais qui peut s'avérer ravageur.

par Geneviève Clastres

« *Tout à coup, Albi s'est mise à exister sur la carte du monde. L'inscription de la cité épiscopale au patrimoine mondial de l'Unesco* [Organisation des Nations unies pour l'éducation, la science et la culture] *a eu lieu le 31 juillet 2010. Le lendemain matin, il y avait foule dans la ville ; les gens faisaient un détour pour venir voir.* » Directrice des affaires culturelles, du patrimoine et des relations internationales d'Albi, Mme Marie-Ève Cortés se souvient très bien de ce jour, qui a changé la vie de la cité de briques et de ses 52 000 habitants. Depuis, le nombre de touristes a plus que doublé, passant de 700 000 par an à 1 million en 2011, puis à 1,5 million en 2016 — un peu moins en 2017…

L'inscription sur la liste du patrimoine mondial vient souvent consacrer des lieux déjà très fréquentés. Toutefois, un réel « effet Unesco » existe. « *L'inscription est gage de qualité du bien, qu'il soit naturel ou culturel. Pour les visiteurs potentiels, elle représente une reconnaissance* », précise Maria Gravari-Barbas, directrice de la chaire Unesco culture, tourisme, développement à l'université Paris-I (Panthéon-Sorbonne). Un ou deux sites sont inscrits chaque année, et la France en compte déjà quarante-quatre sur la liste du patrimoine mondial : trente-neuf sites culturels, quatre sites naturels et un mixte.

Afin d'anticiper les effets de sa mise à l'honneur, Albi a dû élaborer un plan de gestion. Objectif : garantir le maintien de la valeur universelle exceptionnelle du bien, mais aussi intégrer l'ensemble des parties prenantes à long terme, afin de ne pas transformer la ville en musée. « *C'est parfois par un excès de bonne volonté que l'inscription peut s'avérer problématique*, explique Maria Gravari-Barbas. *Dans plusieurs villes, la restauration a opté pour un "intégrisme chronologique" ou un "fondamentalisme temporel" qui en arrivent à figer les villes dans une époque.* »

Pour éviter cet écueil, le comité qui gère le site a intégré dès le départ institutions, partenaires culturels ou scientifiques et personnalités qualifiées, mais aussi les professionnels du tourisme et les habitants. « *La cité épiscopale ne souhaite pas privilégier uniquement une approche "patrimoine"*, assure Mme Cortés. *Nous traitons aussi l'humain, l'économie et leurs interactions. En outre, nous pilotons les actions de la zone tampon avec le même degré de qualité et d'exigence.* » Chaque année, les États généraux de l'Albigeois permettent de rassembler les habitants pour travailler sur des thèmes aussi variés que le stationnement en ville, les petits commerces, le mobilier urbain, etc.

La menace de la muséification

Albi s'est jumelée à Lijiang en 2014. Cette ville du Yunnan se trouve à 2 400 mètres d'altitude sur l'ancienne route caravanière reliant la province au Tibet. En 1986, après la reconnaissance de sa vieille ville, Dayan, comme Trésor national chinois, la réputation de ses venelles pavées bordées de canaux et de son architecture exceptionnelle s'accroît. En dépit de plusieurs tremblements de terre, dont le dernier le 3 février 1996, le patrimoine immatériel et les résidences traditionnelles de la vieille ville ont pu être préservés, ce que l'Unesco reconnaît en inscrivant ce site sur sa liste en 1997. En quelques années, la cité connaît une mutation sans précédent[1]. Le nombre de touristes passe d'à peine 200 000 en 1992 à 1,7 million en 1997, puis à 2,6 millions en 1999, à plus de 4 millions en 2005 et à 5,3 millions en 2008…

Pour les habitants, en particulier ceux des vieux quartiers, peuplés principalement de Naxi – un peuple tibéto-birman –, les conséquences sont ravageuses : dès le début des années 2000, le cœur de la ville, avec son patrimoine architectural exceptionnel, devient une enclave touristique où prolifèrent hôtels, restaurants, bars, boutiques… Les locaux préfèrent louer leurs habitations à des commerçants venus des provinces voisines… pour aller vivre dans la ville nouvelle. En quelques années, Lijiang devient un décor en partie sacrifié sur l'autel du tourisme. On croise encore des femmes naxi venues faire du commerce ou de la figuration, mais les touristes tiennent le haut du pavé. En 2008, l'Unesco finit par mettre la municipalité en garde, lui intimant de reprendre en main la gestion du bien, sous peine de l'inscrire sur la liste du patrimoine en péril…

On touche là à l'ambivalence du tourisme, invoqué, encouragé parce que porteur de devises, de croissance, d'espoir, mais redouté une fois l'équilibre rompu. Les visiteurs détruisent les sites qu'ils vénèrent – déchaussement des menhirs de Carnac, ravinement des espaces naturels du Puy-de-Dôme, dégradations de la grotte de Lascaux, piétinement du Machu Picchu… – et exaspèrent les habitants qui les attendaient.

À Lijiang, avec les années, certaines mesures ont été prises ; mais impossible de rendre la ville aux habitants. Sur ce point, l'Unesco a baissé les bras. Le cœur de la cité naxi s'est évadé de son centre, qui a accueilli… 46 millions de visiteurs l'an passé ! « *Je me souviens de ce jour où il y avait tellement de touristes dans la vieille ville que les locaux étaient prévenus par les réseaux sociaux qu'ils devaient éviter cette zone* », témoigne Emmanuelle Laurent, doctorante en anthropologie du monde chinois à l'Institut national des langues et civilisations orientales (Inalco)[2].

Toutefois, le bilan mérite d'être nuancé[3]. Lijiang a aussi bénéficié de nombreuses restaurations. Au-delà du patrimoine matériel, il faut noter l'influence du tourisme sur le peuple naxi et la culture dongba, dont plusieurs pans ont été inscrits sur la liste du patrimoine culturel immatériel entre 2006 et 2014. Les dongbas, ces chamans naxi connus pour leur écriture pictographique, fascinent les visiteurs. Si la Chine n'a pas attendu cette manne pour malmener cette population, l'évolution actuelle peut avoir des effets inattendus, entre le pire et le meilleur… « *Il est difficile de gagner sa vie par la seule activité de dongba*, explique Emmanuelle Laurent. *Certains, de la jeune génération pour la plupart, trouvent du travail dans le secteur touristique, où ils mettent à profit leurs connaissances pour gagner un peu d'argent. D'autres les dénoncent, alléguant qu'ils ne sont pas de "vrais dongbas", mais beaucoup adoptent une approche moins conservatrice de la transmission de leurs savoirs.* » En dépit des dérives et d'un folklore frisant parfois le ridicule, le tourisme a provoqué un regain de la culture dongba, avec la multiplication des centres culturels et de recherche, la reprise de certains rituels et un retour des vocations. Le gouvernement encourage même les Naxi à se réapproprier leur langue.

Des délégations d'Albi et de Lijiang se rendent régulièrement visite afin de favoriser l'échange d'expériences. La gestion du bien est très différente dans

1 « Tourisme et identité en Chine du Sud. Le cas des Naxi de Lijiang », dans Jean-Marie Furt et Franck Michel (sous la dir. de), *Tourismes et identités*, L'Harmattan, coll. « Tourismes & sociétés », Paris, 2006.

2 Cf. Emmanuelle Laurent, « Autour de la préservation de la culture des Naxi de Lijiang », 10 novembre 2015.

3 Cf. Heather Peters, « Dancing in the market : Reconfiguring commerce and heritage in Lijiang », dans Tami Blumenfield et Helaine Silverman (sous la dir. de), *Cultural Heritage Politics in China*, Springer, New York, 2013.

les deux pays : en France, on privilégie la concertation et le bien-être des habitants, alors qu'en Chine ces derniers ont encore très peu voix au chapitre. Les Chinois cherchent à s'inspirer de ce qui fonctionne en France. « *Chaque fois que nous avons reçu des délégations de Lijiang, elles étaient très intéressées par la manière dont nous gérions le patrimoine, par le choix des matériaux, de la couleur, par la notion d'authenticité liée au savoir-faire*, raconte Mme Cortés. *En Chine, c'est plutôt la valeur d'usage qui compte. Notre réglementation les a aussi beaucoup impressionnés. La France possède le dispositif qui protège le mieux le patrimoine, mais aussi l'environnement. Par exemple, nous sommes très attentifs à la protection de la biodiversité des berges du Tarn, qui borde notre bien. Ça les a épatés.* »

Bien d'autres sites distingués par l'Unesco sont aux prises avec le tourisme de masse. À Dubrovnik, en Croatie, un projet immobilier doublé d'un golf sur les montagnes qui font face à la ville risque de dénaturer une partie de la côte dalmate. Sous la menace de voir la citadelle inscrite sur la liste du patrimoine en péril[4], la ville a fini par limiter les visiteurs à huit mille, puis à quatre mille par jour. Elle a notamment restreint le nombre de croisiéristes, en négociant avec l'Association internationale des compagnies de croisières (CLIA) une meilleure répartition des arrivées de paquebots. De même, depuis 2018, Venise limite à vingt mille personnes l'accès à la place Saint-Marc lors de la cérémonie d'ouverture du carnaval. À partir de septembre 2019, tous les touristes devront en outre acquitter une taxe de 3 à 10 euros. Cette limitation quantitative n'est toutefois pas la solution idéale, précise Maria Gravari-Barbas : « *La politique des quotas est problématique, car elle tend à transformer les villes en musées ou en parcs urbains, dont l'entrée est réglementée, contrôlée, voire payante.* »

Plusieurs villes européennes, telles Barcelone, Saint-Sébastien ou Amsterdam, ont connu des manifestations hostiles aux hordes de touristes qui envahissent leurs rues, générant une activité bruyante et accentuant leur embourgeoisement. L'inscription au patrimoine mondial de l'Unesco peut apporter une réponse aux débordements du tourisme lorsqu'elle est prise comme une impulsion, un point de départ pour l'élaboration d'une stratégie de préservation efficace. « *Albi s'est dotée du tout premier plan de gestion quand c'est devenu une obligation, et, depuis, nous servons de référence*, témoigne Mme Cortés. *Nous sommes fiers d'avoir inspiré d'autres biens, comme le bassin minier du Nord-Pas-de-Calais, la grotte Chauvet ou la chaîne des Puys.* »

Des outils pour la gestion des sites

Le réseau des Grands sites de France (GSF) œuvre depuis les années 1980 à adapter les capacités d'accueil. « *Nous menons des études afin de déterminer la capacité de charge de chaque site, entre fréquentation et préservation de l'environnement, en veillant aussi à ce que les habitants ne se sentent pas dépossédés et que le tourisme ne devienne pas la monoactivité d'un territoire* », explique Mme Soline Archambault, la directrice. La gestion des flux aux portes d'entrée ou l'agrandissement du périmètre concerné limitent la saturation. Les remèdes et solutions sont nombreux et adaptés à chaque situation : mise en place d'observatoires de fréquentation, recul des parkings, navettes, vélos électriques, mobilisation des commerçants pour une montée en gamme des produits proposés, etc. Dernier site français inscrit sur la liste du patrimoine mondial (le 2 juillet 2018), la chaîne des Puys - faille de Limagne a ainsi mis en place des aires de stationnement intégrées au paysage, un train à crémaillère, ainsi qu'un balisage informatif et préventif issu d'une concertation locale.

Le réseau des GSF anime également une formation en français pour les gestionnaires de sites du monde entier, sous le patronage de l'Unesco. Elle permet un échange d'expériences avec plus de trente-cinq pays sur la gestion intégrée des sites et la sensibilisation des habitants, qui reste au cœur du processus. D'évidence, certains lieux, tels les sites fermés par des remparts, murailles ou fortifications, sont

4 « Report on the Unesco-Icomos reactive monitoring mission to old city of Dubrovnik, Croatia », Unesco - Conseil international des monuments et des sites, novembre 2015.

plus difficiles à protéger que d'autres. « *Parfois, les milieux qui vivent du tourisme militent activement pour une politique du laisser-aller, voire font du dumping touristique,* confirme Maria Gravari-Barbas. *Mais l'inscription sur la liste de l'Unesco donne aux villes les moyens d'exercer une pression locale en brandissant la menace de l'inscription au patrimoine mondial en péril, ou même du retrait de la liste. Liverpool a ainsi été inscrite sur la liste du patrimoine en péril essentiellement à cause de projets immobiliers qui portaient atteinte à la valeur universelle exceptionnelle du bien. Le projet de construction d'une tour de l'hôtel InterContinental a valu le même sort à Vienne, car il changeait considérablement la perspective représentée dans un fameux tableau de Bernardo Bellotto* [1758-1761]. »

Ayant fait le choix du tourisme de masse à bas prix, Barcelone est désormais victime de son succès. La Chine voit dans cette activité une vitrine idéale pour montrer sa puissance et sa capacité d'innovation permanente. Si la France a su mettre en valeur son patrimoine, le tourisme n'a plus de ministère de plein exercice depuis 1995, et la dimension économique prévaut plus que jamais. Cette vision réductrice rend difficile la tâche de ceux qui œuvrent pour un équilibre harmonieux et durable entre l'économique, l'écologique et l'humain.

Geneviève Clastres
Journaliste, a dirigé l'ouvrage collectif *Dix ans de tourisme durable*, Voyageons-autrement.com, Bourg-lès-Valence, 2018.

Questions

86 Parmi les propositions suivantes, laquelle correspond à la définition du terme « venelle » employé par l'autrice dans le texte ?

1/ Un ouvrage généralement en pierre, en bois ou en métal permettant de franchir une dépression ou un obstacle
2/ Une petite rue étroite
3/ Une étendue plate de terre arable cultivée
4/ Un lieu, sanctuaire où l'on célèbre le culte d'une ou plusieurs divinités
5/ Un espace découvert entouré de murs, de haies ou de bâtiments, attenant à une maison d'habitation et à ses commodités ou à un édifice

87 Dans quelle province chinoise se situe la ville jumelée avec Albi ?

1/ Le Guangdong
2/ Le Liaoning
3/ Le Sichuan
4/ Le Yunnan
5/ Le Hunan

88 D'après l'article, quel site a privilégié une concertation locale dans l'élaboration de sa signalétique de prévention ?

1/ Venise
2/ La grotte de Lascaux
3/ La chaîne des Puys – faille de Limagne
4/ Les berges du Tarn
5/ Dayan

89 Combien de sites français figurent au classement du patrimoine mondial de l'Unesco ?

1/ 26
2/ 39
3/ 44
4/ 57
5/ 61

90 Quel écueil dénonce Maria Gravari-Barbas, lorsqu'elle évoque « l'intégrisme chronologique » de certains gestionnaires de sites inscrits au patrimoine mondial de l'humanité ?

1/ La limitation de la fréquentation des sites par l'usage de quotas
2/ Le retrait du droit de circuler dans les villes en véhicule motorisé
3/ Le refus de projets de construction hôteliers qui favoriseraient le tourisme
4/ La muséification des villes, figées dans une époque pour favoriser leur attrait touristique
5/ Le refus de techniques modernes pour les restaurations de bâtiments

91 Jusqu'à aujourd'hui, quel record de fréquentation a enregistré la ville chinoise jumelée à Albi ?

1/ 1,5 million de visiteurs
2/ 2,6 millions de visiteurs
3/ 4 millions de visiteurs
4/ 5,3 millions de visiteurs
5/ 46 millions de visiteurs

92 Parmi les propositions suivantes, laquelle correspond à la définition usuelle du mot « enclave » ?

1/ Un territoire, pays placé à l'intérieur d'un autre territoire ou pays
2/ Une forme particulière d'un gouvernement, nature d'un régime politique
3/ Une personne qui n'est pas de condition libre et se trouve sous la dépendance absolue d'un maître dont elle est la propriété
4/ Une chose qui témoigne de l'opulence de quelqu'un ou de quelque chose
5/ Un paysage considéré du point de vue de l'aspect, du pittoresque, de l'esthétique

93 D'après le texte, quelle ville a subi une rétrogradation au rang de « patrimoine en péril » dans son classement de l'Unesco, à cause du projet de construction d'un immeuble d'hôtellerie ?

1/ Liverpool
2/ Barcelone
3/ Saint-Sébastien
4/ Vienne
5/ Dubrovnik

94 **Quel effet de l'inscription au patrimoine mondial de l'Unesco est cité, par Emmanuelle Laurent, comme un point positif pour les populations locales de Lijiang ?**

1/ La restauration des monuments de la ville
2/ La revalorisation des biens immobiliers du centre-ville pour les habitants
3/ Le regain d'intérêt pour la culture traditionnelle dongba qui créé de l'emploi dans le secteur touristique
4/ La protection accrue de l'environnement aux alentours de la ville
5/ La disparition des industries polluantes dans la région

95 **Selon l'article, quel réseau, organisme ou institution dispense des formations ouvertes à tous les pays pour la gestion des sites protégés ?**

1/ CLIA
2/ Grands sites de France
3/ Le Conseil international des monuments des sites
4/ L'Inalco
5/ Paris 1 Panthéon-Sorbonne

96 **Qu'est-ce qu'une « écriture pictographique » ?**

1/ Chaque syllabe possible est représentée par un signe spécifique
2/ Les concepts sont figurés par des dessins symboliques stylisés
3/ Un alphabet qui note uniquement les consonnes, et pas les voyelles
4/ Chaque lettre est représentée par un signe spécifique
5/ Chaque lettre est représentée par une série d'impulsions courtes et longues, qu'elles soient produites par des signes, une lumière, un son ou un geste

97 **Parmi les propositions suivantes, laquelle ne reflète pas les propos de Marie-Ève Cortés, tels qu'ils sont rapportés par l'autrice ?**

1/ Les chinois de Lijiang sont très impressionnés par la gestion du patrimoine albigeois
2/ La gestion du patrimoine albigeois prend en compte les habitants de la ville
3/ L'introduction de quotas de visiteurs a permis de limiter les dégâts du tourisme sur les sites patrimoniaux
4/ L'environnement est au cœur des préoccupations des pouvoirs publics dans la gestion des sites patrimoniaux
5/ D'autres sites français s'inspirent de l'exemple d'Albi et de son plan de gestion

98 D'après les indications du texte, quel site classé est situé en bord de mer ?

1/ Machu Picchu
2/ Lascaux
3/ Le bassin minier du Nord-Pas-de-Calais
4/ Albi
5/ Dubrovnik

99 Quelle personnalité, citée dans l'article, indique que le classement au patrimoine mondial de l'Unesco peut constituer un levier pour les villes de faire pression sur les secteurs privés qui vivent du tourisme, à travers la menace de perdre ce statut ?

1/ Emmanuelle Laurent
2/ Marie-Ève Cortés
3/ Soline Archambault
4/ Heather Peters
5/ Maria Gravari-Barbas

100 Quel regret exprime l'autrice Geneviève Clastres, qui semble, d'après elle, compliquer le travail des instances qui cherchent à préserver l'équilibre dans la gestion touristique des sites patrimoniaux ?

1/ Le « *dumping* touristique » mené par certains milieux qui vivent du tourisme
2/ Les politiques de restauration transforment en musée les villes
3/ Le manque de moyens de pression dont disposent les pouvoirs publics pour gérer les flux touristiques
4/ La suppression du ministère du Tourisme, en 1995
5/ L'installation d'infrastructures touristiques et ludiques qui défigurent les centres-villes

Épreuve de raisonnement logique et numérique

101 **Un escalier en colimaçon sert d'issue de secours à un bâtiment de 6 mètres de haut. En montant, on remarque que chaque marche nous élève de 2 centimètres et fait un angle de 15 degrés avec la précédente, dans le sens des aiguilles d'une montre. Sachant qu'en entamant l'escalier on regardait vers le nord, où regarde-t-on une fois arrivé en haut ?**

① Vers l'ouest
② Vers le sud-ouest
③ Vers le sud
④ Vers le sud-est
⑤ Vers l'est

102 **Si UN = 21, DEUX = 14, TROIS = 41, QUATRE = 34, CINQ = 14, SIX = 23, SEPT = 4, combien vaut HUIT ?**

① 12
② 14
③ 24
④ 31
⑤ 34

103 **Le scalpel est au chirurgien, ce que le pinceau est ...**

① Au tableau
② A la peinture
③ À la couleur
④ Au peintre
⑤ À la toile

104 **Grâce au site cékikinéle-cher.com, vous pouvez consulter les tarifs d'un même produit vendu dans différents pays. Sur ce site, voici les tarifs proposés pour le dernier modèle d'Ufone :**

Pays	France	Angleterre	Japon	USA	Chine
Tarif	890 EUR	625 GBP	79 950 JPY	750 USD	4 150 CNY
Frais envoi	10 EUR	25 GBP	50 JPY	50 USD	10 CNY

On vous indique également sur ce site que les droits de douane sont de 25 % pour les produits japonais et américains, de 20 % pour les produits anglais et de 50 % pour les produits chinois, et, que vous devez rajouter une TVA de 20 % pour les produits français. Enfin, en sachant qu'une livre vaut actuellement 1,20 euro, qu'un euro vaut 100 yens, qu'un dollar vaut 0,90 euro et qu'un yuan vaut 0,15 euro, dans quel pays est-il le plus intéressant d'acheter cet Ufone ?

① Angleterre
② Chine
③ France
④ Japon
⑤ USA

105 **Quel nombre complète la suite logique suivante : 2793 ; 91612 ; 10773 ; 171410 ; 88551 ; 1613106 ; ?**

① 7446
② 74416
③ 774416
④ 7274416
⑤ 72744016

106 **Dans le jeu de hasard « Chuck-a-luck » très prisé des fêtes foraines, les règles sont les suivantes : un opérateur vous demande de tirer au sort un chiffre entre 1 et 6, puis il lance 3 dés identiques. Si le chiffre que vous avez tiré apparaît :**

– 3 fois, il vous donne 3 € ;
– 2 fois, il vous donne 2 € ;
– 1 fois, il vous donne 1 € ;
– aucune fois, c'est vous qui lui donnez 1 €.

Quelle est la probabilité que vous gagniez de l'argent en jouant une fois à ce jeu ?

① 20 %
② 25 %
③ 33 %
④ 42 %
⑤ 58 %

107 **Sur une boussole classique, quel est l'angle formé par la direction NNE (Nord – Nord Est) et la direction OSO (Ouest – Sud Ouest) ?**

① 45 degrés
② 90 degrés
③ 135 degrés
④ 157,5 degrés
⑤ 180 degrés

108 **Avec le bois d'une caisse creuse cubique d'un mètre cinquante de côté, combien peut-on construire de caisses cubiques complètes, réalisées avec ce même bois, de taille 50 cm ?**

① 4
② 6
③ 8
④ 9
⑤ 27

109 **Un enfant joue avec des cubes, il en place 16 en formant un carré parfait. Il retire alors délicatement les 4 cubes du milieu. On se retrouve avec une forme qui ressemble à un O.**
Combien ce polyèdre compte-t-il d'arêtes ?

① 20
② 21
③ 22
④ 24
⑤ 26

110 **Un téléphone portable a été vendu à 20 000 exemplaires ce mois-ci. Trois accessoires sont proposés : coque, écran anti-chocs et kit mains libres.**
Un total de 32 000 accessoires a été vendu. Parmi les téléphones achetés, 8 000 ont été pris avec toutes les options et 6 000 avec aucune option. Combien d'acheteurs ont pris exactement deux options ?

① 2 000
② 3 500
③ 4 000
④ 6 200
⑤ 9 600

111 **Un type d'afficheur digital est un affichage qui se fait à l'aide de segments que l'on appelle DIGIT comme sur cette image. C'est ainsi que fonctionnent beaucoup de montres et d'appareils grand public. Chaque chiffre est représenté au moyen de 7 segments allumés ou éteints selon les cas. Par exemple, ici est affiché le nombre 41 avec 6 segments allumés. Combien de nombres valides différents (entre 00 et 99) pourront être écrits sur cet afficheur avec exactement 11 segments allumés ?**

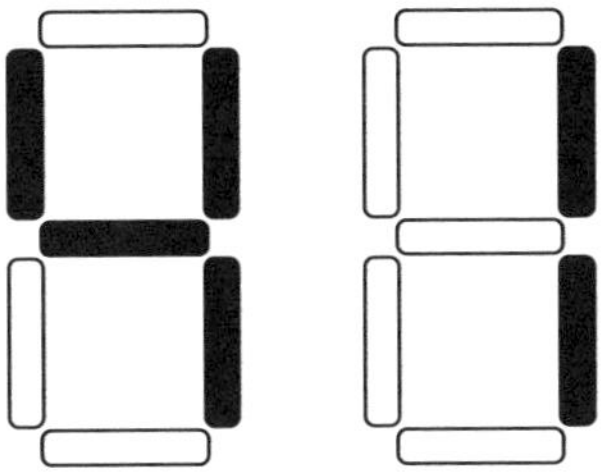

① 16

② 17

③ 18

④ 19

⑤ 20

112 **Soit les deux équations de paraboles suivantes de $\mathbb{R} \rightarrow \mathbb{R}$:**

$$\begin{cases} f(x) = 2x^2 + x - 1 \\ g(x) = x^2 + x - 3 \end{cases}$$

En quel point du plan $\mathbb{R}^2$ se croisent ces deux courbes ?

① En aucun point

② (2 ; 9)

③ (1 ; 1)

④ (0 ; – 1)

⑤ Les courbes sont confondues

113 **Complétez logiquement la suite :**

1 ; 0 ; 2 ; 3 ; 3 ; 8 ; 4 ; 15 ; 5 ; 24 ; 6 ; ?

① 20

② 31

③ 35

④ 39

⑤ 42

114 **Supposons que 60 % des employés d'une entreprise prennent leurs vacances au mois de juillet et le reste au mois d'août. Les vacanciers du mois de juillet sont contents à 75 %, ceux du mois d'août seulement à 60 % à cause du climat. Si on croise une personne contente de ses vacances, quel est le pourcentage de chance qu'elle ait pris ses vacances en juillet ?**

1. 37 / 64
2. 60 %
3. 62,50 %
4. 45 / 69
5. 67,50 %

115 **Soit la fonction MOYENNE qui calcule la moyenne des valeurs qui lui sont passées en paramètre. On a l'égalité suivante : MOYENNE(4;6;9;10;11;X+5) = X. Quelle est la valeur de X ?**

1. 5
2. 6
3. 7
4. 8
5. 9

116 **Combien de triangles (de toutes dimensions et de toutes formes) pouvez-vous dénombrer dans cette figure ?**

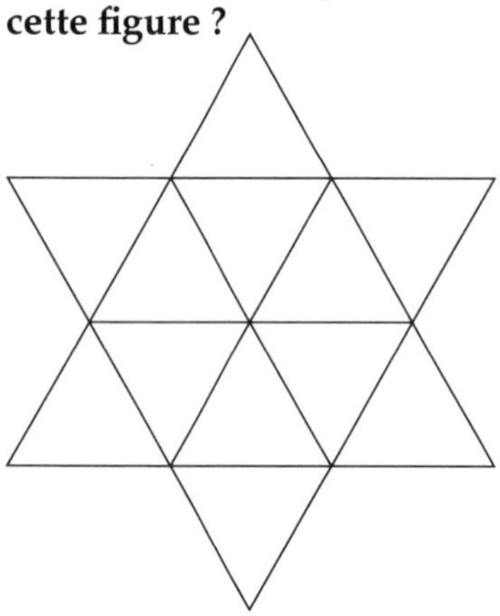

1. 15
2. 16
3. 18
4. 20
5. 22

117 **Soient tous les nombres obtenus par permutation des chiffres 1 ; 4 ; 5 ; 5 et 9. Parmi ces nombres, combien sont compris entre 35 000 et 60 000 ?**

1. 24
2. 30
3. 36
4. 48
5. 60

118 **Quel nombre continue logiquement la suite suivante : 12 ; 15 ; 21 ; 24 ; 30 ; 33 ; ?**

① 37
① 38
① 39
① 40
① 42

119 **Quel est le résultat du calcul suivant :** $\sqrt{21} \times \sqrt{18} \times \sqrt{42}$ **?**

① 2
① 70
① 84
① 126
① 700

120 **De combien de minutes l'heure de midi est-elle dépassée si, vingt-quatre minutes auparavant, onze heures était dépassé d'un nombre de minutes trois fois supérieur ?**

① 16
① 17
① 18
① 19
① 20

ÉPREUVE DE COMPRÉHENSION ET EXPRESSION ÉCRITE EN ANGLAIS

1re PARTIE : EXPRESSION – 35 QUESTIONS

121 **By shopping at discount stores, consumers can reduce their weekly grocery bills ... as much as twenty percent.**

1/ Of
2/ At
3/ In
4/ By
5/ Against

122 **... the applicants for the project manager position are two young engineers who appear to have exactly the sort of experience that we are looking for.**

1/ Together
2/ Aside
3/ Among
4/ Besides
5/ Along

123 **Six candidates have been shortlisted and will now be invited to ... a series of interviews at head office.**

1/ Assist
2/ Participate
3/ Attend
4/ Appear
5/ Apply

124 **The new legislation has now ... by parliament and will come into effect early next year.**

1/ Approving
2/ Approved
3/ Been approving
4/ Been approved
5/ Approves

125 **There was a major ... following negotiations between the two parties.**

1/ Breakup
2/ Breakthrough
3/ Break-in
4/ Breakdown
5/ Break off

126 **The building had been derelict ... years.**

1/ Since
2/ During
3/ For
4/ By
5/ From

127 **It was a frosty winter's morning and after a … walk through the woods everybody was ready for a hearty breakfast.**

1/ Brash
2/ Brackish
3/ Brace
4/ Brusque
5/ Brisk

128 **We began our expansion slowly with the purchase of a high-end printing company two years ago and, now we're going … with an offer for our largest competitor.**

1/ Off
2/ Ahead
3/ Over
4/ Up
5/ By

129 **Three former leaders of the Power Company … with criminal negligence over their roles in the meltdown at the plant in 2011.**

1/ Charges
2/ To be charges
3/ Has been charged
4/ Had been charged
5/ Had be charges

130 **All museum staff know that the exhibits should be … with great care while being placed for the exhibition.**

1/ Handle
2/ Handing
3/ Handled
4/ Handler
5/ Handed

131 **On Monday, at the United Nations Climate Action Summit, comes a glimpse of … presidents and prime ministers are willing to go.**

1/ How on
2/ How by
3/ How at
4/ How far
5/ How off

132 **… for consumers, honey is not the primary or even a significant sweetener.**

1/ Unfortunately
2/ Fortune
3/ Unfortune
4/ Unfortunate
5/ In fortunate

133 **Ms. Badawi has been transferred to the Beijing office and her successor has not … been appointed.**

1/ Yet
2/ Still
3/ Before
4/ Soon
5/ Less

134 **I can't emphasize enough how … John Chowly worked in his years with us and no one was more surprised than I that he had embezzled the company's money.**

1/ Hardly
2/ Harder
3/ Hard
4/ Hardest
5/ More hard

135 Assigning such a complex negotiation to an intern was a mistake and we … have chosen someone with more experience.

1/ Would
2/ Will
3/ Shall
4/ Should
5/ Must

136 During and after the Second World War civilians had to make … with rationed food and fuel.

1/ Up
2/ Good
3/ Over
4/ Do
5/ Out

137 … of the Velmont Country Club have been informed that it will remain closed until the recent storm damage has been repaired.

1/ Patron
2/ Patrons
3/ Patronage
4/ Patronize
5/ Patronizing

138 The minister announced spending … for the year.

1/ Arrangements
2/ Projects
3/ Proposals
4/ Propositions
5/ Planning

139 After successfully leading the development of Konsort's Asian operations, Mariko Hosai is expected to … from the current CEO when he retires in June.

1/ Take over
2/ Make up
3/ Get on
4/ Stand down
5/ Put up

140 The judge ruled that the defendant had driven his vehicle in a … manner which had resulted in the collision with a parked car.

1/ Feckless
2/ Reckless
3/ Useless
4/ Tactless
5/ Regardless

141 Due to renovation work which has closed the Harton amphitheatre, it has been decided that the shareholders meeting … in the nearby Royal hotel.

1/ Will take place
2/ Take place
3/ Took place
4/ Has taken place
5/ Should have taken place

142 Many more cars will be produced under the new and uniform standard, meaning … jobs.

1/ Significant least
2/ Significative most
3/ Significates
4/ Signally
5/ Significantly more

143 **Your order is currently being processed and you will receive delivery … the next three working days.**

1/ Prior
2/ Within
3/ At
4/ Beside
5/ Since

144 **Today's weather forecast was for a mostly cloudy day with occasional sunny … .**

1/ Spells
2/ Spills
3/ Squalls
4/ Spools
5/ Spots

145 **Peter and Paul were twins and if either was ever attacked by another boy in the playground, his brother would … up for him.**

1/ Pull
2/ Back
3/ Stick
4/ Ring
5/ Start

146 **Usually we travel without booking ahead but this time we booked an all-… package so we didn't have to organise anything ourselves.**

1/ Include
2/ Includes
3/ Inclusive
4/ Comprising
5/ Supposing

147 **In the past, we have … more than one employee trying to contact a competitor in order to sell industrial secrets.**

1/ Tried
2/ Used
3/ Held
4/ Caught
5/ Taken

148 **Jack said: The City stands with our young people … our conscience.**

1/ It's
2/ He's
3/ She's
4/ She was
5/ They're

149 **After two years of litigation, the two parties in the dispute have finally agreed to put … their differences.**

1/ Off
2/ Over
3/ On
4/ Aside
5/ Through

150 **Anyone can become a member of the company sports centre and in order to … you just need to bring proof of identity as well as proof of address.**

1/ Inscribe
2/ Install
3/ Adhere
4/ Join
5/ Undertake

151 It was a … manufacturing company.

1/ Big deal
2/ Down size
3/ Fun size
4/ Large-scale
5/ Up grade

152 Police are hoping to locate the weapon … in the attack.

1/ Used
2/ Use
3/ Usual
4/ Using
5/ Uses

153 The … majority were in favour of a new government.

1/ Fast
2/ Last
3/ Vest
4/ Vast
5/ Vice

154 We have been making every effort to complete the … on the link road before the influx of tourists expected at the end of June.

1/ Work
2/ Workers
3/ Working
4/ Work for
5/ Workings

155 At the end of the year, we … in Toledo for four years and our contract will have to be renegotiated.

1/ Will be living
2/ Will live
3/ Shall live
4/ Will have been living
5/ Would have lived

Texte

Read the article and answer the 15 questions that follow.

EXPLORINGYOURMIND.COM

February 27,2018

Music is a universal language capable of awakening emotions and unique sensations. Sometimes, even though we hear someone singing in an unknown language, we're still able to feel what they're trying to convey, even if we don't know what the lyrics mean. What we do know is that they are expressing something cheerful, sad, or dramatic, etc. The influence of music on our soul is so far ranging.

Music is like chocolate, almost everyone likes it. This has been the case forever. Ever since different cultures started to form, there has always been a place for rhythmic sounds that can communicate our feelings. In every age and civilization this particular form of expression has existed, and in so many varied styles.

Whenever I feel afraid I hold my head erect, and whistle a happy tune, so no one will suspect I'm afraid. And ev'ry single time the happiness in the tune convinces me that I'm not afraid.

-Rogers and Hammerstein-

Without realizing it, we often look to music to express feelings that are overwhelming us. In music we find a place where these emotions can overflow freely without harming anyone. On other occasions we get together to dance and we let the rhythm of the music lead us. At other times we look to music to reassure us, or maybe to study or to help us work. But how does the influence of music really affect our minds?

Experimenting with music

The Psychology Faculty of the BUAP University in Mexico carried out an interesting experiment, led by Professor Roberto Valderrama Hernández. His purpose was to find out the effect of "heavy" music on anxiety. By "heavy" music we are referring to music with an irregular, fast, distinct rhythm, played at a very high volume. Basically what we are talking about here is heavy metal.

The study included 137 subjects. Among them were 31 men and 106 women. The average age was 20, and they were all psychology students. First, they had a test to measure their state of anxiety. They then had to listen to fragments of heavy metal for 5 minutes at a time. In total they listened to 47-minutes of music.

The researcher observed that during these listening periods, the participants became more and more restless. They expressed this by constantly changing their position and by erratic hand and feet movements. Valderrama concluded that this type of stimulating music increased the level of anxiety. The explanation for this is that these kinds of rhythms intensely stimulate the sympathetic nervous system, which in turn increases physical and psychological tension. If this is not released through movements such as dancing or jumping, the energy accumulates and gives rise to anxiety type symptoms.

The positive influence of music

The fact that musical notes generate energy is not a problem in itself. The problem comes when this energy can't be released by carrying out some sort of physical activity. "Heavy" or loud music is great in situations that demand energetic or competitive behavior. On the other hand, musical notes also have the ability to relax us. This is achieved by genres that have more regular, slower rhythms and with a lower volume. Some pieces of classical or instrumental music, and even light can help to reassure us. They are even used in places where

→

radiotherapy or aggressive medical treatments are being carried out.

Science has been able to establish that musical rhythms stimulate different areas of the brain. In fact, research from the University of Florida suggests that musical rhythms offer more brain activation than any other known stimulus. These are the main positive effects of the influence of music:

It strengthens learning and memory.

It regulates hormones related to stress.

Pleasant experiences and memories are evoked.

It affects the heartbeat, blood pressure and pulse.

It modulates the speed of our brain waves.

Scientists have also proved that good music strengthens the immune system, thus making us healthier. There's a reason behind the fact that cows give more milk when Mozart's sonatas are played for them. And it´s not a coincidence that plants flourish more when there is background music. The key is to find the rhythm that can benefit us in any given situation. In this way the influence of music can be a real positive influence on our lives.

Questions

156 According to the opening paragraph of the article, what effect does music have on our emotions?

1/ It numbs our emotions
2/ It controls our emotions
3/ It awakens our emotions
4/ It smothers our emotions
5/ It negates our emotions

157 Also referring to the opening paragraph, what does the verb "to convey" mean?

1/ Observe
2/ Communicate
3/ Respond
4/ Achieve
5/ Apply

158 Referring to paragraph 4. If something is "overwhelming", is it?

1/ Soothing
2/ Relaxing
3/ Consuming
4/ Extreme
5/ Irritating

159 Also in paragraph 4 the author states that "emotions can overflow freely without harming anyone". What does the verb "to harm" mean?

1/ To celebrate
2/ To fall
3/ To open up
4/ To invade
5/ To physically injure

160 In paragraph 5, what adjective is used to categorise a particular type of music?

1/ Sweet
2/ Heavy
3/ Bitter
4/ Clear
5/ Silky

161 Also referring to paragraph 5. What was the aim of the experiment carried out by BUAP University in Mexico?

1/ To compare different types of music
2/ To find out the effect of heavy music on anxiety
3/ To compose music
4/ To listen to music
5/ To find the most popular music

162 Referring to paragraph 7. If someone is erratic, are they?

1/ Fast
2/ Lively
3/ Tense
4/ Unpredictable
5/ Open

163 According to the article heavy metal music is which of the following?

1/ Relaxing
2/ Boring
3/ Stimulating
4/ Soothing
5/ Debilitating

164 In paragraph 7,those who took part in the experiment are referred to as?

1/ Devotees
2/ Shareholders
3/ Actors
4/ Members
5/ Participants

165 Referring to paragraph 7, what bodily system is stimulated by heavy metal music?

1/ Digestive
2/ Circulatory
3/ Lymphatic
4/ Nervous
5/ Respiratory

166 As well as being stimulating, music can also be which of the following?

1/ Endearing
2/ Relaxing
3/ Radiating
4/ Strange
5/ Fragile

167 In paragraph 7, "The researcher observed that during these listening periods, the participants became more and more restless". What is the opposite of the word "restless"?

1/ Irritable
2/ Annoyed
3/ Energetic
4/ Calm
5/ Crazy

168 **In the final paragraph, what does the verb "to flourish" mean?**

1/ Fail
2/ Melt
3/ Dissolve
4/ Decrease
5/ Thrive

169 **What effect does music have on our immune system?**

1/ It strengthens it
2/ It corrupts it
3/ It weakens it
4/ It deflates it
5/ It subdues it

170 **What has been found to flourish in the presence of background music**

1/ Buildings
2/ Soldiers
3/ Plants
4/ Conflict
5/ The economy

Session 4

SCORE IAE-MESSAGE

ÉLÉMENTS DE RÉPONSE

GRILLE DES RÉPONSES COMPLÉTÉE

Session 4

SCORE IAE MESSAGE

Session : 03/04/21

Nom : ____________________

Prénom : ____________________

Date de naissance : ____/____/____

Centre : ____________________

Signature du candidat

N° d'inscription

0	0	0	0	0	0	0
1	1	1	1	1	1	1
2	2	2	2	2	2	2
3	3	3	3	3	3	3
4	4	4	4	4	4	4
5	5	5	5	5	5	5
6	6	6	6	6	6	6
7	7	7	7	7	7	7
8	8	8	8	8	8	8
9	9	9	9	9	9	9

MARQUAGE DES REPONSES

- Utilisez un crayon mine et une gomme propre ou un blanc correcteur
- Ne graphitez qu'une seule réponse par question

Marquage CORRECT ▬

INCORRECT ⊂⊃ ─ _ X / -

Culture G	Réponse (1 2 3 4 5)
1	3
2	4
3	4
4	2
5	2
6	3
7	1
8	1
9	2
10	1
11	2
12	4
13	2
14	3
15	5
16	4
17	3
18	2
19	5
20	5
21	2
22	5
23	2
24	2
25	5
26	1
27	2
28	2
29	4
30	1
31	3
32	4
33	3
34	4
35	4
36	4
37	5
38	1
39	4
40	5
41	3
42	5
43	2
44	1
45	2
46	2
47	3
48	3
49	4
50	5

Français	Réponse (1 2 3 4 5)
51	3
52	4
53	1
54	3
55	3
56	3
57	2
58	3
59	5
60	2
61	3
62	4
63	5
64	1
65	4
66	5
67	1
68	5
69	5
70	5
71	2
72	5
73	5
74	4
75	4
76	2
77	3
78	1
79	3
80	3
81	5
82	2
83	3
84	2
85	3
86	2
87	4
88	3
89	3
90	4
91	5
92	1
93	4
94	3
95	2
96	2
97	3
98	5
99	5
100	4

RLN	Réponse (1 2 3 4 5)
101	5
102	1
103	4
104	5
105	3
106	4
107	3
108	4
109	4
110	1
111	5
112	1
113	3
114	4
115	5
116	4
117	3
118	3
119	4
120	3

Anglais	Réponse (1 2 3 4 5)
121	4
122	3
123	3
124	4
125	2
126	3
127	5
128	2
129	4
130	3
131	4
132	1
133	1
134	3
135	4
136	4
137	2
138	3
139	1
140	2
141	1
142	5
143	2
144	1
145	3
146	3
147	4
148	5
149	4
150	4
151	4
152	1
153	4
154	1
155	4
156	3
157	2
158	4
159	5
160	2
161	2
162	4
163	3
164	5
165	4
166	2
167	4
168	5
169	1
170	3

EXPLICATIONS DES RÉPONSES DE L'ÉPREUVE DE RAISONNEMENT LOGIQUE ET NUMÉRIQUE

101 **Un escalier en colimaçon sert d'issue de secours à un bâtiment de 6 mètres de haut. En montant, on remarque que chaque marche nous élève de 20 centimètres et fait un angle de 15 degrés avec la précédente, dans le sens des aiguilles d'une montre. Sachant qu'en entamant l'escalier on regardait vers le nord, où regarde-t-on une fois arrivé en haut ?**

① Vers l'ouest
② Vers le sud-ouest
③ Vers le sud
④ Vers le sud-est
⑤ Vers l'est

Il y a $\frac{6}{0,2} = 30$ marches en tout.
L'angle total parcouru est donc de 15 × 30 = 450 degrés en tout, soit un tour complet plus 90 degrés. Ce qui correspond à l'est.

---

102 **Si UN = 21, DEUX = 14, TROIS = 41, QUATRE = 34, CINQ = 14, SIX = 23, SEPT = 24, combien vaut HUIT ?**

① 12
② 14
③ 24
④ 31
⑤ 34

Les nombres sont composés de deux chiffres indiquant des positions sur le mot qui précède. Le premier chiffre indique la position de la lettre du mot ayant le rang le plus petit dans l'alphabet. Le premier chiffre indique la position de la lettre du mot ayant le rang le plus grand dans l'alphabet.
Donc HUIT = 14 (H pour le rang le plus faible, T pour le rang le plus élevé).

---

103 **Le scalpel est au chirurgien, ce que le pinceau est ...**

① Au tableau
② A la peinture
③ À la couleur
④ Au peintre
⑤ À la toile

Le scalpel est l'instrument du chirurgien, comme le pinceau l'instrument du peintre.

SESSION 4

104 **Grâce au site cékikinéle-cher.com, vous pouvez consulter les tarifs d'un même produit vendu dans différents pays. Sur ce site, voici les tarifs proposés pour le dernier modèle d'Ufone :**

Pays	**France**	**Angleterre**	**Japon**	**USA**	**Chine**
Tarif	**890 EUR**	**625 GBP**	**79 950 JPY**	**750 USD**	**4 150 CNY**
Frais envoi	**10 EUR**	**25 GBP**	**50 JPY**	**50 USD**	**10 CNY**

On vous indique également sur ce site que les droits de douane sont de 25 % pour les produits japonais et américains, de 20 % pour les produits anglais et de 50 % pour les produits chinois, et, que vous devez rajouter une TVA de 20 % pour les produits français. Enfin, en sachant qu'une livre vaut actuellement 1,20 euro, qu'un euro vaut 100 yens, qu'un dollar vaut 0,90 euro et qu'un yuan vaut 0,15 euro, dans quel pays est-il le plus intéressant d'acheter cet Ufone ?

① Angleterre
② Chine
③ France
④ Japon
⑤ USA

Pour pouvoir comparer les tarifs, nous allons tous les ramener dans la même devise : l'euro. Le tarif en euro est donc égal à : (Tarif + Frais d'envoi) × (1 + Taxe) × Cours de la monnaie soit :

Pays	France	Angleterre	Japon	USA	Chine
Tarif	900 EUR	650 GBP	80 000 JPY	800 USD	4 160 CNY
Taxe	20 %	20 %	25 %	25 %	50 %
Cours	1	1,2	0,01	0,9	0,15
Tarif en €	1 080	936	1 000	900	936

C'est donc l'achat aux USA qui est le plus intéressant.

105 **Quel nombre complète la suite logique suivante :**
2793 ; 91612 ; 10773 ; 171410 ; 88551 ; 1613106 ; ?

① 7446
② 74416
③ 774416
④ 7274416
⑤ 72744016

Chaque nouveau nombre est composé des nombres formés en sommant les chiffres consécutifs du nombre courant. À partir de 1613106, on obtient les sommes 1 + 6 = 7, 6 + 1 = 7, 1 + 3 = 4, 3 + 1 = 4, 1 + 0 = 1, 0 + 6 = 6.

106 **Dans le jeu de hasard « Chuck-a-luck » très prisé des fêtes foraines, les règles sont les suivantes : un opérateur vous demande de tirer au sort un chiffre entre 1 et 6, puis il lance 3 dés identiques. Si le chiffre que vous avez tiré apparaît**

– 3 fois, il vous donne 3 € ;
– 2 fois, il vous donne 2 € ;
– 1 fois, il vous donne 1 € ;
– aucune fois, c'est vous qui lui donnez 1 €.

Quelle est la probabilité que vous gagniez de l'argent en jouant une fois à ce jeu ?

① 20 %
② 25 %
③ 33 %
④ 42 %
⑤ 58 %

Calculons la probabilité que l'on perde de l'argent : il faut qu'aucun des 3 dés ne tombe sur le chiffre que l'on a tiré.
La probabilité est donc $\frac{5}{6} \times \frac{5}{6} \times \frac{5}{6}$, soit $\frac{125}{216}$. La probabilité de gagner est donc de $1 - \frac{125}{216}$, soit environ 42 %.

107 **Sur une boussole classique, quel est l'angle formé par la direction NNE (Nord – Nord Est) et la direction OSO (Ouest – Sud Ouest) ?**

① 45 degrés
② 90 degrés
③ 135 degrés
④ 157,5 degrés
⑤ 180 degrés

La boussole est divisée en quatre grands axes (Nord, Sud, Est et Ouest), qu'on divise en deux pour former les directions de la forme Nord-Est et qu'on divise encore en deux pour les combinaisons de la forme Nord, Nord-Est (NNE).
La boussole est donc divisée en 16 secteurs de 22,5 degrés ($\frac{360}{16}$).
Entre NNE et OSO il y a 6 secteurs (NNE, N, NNO, NO, ONO, O, OSO), soit 6 × 22,5 = 135 degrés.

108 **Avec le bois d'une caisse creuse cubique d'un mètre cinquante de côté, combien peut-on construire de caisses cubiques complètes, réalisées avec ce même bois, de taille 50 cm ?**

① 4
② 6
③ 8
④ 9
⑤ 27

Sur chaque face du cube, avec un carré de 1,5 m × 1,5 m on peut faire 9 côtés de 0,5 m × 0,5 m. On pourra donc faire 9 petites caisses avec la grande.

109 **Un enfant joue avec des cubes, il en place 16 en formant un carré parfait. Il retire alors délicatement les 4 cubes du milieu. On se retrouve avec une forme qui ressemble à un O. Combien ce polyèdre compte-t-il d'arêtes ?**

① 20
② 21
③ 22
④ 24
⑤ 26

Il y a 8 arêtes sur la face du haut, 8 arêtes sur celle du bas et 8 arêtes qui relient les faces avant et arrière, soit 24 arêtes.

110 **Un téléphone portable a été vendu à 20 000 exemplaires ce mois-ci. Trois accessoires sont proposés : coque, écran anti-chocs et kit mains libres. Un total de 32 000 accessoires a été vendu. Parmi les téléphones achetés, 8 000 ont été pris avec toutes les options et 6 000 avec aucune option. Combien d'acheteurs ont pris exactement deux options ?**

① 2 000
② 3 500
③ 4 000
④ 6 200
⑤ 9 600

Soit a le nombre d'achats à 0 option, b à 1 option, c à 2 options et d à 3 options. On a $b + 2c + 3d = 32\,000$ et $a + b + c + d = 20\,000$.
En remplaçant les valeurs connues, on obtient
$b + 2c + 3 \times 8\,000 = 32\,000$ et $8\,000 + b + c + 6\,000 = 20\,000$,
soit aussi $b + 2c = 8\,000$ et $c = 6\,000 - b$.
En remplaçant c par $6\,000 - b$ dans la première relation,
on obtient $b + 12\,000 - 2b = 8\,000 \leftrightarrow b = 4\,000$.
On en déduit donc que $c = 6\,000 - b = 2\,000$.

111 **Un type d'afficheur digital est un affichage qui se fait à l'aide de segments que l'on appelle DIGIT comme sur cette image. C'est ainsi que fonctionnent beaucoup de montres et d'appareils grand public. Chaque chiffre est représenté au moyen de 7 segments allumés ou éteints selon les cas. Par exemple, ici est affiché le nombre 41 avec 6 segments allumés. Combien de nombres valides différents (entre 00 et 99) pourront être écrits sur cet afficheur avec exactement 11 segments allumés ?**

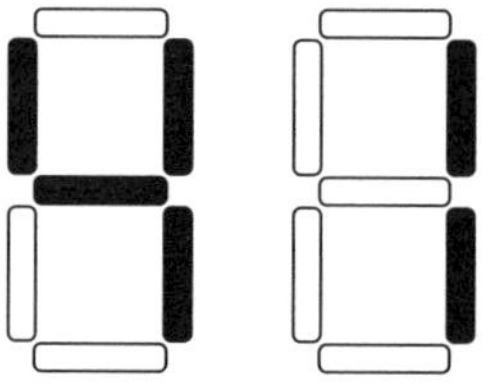

① 16
② 17
③ 18
④ 19
⑤ 20

Sachant qu'on peut allumer au maximum 7 segments sur un côté, il y aura quatre cas à distingués pour avoir 11 segments allumés (4 et 7), (5 et 6), (6 et 5) et (7 et 4). Les chiffres qu'on peut écrire avec 4 segments allumés sont le 4, avec 5 segments allumés sont le 2, le 3 et le 5. Avec 6 segments allumés, ce sont le 0, le 6 et le 9. Avec 7 segments allumés, c'est uniquement le 8. Maintenant comptons, avec 4 et 7, on peut écrire 48, avec le 7 et le 4, 84, avec le 5 et le 6 : 20, 26, 29, 30, 36, 39, 50, 56, 59.
Pour le 6 et le 5 les symétriques : 02, 03, 05, 62, 63, 65, 92, 93, 95.
Soit un total de 20 nombres avec 11 digits.

112 **Soit les deux équations de paraboles suivantes de $\mathbb{R} \rightarrow \mathbb{R}$:**

$$\begin{cases} f(x) = 2x^2 + x - 1 \\ g(x) = x^2 + x - 3 \end{cases}$$

En quel point du plan $\mathbb{R}^2$ se croisent ces deux courbes ?

① En aucun point
② (2 ; 9)
③ (1 ; 1)
④ (0 ; – 1)
⑤ Les courbes sont confondues

Pour le savoir, on pose simplement f(x) = g(x), ce qui nécessite de trouver une solution à : $x^2 + 2 = 0$ qui n'a pas de solution dans R. Ces deux équations ne se croisent donc pas.

113 **Complétez logiquement la suite :**
1 ; 0 ; 2 ; 3 ; 3 ; 8 ; 4 ; 15 ; 5 ; 24 ; 6 ; ?

① 20
② 31
⑤ 35
④ 39
⑤ 42

Tous les termes de rang impair (premier, troisième, cinquième) augmentent de 1 en 1 (1, 2, 3, …).
Chaque terme de rang pair (deuxième, quatrième, …) est égal au carré de son prédécesseur, moins 1. À l'exception du deuxième terme (0), la conséquence est que chaque terme pair est égal à la somme des trois termes précédents.
Il y a donc deux moyens de parvenir au résultat.
Pour le dernier terme, on l'obtient :
– soit en faisant 62 = 36 auquel on enlève 1 soit 35 ;
– soit 5 + 24 + 6 = 35.

114 **Supposons que 60 % des employés d'une entreprise prennent leurs vacances au mois de juillet et le reste au mois d'août. Les vacanciers du mois de juillet sont contents à 75 %, ceux du mois d'août seulement à 60 % à cause du climat. Si on croise une personne contente de ses vacances, quel est le pourcentage de chance qu'elle ait pris ses vacances en juillet ?**

① $\frac{37}{64}$
② 60 %
③ 62,50 %
④ $\frac{45}{69}$
⑤ 67,50 %

Le pourcentage de juilletistes heureux est de 60 % × 75 % = 45 %.
Le pourcentage d'aoûtiens heureux est de 40 % × 60 % = 24 %.
Il y a presque deux fois plus de chance qu'une personne, contente de ses vacances, les ait prises en juillet,
soit $\frac{45}{45+24} = \frac{45}{69}$.

115 **Soit la fonction MOYENNE qui calcule la moyenne des valeurs qui lui sont passées en paramètre. On a l'égalité suivante : MOYENNE(4;6;9;10;11;X+5) = X. Quelle est la valeur de X ?**

① 5
② 6
③ 7
④ 8
⑤ 9

MOYENNE(4;6;9;10;11;X+5) = X
revient aussi à MOYENNE(5;7;10;11;12;X) = X.
X est alors égal à la moyenne de l'ensemble,
donc X = MOYENNE(5;7;10;11;12),
soit $\frac{5+7+10+11+12}{5} = \frac{45}{5} = 9$.

116 **Combien de triangles (de toutes dimensions et de toutes formes) pouvez-vous dénombrer dans cette figure ?**

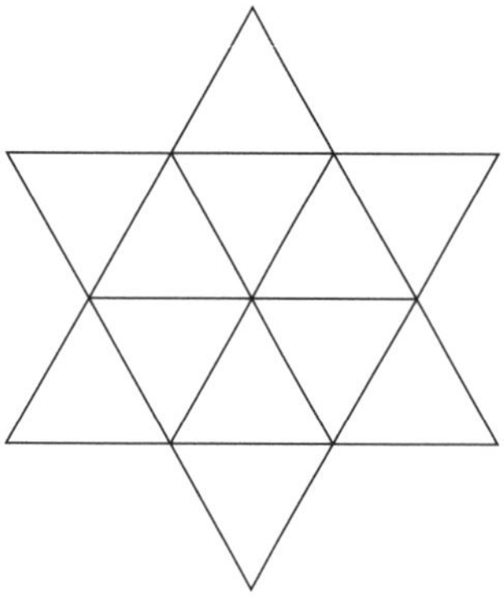

① 15
② 16
③ 18
④ 20
⑤ 22

On compte 12 petits triangles composés d'une seule pièce, 6 triangles intermédiaires composés de 4 pièces et 2 grands triangles composé de neuf pièces. Soit un total de 20 triangles.

---

117 **Soient tous les nombres obtenus par permutation des chiffres 1 ; 4 ; 5 ; 5 et 9. Parmi ces nombres, combien sont compris entre 35 000 et 60 000 ?**

① 24
② 30
③ 36
④ 48
⑤ 60

Il y a 60 nombres qui sont une permutation de 14559. (5! / 2!) car il y a 2 exemplaires du chiffre 5. Il y a 12 nombres commençant par 1, 12 par 4, 24 par 5 et 12 par 9. Dans la fourchette 35 000-60 000, il y a donc les 12 chiffres commençant par 4 et les 24 chiffres commençant par 5, soit 36 nombres.

---

118 **Quel nombre continue logiquement la suite suivante : 12 ; 15 ; 21 ; 24 ; 30 ; 33 ; ?**

① 37
② 38
③ 39
④ 40
⑤ 42

Un élément n de la suite est constitué en ajoutant à l'élément précédent n–1 les chiffres des unités et des dizaines de celui-ci, soit 12 + 1 + 2 = 15, 15 + 1 + 5 = 21, 21 + 2 + 1 = 24, … donc le prochain nombre est 33 + 3 + 3 = 39.

---

119 **Quel est le résultat du calcul suivant : $\sqrt{21} \times \sqrt{18} \times \sqrt{42}$?**

① 42
② 70
③ 84
④ 126
⑤ 700

$\sqrt{3 \times 7} \times \sqrt{3 \times 6} \times \sqrt{7 \times 6} = \sqrt{3 \times 7 \times 3 \times 6 \times 7 \times 6} = 3 \times 6 \times 7 = 126.$

120 De combien de minutes l'heure de midi est-elle dépassée si, vingt-quatre minutes auparavant, onze heures était dépassé d'un nombre de minutes trois fois supérieur ?

① 16
② 17
③ 18
④ 19
⑤ 20

Mettons en équation les données du problème :
soit x le nombre de minutes recherché, on a alors
12h + x – 24 = 11h + 3x, soit 12h – 11h = 60 min = 2x + 24,
soit 2x = 36 et donc x = 18.

SCORE IAE-MESSAGE

SESSION DU 27 AVRIL 2021

Pour vous mettre dans la situation exacte de l'épreuve, nous avons reproduit la page de garde du document remis aux candidats à la Session du 27 avril 2021. Lisez-la attentivement avant de vous lancer.

N'oubliez pas d'utiliser la grille vierge de la page 230 pour y noter vos réponses puis de la comparer à la grille de la page 269 pour calculer votre score.

SCORE IAE MESSAGE

Session :

Nom : ____________________

Prénom : ____________________

Date de naissance : ___/___/___

Centre : ____________________

Signature du candidat

N° d'inscription

0	0	0	0	0	0	0
1	1	1	1	1	1	1
2	2	2	2	2	2	2
3	3	3	3	3	3	3
4	4	4	4	4	4	4
5	5	5	5	5	5	5
6	6	6	6	6	6	6
7	7	7	7	7	7	7
8	8	8	8	8	8	8
9	9	9	9	9	9	9

MARQUAGE DES REPONSES

- Utilisez un crayon mine et une gomme propre ou un blanc correcteur
- Ne graphitez qu'une seule réponse par question

Marquage CORRECT

INCORRECT

Culture G	1	2	3	4	5
1					
2					
3					
4					
5					
6					
7					
8					
9					
10					
11					
12					
13					
14					
15					
16					
17					
18					
19					
20					
21					
22					
23					
24					
25					
26					
27					
28					
29					
30					
31					
32					
33					
34					
35					
36					
37					
38					
39					
40					
41					
42					
43					
44					
45					
46					
47					
48					
49					
50					
	1	2	3	4	5

Français	1	2	3	4	5
51					
52					
53					
54					
55					
56					
57					
58					
59					
60					
61					
62					
63					
64					
65					
66					
67					
68					
69					
70					
71					
72					
73					
74					
75					
76					
77					
78					
79					
80					
81					
82					
83					
84					
85					
86					
87					
88					
89					
90					
91					
92					
93					
94					
95					
96					
97					
98					
99					
100					
	1	2	3	4	5

RLN	1	2	3	4	5
101					
102					
103					
104					
105					
106					
107					
108					
109					
110					
111					
112					
113					
114					
115					
116					
117					
118					
119					
120					
	1	2	3	4	5

Anglais	1	2	3	4	5
121					
122					
123					
124					
125					
126					
127					
128					
129					
130					
131					
132					
133					
134					
135					
136					
137					
138					
139					
140					
141					
142					
143					
144					
145					
146					
147					
148					
149					
150					
151					
152					
153					
154					
155					
156					
157					
158					
159					
160					
161					
162					
163					
164					
165					
166					
167					
168					
169					
170					
	1	2	3	4	5

SCORE IAE MESSAGE

5e session 2021

Mardi 27 avril 2021

SCORE IAE MESSAGE

session 5

À REMPLIR PAR LE CANDIDAT :

Nom : .... Prénom : ....

Identifiant Score IAE-Message : ....

Votre identité (nom et prénom), date de naissance, votre identifiant SIM, ainsi que le centre d'écrit et la session ont été pré-remplis sur la grille de réponses. Merci de les vérifier. Vous devez apposer votre signature dans la case prévue à cet effet.
Le présent livret regroupe les quatre épreuves : Culture générale, économique et managériale Compréhension et expression écrite en français Raisonnement logique et numérique Compréhension et expression écrite en anglais, d'une durée de trois heures.

L'épreuve comprend cent soixante-dix (170) questions à choix multiple. Le tableau suivant fait apparaître leur répartition par matière, les pages où vous en prendrez connaissance, la durée indicative de leur traitement (durée qui n'est fournie que pour faciliter la gestion de votre temps).

Matière	Pages du livret	Nombre de questions	Durée indicative de traitement
Culture générale, économique et managériale	2 à 8	50	45 minutes
Compréhension et expression écrite en français	9 à 22	50	45 minutes
Raisonnement logique et numérique	23 à 28	20	45 minutes
Compréhension et expression écrite en anglais	29 à 37	50	45 minutes

Pour chaque question, cinq (5) réponses vous sont proposées **une seule réponse est correcte**.
Le barème de notation est le suivant :

	Épreuve de Culture générale, économique et managériale	Épreuve de Compréhension et expression écrite en français	Épreuve de Raisonnement logique et numérique	Épreuve de Compréhension et expression écrite en anglais
Bonne réponse	2 points	2 points	5 points	2 points
Mauvaise réponse, absence de réponse ou réponses multiples	0 point	0 point	0 point	0 point

Vos réponses devront être portées sur la grille codée qui vous est remise, et qui ne doit être ni pliée, ni écornée. Pour chacune des questions, graphitez entièrement une case (1, 2, 3, 4, 5) de la ligne numérotée correspondant à la question, en utilisant, pour permettre la lecture optique, un crayon de bois. En cas de correction, le blanc correcteur vous est vivement recommandé.

À la fin de l'épreuve, vous remettrez la grille codée au surveillant et vous lui restituerez également le présent livret.

RAPPELS

L'usage de la calculatrice, dictionnaire, lexique ou grammaire est formellement interdit.
Aucune sortie n'est autorisée pendant l'épreuve, toute sortie étant définitive.

Ce document contient 37 pages (compte tenu de cette page de garde).

Merci de vérifier que toutes les pages sont jointes au document.

Bonne chance !

Épreuve de culture générale, économique et managériale

1 **En France, au 4e trimestre 2019, selon l'INSEE, le taux de chômage était de l'ordre de :**

1/ 6,8 %
2/ 7,8 %
3/ 10,8 %
4/ 12,8 %
5/ 14,8 %

2 **En France, en quelle année se sont déroulées les journées révolutionnaires des « trois glorieuses » qui ont conduit à l'avènement d'un nouveau régime couramment désigné sous les termes de « Monarchie de Juillet » ?**

1/ En 1815
2/ En 1824
3/ En 1830
4/ En 1848
5/ En 1851

3 **Dans lequel des films suivants Jean-Pierre Marielle, décédé en avril 2019, n'a-t-il pas joué ?**

1/ « Tous les matins du monde »
2/ « Intouchables »
3/ « Les Acteurs »
4/ « Les Grands Ducs »
5/ « Uranus »

4 **Quelles sont les dates de règne de Louis XV ?**

1/ 1715-1774
2/ 1730-1770
3/ 1730-1774
4/ 1715-1760
5/ 1750-1760

5 **Gibraltar, situé sur la péninsule ibérique, appartient :**

1/ Au Maroc
2/ Au Royaume-Uni
3/ À la France
4/ À l'Italie
5/ Au Portugal

6 **En France, en juillet 2019, quel grand classique des studios Walt Disney, réadapté au cinéma, est sorti en salles ?**

1/ « Blanche Neige »
2/ « Cendrillon »
3/ « Aladdin »
4/ « Le Roi Lion »
5/ « La Belle au Bois Dormant »

7 **En novembre 2018, a été inauguré le premier TGV du continent africain. Dans quel pays a-t-il été mis en circulation ?**

1/ En Tunisie
2/ En Algérie
3/ Au Maroc
4/ Au Sénégal
5/ En Côte d'Ivoire

8 **Quel souverain a soutenu Denis Diderot en lui achetant sa bibliothèque, tout en lui en laissant l'usage jusqu'à son décès ?**

1/ Frédéric II de Prusse
2/ Elisabeth d'Angleterre
3/ Catherine II de Russie
4/ George II de Grande Bretagne
5/ Louis XV

9 **Comment se nomme le sommet réunissant plus de 150 chefs d'entreprises français et étrangers dont la deuxième édition a été organisée au Château de Versailles en janvier 2019 ?**

1/ French investor day
2/ La France d'abord
3/ Choose France
4/ Construisons l'avenir
5/ Nos emplois de demain

10 **En avril 2019, quel est le nom du PDG de la société privée SpaceX qui a réussi le premier vol commercial de sa fusée lourde Falcon Heavy ?**

1/ Elton Musk
2/ Mark Zuckerberg
3/ Dara Khosrowshahi
4/ Steve Wozniak
5/ Tim Cook

11 **En Californie, en septembre 2018, quel grand théoricien des organisations est décédé ?**

1/ Herbert Simon
2/ Peter F. Drucker
3/ Elton Mayo
4/ James G. March
5/ Igor Ansoff

12 **En quelle année furent organisés les premiers Jeux Olympiques d'hiver ?**

1/ En 1904
2/ En 1924
3/ En 1932
4/ En 1948
5/ En 1960

13 **En quelle année fut mise en circulation la monnaie unique en Europe dans sa forme fiduciaire ?**

1/ En 1993
2/ En 1999
3/ En 2002
4/ En 2004
5/ En 2006

14 En France, en octobre 2018, quel parti politique a fait l'objet de plusieurs perquisitions qui se sont déroulées de manière houleuse ?

1/ La République En Marche
2/ La France Insoumise
3/ Europe Écologie Les Verts
4/ Le Modem
5/ Les Républicains

15 Quel groupe automobile détient la filiale et marque Audi, dont le PDG a été arrêté puis démis de ses fonctions en juin 2018 dans le cadre du scandale des moteurs diesel truqués ?

1/ Fiat-Chrysler
2/ Hyundai Motor Group
3/ General Motors
4/ Volkswagen
5/ Renault-Nissan

16 En Nouvelle-Zélande, au début du mois de juin 2019, comment se nomme la Première ministre qui a institué un « budget bien-être » ?

1/ Ruth Dyson
2/ Jacinda Ardern
3/ Helen Clark
4/ Patsy Reddy
5/ Judith Tizard

17 En avril 2019, une nouvelle espèce humaine, contemporaine de l'Homo Sapiens, a été découverte. Quel est son nom ?

1/ Homo Rudolfensis
2/ Homo Luzonensis
3/ Homo Habilis
4/ Homo Ergaster
5/ Homo de Denisova

18 Quel philosophe français, membre de l'Académie française, et auteur de « Petite Poucette » est décédé le 1er juin 2019 ?

1/ Michel Serres
2/ Michel Foucault
3/ Jacques Derrida
4/ Emmanuel Levinas
5/ Jacques Rancière

19 La plus ancienne école de commerce du Monde a fêté son bicentenaire en 2019. Elle fut créée par :

1/ Jean-Baptiste Say
2/ David Ricardo
3/ Jean de Sismondi
4/ Jeremy Bentham
5/ Friedrich List

20 En mai 2019, qui est l'auteur de la sculpture « Le Lapin » (« Rabbit ») vendue 91 millions de dollars, établissant ainsi un nouveau record pour un artiste vivant ?

1/ Damien Hirst
2/ Christopher Wool
3/ Jeff Koons
4/ Gerard Richter
5/ Peter Doig

21 **En Grèce, en mai 2019, quel est le nom du Premier ministre qui a annoncé la convocation d'élections législatives anticipées suite à la lourde défaite électorale de son parti Syriza lors des élections européennes ?**

1/ Kostas Bakoyannis
2/ Konstantinos Dovas
3/ Kyriakos Mitsotakis
4/ Alekos Alavanos
5/ Aléxis Tsípras

22 **En 2020, quel est le pays arabe le plus peuplé ?**

1/ L'Égypte
2/ La Jordanie
3/ L'Algérie
4/ Le Maroc
5/ La Tunisie

23 **En 2019, quel pays a remporté la Coupe du Monde féminine de football ?**

1/ Les Pays-Bas
2/ Les États-Unis
3/ L'Espagne
4/ Le Brésil
5/ Le Japon

24 **En juillet 2019, quel pays a repris officiellement la chasse commerciale à la baleine après un moratoire de plus de 30 ans ?**

1/ La Norvège
2/ Le Canada
3/ L'Islande
4/ Les États-Unis
5/ Le Japon

25 **Parmi les propositions suivantes, lequel de ces départements ne fait pas partie de la région Hauts-de-France ?**

1/ La Somme
2/ L'Aisne
3/ L'Oise
4/ Le Val d'Oise
5/ Le Pas-de-Calais

26 **Quelle mer est bordée par les pays suivants : la Bulgarie, la Géorgie, la Roumanie, la Russie, la Turquie et l'Ukraine ?**

1/ La mer Morte
2/ La mer Rouge
3/ La mer Noire
4/ La mer Égée
5/ La mer Caspienne

27 **En France, en septembre 2018, sur quel critère est basée la sélection des entreprises intégrant le nouvel indice boursier annoncé par Euronext ?**

1/ Leur performance financière
2/ Leur performance environnementale
3/ La qualité de leur gouvernance
4/ Le respect des principes d'égalité professionnelle
5/ Leur participation à un projet social d'envergure

28 **Quel est le plus grand pays du monde, en superficie ?**

1/ La Chine
2/ Le Canada
3/ La Russie
4/ Les États-Unis
5/ Le Brésil

29 **Quels sont les deux pays qui doivent être reliés par le gazoduc Nord Stream 2 ?**

1/ La Russie et la Suède
2/ La Suède et l'Allemagne
3/ La Russie et l'Allemagne
4/ La Russie et la Pologne
5/ L'Ukraine et les Pays-Bas

30 **En 2019, lequel des pays suivants n'est pas dirigé par un (ancien) militaire ?**

1/ La Mauritanie
2/ L'Égypte
3/ La Thaïlande
4/ Le Kenya
5/ Les Fidji

31 **En France, en février 2019, à quelle personnalité Alain Juppé a-t-il accepté de succéder au Conseil Constitutionnel ?**

1/ Jacques Chirac
2/ Nicolas Sarkozy
3/ Laurent Fabius
4/ Lionel Jospin
5/ Jean-Louis Debré

32 **Comment est désignée la solution proposée aux Britanniques pour éviter un rétablissement d'une frontière douanière entre l'Irlande du Nord et la République d'Irlande dans le cadre du Brexit ?**

1/ Le « backside »
2/ La « special line »
3/ Le « stop in »
4/ Le « Schengen in »
5/ Le « backstop »

33 **En France, en février 2019, le Président Emmanuel Macron a décidé d'instaurer une journée nationale d'hommage aux victimes du terrorisme à compter de 2020. Quelle date a-t-il choisie ?**

1/ Le 7 janvier
2/ Le 11 mars
3/ Le 13 juin
4/ Le 14 juillet
5/ Le 13 novembre

34 **À quelle date l'ex-URSS a-t-elle officiellement été dissoute ?**

1/ Le 25 décembre 1988
2/ Le 25 décembre 1989
3/ Le 25 décembre 1990
4/ Le 25 décembre 1991
5/ Le 25 décembre 1992

35 **En février 2019, à la tête de quel pays Macky Sall a-t-il été réélu Président pour un deuxième mandat ?**

1/ La Côte d'Ivoire
2/ Le Bénin
3/ Le Cameroun
4/ Le Mali
5/ Le Sénégal

36 **Quel est le passage maritime par lequel transite le plus gros volume d'hydrocarbures dans le monde ?**

1/ Le détroit de Malacca
2/ Le détroit d'Ormuz
3/ Le canal de Suez
4/ Le détroit de Gibraltar
5/ Le détroit du Bosphore

37 En septembre 2019, lequel de ces pays ne fait pas partie du G7 ?

1/ L'Italie
2/ La Chine
3/ Le Japon
4/ L'Allemagne
5/ Le Canada

38 En mai 2019, en tant que roi de quel pays Maha Vajiralongkorn, alias Rama X, a-t-il été officiellement couronné ?

1/ La Birmanie
2/ Le Cambodge
3/ Le Népal
4/ La Malaisie
5/ La Thaïlande

39 En septembre 2018, à la restriction de quel produit importé de Chine, l'Union européenne a-t-elle mis fin en supprimant une taxe ?

1/ La viande de bœuf
2/ Les jouets pour enfant
3/ Les panneaux photovoltaïques
4/ L'automobile
5/ Les téléphones portables

40 En France, en 2019, quel parti politique est arrivé en tête des élections européennes ?

1/ La République En Marche
2/ Le Rassemblement National
3/ Les Républicains
4/ Le Parti Socialiste
5/ La France Insoumise

41 En France, quel roi a régné le plus longtemps (72 ans) ?

1/ Henri IV
2/ François 1er
3/ Louis XIII
4/ Louis XIV
5/ Louis XVI

42 En janvier 2019, quelle personnalité a assuré la présidence par intérim de la Banque mondiale suite à la démission de Jim Yong Kim ?

1/ Christine Lagarde
2/ Hilary Clinton
3/ Margrethe Vestager
4/ Kristalina Georgieva
5/ Irina Bokova

43 En janvier 2019, qui s'est auto-proclamé président de la République du Venezuela ?

1/ Hugo Chavez
2/ Juan Andres Meija
3/ Nicolas Maduro
4/ Juan Guaido
5/ Omar Barboza

44 En Espagne, en avril 2019, quel parti politique est arrivé en tête des suffrages à l'issue des élections générales ?

1/ Vox
2/ Le Parti Socialiste
3/ Podemos
4/ Le Parti Populaire
5/ Ciudadanos

45 **En Inde, en mai 2019, quel est le nom du Premier ministre assuré de rester au pouvoir après la victoire de son parti aux élections législatives ?**

1/ Zakir Hussain
2/ Vallabhbhai Patel
3/ Rahul Gandhi
4/ Narendra Modi
5/ Sarvepalli Radhakrishnan

46 **En 1957, les Soviétiques ont envoyé le premier être vivant dans l'espace. De quel être s'agissait-il ?**

1/ Un rat
2/ Un être humain
3/ Un chien
4/ Un chat
5/ Un cochon

47 **Qu'est-ce que « l'indice de Gini » ?**

1/ Un indice utilisé pour rendre compte de l'évolution du taux d'emploi dans la population
2/ Un indice utilisé pour rendre compte de la répartition des revenus dans la population
3/ Un indice utilisé pour rendre compte de l'inflation
4/ Un indice utilisé pour rendre compte de l'écart entre le niveau des richesses créées par les entreprises et le cours des actions
5/ Un indice utilisé pour rendre compte de la consommation des ménages

48 **En architecture, que désigne le terme « chien assis » ?**

1/ Un type de porte
2/ Un type de fenêtre
3/ Un type de charpente
4/ Un type de toiture
5/ Un type de revêtement de sol

49 **Le 10 octobre 2018, quelle compagnie aérienne a lancé le plus long vol commercial du monde parcourant 16 700 km sans escale ?**

1/ Qatar Airways
2/ Singapore Airlines
3/ United Airlines
4/ Etihad Airways
5/ Emirates

50 **À quelle grande maison de haute couture est associé le nom du couturier et styliste Karl Lagerfeld, décédé le 19 février 2019 ?**

1/ Vuitton
2/ Hermès
3/ Yves Saint-Laurent
4/ Chanel
5/ Christian Lacroix

Épreuve de compréhension et expression écrite en français

1re partie : expression - 35 questions

51 **Parmi les propositions suivantes, laquelle est incorrecte ?**

1/ Arrivées depuis peu à Paris, elles ont des difficultés à se faire des amies
2/ Exceptées Margaux et ses amies, personne ne pourra venir à la fête que j'organise
3/ Bien aménagées, les nouvelles rues du centre ville accueillent de plus en plus de monde
4/ Mises en place récemment, ces nouvelles lois ne rencontrent pas l'unanimité
5/ Amusées par ses blagues, les petites filles rient aux larmes

52 **Qu'est-ce-qu'un « réceptacle » ?**

1/ C'est un meuble religieux
2/ C'est un écrit constatant qu'une somme d'argent a été reçue
3/ C'est le sommet d'un pédoncule floral, comme le fond d'artichaut
4/ C'est un endroit où l'on reçoit l es indigents
5/ C'est une construction verticale décorée placée sur les autels des églises

53 **Parmi les adjectifs suivants, lequel désigne ce qui possède la dureté du diamant ?**

1/ Seyant
2/ Sémillant
3/ Capiteux
4/ Indolent
5/ Adamantin

54 **Dans la phrase suivante « il ne m'en chaut guère ! », quel est l'infinitif du verbe « chaut » ?**

1/ Chauler
2/ Chaloir
3/ Chauder
4/ Chaudre
5/ Chauter

55 **Parmi les propositions suivantes, quel mot pourrait correspondre à la définition suivante « réprobation publique, couvrir de honte » ?**

1/ Défection
2/ Avilissement
3/ Dépravation
4/ Calomnie
5/ Opprobre

56 **Lequel de ces verbes peut être un synonyme du verbe « abhorrer » ?**

1/ Insister
2/ Aider
3/ Doubler
4/ Adorer
5/ Détester

57 **Parmi les propositions suivantes, laquelle est correctement conjuguée et accordée ?**

1/ Elle a finie sa vie dans l'hôpital psychiatrique où ses proches l'ont abandonné
2/ Elle a fini sa vie dans l'hôpital psychiatrique où ses proches l'ont abandonné
3/ Elle a fini sa vie dans l'hôpital psychiatrique où ses proches l'ont abandonnés
4/ Elle a fini sa vie dans l'hôpital psychiatrique où ses proches l'ont abandonnée
5/ Elle a finie sa vie dans l'hôpital psychiatrique où ses proches l'ont abandonnés

58 **Parmi les propositions suivantes, laquelle est correctement conjuguée ?**

1/ Elle a sourit à l'homme en face d'elle
2/ Elle lui a transmis ensuite une affreuse nouvelle et un conseil avisé
3/ Elle as vendu la maison familiale
4/ Cela a du être douloureux
5/ Elle avait vécut sans en parler

59 **Parmi les propositions suivantes, laquelle est conjuguée au passé antérieur ?**

1/ Elle a pensé à toute sa famille pour confectionner ses cadeaux de Noël
2/ Elle avait pensé à toute sa famille pour confectionner ses cadeaux de Noël
3/ Elle aura pensé à toute sa famille pour confectionner ses cadeaux de Noël
4/ Elle eut pensé à toute sa famille pour confectionner ses cadeaux de Noël
5/ Elle pensa à toute sa famille pour confectionner ses cadeaux de Noël

60 **Parmi les propositions suivantes, quel est l'intrus ?**

1/ Haricot
2/ Hôpital
3/ Horloge
4/ Herbe
5/ Humeur

61 **Quelle est l'orthographe correcte du mot manquant dans cette phrase extraite de *La Chute de la Maison Usher* de E. A. Poe : « De menues […] recouvraient toute la face extérieure et la tapissaient, à partir du toit, comme une fine étoffe curieusement brodée. » ?**

1/ Fonguosités
2/ Fongocités
3/ Fonguocités
4/ Fongosités
5/ Fongossités

62 À quel lieu l'adjectif « germanopratin » fait-il référence ?

1/ Il fait référence à la ville de Pratt, en Allemagne
2/ Il fait référence aux jardins andalous riches en graminées
3/ Il fait référence au quartier de Saint-Germain-des-Prés, à Paris
4/ Il fait référence aux régions frontalières de l'Allemagne
5/ Il fait référence à la colline de Saint-Germain-en-Laye

63 Parmi les propositions suivantes, laquelle est grammaticalement correcte ?

1/ Brigitte porte des chaussures toutes usées et toutes trouées
2/ Dans le parc, tout les bancs étaient occupés
3/ Il regardait, désespéré, les poubelles tout éventrées sur la route
4/ Elle avait lu touts les livres de sa bibliothèque
5/ Il laverait tout les tapis demain

64 Parmi les propositions suivantes, laquelle est correctement orthographiée ?

1/ La plupart des étudiants sont partis à Nantes
2/ La plus part du temps, Alice écoute du Mozart
3/ Il regarde le rugby la plupars du temps
4/ Le silence dérange la plus pars des gens
5/ On mange trop vite la pluspart du temps

65 Parmi les propositions suivantes, laquelle est correctement orthographiée ?

1/ Alice sait planter des cloux, quelle chance
2/ Elle cache ses soux dans une boîte à chaussures
3/ Mais elle expose ses bijous dans le salon
4/ Il y a encor eue des pous à l'école
5/ Elle a des cicatrices sur les genoux

66 Parmi les propositions suivantes, laquelle est correctement orthographiée ?

1/ Ils croient qu'on leur rendra leur arrhe s'ils ne peuvent pas s'aquitter de la somme entière dans la période qui leur est impartie, je crains qu'ils se leurent
2/ Ils croient qu'on leur rendra leurs arrhes s'ils ne peuvent pas s'acquitter de la somme entière dans la période qui leur est impartie, je crains qu'ils se leurrent
3/ Ils croient qu'on leurs rendra leurs arrhes s'ils ne peuvent pas s'acquitter de la somme entière dans la période qui leur est impartie, je crains qu'ils se leurent
4/ Ils croient qu'on leurs rendra leur arrhes s'ils ne peuvent pas s'aquitter de la somme entière dans la période qui leur est impartie, je crains qu'ils se leurrent
5/ Ils croient qu'on leurs rendra leurs arrhes s'ils ne peuvent pas s'acquitter de la somme entière dans la période qui leur est impartie, je crains qu'ils se leurrent

67 **Parmi les propositions suivantes, laquelle est correcte ?**

1/ J'espère que l'histoire que j'ai écrit plaira à un éditeur
2/ J'espère que l'histoire que j'aie écrit plaira à un éditeur
3/ J'espère que l'histoire que j'ai écrite plaira à un éditeur
4/ J'espère que l'histoire que j'aie écrite plaira à un éditeur
5/ J'espère que l'histoire que j'aie écrites plaira à un éditeur

68 **Parmi les propositions suivantes, laquelle est correcte ?**

1/ La beauté de cette exposition m'a fait tomber en pamoison
2/ La beauté de cette exposition m'a fait tomber en pâmoison
3/ La beauté de cette exposition m'a fait tomber en pas-moison
4/ La beauté de cette exposition m'a fait tomber en pamoisont
5/ La beauté de cette exposition m'a fait tomber en pamoisons

69 **Parmi les propositions suivantes, laquelle est correctement orthographiée ?**

1/ Ce fut un moment cours mais agréable
2/ Il allait tous les jours à son court d'anglais
3/ La cours de cette école élémentaire était dangereuse
4/ Les cours de tennis ont été inondés hier soir
5/ Il aimait profiter du soleil dans sa petite cour

70 **Parmi les propositions suivantes, laquelle est synonyme de l'expression « Les résultats du premier trimestre laissent augurer une augmentation des investissements » ?**

1/ Les résultats du premier trimestre font craindre une augmentation des investissements
2/ Les résultats du premier trimestre rendent inenvisageable une augmentation des investissements
3/ Les résultats du premier trimestre montrent une augmentation des investissements
4/ Les résultats du premier trimestre supposent une augmentation des investissements
5/ Les résultats du premier trimestre laissent présager une augmentation des investissements

71 **Parmi les propositions suivantes, laquelle est correctement conjuguée ?**

1/ En les regardant, on jurerait trois sœurs
2/ Vous me gardriez mon enfant pendant trois mois
3/ Nous reviendrions dimanche pour vous aider si c'était possible
4/ Vous sortieriez ce canapé de la salle pour moi
5/ Nous souhaiterrions reprendre ce cheval

72 Parmi les propositions suivantes, laquelle est correctement orthographiée ?

1/ Les résidants de l'immeuble ont droit au parking
2/ Les résidents en médecine n'existent qu'en Amérique
3/ Nous sommes des résidants de Colombie
4/ Résidants en Colombie, nous ne pouvons voter en France
5/ C'est en résident à paris que j'ai découvert le théâtre.

73 Parmi les noms suivants, lequel est féminin ?

1/ Epitaphe
2/ Amiante
3/ Tentacule
4/ Interstice
5/ Pétale

74 Parmi les propositions suivantes, laquelle n'est pas un « pléonasme » ?

1/ Cette histoire s'avère vraie
2/ Ils font tous les jours un tri sélectif
3/ On chantera voire même on dansera
4/ C'est une bonne opportunité à saisir
5/ On applaudit joyeusement à la fin de l'exercice

75 À la troisième personne du singulier du conditionnel présent, quelle est la bonne forme pour le verbe « courir » ?

1/ Elle couris
2/ On courait
3/ On courut
4/ Elle courrait
5/ Il courût

76 Quelle est la nature du mot « que » dans la phrase suivante « Cette session du score est aussi difficile que la précédente » ?

1/ Pronom relatif
2/ Conjonction de subordination
3/ Pronom interrogatif
4/ Adjectif
5/ Conjonction de coordination

77 Quelle est la nature du mot « que » dans la phrase suivante « le résultat que j'ai obtenu à cette session du score est mon meilleur score » ?

1/ Pronom relatif
2/ Conjonction de subordination
3/ Pronom interrogatif
4/ Adjectif
5/ Conjonction de coordination

78 Parmi les termes suivants, lequel désigne « celui qui fait preuve d'une politesse excessive, confinant à la servilité » ?

1/ Impudent
2/ Pusillanime
3/ Pudibond
4/ Raisonnable
5/ Obséquieux

79 Parmi les classes grammaticales suivantes, laquelle correspond à la définition suivante : « remplace un nom ou un groupe nominal » ?

1/ Un adverbe
2/ Une interjection
3/ Un verbe
4/ Un pronom
5/ Un déterminant

80 Parmi les propositions suivantes, de l'ouvrage de Patrice Romain, laquelle est grammaticalement correcte ?

1/ Je ne vais pas vous racontez des contes à dormir debout
2/ Je ne vais pas lui jeté la pierre, et vous non plus
3/ Quand je lui ai expliqué, c'était clair comme l'eau de roche
4/ Laissez tombé pour Marc, on n'y arrive plus
5/ Et encore bravo pour ne pas vous énervé

81 Parmi les propositions suivantes, laquelle est correctement orthographiée ?

1/ Quoique tu fasses, ça tourne au drame
2/ Si vous avez besoin de quoique ce soit, n'hésitez pas
3/ Quoi qu'il dise, il se trompe
4/ Il a gagné le match quoi qu'il ait triché
5/ Si vous voulez quoi que se soit, dîtes-le nous

82 Parmi les propositions suivantes, laquelle est correctement conjuguée ?

1/ Si vous vous soustrayiez au concours, vous n'intégreriez pas cette formation
2/ Si vous vous soustrayez au concours, vous n'intégririez pas cette formation
3/ Si vous vous soustrayiez au concours, vous n'intégririez pas cette formation
4/ Si vous vous soustrayiez au concours, vous n'intégrerez pas cette formation
5/ Si vous vous soustrayez au concours, vous n'intégreriez pas cette formation

83 Parmi les propositions suivantes, laquelle est correcte ?

1/ Son père est sensé être en voyage d'affaire ce soir
2/ Si elle était raisonnable, sensée, elle ne partirait pas en Moldavie
3/ Tu es sensé partir demain matin et porter ce colis à ta tante
4/ Elle est aussi raisonnable et censée que sa sœur
5/ Quelqu'un de censé ne ferait jamais une telle bêtise

84 **Parmi les propositions suivantes, laquelle est incorrecte ?**

1/ Sa journée a été très longue, elle est toute fatiguée
2/ Sa robe lui va à ravir, elle est toute adorable
3/ Tu n'as pas compris le sujet, ta dissertation est toute fausse
4/ Tu as beaucoup frotté, cette lampe est toute brillante
5/ Cette petite fille est vraiment toute sage

85 **Parmi les propositions suivantes, laquelle est correctement conjuguée au futur simple de l'indicatif ?**

1/ Léo dirat toujours la vérité à ses parents
2/ Je dirais la vérité, toute la vérité devant le juge
3/ Vous disez un mensonge par jour si vous commencez ainsi
4/ Cécile dira la vérité lors de son procès
5/ Antoine ne diras jamais la vérité à sa sœur

2e partie : compréhension – 15 questions

Texte

Le Monde Diplomatique, octobre 2019, pages 1, 12 et 13
Renaud Lambert
Vers un droit d'ingérence climatique

Main basse sur l'Amazonie

Même dans le camp des adversaires du président brésilien, la passe d'armes très médiatisée qui l'a opposé à son homologue français suscite des sentiments partagés. Pour empêcher M. Jair Bolsonaro de livrer l'Amazonie à l'agrobusiness, faut-il remettre en cause le principe de la souveraineté territoriale des États, comme le suggère M. Emmanuel Macron ?

par Renaud Lambert

Se présenter en contradicteur privilégié d'homologues étrangers qualifiés d'« *illibéraux* », voilà un exercice auquel le président français Emmanuel Macron se prête volontiers[1]. Il y eut d'abord le premier ministre hongrois Viktor Orbán, puis le dirigeant de la Ligue italienne Matteo Salvini. Les incendies qui ravagent la forêt amazonienne depuis le début de l'année lui ont offert un nouvel adversaire au profil idéal : le président brésilien d'extrême droite Jair Bolsonaro, misogyne, homophobe et climatosceptique. Alors que, fin août, la revue *Science* établissait le lien entre les nuages de fumée qui assombrissaient le ciel brésilien jusqu'à São Paulo et la politique de déforestation désormais encouragée par Brasília[2], M. Macron a suggéré de conférer « *un statut international à la forêt amazonienne, au cas où les dirigeants de la région prendraient des décisions nuisibles pour la planète*[3] ».

Une forêt millénaire sauvée des tronçonneuses par la mobilisation de tous ceux qu'elle protège ? Dans les discours élyséens, le monde ressemble un peu à la planète Pandora imaginée par James Cameron pour son film *Avatar* (2009), le président français incarnant une version terrienne de la résistance des Na'vi, cette peuplade à la peau céruléenne qui avait enchanté les salles obscures. Malheureusement, même formulée par un Emmanuel Macron en justaucorps azur, la proposition peinerait à enthousiasmer l'ensemble des Brésiliens. Y compris ceux qui s'opposent à M. Bolsonaro.

Certains n'ont pas oublié les mille et un projets qui ont déjà menacé de priver leur pays de sa souveraineté sur cet espace rebaptisé Hylée par le naturaliste allemand Alexander von Humboldt (1769-1859). Des entreprises auxquelles l'ambition de M. Macron fait aujourd'hui écho.

Au XIXe siècle, l'hydrographe et météorologue Matthew Fontaine Maury, directeur de l'Observatoire naval de Washington, propose de régler la question raciale aux États-Unis en colonisant l'Amazonie pour y déplacer la population noire américaine. Sa stratégie consiste, dans un premier temps, à revendiquer la simple ouverture du fleuve Amazone à la navigation. « *Toute la presse adhère à*

1 Lire Serge Halimi et Pierre Rimbert, « Libéraux contre populistes, un clivage trompeur », *Le Monde diplomatique*, septembre 2018.
2 f. Herton Escobar, « There's no doubt that Brazil's fires are linked to deforestation, scientists say », *Science*, Washington, DC, 26 août 2019.
3 Agence France-Presse (AFP), 29 août 2019.

la campagne, raconte l'historien Luiz Alberto Moniz Bandeira. *Esclavagistes, armuriers, commerçants et flibustiers se mobilisent pour défendre ce que Maury présente comme une politique du commerce dans l'intérêt de la science*[4]. »

Le représentant du Brésil à Washington (équivalent de l'ambassadeur) sonne l'alarme en 1849. L'autorisation de naviguer sur l'Amazone « *ouvrirait la porte à la formation de comptoirs américains, à une immigration massive et, par conséquent, à une manœuvre similaire à celle qui a permis [à Washington] de mettre la main sur le Texas* ». Un courrier de Maury de 1853 révélé par la presse brésilienne[5] confirme que ces inquiétudes ne sont pas injustifiées. « *Tentons de convaincre nos interlocuteurs par la voie diplomatique*, écrit l'ancien officier, *car il sera peut-être possible d'obtenir l'ouverture [de l'Amazone] de façon pacifique.* » Avant de préciser sa méthode : « *La paix si nous le pouvons, la force si nous le devons.* » Le projet échoue néanmoins.

Près d'un siècle plus tard, en 1948, l'Organisation des Nations unies pour l'éducation, la science et la culture (Unesco) fonde l'Institut international de l'Hylée amazonienne (IIHA). Initialement conçu comme un centre de recherche en sciences naturelles, celui-ci évolue « *en faisant du développement économique de la région amazonienne un axe majeur de [son] action* », rapporte le chercheur à l'Unesco Malcolm Hadley. Les partisans brésiliens de la structure sont alors « *accusés de compromettre la sécurité nationale en autorisant la création d'un institut international dans la "zone de défense naturelle" de l'Amazonie* »[6]. Au premier rang des critiques, l'ancien président Artur Bernardes. À la tribune de la Chambre des députés le 24 janvier 1950, il agite la menace de voir la forêt transformée en un « *condominium de nations* » qui finiraient par « *se partager la région sous la forme de colonies* »[7].

L'IIHA périclite, mais d'autres idées voient le jour. L'une des plus fantaisistes émane du Hudson Institute, un think tank conservateur américain. En 1967, le futurologue Herman Kahn, son directeur, suggère de barrer le fleuve Amazone pour créer un « *grand lac continental* » qui faciliterait la circulation entre les pays limitrophes et permettrait de produire de colossales quantités d'énergie. « *Absurde* », tranche le géographe Hervé Théry : « *Il faudrait un barrage de plusieurs kilomètres et la montée des eaux noierait une bonne partie de la population de l'Amazonie* »[8]. La proposition est néanmoins prise très au sérieux par les militaires, au pouvoir depuis le coup d'État de 1964, et les incite à formuler leur doctrine au sujet de la forêt : « Intégrer le territoire pour ne pas en être dépossédé ».

La dictature se lance donc dans une série de chantiers pharaoniques destinés à occuper un espace considéré comme vide. Le plus emblématique d'entre eux prend la forme d'une autoroute qui doit dérouler un ruban de bitume de plus de quatre mille kilomètres entre la ville de Cabedelo, dans le Nordeste, et celle de Lábrea, proche de la frontière bolivienne. L'ouvrage — qui ne sera jamais totalement achevé — est inauguré en 1972, avec la promesse de faciliter l'accès à la terre des plus humbles, tout en évitant une réforme agraire que les militaires refusent. « Des hommes sans terre pour une terre sans hommes », scande alors la propagande officielle.

Paradoxalement, cette affirmation de la mainmise brésilienne sur l'espace amazonien facilite l'ouverture économique du pays à laquelle travaille Brasília. Conçue comme une réserve inépuisable de richesses, la grande forêt doit permettre d'attirer les multinationales, pourvoyeuses des capitaux et de la technologie de pointe qui manquent au Brésil.

4 Luiz Alberto Moniz Bandeira, *Presença dos Estados Unidos no Brasil*, Civilização Brasileira, Rio de Janeiro, 2007. Les informations et citations du paragraphe suivant sont également tirées de cet ouvrage.

5 **Correio Mercantil**, Rio de Janeiro, 12 septembre 1853.

6 Malcolm Hadley, « La nature au premier plan. Les premières années du programme environnemental de l'Unesco, 1945-1965 », dans collectif, *Soixante Ans de science à l'Unesco*, 1945-2005, Unesco, Paris, 2006.

7 J. Taketomi, « Artur Bernardes, a luta contra os EUA e a internacionalização da Amazônia », 24 septembre 2017.

8 « Pourquoi l'Amazonie ? Présentation d'une recherche et d'un espace », *Bulletin de l'Association de géographes français*, n° 441-442, Paris, mars-avril 1977.

Assurer la souveraineté nationale sur le territoire afin de le livrer aux appétits étrangers : le projet des militaires aurait pu sembler contradictoire, fragilisant la première responsabilité qu'ils s'étaient fixée — garantir la sécurité du pays — au prétexte d'œuvrer à celle qu'ils avaient revendiquée en prenant le pouvoir — favoriser son développement. La guerre froide vient opportunément gommer la difficulté en invitant à arrimer les frontières géographiques à d'autres, idéologiques. « *Le monde était alors divisé entre l'Occident chrétien et l'Orient communiste*, explique la chercheuse Ana Cristina da Matta Furniel. *Cela permettait aux forces armées de résoudre deux problèmes : celui de la sécurité (en s'alliant au monde occidental) et celui du développement (à travers les investissements privés en provenance de l'Ouest)*[9]. » Signer des contrats avec des multinationales et traquer la guérilla dans le maquis relève alors d'une même ambition : la défense de la souveraineté brésilienne.

Le retour à la démocratie, en 1985, s'effectue dans un contexte international marqué par l'émergence de préoccupations liées à l'environnement et aux droits des populations indigènes. La nouvelle Constitution en porte la marque, dont l'article 231 dispose que « *sont reconnus aux Indiens (...) leurs droits originaires sur les terres qu'ils occupent traditionnellement* » et qu'il revient à Brasília « *de les démarquer et de les protéger* ». L'assassinat en 1988 du syndicaliste Francisco Alves, dit Chico Mendes, qui défendait les droits des ouvriers chargés de recueillir le latex dans les plantations d'hévéas, déclenche une campagne internationale soutenue par des personnalités du spectacle, dont l'ancien membre des Beatles Paul McCartney. Alors qu'au même moment plusieurs études établissent que, au cours des années 1970, dix millions d'hectares de forêt amazonienne ont été convertis en pâturage[10], les réactions pleuvent. « *Contrairement à ce que pensent les Brésiliens, l'Amazonie ne leur appartient pas à eux, mais à nous*[11] », déclare le sénateur et futur vice-président américain Albert Gore en 1989. Et le président français François Mitterrand de surenchérir : « *Le Brésil doit accepter une souveraineté relative sur l'Amazonie*[12]. »

Au fil des années, les gouvernements démocratiques tentent de désarmer ce qu'ils continuent à interpréter comme une forme de convoitise étrangère en intégrant les questions environnementales et indigènes à leur feuille de route. Le premier ministère brésilien entièrement consacré à l'environnement est inauguré en 1992. Quelques mois avant le Sommet de la Terre de Rio, qui se tient la même année, le président Fernando Collor de Mello annonce la création d'un territoire yanomami de 9,4 millions d'hectares. La politique de développement du Brésil s'affichant « durable » et respectueuse des populations autochtones, inutile d'imaginer empiéter sur sa souveraineté, explique-t-on en substance à Brasília.

Retournées dans leurs baraquements, les forces armées demeurent inquiètes. À leurs yeux, les réserves indiennes constituent le prélude à une « *balkanisation* » de l'Amazonie qui donnera naissance à de petits îlots indigènes « *facilement manipulables par les pays riches* ». Quant à l'exigence écologique, elle faciliterait l'émergence de « *normes internationales éloignées du vieux principe d'égalité de droit entre les États, de non-intervention et d'autodétermination des peuples* »[13]. L'ennemi d'hier aurait donc troqué le rouge pour le vert, les fusils pour les organisations non gouvernementales (ONG)

9 Ana Cristina da Matta Furniel, « *Amazônia. A ocupação de um espaço : internacionalização x soberania nacional* (1960-1990) » (PDF), dissertation présentée en vue de l'obtention de la maîtrise en relations internationales, Université catholique de Rio de Janeiro, 14 décembre 1993.

10 *Ibid.*

11 Alexei Barrionuevo, « Whose rain forest is this, anyway ? », *The New York Times*, 18 mai 2008. M. Gore affirme en 2019 n'avoir jamais prononcé ces paroles.

12 Cité par Chantal Rayes, « Amazonie : Bolsonaro répond à la pression internationale », *Libération*, Paris, 24 août 2019.

13 Documents de l'école de commandement de l'armée de terre brésilienne publiés en 1998 et 2001 et cités par Adriana Aparecida Marques dans « *Amazônia : pensamento e presença militar* » (PDF), thèse présentée pour l'obtention du doctorat en science politique, université de São Paulo, 2007.

la menace n'en aurait pas pour autant disparu. Le 10 décembre 1991, l'ancien ministre des armées Leônidas Pires Gonçalves explique au quotidien Folha de São Paulo que le secrétaire d'État à l'environnement lui inspire « *la même haine que celle qu'il avait éprouvée jadis pour le dirigeant communiste Luís Carlos Prestes* ».

En nommant au poste de ministre de l'Environnement M. Ricardo Salles, ancien directeur de la Société rurale brésilienne (un bastion de l'agrobusiness), M. Bolsonaro renoue avec la vision de ses amis militaires. Oubliés, les discours de ses prédécesseurs sur le développement durable et la promesse de protéger l'environnement : à ses yeux, l'Amazonie est une source de richesses à défendre afin d'en tirer profit. Une telle posture facilite le retour des antiennes « globalistes »... et des soupçons. Car il n'a pas échappé à Brasília que les grandes puissances qui élèvent la protection de la nature au rang de priorité pour les pays du Sud s'épargnent le plus souvent le fardeau d'en faire autant. Sans compter que, en 2007, la « communauté internationale » avait ignoré la proposition de Quito de protéger le parc national amazonien Yasuní en échange du versement de la moitié des sommes qu'aurait dégagées son exploitation[14]. Néanmoins, la détestation que des millions de Brésiliens éprouvent pour M. Bolsonaro les conduit à assimiler les interrogations de leur président à une faribole paranoïaque.

Monsieur Macron, considérant que la destruction de l'Amazonie est un « *problème mondial* » et interdisant à quiconque de prétendre que « *ça le concerne seul* » (Twitter, 26 août 2019), projette de présenter à la conférence de Santiago de 2019 sur les changements climatiques (COP25) une « *stratégie de long terme* » visant à assurer le « *bien-être des populations* » amazoniennes et à garantir « *un développement durable et écologique* » dans la région[15]. De sorte que réémerge l'idée d'un droit d'ingérence climatique calqué sur celui, humanitaire, qui avait justifié les interventions militaires occidentales en Somalie (1992), en Haïti (1994), en ex-Yougoslavie (1999)...

« *Le Conseil de sécurité des Nations unies pourrait (...) estimer que, en contribuant au changement climatique, la destruction de la forêt amazonienne constitue une menace envers la paix et la sécurité internationales, lui permettant d'adopter des réponses coercitives* », imagine le directeur de l'Institut de recherche stratégique de l'École militaire (Irsem), M. Jean-Baptiste Jeangène Vilmer, dans les colonnes du Monde le 27 août 2019. « *[Si l'hypothèse d'un] usage de la force — une intervention militaire pour établir un périmètre de protection et empêcher la déforestation, par exemple — semble farfelue et dangereuse, car certainement contre-productive, on ne peut exclure que, dans une situation similaire dans dix ou vingt ans, si l'enjeu est alors perçu comme vital, la question finisse par se poser.* » Suffira-t-il de pourfendre le nationalisme réactionnaire des forces armées pour répondre aux menaces qui les préoccupent ?

En novembre 2000, au cours d'un débat dans une université américaine, M. Cristovam Buarque, l'un des dirigeants du Parti des travailleurs (PT, gauche), a été interrogé par un étudiant sur l'idée d'internationaliser l'Amazonie. Sa réponse est demeurée célèbre au Brésil : « *Si les États-Unis souhaitent internationaliser l'Amazonie afin de ne pas courir le risque de l'abandonner à la responsabilité des seuls Brésiliens, alors internationalisons également l'arsenal nucléaire américain. Ne serait-ce que parce que les États-Unis ont déjà fait la démonstration qu'ils sont capables de l'utiliser, provoquant une destruction bien supérieure aux incendies (...) que nous observons au Brésil*[16]. »

---

14 Lire Aurélien Bernier, « En Équateur, la biodiversité à l'épreuve de la solidarité internationale », *Le Monde diplomatique*, juin 2012.
15 Silvia Ayuso, « El G7 moviliza 18 millones para combatir el fuego en la Amazonia », *El País*, Madrid, 26 août 2019.
16 « A internacionalização da Amazônia », *O Globo*, Rio de Janeiro, 23 octobre 2000.

Questions

86 Quel était le métier du directeur de l'observatoire naval de Washington qui, au XIXe siècle, proposa de coloniser l'Amazonie avec des esclaves, et auteur de la formule « la paix si nous le pouvons, la force si nous le devons » ?

1/ Météorologue
2/ Historien
3/ Député
4/ Amiral
5/ Armurier

87 Parmi les propositions suivantes, laquelle est un synonyme de « céruléen » ?

1/ Diaphane
2/ Lisse
3/ Blafard
4/ Sombre
5/ Bleu

88 Quel pays d'Amérique latine, d'après le texte, a essuyé le refus de la communauté internationale de protéger un parc naturel d'Amazonie en échange d'une partie des richesses que son exploitation aurait produites ?

1/ La Bolivie
2/ La Colombie
3/ Le Pérou
4/ L'Équateur
5/ Le Venezuela

89 Qu'est-ce qu'un « condominium » ?

1/ Un système politique dans lequel le pouvoir appartient à une classe sociale restreinte et privilégiée
2/ Un amas, une accumulation de choses collées ensemble
3/ Un ensemble que forment les intellectuels d'un pays ou d'un groupe défini
4/ Une autorité souveraine exercée en commun par deux ou plusieurs états sur un même pays ou territoire
5/ Un élément caché, qui n'est pas immédiatement compréhensible, déchiffrable ou identifiable

90 Parmi les personnalités suivantes, laquelle est l'auteur d'un article établissant le lien entre la déforestation de l'Amazonie et les feux répétés survenus au Brésil en août 2019 ?

1/ Luiz Alberto Moniz Bandeira
2/ Herton Escobar
3/ Junichiro Takenomi
4/ Chantal Rayes
5/ Adriana Aparecida Marques

91 Quel dirigeant brésilien s'est opposé à la fondation d'un institut international de l'Amazonie ?

1/ Jair Bolsonaro
2/ Dilma Rousseff
3/ Luiz Inácio Lula
4/ Arthur Bernardes
5/ Fernando Collor de Mello

92 Parmi les noms suivants, lequel désigne une population indigène d'Amazonie ?

1/ Quito
2/ Yasuni
3/ Hylée
4/ Yanomami
5/ Cabedelo

93 Parmi les personnalités suivantes, laquelle rapporte dans un article de 2008 les propos d'Al Gore, tenus en 1989, que ce dernier nie avoir prononcés ?

1/ Chantal Rayes
2/ Alexei Barrionuevo
3/ Leônidas Pires Gonçalves
4/ Aurélien Bernier
5/ Paul McCartney

94 Parmi les personnalités suivantes, laquelle dirige l'institution qui a émis l'idée de créer un grand lac artificiel au cœur de l'Amazonie ?

1/ Hervé Théry
2/ Matthew Fontaine Maury
3/ Malcolm Hadley
4/ Herman Kahn
5/ Jean-Baptiste Jeangène Vilmer

95 Dans la phrase « À leurs yeux, les réserves indiennes constituent le prélude à une "balkanisation" de l'Amazonie », quel mot peut remplacer le terme « balkanisation » ?

1/ Une corruption
2/ Un morcèlement
3/ Une destruction
4/ Un renforcement
5/ Une indignation

96 En quelle année, un ministère dédié à la question écologique est-il créé au Brésil ?

1/ En 1949
2/ En 1958
3/ En 1971
4/ En 1992
5/ En 2006

97 Parmi les personnalités suivantes, quel homme politique est désigné dans le texte comme communiste ?

1/ Francisco Alves
2/ Jair Bolsonaro
3/ Ricardo Salles
4/ Luis Carlos Prestes
5/ Viktor Orbán

98 Quel événement, survenu en 1988, est à l'origine d'une campagne en occident de sauvegarde de l'Amazonie, qui débouche, d'après l'article, sur des discours remettant en question la souveraineté de ce territoire ?

1/ La publication d'un projet de construction de route le long de l'Amazone
2/ Le coup d'État qui plonge le Brésil dans la dictature
3/ L'assassinat d'un syndicaliste défenseur du monde ouvrier et paysan
4/ Le pacte de défense conclu entre le Brésil et la Russie soviétique
5/ Le projet de construction d'un barrage gigantesque qui menaçait de détruire des territoires indigènes

99 Parmi les propositions suivantes, laquelle ne correspond pas aux faits énoncés dans l'article ?

1/ Cristovam Buarque appartient au Parti des travailleurs brésilien
2/ Alexander Von Humboldt est un naturaliste allemand de la fin du XVIIIe siècle et du début du XIXe siècle
3/ La COP 25 se tient en 2019 au Chili
4/ La ville Lábrea est située dans le Nordeste, une région brésilienne proche de la frontière bolivienne
5/ La première tentative d'internationaliser l'Amazonie, citée par l'auteur, remonte au XIXe siècle

100 Parmi les propositions suivantes, laquelle reflète le mieux la position de l'auteur dans son article ?

1/ Il défend la nécessité environnementale de protéger l'Amazonie, en en faisant un état indépendant
2/ Il dénonce l'hypocrisie et l'ingérence des grandes puissances, qui prétextent la préoccupation de l'écologie pour contrôler un territoire et ses richesses, sans céder la moindre contrepartie aux pays pauvres et en niant leur souveraineté
3/ Il prend le parti de ceux qui souhaitent internationaliser l'Amazonie, à la condition que l'on internationalise tous les biens communs au nom de l'écologie
4/ Il dénonce le manque d'unité du territoire amazonien, partagé entre petites tribus et différents pays aux vues politiques différentes
5/ Il juge l'inconséquence du Président Bolsonaro, et donne raison à Emmanuel Macron, le contrôle l'Amazonie doit être repris par la force

ÉPREUVE DE RAISONNEMENT LOGIQUE ET NUMÉRIQUE

101 **Soit l'ensemble A = {–2 –1 0 2 4}. Quelle est la médiane de l'ensemble $B = \{xy \mid (x,y) \in A^2\}$?**

① –1
② 0
③ 1
④ 2
⑤ 4

102 **Lors d'une course de 10 km, Nicolas est mécontent : s'il avait couru 2 km/h plus vite, il aurait réalisé 15 minutes de moins ! Quel temps a-t-il réalisé ?**

① 45 minutes
② 50 minutes
③ 1 heure
④ 1 heure 15 minutes
⑤ 1 heure 30 minutes

103 **La rose est à l'Amour, ce que la colombe est ...**

① Au pigeonnier
② À la Paix
③ À l'Intelligence
④ Aux oiseaux
⑤ À la Lumière

104 Le OU exclusif, appelé XOR, est un opérateur logique très utilisé en informatique dont voici la table de vérité :

A	B	A xor B
0	0	0
0	1	1
1	0	1
1	1	0

Parmi les choix suivants, quelles valeurs respectives de A, B et C vérifient A xor (B xor C) = 1 ?

① 0, 1, 1
② 0, 0, 0
③ 1, 1, 0
④ 1, 1, 1
⑤ 1, 0, 1

105 Une personne part d'un point A quelconque et effectue alors successivement, 10 km vers l'Ouest, 11 km vers le Nord, 8 km vers l'Est, 7 km vers le Sud, à nouveau 6 km vers l'Est, et enfin 1 km vers le Sud. À ce moment-là, à quelle distance est-elle de son point de départ A ?

① 4 km
② 5 km
③ 6 km
④ 7 km
⑤ 8 km

106 Des candélabres sont installés tous les 500 m entre deux villes Braavos et Pentos. On commence à 300 m de Braavos pour se rendre jusqu'à Pentos. Combien de candélabres seront installés sachant que la distance entre les deux villes est de 10 milles et 700 yards ? On sait de plus que 1 mille est égal à 1 760 yards et que 1 yard est égal à 0,915 m.

① 29
② 30
③ 32
④ 39
⑤ 40

107 Calculez l'expression suivante :

$$\frac{\frac{2}{3}+\frac{1}{6}+\frac{1}{4}}{\frac{2}{3}-\frac{1}{2}}$$

① 2
② $\frac{13}{2}$
③ $\frac{15}{2}$
④ $\frac{13}{7}$
⑤ $\frac{15}{6}$

108 **Vous disposez d'un tas de cartes numérotées de 1 à 199 et sur lesquelles on a écrit le résultat de la formule $\sum_{x=1}^{n} x$ où n est le numéro de la carte. Quelle est la probabilité qu'en prenant une carte au hasard dans ce paquet, le nombre écrit soit un nombre pair ?**

① $\frac{1}{2}$

② $\frac{97}{200}$

③ $\frac{98}{199}$

④ $\frac{99}{199}$

⑤ $\frac{99}{200}$

109 **Dans le conseil d'administration d'une entreprise, on vote pour élire le nouveau directeur. Il s'avère que Samia et Xavier obtiennent chacun le même nombre de voix. Après vérification, deux bulletins sont déclarés nuls, ce qui permet d'élire Samia avec 55 % des voix. Combien a-t-elle obtenu de suffrages ?**

① 6

② 11

③ 13

④ 20

⑤ 22

110 **Soit A et B deux entiers pairs, parmi ces propositions, quel nombre n'est pas toujours pair ?**

① A + B

② A – B

③ A × B

④ $\frac{A}{B}$

⑤ A^B

111 **Soit un livre de 1 000 pages numérotées de 1 à 1 000. Combien de fois peut-on lire le chiffre 1 dans l'ensemble de la numérotation des pages ?**

① 297

② 300

③ 301

④ 321

⑤ 333

112 **Soient les deux équations de paraboles suivantes :**

$$\begin{cases} f(x) = x^2 + x - 5 \\ g(x) = x^2 - x + 1 \end{cases}$$

En quel point du plan se croisent ces deux courbes ?

① En aucun point
② (1 ; -3)
③ (2 ; 1)
④ (3 ; 4)
⑤ (3 ; 7)

113 **Quelle est la dérivée de $f(x) = 3x^3 + 2x^2 + 1$?**

① $6x^2 + 2x$
② $6x^2 + 4x$
③ $x^2 + x + 1$
④ $9x^2 + 4x$
⑤ $3x^2 + 2x + 2$

114 **Trouvez l'intrus dans la logique de cette liste : péchés capitaux, arc-en-ciel, semaine, planètes ou heptathlon.**

① Péchés capitaux
② Arc-en-ciel
③ Semaine
④ Planètes
⑤ Heptathlon

115 **Complétez cette égalité : CXII × ??? = MCCXXXII**

① VI
② XI
③ DI
④ CI
⑤ CXXI

116 **On lance deux dés tétraédriques, c'est-à-dire en forme de pyramide triangulaire régulière et dont les faces sont numérotées pour le premier de 1 à 4 et pour le second de 2 à 5. Toutes les faces sont équiprobables. On considère l'ensemble des produits obtenus par les deux nombres apparus sur les faces inférieures, et ils forment notre échantillon statistique. Quelle est la moyenne de cet échantillon ?**

① 8,475
② 8,5
③ 8,666
④ 8,75
⑤ 9

117 **La figure ci-dessous représente les valeurs d'une variable Y en fonction des valeurs d'une variable X. Combien vaut le degré de corrélation entre les variables X et Y ?**

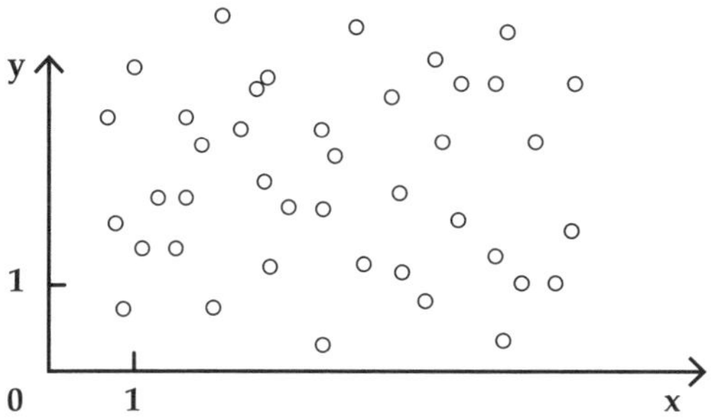

① Une valeur légèrement inférieure à –1
② Une valeur légèrement supérieure à –1
③ Une valeur proche de 0
④ Une valeur légèrement inférieure à 1
⑤ Une valeur légèrement supérieure à 1

118 **De combien de manières possibles différentes peut-on aller de A à B ? Les déplacements autorisés sont uniquement vers le haut ou vers la droite en suivant les lignes noires.**

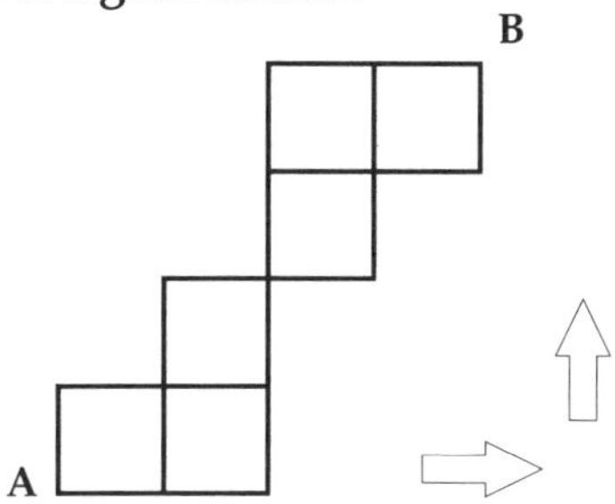

① 20
② 22
③ 24
④ 25
⑤ 30

119 **Une maison médicale emploie 10 médecins généralistes, capables de traiter tout type de pathologies.**
On a relevé sur une période significative de 10 heures le nombre de patients consultant pour chaque type de pathologie, et la durée moyenne de la consultation (temps passé avec un médecin, en heures).

Pathologie	Nombre de cas	Durée moyenne (H)
Traumatisme	14	2
Intoxication	6	1
Fièvre	12	0,5
Autres	8	4

En moyenne, quel est le nombre de médecins occupés simultanément ?

① 1,8 médecin
② 3,4 médecins
③ 3,6 médecins
④ 4 médecins
⑤ 7,2 médecins

120 **Dans un jeu de cartes bizarre (chaque carte comporte trois des quatre signes), vous gagnez la partie si vous devinez la carte à mettre logiquement à la place du point d'interrogation. Quelle carte va vous faire gagner la partie ?**

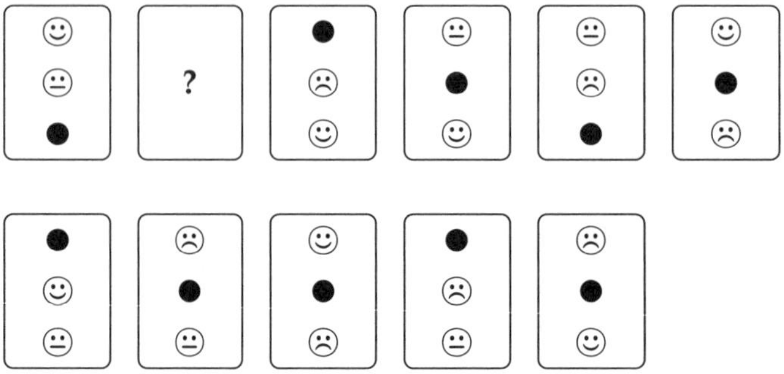

A B C D E

① La carte A
② La carte B
③ La carte C
④ La carte D
⑤ La carte E

ÉPREUVE DE COMPRÉHENSION ET EXPRESSION ÉCRITE EN ANGLAIS

1RE PARTIE : EXPRESSION – 35 QUESTIONS

121 The Fed keeps … on how fast the economy is expanding.

1/ An closed eye
2/ To close eye
3/ A close eye
4/ At close eye
5/ To close eye at

122 … with EU legislation, citizens have the right to travel freely within all member states.

1/ According
2/ In accordance
3/ Accordingly
4/ Accord
5/ According to

123 All sections of the road from Buchanan to Knoxville are being … in order to facilitate the flow of traffic.

1/ Protracted
2/ Eased
3/ Added
4/ Spread
5/ Widened

124 As far as salary increases are concerned , all enquiries should … directly to your supervisors.

1/ Address
2/ Be addressed
3/ Addressing
4/ Addressed
5/ Being addressed

125 Bummed out by the world and their role in it, tech workers … and founding some start-ups along the way.

1/ Is seeking
2/ Has seeker
3/ Are seeking help
4/ Helps
5/ Has helped

126 The side door is always left slightly … so you'll be able to get in at any hour.

1/ Affair
2/ Ajar
3/ Awash
4/ Attack
5/ Alack

127 This group is often given … attention, fewer tools and, ultimately, less credit when it comes to left-brain activities.

1/ Least
2/ Latest
3/ Best
4/ Less
5/ Worst

128 He was scheduled for a … with his doctor at 3pm.

1/ Check up
2/ Wrap up
3/ Check in
4/ Hold up
5/ Once over

129 The new CEO suggested the strategy of the company …

1/ To collapse
2/ Collapse
3/ Collapsar
4/ Is collapsing
5/ Failure

130 The consumers can improve their credit, … on spending and save for the future.

1/ Cut of
2/ Cut by
3/ Cut off
4/ Cut to
5/ Cut down

131 … the recent fall in the company's stock price, investors remain optimistic about its longer term prospects.

1/ Instead
2/ Although
3/ Despite
4/ In spite
5/ However

132 The conclusions of the health and safety report are deeply … as they confirm many people's fears about the effects of micro-particle pollution.

1/ Disturbing
2/ Disturbance
3/ Disturb
4/ Disturbed
5/ Disturbs

133 Extreme measures were taken to … their safety.

1/ Ensure
2/ Insure
3/ Endure
4/ Assure
5/ Reassure

134 We would all like to … a very warm welcome to the three members of head office who have come to oversee the installation of the CXN computer system.

1/ Explore
2/ Exact
3/ Extrude
4/ Extend
5/ Extract

135 **If it hadn't been for the fire brigade's speedy intervention, the fire could easily ... uncontrollable.**

1/ Have become
2/ Had decome
3/ Having become
4/ Became
5/ Was becoming

136 **When James Grant came to collect his dry-cleaning, the shop ... been closed for over an hour.**

1/ Had
2/ Has
3/ Is
4/ Was
5/ Were

137 **You can't get serious about climate change ... you are serious about vehicle emissions.**

1/ Except
2/ Unless
3/ Less
4/ Least
5/ Most

138 **... than 1500 people participated in a demonstration through the town.**

1/ Most
2/ Mere
3/ Mostly
4/ Moor
5/ More

139 **... daunting it may appear to the unitiated, basic computer coding is actually quite easy to master.**

1/ However
2/ No matter
3/ Nevertheless
4/ Whatever
5/ Not only

140 **The dog had dug up most of the plants in the neighbour's garden, and its owner had to make ... the damage.**

1/ Good
2/ Up
3/ Over
4/ Do
5/ Better

141 **Following an announcement that the successful candidate had won the election by a single vote the runner-up was left ... what might have been.**

1/ Pandering
2/ Pardoning
3/ Pondering
4/ Pontificating
5/ Posturing

142 **In their final report, accident investigators have concluded that the crash was ... caused by pilot error.**

1/ Prime
2/ Primarily
3/ Primary
4/ Primer
5/ Primed

143 **He was given free … to do as he pleased.**

1/ Rein
2/ Rope
3/ Rain
4/ Rind
5/ Reign

144 **Valerie's clothes … of cigarette smoke after the diners at the next table lit up at the end of their meal.**

1/ Seeped
2/ Reeked
3/ Rocked
4/ Reaped
5/ Reeled

145 **The plans for a new high-speed train line across the city have been … because of one of the main investors pulling out at the last minute.**

1/ Shoved
2/ Scraped
3/ Scrapped
4/ Strapped
5/ Scanned

146 **… there be any problem with the overnight print run, you must phone the emergency helpline immediately**

1/ Will
2/ Can
3/ Should
4/ Shall
5/ Would

147 **The incumbent president has decided to try for re-election and, this time, he … on a more centrist platform.**

1/ Is running
2/ Running
3/ Should be run
4/ Has running
5/ Run

148 **… we still have doubts about Mr Chow's attitude to his staff, we can't but be impressed by the speed of progress on the project.**

1/ Because
2/ However
3/ Since
4/ For
5/ Although

149 **The bank … it's interest rate by 2%.**

1/ Lashed
2/ Trashed
3/ Slashed
4/ Trapped
5/ Rushed

150 **Elections are always difficult to predict but in recent years, exit … have given a reasonable picture of the results.**

1/ Sounds
2/ Polls
3/ Soundings
4/ Castings
5/ Prescriptions

151 **Environmental concerns have become more and more important and they now take … over most considerations of manufacturing cost.**

1/ Place
2/ Priorities
3/ Status
4/ Precedence
5/ Significance

152 **The recent series of break-ins has upset everyone in the area and, even last week … were caught trying to steal stock from the warehouse.**

1/ Thief
2/ Thefts
3/ Thieves
4/ Break-in
5/ Robber

153 **An investigation was instigated after a formal complaint … made.**

1/ Is
2/ Has been
3/ Was
4/ Having been
5/ Will be

154 **Passengers wishing to register additional baggage must check … directly with our staff at the airport one hour before departure time.**

1/ In
2/ For
3/ With
4/ Out
5/ Up

155 **The company has … create unique locations.**

1/ Works
2/ Worked to
3/ Working of
4/ Works by
5/ Being work

2e partie : compréhension – 15 questions

Texte

Read the article and answer the 15 questions that follow.

The Dong with a Luminous Nose review – a lovely load of nonsense

LITTLE ANGEL THEATRE, LONDON

This imaginative adaptation delights in the sounds and sensations of Edward Lear's peculiar poem about a lonely boy

Miriam Gillinson
The Guardian Monday 23rd September 2019

1. The stage is filled with puppets that seem to swim in midair. A boy floats among them but the rest are colourful, abstract figures; long spindly red tubes or neon rings with fangs around their edges. My eight-year-old goddaughter, Blue, looks a little shocked as she whispers: "What are those?" I whisper back: "I don't know."

2. Nobody knows. Edward Lear's nonsense poem The Dong with a Luminous Nose isn't meant to make sense. The work touches on ideas about change and growing up, but, above all, this is a deliciously visceral experience that leaves the young audience with their skin tingling and their curiosity piqued.

3. Peter O'Rourke, who adapted and directed this show, created a brilliant version of Lewi Carroll's Jabberwocky in 2014 and seems to have a particular affinity with nonsense poetry. He doesn't try to impose a rigid form on the show but instead delights in the sounds, sensations and evocative atmosphere that Lear's peculiar tale invokes.

4. The script is fairly faithful to Lear's original poem and tells the story of a lonely boy called Edward, who falls in love with a strange Jumbly creature that washes up on the shore. When it disappears, Edward attaches a glowing nose to his face in the hope he might eventually be reunited with his love. At first, Blue seems utterly bemused – particularly with the ad-libbed opening scene, which sees young Edward accidentally abandoned by his family. It's all unapologetically dark and mysterious; doubly so with Ben Glasstone's swelling classical score and spooky choral songs, all performed by a horde of solemn puppeteers dressed in funereal black.

5. But gradually Blue stops looking for answers and starts to enjoy herself. The Jumblies, a family of strange shapes and sizes, perform a surreal ballet. With each new stream of shape-shifting puppets, Edward changes form, too. Blue happily comments on each transformation ("He's a balloon!" "He's really thin!" "Now he's a squiggle!"). Edward tap-dances with his new friends, swims and sings. This show might not have a strict story arc, but the number of different artistic mediums squeezed in here – modern dance, abstract art, classical music and poetry – is hugely impressive. It's such a learning experience for the children and an exposure to so many new forms of art, yet it never feels like hard work.

→

6. There's an attention to detail here that is genuinely moving and implies real respect and admiration, both in relation to the source material but also the children watching. Young Edward, a spindly wooden puppet, is controlled by three, sometimes four, puppeteers. His loose limbs are brought to life with exquisite care and, in the best moments, it looks as if he's walking on air. It lends the whole production the air of an exultant dream. Who knows what on earth it all means, but none of us want to wake up.

Questions

156 **In the following phrase from the first paragraph, "long spindly red tubes", the word "spindly" means:**

1/ Twisted
2/ Spiral
3/ Slender
4/ Elongated
5/ Bent

157 **In the following phrase taken from the first paragraph, "neon rings with fangs around their edges", the word "fangs" means:**

1/ Points
2/ Teeth
3/ Dentures
4/ Indentures
5/ Prongs

158 **In the following phrase taken from the second paragraph, "Edward Lear's nonsense poem", the word "nonsense" means:**

1/ Unintelligible
2/ Drivel
3/ Absurd
4/ Foolish
5/ Evasive

159 **In the following phrase taken from the second paragraph, "their skin tingling and their curiosity piqued", the word "tingling" means:**

1/ Prickling
2/ Heating
3/ Buzzing
4/ Freezing
5/ Tickling

160 **In the following phrase taken from the third paragraph, "evocative atmosphere that Lear"s peculiar tale invokes", the word "peculiar" means:**

1/ Strange
2/ Distinct
3/ Belonging
4/ Specific
5/ Personal

161 **In the following phrase taken from the fourth paragraph, "Edward attaches a glowing nose to his face", the word "glowing" means:**

1/ Ruddy
2/ Hot
3/ Large
4/ Throbbing
5/ Illuminated

162 **In the following phrase taken from the fourth paragraph, "Blue seems utterly bemused", the word "bemused" means:**

1/ Bewildered
2/ Bewitched
3/ Beguiled
4/ Entertained
5/ Amused

163 **In the following phrase taken from the fourth paragraph, "particularly with the ad-libbed opening scene", the word "ad-libbed" means:**

1/ Added
2/ Sung
3/ Rhyming
4/ Improvised
5/ Interactive

164 **In the following phrase taken from the fourth paragraph, "It's all unapologetically dark and mysterious", the word "unapologetically" means:**

1/ Mistakenly
2/ Rudely
3/ Unforgivably
4/ Incorrectly
5/ Deliberately

165 **In the following phrase taken from the fourth paragraph, "Ben Glasstone's swelling classical score", the word "swelling" means:**

1/ Excellent
2/ Suddenly increasing in volume
3/ Gradually increasing in volume
4/ Overpowering
5/ Dominating

166 **In the following phrase taken from the fourth paragraph, "and spooky choral songs", the word "spooky" means:**

1/ Weird
2/ Horrid
3/ Dark
4/ Eerie
5/ Deadly

167 In the following phrase taken from the fourth paragraph, "all performed by a horde of solemn puppeteers", the word "horde" means:

1/ Flight
2/ Team
3/ Couple
4/ Family
5/ Throng

168 In the following phrase taken from the fifth paragraph, "With each new stream of shape-shifting puppets", the term "shape-shifting" means:

1/ Fast-moving
2/ Scene-changing
3/ Form-changing
4/ Costume-changing
5/ Flying

169 In the following phrase taken from the fifth paragraph, "Now he's a squiggle", the word "squiggle" means:

1/ In the form of a worm
2/ In the form of a spiral
3/ In the form of a curve
4/ In the form of a wavy line
5/ In the form of a deflated balloon

170 In the following phrase taken from the sixth paragraph, "His loose limbs were brought to life", the word "loose" means:

1/ Moving
2/ Dangling
3/ Unattached
4/ Separate
5/ Uncovered

Session 5

SCORE IAE-MESSAGE

ÉLÉMENTS DE RÉPONSE

GRILLE DES RÉPONSES COMPLÉTÉE

SCORE IAE MESSAGE

Session : 27/04/21

N° d'inscription

0	0	0	0	0	0	0
1	1	1	1	1	1	1
2	2	2	2	2	2	2
3	3	3	3	3	3	3
4	4	4	4	4	4	4
5	5	5	5	5	5	5
6	6	6	6	6	6	6
7	7	7	7	7	7	7
8	8	8	8	8	8	8
9	9	9	9	9	9	9

Nom : ______________________

Prénom : ______________________

Date de naissance : ____/____/____

Centre : ______________________

Signature du candidat

MARQUAGE DES REPONSES

- Utilisez un crayon mine et une gomme propre ou un blanc correcteur
- Ne graphitez qu'une seule réponse par question

Marquage CORRECT ▬

INCORRECT ⬭ — _ X / -

Culture G	1	2	3	4	5
1		■			
2			■		
3		■			
4	■				
5		■			
6				■	
7			■		
8			■		
9			■		
10	■				
11				■	
12		■			
13			■		
14		■			
15				■	
16		■			
17		■			
18	■				
19	■				
20			■		
21					■
22	■				
23		■			
24					■
25				■	
26			■		
27		■			
28			■		
29			■		
30				■	
31				■	
32					■
33		■			
34				■	
35					■
36		■			
37		■			
38					■
39			■		
40		■			
41				■	
42				■	
43				■	
44		■			
45				■	
46			■		
47		■			
48		■			
49		■			
50				■	

Français	1	2	3	4	5
51		■			
52			■		
53					■
54		■			
55					■
56					■
57				■	
58		■			
59				■	
60	■				
61				■	
62			■		
63			■		
64	■				
65					■
66		■			
67			■		
68		■			
69					■
70					■
71	■				
72		■			
73	■				
74					■
75				■	
76		■			
77	■				
78					■
79				■	
80			■		
81			■		
82	■				
83		■			
84		■			
85				■	
86	■				
87					■
88				■	
89				■	
90		■			
91				■	
92				■	
93		■			
94				■	
95		■			
96				■	
97				■	
98			■		
99				■	
100		■			

RLN	1	2	3	4	5
101			■		
102				■	
103		■			
104				■	
105		■			
106					■
107		■			
108				■	
109		■			
110				■	
111			■		
112					■
113				■	
114				■	
115		■			
116				■	
117			■		
118				■	
119					■
120		■			

Anglais	1	2	3	4	5
121			■		
122		■			
123					■
124		■			
125			■		
126		■			
127				■	
128	■				
129				■	
130					■
131			■		
132	■				
133	■				
134				■	
135	■				
136	■				
137		■			
138					■
139	■				
140		■			
141			■		
142		■			
143	■				
144		■			
145			■		
146			■		
147	■				
148					■
149			■		
150		■			
151				■	
152			■		
153			■		
154	■				
155		■			
156			■		
157		■			
158			■		
159	■				
160	■				
161					■
162	■				
163				■	
164					■
165			■		
166				■	
167					■
168			■		
169				■	
170		■			

SESSION 5

EXPLICATIONS DES RÉPONSES DE L'ÉPREUVE DE RAISONNEMENT LOGIQUE ET NUMÉRIQUE

101 **Soit l'ensemble A = {–2 –1 0 2 4}.**
Quelle est la médiane de l'ensemble B = {xy | (x,y) ∈ A^2} ?

① –1
② 0
③ 1
④ 2
⑤ 4

B contient tous les nombres résultant du produit de 2 éléments de A. Donc B = {-8,-4,-2,0,1,2,4,8,16}. B est un ensemble à 9 nombres, sa médiane est le 5e celui du milieu (en les ordonnant), soit 1.

102 **Lors d'une course de 10 km, Nicolas est mécontent : s'il avait couru 2 km/h plus vite, il aurait réalisé 15 minutes de moins ! Quel temps a-t-il réalisé ?**

① 45 minutes
② 50 minutes
③ 1 heure
④ 1 heure 15 minutes
⑤ 1 heure 30 minutes

On sait que le temps réalisé vaut la distance parcourue divisée par la vitesse (T = 10/V ou V = 10/T).

On a donc (en heures) $V = \frac{10}{T}$ et $-\frac{1}{4} = \frac{10}{V+2}$.

On remplace V par $\frac{10}{T}$ dans la seconde équation :

$T - \frac{1}{4} = \frac{10}{\frac{10}{T}+2}$ correspondant à l'équation $2T^2 = \frac{1}{2}T - \frac{5}{2} = 0$,

que l'on résout, et, l'on trouve T = 1 heure, soit 1 heure et 15 minutes initialement.

103 **La rose est à l'Amour, ce que la colombe est ...**

① Au pigeonnier
② À la Paix
③ À l'Intelligence
④ Aux oiseaux
⑤ À la Lumière

La rose est le symbole de l'Amour, comme la colombe le symbole de la Paix.

104 **Le OU exclusif, appelé XOR, est un opérateur logique très utilisé en informatique dont voici la table de vérité :**

A	B	A xor B
0	0	0
0	1	1
1	0	1
1	1	0

Parmi les choix suivants, quelles valeurs respectives de A, B et C vérifient A xor (B xor C) = 1 ?

① 0, 1, 1
② 0, 0, 0
③ 1, 1, 0
④ 1, 1, 1
⑤ 1, 0, 1

Simplement en faisant les opérations, c'est le triplet {1, 1, 1} qui vérifie l'égalité car 1 xor (1 xor 1) = 1 xor 0 = 1.

105 **Une personne part d'un point A quelconque et effectue alors successivement, 10 km vers l'Ouest, 11 km vers le Nord, 8 km vers l'Est, 7 km vers le Sud, à nouveau 6 km vers l'Est, et enfin 1 km vers le Sud. À ce moment-là, à quelle distance est-elle de son point de départ A ?**

① 4 km
② 5 km
③ 6 km
④ 7 km
⑤ 8 km

Quand on somme l'ensemble des déplacements de la personne, on arrive à 11 km vers le Nord, 8 km vers le Sud, 14 km vers l'Est et 10 km vers l'Ouest. On en déduit donc qu'elle est arrivée à 3 km au Nord et 4 km à l'Est de son point de départ A. Avec Pythagore, on en déduit donc que cette distance est de 5 km.

106 **Des candélabres sont installés tous les 500 m entre deux villes Braavos et Pentos. On commence à 300 m de Braavos pour se rendre jusqu'à Pentos. Combien de candélabres seront installés sachant que la distance entre les deux villes est de 10 milles et 700 yards ? On sait de plus que 1 mille est égal à 1 760 yards et que 1 yard est égal à 0,915 m.**

① 29
② 30
③ 32
④ 39
⑤ 40

Nous allons commencer à convertir la distance entre les deux villes en yards soit 10 mi + 700 yd, soit 17 600 + 700 = 18 300 yd.

On convertit maintenant en km : $\frac{18\,300}{915} = 20$ km.

La distance qui reste à couvrir est de 20 000 – 300 = 19 700 m.

Il faut mettre 1 candélabre tous les 500 m soit 19 700/500 = 39,4, on mettra donc le 39e à 200 m de l'entrée de Pentos.

En ajoutant le premier placé à 300 m de Braavos, on a donc 40 candélabres.

---

107 **Calculez l'expression suivante :**

$$\frac{\frac{2}{3}+\frac{1}{6}+\frac{1}{4}}{\frac{2}{3}-\frac{1}{2}}$$

① 2
② $\frac{13}{2}$
③ $\frac{15}{2}$
④ $\frac{13}{7}$
⑤ $\frac{15}{6}$

Calculons successivement le numérateur et le dénominateur de cette expression.

On a $\frac{2}{3}+\frac{1}{6}+\frac{1}{4}=\frac{8+2+3}{12}=\frac{13}{12}$, et $\frac{2}{3}-\frac{1}{2}=\frac{4-3}{6}=\frac{1}{6}$.

Il nous reste donc $\frac{13}{12}\div\frac{1}{6}=\frac{13}{12}\times 6=\frac{13}{2}$.

---

108 **Vous disposez d'un tas de cartes numérotées de 1 à 199 et sur lesquelles on a écrit le résultat de la formule $\sum_{x=1}^{n} x$ où n est le numéro de la carte. Quelle est la probabilité qu'en prenant une carte au hasard dans ce paquet, le nombre écrit soit un nombre pair ?**

① $\frac{1}{2}$
② $\frac{97}{200}$
③ $\frac{98}{199}$
④ $\frac{99}{199}$
⑤ $\frac{99}{200}$

Calculons le résultat des premières cartes : carte 1 → 1 (impair) ; carte 2 → 1 + 2 = 3 (impair) ; carte 3 → 1 + 2 + 3 = 6 (pair) ; carte 4 → carte 3 + 4 = (pair) ; carte 5 → carte 4 + 5 = 9 (impair) ; carte 6 → carte 5 + 6 = 15 (impair) ; … On remarque que l'on aura toujours la séquence : 2 nombres impairs, 2 nombres pairs, 2 nombres impairs, 2 nombres pairs… et ainsi de suite.

À la carte numéro 196, on aura 98 pairs et 98 impairs.

Les deux suivantes seront impaires et la dernière est paire.

Au total, on a donc 100 impaires et 99 impairs.

La probabilité que le nombre soit pair est donc de $\frac{99}{199}$.

109 **Dans le conseil d'administration d'une entreprise, on vote pour élire le nouveau directeur. Il s'avère que Samia et Xavier obtiennent chacun le même nombre de voix. Après vérification, deux bulletins sont déclarés nuls, ce qui permet d'élire Samia avec 55 % des voix. Combien a-t-elle obtenu de suffrages ?**

① 6
② 11
③ 13
④ 20
⑤ 22

Les deux bulletins nuls sont nécessairement deux bulletins qui étaient comptabilisés en faveur de Xavier, sinon les deux candidats seraient encore à égalité, ou bien Xavier serait en tête. Samia obtient donc 2 voix et 10 points de plus que Xavier (55 à 45). Si une voix correspond à 5 % des suffrages exprimés, alors 55 % représente 11 voix.

110 **Soit A et B deux entiers pairs, parmi ces propositions, quel nombre n'est pas toujours pair ?**

① $A + B$
② $A - B$
③ $A \times B$
④ $\frac{A}{B}$
⑤ A^B

Seule la division de deux nombres pairs n'est pas toujours paire, par exemple $\frac{6}{2} = 3$.

111 **Soit un livre de 1 000 pages numérotées de 1 à 1 000. Combien de fois peut-on lire le chiffre 1 dans l'ensemble de la numérotation des pages ?**

① 297
② 300
③ 301
④ 321
⑤ 333

En position unité, nous en trouverons 100 exemplaires (1, 11 ... 981, 991) ; en position dizaines, nous en trouverons 100 exemplaires (10, 11 ... 918, 919) ; en position centaines, nous en trouverons 100 exemplaires (100, 101 ... 198, 199) ; et, enfin, un exemplaire en position milliers (1 000), soit un total de 301 exemplaires.

Session 5

112 **Soient les deux équations de paraboles suivantes :**

$$\begin{cases} f(x) = x^2 + x - 5 \\ g(x) = x^2 - x + 1 \end{cases}$$

En quel point du plan se croisent ces deux courbes ?

Pour le savoir, on pose simplement f(x) = g(x), ce qui donne pour résultat après simplification x = 3, et f(3) = g(3) = 7, donc c'est au point (3 ; 7).

① En aucun point
② (1 ; –3)
③ (2 ; 1)
④ (3 ; 4)
⑤ (3 ; 7)

113 **Quelle est la dérivée de $f(x) = 3x^3 + 2x^2 + 1$?**

Par définition, le résultat est $f'(x) = 9x^2 + 4x$.

① $6x^2 + 2x$
② $6x^2 + 4x$
③ $x^2 + x + 1$
④ $9x^2 + 4x$
⑤ $3x^2 + 2x + 2$

114 **Trouvez l'intrus dans la logique de cette liste : péchés capitaux, arc-en-ciel, semaine, planètes ou heptathlon.**

Tous portent la symbolique du chiffre 7 sauf les planètes qui sont au nombre de 8 ou 9 selon les conventions.

① Péchés capitaux
② Arc-en-ciel
③ Semaine
④ Planètes
⑤ Heptathlon

115 **Complétez cette égalité : CXII × ??? = MCCXXXII**

Ce calcul en chiffres romains donne 112 × ??? = 1232, soit 11, XI.

① VI
② XI
③ DI
④ CI
⑤ CXXI

116 **On lance deux dés tétraédriques, c'est-à-dire en forme de pyramide triangulaire régulière et dont les faces sont numérotées pour le premier de 1 à 4 et pour le second de 2 à 5. Toutes les faces sont équiprobables. On considère l'ensemble des produits obtenus par les deux nombres apparus sur les faces inférieures, et ils forment notre échantillon statistique. Quelle est la moyenne de cet échantillon ?**

① 8,475
② 8,5
③ 8,666
④ 8,75
⑤ 9

Tout d'abord, calculons l'échantillon de 16 valeurs :
E = {2, 3, 4, 4, 5, 6, 6, 8, 8, 9, 10, 12, 12, 15, 16, 20}. La moyenne est la somme de ces 16 valeurs, divisée par 16 soit : M = 140 / 16 = 8,75.

117 **La figure ci-dessous représente les valeurs d'une variable Y en fonction des valeurs d'une variable X. Combien vaut le degré de corrélation entre les variables X et Y ?**

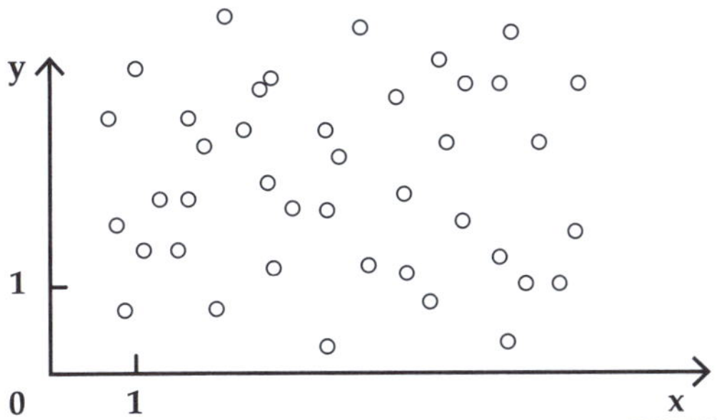

① Une valeur légèrement inférieure à –1
② Une valeur légèrement supérieure à –1
③ Une valeur proche de 0
④ Une valeur légèrement inférieure à 1
⑤ Une valeur légèrement supérieure à 1

Les valeurs de X évoluent de manière complètement désordonnée par rapport aux valeurs de Y. Globalement, la valeur de Y ne semble apporter aucune information quant à la valeur de X. La corrélation est donc proche de 0.

118 **De combien de manières possibles différentes peut-on aller de A à B ? Les déplacements autorisés sont uniquement vers le haut ou vers la droite en suivant les lignes noires.**

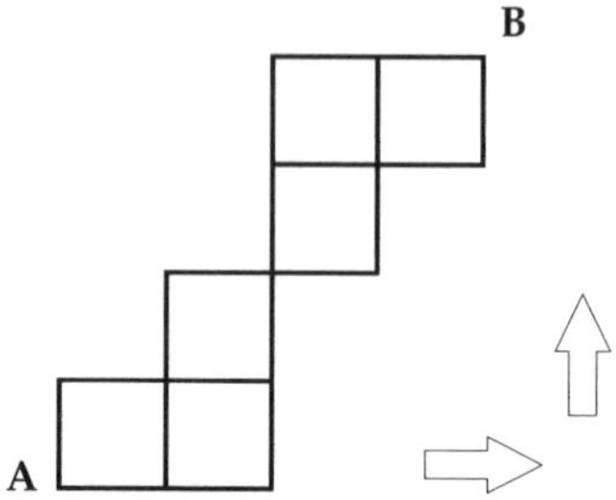

① 20
② 22
③ 24
④ 25
⑤ 30

Sur ce graphique, chaque sommet contient le nombre de chemins possibles pour y accéder. La réponse est 25.

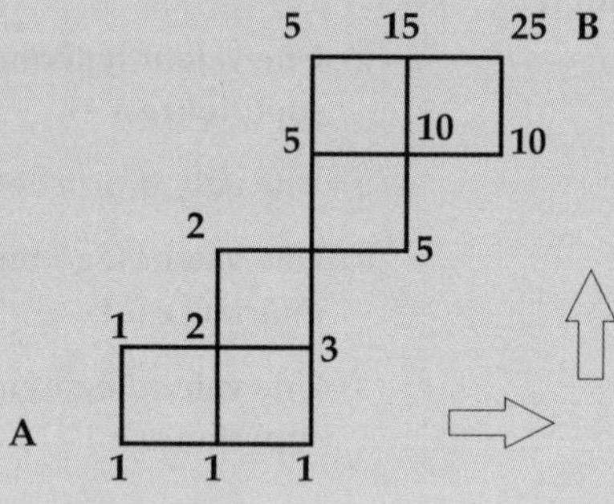

119 **Une maison médicale emploie 10 médecins généralistes, capables de traiter tout type de pathologies. On a relevé sur une période significative de 10 heures le nombre de patients consultant pour chaque type de pathologie, et la durée moyenne de la consultation (temps passé avec un médecin, en heures).**

Pathologie	Nombre de cas	Durée moyenne (H)
Traumatisme	14	2
Intoxication	6	1
Fièvre	12	0,5
Autres	8	4

① 1,8 médecin

② 3,4 médecins

③ 3,6 médecins

④ 4 médecins

⑤ 7,2 médecins

La contribution d'une pathologie au nombre de médecins occupés s'obtient en comptant la durée moyenne de consultation chaque fois qu'un cas de cette pathologie se présente : c'est le produit de la durée moyenne et de la fréquence. La fréquence est le nombre de cas divisé par la durée du relevé (10 heures).

Pathologie	Nombre de cas	Durée moyenne (H)	Fréquence	Contribution
Traumatisme	14	2	1,4	2,8
Intoxication	6	1	0,6	0,6
Fièvre	12	0,5	1,2	0,6
Autres	8	4	0,8	3,2
Total				7,2

Le nombre moyen de médecins occupés est donc 7,2.

120 **Dans un jeu de cartes bizarre (chaque carte comporte trois des quatre signes), vous gagnez la partie si vous devinez la carte à mettre logiquement à la place du point d'interrogation. Quelle carte va vous faire gagner la partie ?**

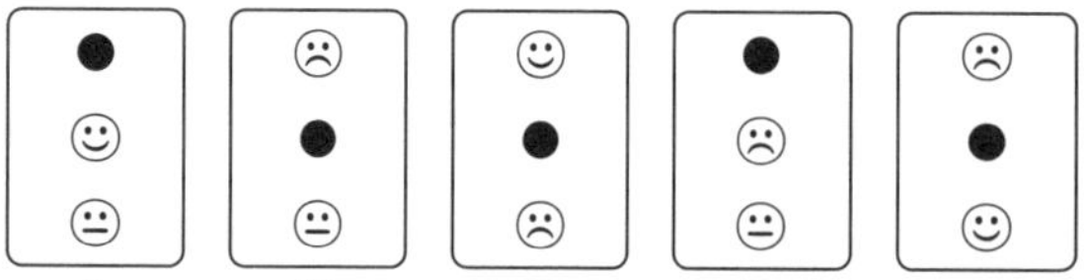

A **B** **C** **D** **E**

① La carte A

① La carte B

① La carte C

① La carte D

① La carte E

On remarque que toutes les cartes de la série comportent un point noir, mais que celui-ci parcourt la série en montant ou descendant d'un niveau de manière à décrire une sinusoïde très sommaire. La bonne carte doit donc avoir le point noir au milieu. On peut donc éliminer les cartes A et D. On remarque aussi que deux cartes qui se suivent ont toujours un smiley identique en commun, mais qu'il disparaît à la carte suivante : comme le smiley commun aux cartes 3 et 4 est le sourire, il ne peut pas faire partie de la carte 2. On élimine donc les cartes C et E qui comportent toutes les deux un sourire, il reste donc la carte B.

SCORE IAE-MESSAGE

SESSION DU 20 MAI 2021

Pour vous mettre dans la situation exacte de l'épreuve, nous avons reproduit la page de garde du document remis aux candidats à la Session du 20 mai 2021.
Lisez-la attentivement avant de vous lancer.

N'oubliez pas d'utiliser la grille vierge de la page 280 pour y noter vos réponses puis de la comparer à la grille de la page 321 pour calculer votre score.

SCORE IAE MESSAGE

Session :

N° d'inscription

0	0	0	0	0	0	0
1	1	1	1	1	1	1
2	2	2	2	2	2	2
3	3	3	3	3	3	3
4	4	4	4	4	4	4
5	5	5	5	5	5	5
6	6	6	6	6	6	6
7	7	7	7	7	7	7
8	8	8	8	8	8	8
9	9	9	9	9	9	9

Nom : ______________________

Prénom : ______________________

Date de naissance : ___/___/___

Centre : ______________________

Signature du candidat

MARQUAGE DES REPONSES

- Utilisez un crayon mine et une gomme propre ou un blanc correcteur
- Ne graphitez qu'une seule réponse par question

Marquage CORRECT

INCORRECT

Culture G	1	2	3	4	5
1					
2					
3					
4					
5					
6					
7					
8					
9					
10					
11					
12					
13					
14					
15					
16					
17					
18					
19					
20					
21					
22					
23					
24					
25					
26					
27					
28					
29					
30					
31					
32					
33					
34					
35					
36					
37					
38					
39					
40					
41					
42					
43					
44					
45					
46					
47					
48					
49					
50					
	1	2	3	4	5

Français	1	2	3	4	5
51					
52					
53					
54					
55					
56					
57					
58					
59					
60					
61					
62					
63					
64					
65					
66					
67					
68					
69					
70					
71					
72					
73					
74					
75					
76					
77					
78					
79					
80					
81					
82					
83					
84					
85					
86					
87					
88					
89					
90					
91					
92					
93					
94					
95					
96					
97					
98					
99					
100					
	1	2	3	4	5

RLN	1	2	3	4	5
101					
102					
103					
104					
105					
106					
107					
108					
109					
110					
111					
112					
113					
114					
115					
116					
117					
118					
119					
120					
	1	2	3	4	5

Anglais	1	2	3	4	5
121					
122					
123					
124					
125					
126					
127					
128					
129					
130					
131					
132					
133					
134					
135					
136					
137					
138					
139					
140					
141					
142					
143					
144					
145					
146					
147					
148					
149					
150					
151					
152					
153					
154					
155					
156					
157					
158					
159					
160					
161					
162					
163					
164					
165					
166					
167					
168					
169					
170					
	1	2	3	4	5

SCORE IAE MESSAGE

6e session 2021

Jeudi 20 mai 2021

SCORE IAE MESSAGE

session 6

À REMPLIR PAR LE CANDIDAT :

Nom : .... Prénom : ....

Identifiant Score IAE-Message : ....

Votre identité (nom et prénom), date de naissance, votre identifiant SIM, ainsi que le centre d'écrit et la session ont été pré-remplis sur la grille de réponses. Merci de les vérifier. Vous devez apposer votre signature dans la case prévue à cet effet. Le présent livret regroupe les quatre épreuves : Culture générale, économique et managériale Compréhension et expression écrite en français Raisonnement logique et numérique Compréhension et expression écrite en anglais, d'une durée de trois heures.

L'épreuve comprend cent soixante-dix (170) questions à choix multiple. Le tableau suivant fait apparaître leur répartition par matière, les pages où vous en prendrez connaissance, la durée indicative de leur traitement (durée qui n'est fournie que pour faciliter la gestion de votre temps).

Matière	Pages du livret	Nombre de questions	Durée indicative de traitement
Culture générale, économique et managériale	2 à 9	50	45 minutes
Compréhension et expression écrite en français	10 à 24	50	45 minutes
Raisonnement logique et numérique	25 à 30	20	45 minutes
Compréhension et expression écrite en anglais	31 à 39	50	45 minutes

Pour chaque question, cinq (5) réponses vous sont proposées **une seule réponse est correcte**.
Le barème de notation est le suivant :

	Épreuve de Culture générale, économique et managériale	Épreuve de Compréhension et expression écrite en français	Épreuve de Raisonnement logique et numérique	Épreuve de Compréhension et expression écrite en anglais
Bonne réponse	2 points	2 points	5 points	2 points
Mauvaise réponse, absence de réponse ou réponses multiples	0 point	0 point	0 point	0 point

Vos réponses devront être portées sur la grille codée qui vous est remise, et qui ne doit être ni pliée, ni écornée. Pour chacune des questions, graphitez entièrement une case (1, 2, 3, 4, 5) de la ligne numérotée correspondant à la question, en utilisant, pour permettre la lecture optique, un crayon de bois. En cas de correction, le blanc correcteur vous est vivement recommandé.

À la fin de l'épreuve, vous remettrez la grille codée au surveillant et vous lui restituerez également le présent livret.

RAPPELS

L'usage de la calculatrice, dictionnaire, lexique ou grammaire est formellement interdit.
Aucune sortie n'est autorisée pendant l'épreuve, toute sortie étant définitive.

Ce document contient 39 pages (compte tenu de cette page de garde).

Merci de vérifier que toutes les pages sont jointes au document.

Bonne chance !

Épreuve de culture générale, économique et managériale

1 **Quel musicien et compositeur à l'origine de la musique du film « Les parapluies de Cherbourg » est décédé en janvier 2019 ?**

1/ Maurice Jarre
2/ Ennio Morricone
3/ Michel Legrand
4/ Vladimir Cosma
5/ Francis Lai

2 **À Prague, en juin 2019, quelle est la raison de manifestations très importantes ?**

1/ Un Mouvement de contestation vis-à-vis du Premier ministre soupçonné de conflits d'intérêts et de détournement de subventions européennes
2/ Un Mouvement de contestation vis-à-vis du Premier ministre soupçonné d'agression sexuelle sur mineurs
3/ Un Mouvement de contestation vis-à-vis de la politique budgétaire de l'Union européenne
4/ Un Mouvement de contestation vis-à-vis de la politique migratoire de l'Union européenne
5/ Un mouvement de contestation vis-à-vis du ministre des Affaires étrangères soupçonné de corruption d'hommes d'affaires étrangers

3 **Quel est le nom du fondateur et PDG du groupe Amazon ?**

1/ Sundar Pichai
2/ Larry Page
3/ Jeff Bezos
4/ Tim Cook
5/ Bill Gates

4 **En septembre 2018, pour quelle raison la nomination du journaliste italo-suisse Marcello Foa à la présidence de la chaine de télévision italienne RAI a-t-elle fait l'objet de polémiques ?**

1/ Ses positions prorusses et eurosceptiques
2/ Son orientation sexuelle
3/ Des soupçons de corruption
4/ Son engagement dans un parti politique
5/ Son hostilité à l'encontre des autorités catholiques

5 **En France, en 2019, quel architecte a été choisi pour la rénovation de Notre-Dame de Paris ?**

1/ Jean-Marie Carpentier
2/ Jean-Michel Wilmotte
3/ Jean Nouvel
4/ Philippe Villeneuve
5/ Christian Portzamparc

6 Pour quel métier, Agnès Varda, décédée en mars 2019, était-elle principalement connue ?

1/ Sculpteuse
2/ Défenseur des Droits
3/ Réalisatrice
4/ Militante féministe
5/ Meneuse de revue

7 En octobre 2018, le plus long vol commercial a été réalisé et a rallié Singapour à :

1/ New York
2/ Montréal
3/ Los Angeles
4/ Mexico
5/ Rio de Janeiro

8 En 2019, qui a reçu le Ballon d'or ?

1/ Cristiano Ronaldo
2/ Antoine Griezmann
3/ Luka Modric
4/ Lionel Messi
5/ Kylian Mbappé

9 En avril 2019, avec quelle entreprise Apple a-t-il été contraint de trouver un terrain d'entente très onéreux pour mettre fin à leur contentieux et éviter ainsi un procès de grande envergure ?

1/ Qualcomm
2/ Siemens
3/ Oracle
4/ LG electronics
5/ Microsoft

10 En septembre 2020, quel est le nom de l'actuel roi de Belgique ?

1/ Le Roi Laurent
2/ Le Roi Albert II
3/ Le Reine Astrid
4/ Le Roi Philippe
5/ Le Roi Albert 1er

11 En mars et avril 2019, quel pays a été victime de deux cyclones d'une ampleur exceptionnelle ?

1/ La Namibie
2/ La Zambie
3/ L'Angola
4/ Le Mozambique
5/ Le Malawi

12 En Afrique du Sud, en mai 2019, quel est le nom du parti au pouvoir depuis la fin de l'Apartheid, qui a réussi à conserver la majorité absolue à l'Assemblée nationale suite aux élections législatives ?

1/ L'Alliance démocratique (AD)
2/ Le Nouveau parti national (NNP)
3/ Le Mouvement démocratique uni (UDM)
4/ Le Mouvement de l'unité africaine (AEB)
5/ Le Congrès national africain (ANC)

13 En 2019, quel est le pays ayant le PIB le plus élevé par habitant ?

1/ L'Irlande
2/ La France
3/ Les États-Unis
4/ Le Luxembourg
5/ Le Qatar

14 **En août 2019, quel pays a rendu hommage à son premier glacier fondu en déposant une plaque commémorative ?**

1/ Le Groenland
2/ La Norvège
3/ L'Islande
4/ Le Canada
5/ La Suède

15 **Qui fut la première femme à recevoir le prix Nobel d'économie ?**

1/ Rosa Luxemburg
2/ Christine Lagarde
3/ Elinor Ostrom
4/ Lael Brainard
5/ Donna Strickland

16 **Parmi les pays suivants, lequel est le plus petit en superficie ?**

1/ La Moldavie
2/ La République de Djibouti
3/ La Suisse
4/ La Slovénie
5/ Le Qatar

17 **En France, en avril 2019, contre quel projet de privatisation des élus d'opposition ont réuni 218 signatures permettant le lancement d'un référendum d'initiative partagée ?**

1/ La privatisation d'EDF
2/ La privatisation de la Société nationale d'exploitation industrielle des tabacs et allumettes (SEITA)
3/ La privatisation du groupe Aéroports de Paris (ADP)
4/ La privatisation de la Caisse des dépôts et consignations (CDC)
5/ La privatisation de la SNCF

18 **Quelle est la capitale située à la plus haute altitude du monde ?**

1/ Canberra
2/ Mexico
3/ Andorre-La-Vieille
4/ La Paz
5/ Ottawa

19 **En juillet 2019, de quel parti le député Slimane Chenine, élu président de l'Assemblée populaire nationale algérienne, est-il issu ?**

1/ Le Front de libération nationale
2/ Le Rassemblement national démocratique
3/ Le Parti militaire de protection
4/ La Construction nationale (parti islamiste)
5/ Le Mouvement populaire

20 **Quel organisme intergouvernemental ouvert à tous les pays membres de l'ONU réunit des experts pour évaluer le réchauffement climatique et proposer des solutions pour y répondre ?**

1/ L'OPEP
2/ Le GIEC
3/ Le WPF
4/ L'UNFPA
5/ L'EPU

21 **En 2019, quel pays a organisé et accueilli les épreuves de la Coupe du Monde féminine de football ?**

1/ L'Allemagne
2/ La France
3/ L'Espagne
4/ L'Italie
5/ Le Portugal

22 En 2010, selon le Pew Research Center, quelle était la religion qui regroupait le plus grand nombre d'adeptes dans le monde ?

1/ L'Islam
2/ Le Christianisme
3/ Le Bouddhisme
4/ L'Hindouisme
5/ Le Judaïsme

23 Toni Morrison, décédée en août 2019, était la première femme noire à :

1/ Être allée dans l'espace
2/ Avoir conduit une voiture aux États-Unis
3/ Recevoir le prix Nobel de Littérature
4/ Être allée à l'université en Afrique du Sud
5/ Avoir voté aux États-Unis

24 En janvier 2019, dans quel pays a-t-on appris qu'une cyberattaque a conduit à la divulgation sur Internet de données personnelles concernant une centaine de personnalités politiques au plus haut sommet de l'État ?

1/ La France
2/ La Suède
3/ Le Canada
4/ L'Allemagne
5/ L'Angleterre

25 En juin 2019, Donald Trump a réalisé un acte pour la première fois pour un Président américain en exercice. De quel acte s'agit-il ?

1/ Il a posé la première pierre du mur entre le Mexique et les États-Unis
2/ Il a annoncé son divorce et son remariage
3/ Il a fait changer la constitution des États-Unis
4/ Il a dissout son gouvernement
5/ Il a franchi la ligne de démarcation entre la Corée du Nord et la Corée du Sud

26 En Hongrie, en mars 2019, de quel groupe politique européen le Premier ministre Viktor Orbán a-t-il été suspendu provisoirement à la suite de déclarations publiques très controversées ?

1/ Groupe Europe de la liberté et de la démocratie directe (EFDD)
2/ Groupe Europe des Nations et des Libertés (ENL)
3/ Groupe du Parti populaire européen (PPE)
4/ Groupe de l'Alliance Progressiste des Socialistes et Démocrates au Parlement européen (S&D)
5/ Groupe des conservateurs et des réformateurs européens (CRE)

27 **Aux États-Unis, en novembre 2018, le procès de quel célèbre narcotrafiquant s'est-il ouvert à Brooklyn ?**

1/ Pablo Escobar
2/ Griselda Blanco
3/ Amado Carrillo Fuentes
4/ George Jung
5/ El Chapo

28 **Myanmar est le deuxième nom :**

1/ Du Bangladesh
2/ De la Birmanie
3/ Des Philippines
4/ De Singapour
5/ De la Malaisie

29 **Quel homme politique français a démissionné de ses fonctions de président du parti « Les Républicains » à la suite des élections européennes de mai 2019 ?**

1/ Xavier Bertrand
2/ Laurent Wauquiez
3/ Jean-François Copé
4/ François-Xavier Bellamy
5/ Gérard Larcher

30 **En octobre 2018, quel Président d'un pays africain a fait un accident vasculaire cérébral (AVC) ?**

1/ Ali Bongo, Président du Gabon
2/ Paul Biya, Président du Cameroun
3/ Félix Tshisekedi, Président de la République Démocratique du Congo
4/ Faustin-Archange Touadéra, Président de la République Centrafricaine
5/ Patrice Talon, Président du Bénin

31 **Dans quel pays peut-on visiter la cité de Pétra ?**

1/ En Égypte
2/ En Syrie
3/ En Turquie
4/ En Jordanie
5/ Au Liban

32 **Comment calcule-t-on le Produit Intérieur Brut d'un État ?**

1/ En faisant la somme des revenus des ménages résidant sur le territoire d'un État
2/ En calculant les recettes fiscales d'un État sur une année donnée
3/ En faisant la somme des excédents de toutes les institutions publiques d'un État
4/ En faisant la somme des bénéfices nets déclarés par les entreprises situées sur le territoire d'un État
5/ En faisant la somme de la valeur ajoutée déclarée par les agents économiques situés sur le territoire d'un État

33 **En quelle année a eu lieu le premier Forum économique mondial organisé désormais chaque année à Davos ?**

1/ En 1965
2/ En 1971
3/ En 1982
4/ En 1994
5/ En 2000

34 En quelle année est mort Mao Zedong, à l'origine de la proclamation de la République Populaire de Chine ?

1/ En 1949
2/ En 1953
3/ En 1967
4/ En 1976
5/ En 1985

35 En Allemagne, suite aux élections bavaroises d'octobre 2018, de la présidence de quel parti Horst Seehofer, ministre de l'Intérieur, a-t-il annoncé qu'il démissionnerait en janvier 2019 ?

1/ L'Union Chrétienne-Démocrate (CDU)
2/ Le Parti Social-Démocrate (SPD)
3/ L'Union Chrétienne Sociale (CSU)
4/ Die Linke
5/ Le Parti Libéral-Démocrate (FDP)

36 Dans quel État des États-Unis, le siège de Fort Alamo s'est-il déroulé ?

1/ Au Nouveau-Mexique
2/ Dans le Mississipi
3/ Au Texas
4/ Dans le Colorado
5/ Dans le Nevada

37 Quel pays, les États-Unis ont-ils sanctionné à partir du 4 novembre 2018 en menaçant de représailles quiconque lui achèterait des hydrocarbures ?

1/ L'Irak
2/ L'Arabie saoudite
3/ L'Iran
4/ Cuba
5/ La Russie

38 En 2013, la Chine a annoncé la mise en place d'un projet pharanonique visant à remettre en place la Route de la Soie. Quel autre nom lui est donné ?

1/ Silk Road
2/ The New Road
3/ Belt and Road Initiative
4/ China all around the world
5/ The New Belt

39 Parmi les propositions suivantes, quel est l'intrus ?

1/ Birmingham
2/ Manchester
3/ Belfast
4/ Brighton
5/ Dublin

40 Où est enterré Napoléon Ier ?

1/ Sous l'Arc de triomphe
2/ En Corse
3/ Au Panthéon
4/ Aux Invalides
5/ Sur l'Ile d'Elbe

41 Lors de la Révolution Française, où s'est arrêtée la fuite du roi et de sa famille ?

1/ À Valmy
2/ À Melun
3/ À Strasbourg
4/ À Varennes
5/ À Soissons

42 En 1789, dans quelle ville le Serment du Jeu de Paume s'est-il déroulé ?

1/ À Chantilly
2/ À Versailles
3/ À Vincennes
4/ À Paris
5/ À Saint-Germain-en-Laye

43 En décembre 2020, le renminbi, décime du yuan, la monnaie chinoise était évalué par rapport à l'Euro à :

1/ 0,02 renminbi pour 1 euro
2/ 0,12 renminbi pour 1 euro
3/ 0,32 renminbi pour 1 euro
4/ 1,02 renminbi pour 1 euro
5/ 2,02 renminbi pour 1 euro

44 Parmi les œuvres suivantes, laquelle n'a pas été peinte par Édouard Manet ?

1/ « Le déjeuner sur l'herbe »
2/ « Olympia »
3/ « Le joueur de fifre »
4/ « Le sacre de Napoléon Ier »
5/ « Portrait d'Émile Zola »

45 Parmi les livres suivants, lequel a été écrit par Michel Serres, décédé en juin 2019 ?

1/ *Petite Poucette*
2/ *Saveur du temps*
3/ *Le Je-ne-sais-quoi et le Presque-rien*
4/ *Le Pardon*
5/ *Nietzsche et la Philosophie*

46 En quelle année la Corse est-elle devenue française (2e période française) ?

1/ En 1738
2/ En 1748
3/ En 1758
4/ En 1768
5/ En 1778

47 Joseph Stiglitz, co-lauréat 2001 du « prix de la Banque de Suède en sciences économiques en mémoire d'Alfred Nobel », a publié en 2019 un ouvrage dont le titre en Français est :

1/ *Peuple, pouvoir et profit*
2/ *L'essor de l'écologie politique*
3/ *Redistribution sociale et productivité*
4/ *L'État providence en faillite*
5/ *Éthique des marchés financiers*

48 De combien de députés le Parlement européen est-il composé ?

1/ 351
2/ 451
3/ 551
4/ 651
5/ 751

49 Au moment de sa dislocation, combien d'États formaient l'ex-URSS ?

1/ 10
2/ 15
3/ 20
4/ 25
5/ 30

50 Combien y a-t-il de tropiques sur la planète ?

1/ 2
2/ 3
3/ 4
4/ 5
5/ 6

Épreuve de compréhension et expression écrite en français

1re partie : expression - 35 questions

51 Qu'est-ce qu'une « panacée » ?

1/ Un remède universel contre tous les maux
2/ Une maladie qui frappe des populations situées sur tous les continents
3/ Une langue qui peut être parlée ou comprise par toutes les populations du monde
4/ Une œuvre (littéraire, cinématographique, etc.) qui rencontre un succès planétaire
5/ Un produit vendu dans le monde entier

52 Qu'est-ce qu'un verbe intransitif ?

1/ Un verbe qui est toujours suivi d'un complément d'objet direct ou indirect
2/ Un verbe qu'on ne peut pas conjuguer à toutes les personnes
3/ Un verbe qui ne désigne ni une chose ni un être humain
4/ Un verbe qui n'admet pas de complément d'objet direct ou indirect
5/ Un verbe qui ne peut pas se conjuguer à tous les temps

53 Parmi les propositions suivantes, laquelle est incorrecte ?

1/ Un halo est un terrier pour les lapins
2/ Un halo est un phénomène optique lumineux autour du soleil
3/ Un halo est un biais cognitif perturbant la perception des gens
4/ Un halo est un type de saut en parachutisme
5/ Un halo est un éclairage lumineux artificiel nocturne

54 Parmi les propositions suivantes, comment pourrait-on qualifier une personne dite « démiurge » ?

1/ Démagogue
2/ Qui crée quelque chose d'important
3/ Mégalomane
4/ Très bon orateur
5/ Idiote

55 Parmi les propositions suivantes, laquelle est un synonyme de l'adjectif « foutraque » ?

1/ Idiot
2/ Extravagant
3/ Courageux
4/ Médiocre
5/ Avare

56 Parmi les propositions suivantes, laquelle est correcte ?

1/ Jeter l'opprobre sur quelqu'un signifie le couvrir de gloire
2/ Monter une opprobre signifie monter une petite entreprise
3/ Un opprobre est une honte démesurée
4/ Quelqu'un d'opprobre est quelqu'un de très honnête
5/ Une opprobre est une petite structure économique

57 Parmi les propositions suivantes, laquelle est correctement conjuguée au futur antérieur de l'indicatif ?

1/ Tu eus reconnu mon cousin à son rire incomparable
2/ Nous aurions pris cet avion si nous avions su
3/ Quand nous aurons reçu son approbation, nous pourrons partir
4/ Quand tu aurais fini ton thé, nous partirons
5/ Ils eurent aimé ce gâteau si tu leur avais fait

58 Parmi les propositions suivantes, laquelle est correcte ?

1/ Pour être en forme, il faut que tu coures plusieurs fois par semaine
2/ Pour être en forme, il faut que tu cours plusieurs fois par semaine
3/ Pour être en forme, il faut que tu courres plusieurs fois par semaine
4/ Pour être en forme, il faut que tu court plusieurs fois par semaine
5/ Pour être en forme, il faut que tu courts plusieurs fois par semaine

59 Parmi les propositions suivantes, laquelle est correctement orthographiée ?

1/ Il faut envoyer une photo au journal évidamment
2/ Il a méchament attaqué son petit frère
3/ Elle rit constamant, c'en est exaspérant
4/ On penserait différemment si on avait toutes les données
5/ Elle attendait patiamment l'heure de sa revanche

60 Parmi les propositions suivantes, laquelle est grammaticalement correcte ?

1/ N'écoutez pas les flatteurs, s'y sincères qu'ils vous paraissent
2/Ceux qui si sont fiés ont perdu des plumes
3/ La souris s'approche du piège s'y attirant avec son fromage
4/ Malgré son désaccord avec cette loi, il a promis de s'y conformer
5/ Il se perd dans cette affaire s'y compliquée

61 **Parmi les propositions suivantes, laquelle est correctement conjuguée ?**

1/ Bien qu'elle sut conduire, elle ne prend jamais sa voiture
2/ Quoi qu'elle fasse, son entourage était mécontent
3/ Bien qu'elle coude tous les soirs depuis deux, tout le monde critiquait son talent
4/ Malgré qu'elle essayat de mieux faire, personne ne la félicitait
5/ Avant qu'il ne grandissa, il avait voulu changer de chambre

62 **Parmi les propositions suivantes, laquelle est correcte ?**

1/ L'impavide est une fleur de la famille des opiacées
2/ Il était impavide devant le danger signifie qu'il était paralysé par la peur
3/ Les enfants étaient impavides face au tonnerre, signifie qu'ils ne montraient aucune peur
4/ Les impavides sont des singes malgaches
5/ L'impavide est un morceau de bœuf, très apprécié des Japonais

63 **Parmi les propositions suivantes, laquelle est grammaticalement correcte ?**

1/ Ils se sont nuis mutuellement par leur méchanceté
2/ Elles se sont lié d'amitié depuis la maternelle
3/ Amélie et Armelle se sont payées des chaussures splendides
4/ Les garçons se sont égratignés aux ronces du jardin
5/ Amélie et Armelle se sont téléphoné pendant une heure

64 **Parmi les adjectifs suivants, lequel qualifie les plantes, qui, comme le curcuma ou l'indigo, sont utilisées dans la préparation de teintures ?**

1/ Teinturières
2/ Tinctoriales
3/ Tinturantes
4/ Indigogènes
5/ Curcumines

65 **Parmi les propositions suivantes, laquelle est grammaticalement correcte ?**

1/ En navigant sur la mer, il a découvert une nouvelle spiritualité
2/ Les joueurs, rivalisants d'enthousiasme, font de gros progrès
3/ C'est en naviguant, qu'ils ont dépassé leurs complexes
4/ Ils ont remporté le match, débordants d'ardeur et de vitalité
5/ Ils ont brûlé les draps en les repassants

66 **Quelle est la particularité d'un document ou d'un texte « apocryphe » ?**

1/ Il a été rédigé par un des apôtres du christianisme
2/ Son origine est sujette à caution, et son authenticité douteuse
3/ Il date d'une date antérieure à l'imprimerie
4/ Il concerne l'anatomie du corps humain
5/ Il concerne des vérités scientifiques établies

67 Parmi les propositions suivantes, laquelle est incorrecte ?

1/ Ses commentaires désobligeants ne m'atteignent plus
2/ Le dirigeant de cette entreprise est très apprécié de ses salariés
3/ En vendengeant plus tôt, le vin devrait être meilleur
4/ Il a eu son diplôme mais c'était tengeant
5/ Il est apprécié de ses salariés malgré son caractère intransigeant

68 Parmi les propositions suivantes, laquelle est correcte ?

1/ Il a déménagé dans le Nord de la France, pourtant, il abhore la pluie
2/ Il a déménagé dans le Nord de la France, pourtant, il abhorre la pluie
3/ Il a déménagé dans le Nord de la France, pourtant, il aborre la pluie
4/ Il a déménagé dans le Nord de la France, pourtant, il abore la pluie
5/ Il a déménagé dans le Nord de la France, pourtant, il abaurre la pluie

69 Parmi les propositions suivantes, laquelle est correcte ?

1/ Il a commis quelques bêtises mais ce ne sont que des peccadilles de jeunesse
2/ Il a commis quelques bêtises mais ce ne sont que des pécadilles de jeunesse
3/ Il a commis quelques bêtises mais ce ne sont que des paicadilles de jeunesse
4/ Il a commis quelques bêtises mais ce ne sont que des péquadilles de jeunesse
5/ Il a commis quelques bêtises mais ce ne sont que des pescadilles de jeunesse

70 Parmi les propositions suivantes, laquelle est correctement orthographiée ?

1/ Magali s'est lancée dans une disccution interminable
2/ Elle aime les disccussions animées
3/ Cette discussion a provoqué de grandes tentassions chez les enfants
4/ Il a cédé à la tentation après une longue discussion avec sa conscience
5/ Les discutions avec mon grand-père me manquent

71 Parmi les propositions suivantes, laquelle est correctement conjuguée ?

1/ Elles se sont mis à travailler, espérant que cela accroîtrait leurs chances de réussir
2/ Elles se sont mises à travailler, espérant que cela accroîtrait leurs chances de réussir
3/ Elles se sont mis à travailler, espérant que cela accroîtraient leurs chances de réussir
4/ Elles se sont mis à travailler, espérants que cela accroîtraient leurs chances de réussir
5/ Elles se sont mises à travailler, espérant que cela accroîtraient leurs chances de réussir

72 Parmi les propositions suivantes, laquelle est grammaticalement correcte ?

1/ Les agents annoncent eux-mêmes leur départ où nous découvrons par hasard qu'ils sont partis
2/ Nous irons en vacances dans la ville où nos tantes sont allées
3/ Elles pensaient aller à Rome ou leur oncle les attendait
4/ Elles prenaient le bus où le taxi selon la météo
5/ Nous ne croyons pas pouvoir te suivre partout ou tu vas

73 Parmi les propositions suivantes, laquelle est grammaticalement correcte ?

1/ Mêmes les enfants qui jouaient au bord du lac ont eu chaud cet été
2/ Yves répétait mêmes les paroles des chansons de Bob Marley
3/ Alice collectionnait les vieilles poupées, même les cassées
4/ Elle portait les même vêtements la dernière fois que je l'ai vue
5/ Les enfants, exténués, mêmes aux cris des supporters ne réagissaient plus

74 Parmi les propositions suivantes, laquelle est correcte ?

1/ La cloche sonnat, les élèves se mirent en rang
2/ À mesure qu'il montait les escaliers, l'angoisse le saisirait
3/ Dès que j'entrais, le préfet prit la parole
4/ Daniel séduisit la femme de chambre du préfet
5/ Il rougissa de honte en entendant la nouvelle

75 Dans cette phrase extraite d'*Orgueil et préjugés* de J. Austen : « … elle se serait sûrement […] incapable de faire quoi que ce fût dans le désarroi où elle se trouvait… », quelle est la forme correcte à utiliser à l'intérieur des crochets pour le verbe « croire » ?

1/ Crue
2/ Cru
3/ Crut
4/ Crus
5/ Crû

76 **Parmi les propositions suivantes, laquelle est correctement conjuguée au passé simple de l'indicatif ?**

1/ Il y eût parmi les vainqueurs une sorte de terreur sacrée
2/ L'artillerie anglaise, reprenant haleine, faisat silence
3/ Ils purent entendre qu'on chargeait les pièces
4/ Colville leur criat de charger
5/ Ils agonirent formidablement

77 **Parmi les propositions suivantes, laquelle est correctement conjuguée ?**

1/ Prends ton sac, nous sortons dîner
2/ Ranges tes affaires, nous partons
3/ Laves-toi les mains, elles sont sales
4/ Attend le bus avec Julie, cela lui fera plaisir
5/ Joues avec ton frère quelques minutes

78 **Parmi les propositions suivantes, laquelle est incorrecte ?**

1/ À partir de maintenant, toi et tes frères et sœurs ne pouvez plus compter que sur vous-mêmes
2/ Les ministres eux-mêmes sont défavorables aux projets donnés par le Président
3/ Même dans les pays du Nord, la canicule a été mal vécue
4/ Ceux-là mêmes n'ont pas réussi à arrêter de fumer
5/ Tu devrais acheter les mêmes livres que moi pour réviser

79 **Parmi les propositions suivantes, laquelle est correctement orthographiée ?**

1/ Cette liste des vicissitudes de l'existance n'est pas exaustive mais constitue un paroxisme de l'absurdité
2/ Cette liste des vicissitudes de l'existence n'est pas exaustive mais constitue un paroxysme de l'absurdité
3/ Cette liste des vissicitudes de l'existance n'est pas exhaustive mais constitue un paroxisme de l'absurdité
4/ Cette liste des vissicitudes de l'existence n'est pas exaustive mais constitue un paroxysme de l'absurdité
5/ Cette liste des vicissitudes de l'existence n'est pas exhaustive mais constitue un paroxysme de l'absurdité

80 **Parmi les propositions suivantes, laquelle est correcte ?**

1/ Ce politicien est connu pour sa ruse et son comportement retaure
2/ Ce politicien est connu pour sa ruse et son comportement retord
3/ Ce politicien est connu pour sa ruse et son comportement retors
4/ Ce politicien est connu pour sa ruse et son comportement re-tord
5/ Ce politicien est connu pour sa ruse et son comportement retort

81 Qu'est-ce que « l'hédonisme » ?

1/ C'est une branche de la science animalière étudiant la vie des hérons
2/ C'est une pierre semi-précieuse de couleur rose
3/ C'est le nom donné aux adeptes du marathon
4/ C'est la tendance à rechercher le maximum de plaisirs
5/ C'est une fleur proche des orchidées

82 Parmi les noms suivants, lequel est masculin ?

1/ Ancre
2/ Spore
3/ Débâcle
4/ Augure
5/ Orbite

83 Parmi les propositions suivantes, laquelle est correcte ?

1/ Aux vus des expériences ratées, nous changerons nos projets de vacances
2/ Aux vues des expériences ratées, nous changerons nos projets de vacances
3/ Au vu des expériences ratées, nous changerons nos projets de vacances
4/ Au vues des expériences ratées, nous changerons nos projets de vacances
5/ Au vus des expériences ratées, nous changerons nos projets de vacances

84 Parmi les propositions suivantes, laquelle est correctement orthographiée ?

1/ Il faudrait aggrafer ces feuilles avant de les perdre
2/ Les gens s'agglutinent devant les vitrines de Noël
3/ Ces décorations vont aggrémenter la pièce
4/ Aggonisant, il essayait pourtant de ne pas montrer sa peur
5/ Les vols s'agravent, une mesure s'impose

85 Parmi les propositions suivantes, laquelle correspond à une transposition exacte au discours direct des paroles rapportées indirectement ci-après : « Elle expliqua qu'elles s'étaient aperçues de leurs erreurs la veille et qu'elles feraient tout pour régler le problème » ?

1/ Nous nous sommes aperçues de notre erreur la veille et nous ferons tout pour régler le problème
2/ Nous nous apercevions de notre erreur hier et nous faisons tout pour régler le problème
3/ Nous nous sommes aperçues de nos erreurs hier et nous ferons tout pour régler le problème
4/ Nous nous apercevons de notre erreur la veille et nous faisons tout pour régler le problème
5/ Nous nous apercevions de nos erreurs la veille et nous ferons tout pour régler le problème

2e partie : compréhension – 15 questions

Texte

Source : Sung Il-kwon, *Le Monde diplomatique*, janvier 2017, page 6.
En Corée du Sud, la fin de la dynastie Park

« Révolution des bougies » à Séoul

Bravant des températures inférieures à 0°C, plus d'un million de Sud-Coréens ont manifesté chaque semaine pendant plus de deux mois. Du jamais-vu depuis la chute de la dictature, en 1987. Ils ont obtenu la mise à l'écart de la présidente Park Geun-hye, accusée de corruption et de faiblesse – le tout sur fond de chamanisme. Désormais, ils se battent pour des changements plus profonds.

par Sung Il-kwon

Des cris de joie ont éclaté, ce 9 décembre 2016, quand les dizaines de milliers de Sud-Coréens rassemblés devant l'Assemblée nationale ont appris que la présidente de la République, Mme Park Geun-hye, était destituée. Les députés ont approuvé la motion de censure par 234 voix contre 65 – bien au-delà, donc, des partis d'opposition. La même liesse s'est emparée des participants aux veillées à la bougie organisées dans la plupart des grandes villes, comme Kwangju, Sunchon, Inchon, Pusan ou Cheju.

Chaque samedi, pendant près de deux mois, des millions de personnes ont manifesté dans tout le pays, chandelle à la main, pour réclamer la démission immédiate de Mme Park. Celle-ci est accusée d'avoir mené les affaires publiques sous l'emprise d'une gourou mi-chamane, mi-prédicatrice ; d'avoir reçu de l'argent des grands groupes industriels (*chaebol*) ; d'avoir réprimé des opposants… La liste est longue.

« *Je regrette sincèrement d'avoir créé ce chaos par ma négligence alors que notre pays rencontre déjà tant de difficultés en matière de sécurité et d'économie*, a déclaré Mme Park. J*e répondrai avec calme aux questions de la Cour constitutionnelle et du procureur indépendant, dans le respect des procédures définies par la Constitution et par la loi.* » Elle est remplacée par le Premier ministre, mais elle conserve son titre jusqu'à ce que les neuf juges de la Cour constitutionnelle délibèrent sur la légitimité de sa destitution. Ils ont cent quatre-vingts jours pour rendre leur verdict, qui doit être adopté par au moins six d'entre eux.

Ce délai n'entame ni la détermination ni l'enthousiasme des manifestants. Parmi eux, M. Kim Hye-young, 35 ans, qui habite Pusan, dans le sud du pays, et qui a rejoint les rassemblements dans la capitale : « *Je me réjouis de la destitution de Park. J'ai honte de l'avoir soutenue autrefois. Saenuri* [le parti conservateur au pouvoir] *doit être démantelé.* »

Sans aller jusque-là, le maire de Séoul, M. Park Won-soon, s'est adressé à la foule dès le verdict connu : « *Le peuple a gagné. Nous avons gagné. Comme lors du soulèvement de juin 1987* [qui a mis fin à la dictature], *nous avons ouvert une nouvelle page de l'histoire de la démocratie coréenne. Park Geun-hye devrait démissionner immédiatement, sans attendre la décision de la Cour constitutionnelle.* » Quelques jours plus tôt, il s'était déjà exprimé : « *Nous ne pourrons pas avancer tant que nous n'aurons pas chassé les démons du passé, de la famille Park*[1]*. (…) Il faut en finir avec la présidence impériale, procéder à une réforme générale des chaebol,*

1 Park Chung-hee, qui a pris le pouvoir lors du coup d'État militaire du 16 mai 1961, a été assassiné le 26 octobre 1979.

de la politique, et poursuivre en justice le gouvernement de Mme Park, qui représente les 1 % les plus riches de la population[2]. »

Selon la commission d'enquête parlementaire, composée d'élus du Minju (le principal parti d'opposition), du Parti du peuple, du Parti de la justice et de députés indépendants, Mme Park a violé la Constitution de multiples façons[3]. Tout a commencé avec l'arrestation pour corruption de son amie Choi Soon-sil, censée détenir des pouvoirs chamaniques et lui avoir servi de guide spirituelle. Mais cette affaire de croyances ancestrales et de manipulations a pris une tout autre tournure quand les enquêteurs ont découvert qu'elle avait eu accès à des documents confidentiels et qu'elle serait même intervenue dans l'attribution de postes ministériels. Elle aurait aussi bénéficié de l'aide directe de Mme Park pour contraindre les grandes entreprises à verser de l'argent à sa fille (pour acheter un cheval) et à ses fondations, Mir et K-Sports.

Un parti d'opposition dissous

Samsung aurait payé 20 milliards de wons sud-coréens (16 millions d'euros), mais Hyundai (numéro un national de l'automobile), LG (téléphonie et électroménager), SK Group (télécoms et pétrole), Lotte (agroalimentaire et hôtellerie), etc., auraient également été mis à contribution. Au total, une cinquantaine de sociétés auraient versé plus de 80 milliards de wons (soit 62 millions d'euros environ). Pour quelles contreparties ? Nul ne le sait pour l'instant. Convoqués par la commission d'enquête parlementaire, les neuf patrons des plus grands groupes[4] sont restés muets.

Spécialiste des *chaebol*, le professeur Law Chokook, de l'Université nationale de Séoul, résume ce que pensent nombre de Sud-Coréens : « *Ces* chaebol *qui se sont montrés impitoyables envers leurs salariés et les petites entreprises, mais généreux à l'égard de Choi Soon-sil et de sa fille, méritent des sanctions.* » Mme Choi, ou la « Raspoutine coréenne », comme on l'appelle, a été mise en examen pour abus de pouvoir, trafic d'influence et corruption. Le procureur soupçonne la présidente de complicité, mais il ne peut engager de poursuites tant que la Cour constitutionnelle ne s'est pas prononcée et que son immunité n'est pas levée.

Ces scandales n'auraient pas pris une telle ampleur si un sentiment d'injustice ne grandissait pas dans la société depuis plusieurs années. Il s'accompagne, notamment chez les jeunes, du rejet des dirigeants politiques et des fameux *chaebol*. Signe de cette défiance, les Sud-Coréens reprochent à Mme Park de ne pas avoir su gérer le naufrage du ferry *Sewol*, en avril 2014, qui a coûté la vie à 304 passagers, essentiellement des lycéens. Elle ne s'est jamais expliquée sur le silence qu'elle avait gardé durant sept heures, alors que des centaines d'adolescents se retrouvaient piégés dans le bateau qui prenait l'eau. Les rumeurs les plus folles circulent à ce sujet. La motion de destitution reprend l'accusation au nom de l'article 10 de la Constitution, selon lequel le chef de l'État se doit de protéger la vie de ses citoyens.

Les Sud-Coréens estiment également qu'elle et sa majorité n'ont rien fait contre l'évasion fiscale pratiquée à grande échelle par les dirigeants des *chaebol* et qu'ils ont fermé les yeux sur leur financement occulte des partis et des journaux. En 2015, étudiants et enseignants s'étaient mobilisés contre l'utilisation obligatoire de manuels d'histoire approuvés par le gouvernement qui célébraient la dictature et les penchants projaponais de Park Chung-hee, le père de la présidente[5]. Sans succès, ce qui leur a laissé un goût amer.

Au fur et à mesure que le mécontentement montait, Mme Park s'est montrée de plus en plus autoritaire, rappelant les sombres heures de la dictature. Pour la première fois depuis cette période, elle a fait interdire, avec l'aide de la Cour constitutionnelle, un parti d'opposition. Accusé d'avoir lancé un

2 Déclarations du 5 décembre 2016, lors d'un forum coorganisé par soixante-dix députés du Minju.
3 *News1*, Séoul, 2 décembre 2016.
4 Étaient aussi convoqués les représentants des groupes Hanwha (pétrochimie, hôtellerie…), Hanjin (armateur), CJ (distribution, pharmacie), CS Engineering (construction).
5 Lire « Virage autoritaire à Séoul », *Le Monde diplomatique*, janvier 2016.

« *appel à l'insurrection pour tenter d'instaurer le communisme comme en Corée du Nord* », le Parti progressiste unifié (PPU) a été dissous et ses treize députés ont perdu leur siège à l'Assemblée ; certains ont même été emprisonnés. Une liste noire de journalistes, d'intellectuels, d'artistes et de célébrités jugés trop critiques a même été dressée afin de leur interdire l'accès aux grands journaux et de limiter leurs activités. Et Mme Park a encouragé les médias favorables au pouvoir – financés par les *chaebol* à grand renfort de pages de publicité – à faire passer les autres forces d'opposition pour des partisans de la Corée du Nord.

Sa politique diplomatique n'a guère été plus reluisante. Sans même consulter les survivantes et leurs familles, qui ont vigoureusement protesté, elle a négocié seule l'accord avec le Japon sur les « femmes de réconfort » (esclaves sexuelles de l'armée d'occupation nippone durant la Seconde Guerre mondiale). Elle a également décidé de suspendre tout échange avec la Corée du Nord et de fermer le complexe industriel intercoréen de Kaesong, suscitant des remous jusque dans les rangs de son parti.

Enfin, le système américain de missiles antibalistiques (*Terminal High Altitude Area Defense*, Thaad) a été déployé dans le pays grâce à son feu vert, ce qui a donné lieu à d'importantes manifestations, en particulier sur les lieux de son implantation. Et l'accord d'échange d'informations militaires qu'elle a signé avec le Japon (*General Security of Military Information Agreement*, Gsomia) est lui aussi critiqué de toute part[6].

Si tout le monde ou presque se réjouit de sa mise à l'écart, son Premier ministre devenu président par intérim, M. Hwang Kyo-ahn, ne rassure pas pour autant. Lorsqu'il était ministre de la Justice (de mars 2013 à juin 2015) puis Premier ministre, il avait réclamé et obtenu que le président de la Confédération des syndicats coréens, M. Han Sang-gyun, soit jeté en prison pour huit ans – une peine ensuite ramenée à trois ans – pour avoir organisé la protestation à partir d'avril 2015, jusqu'au grand rassemblement du 14 novembre 2015. Le 22 décembre de la même année, des milliers de policiers armés de gaz lacrymogènes avaient fait une descente dans les locaux de la confédération pour mettre fin à la grève contre la privatisation de la compagnie ferroviaire Korean Railway. M. Han est toujours sous les verrous.

La vague de contestation actuelle suffira-t-elle pour construire une forme de démocratie radicalement nouvelle en Corée du Sud ? Les forces conservatrices qui ont soutenu Mme Park lors de la dernière élection présidentielle et qui ont cautionné sa politique de régression démocratique espèrent tirer leur épingle du jeu. Usant de leur influence dans les arènes politique, économique et médiatique, elles se sont mises en quête d'une nouvelle figure de proue. Mais il leur faut du temps. Le pire serait pour elles que les partis d'opposition et les Sud-Coréens qui continuent à se rassembler chaque samedi obtiennent la démission immédiate de la présidente et des élections anticipées. Les candidats de l'opposition seraient en effet en position de force, notamment M. Moon Jae-in, ancien chef du parti Minju, en tête des intentions de vote dans les sondages, ou encore le maire de la ville de Songnam, M. Lee Jae-myung, dont la cote a grimpé ces derniers mois.

À l'inverse, le parti Saenuri a tout intérêt à retarder les échéances. Il attend beaucoup du retour au pays de M. Ban Ki-moon, qui a quitté son poste de secrétaire général de l'Organisation des Nations Unies (ONU) fin décembre et qui fait figure de favori. M. Ban a certes commencé sa carrière comme ministre des Affaires étrangères du président progressiste Roh Moo-hyun ; mais, de sensibilité conservatrice, il a noué des liens étroits avec la présidente. Interrogé sur ses intentions par un journaliste d'Al-Jazira, il a répondu : « *Je mettrai tout en œuvre pour faire entendre ma voix en tant que citoyen et pour aider l'ONU, tout en cherchant le meilleur moyen d'être utile à mon pays.* » Et la chaîne qatarie de titrer aussitôt sur son site : « Ban Ki-moon, prochain président de la Corée du Sud ? » (3 décembre 2016).

6 « Despite criticism, South Korea signs Gsomia with Japan », *The Hankyoreh*, Séoul, 23 novembre 2016.

Cependant, le parti conservateur a aussi d'autres candidats en vue, notamment M. Won Hee-ryong, le gouverneur de la province de Cheju[7], et M. Yoo Seung-min, l'ancien chef du parti Saenuri, que l'autocratique présidente a tenus à l'écart.

Les quotidiens progressistes, comme *Hankyoreh* et Kyunghyang Shinmun, prônent des réformes de fond pour lutter contre les injustices sociales et l'inefficacité politique. Les trois grands journaux conservateurs, surnommés « Cho-Joong-Dong » (contraction de *Chosun Ilbo*, *JoongAng Ilbo* et *Dong-A Ilbo*), les chaînes d'information et les magazines d'économie des mêmes groupes, ainsi que les chaînes gérées par l'État, ont, eux, déjà repris l'offensive. Ils insistent sur les conséquences des manifestations, auxquelles ils attribuent le ralentissement économique et la baisse des exportations. Ils s'inquiètent bruyamment des relations avec les États-Unis au moment où l'élection de M. Donald Trump rend l'avenir plus incertain. Prenant le train en marche, ils dénoncent les failles du gouvernement, mais c'est pour mieux préserver leurs privilèges.

Il n'est pas sûr que les millions de Sud-Coréens descendus dans la rue malgré le froid pour protester contre le comportement de leur présidente se laissent faire. Tout plaide pour le changement : le système politique, qui a connu depuis la fin de la dictature quatre présidents accusés de corruption au cours de leur mandat (MM. Kim Young-sam, Kim Dae-jung et Lee Myung-bak, ainsi que Roh Moo-hyun, qui a fini par se suicider) ; l'économie, totalement dépendante des *chaebol*, qui sont régulièrement convaincus de fraude fiscale ou de versement de pots-de-vin, tels Hanbo dans les années 1990 ou Lotte actuellement (il fait l'objet d'enquêtes depuis près d'un an, et son vice-président s'est suicidé en août 2016) ; la croissance, qui marque le pas et ne permet plus aux jeunes diplômés de trouver un emploi qualifié et correctement rémunéré. « *La rapidité de la détérioration des inégalités de revenu en Corée du Sud au cours des vingt dernières années a été la cinquième plus importante sur vingt-huit pays asiatiques* », selon un rapport de la Banque asiatique de développement[8]. Le miracle sud-coréen tourne à « l'enfer », comme le clament les manifestants.

Jeunes et vieux, femmes et hommes, salariés et sans-emploi n'entendent pas se faire voler la victoire. Ils occupent toujours la place Gwanghwamun, près de la Maison Bleue (le palais présidentiel), en appelant à une réforme des structures politiques, économiques et sociales, ainsi qu'à l'éradication des injustices, des inégalités et de la corruption qui rongent la société sud-coréenne.

Sung Il-kwon
Directeur de l'édition sud-coréenne du *Monde diplomatique*, professeur associé à l'université Kyung Hee Cyber, Séoul.

7 Lire Frédéric Ojardias, « Sur "l'île de la paix", un village sud-coréen menacé », *Le Monde diplomatique*, novembre 2014.
8 Agence de presse Yonhap, 10 mars 2014.

Questions

86 **Le texte mentionne le fait que Choi Soon-sil est surnommée en Corée la « Raspoutine coréenne ». Dans quel pays Raspoutine, pèlerin, mystique et guérisseur, a-t-il été le confident des dirigeants, et a été assassiné, en 1916, pour mettre un terme à cette influence ?**

1/ L'Ukraine
2/ La Hongrie
3/ La Russie
4/ L'Estonie
5/ La Finlande

87 **Parmi les partis politiques coréens suivants, lequel a vu son groupe parlementaire dissous par la Présidente Park ?**

1/ Le Parti progressiste unifié
2/ Le Minju
3/ Le Parti du peuple
4/ Le Parti de la justice
5/ Le Saenuri

88 **Parmi les figures politiques coréennes suivantes, laquelle n'est pas désignée par l'auteur comme appartenant au courant conservateur ?**

1/ Won Hee-ryong
2/Yoo Seung Ming
3/ Hwang Kyo-ahn
4/ Roh moo-hyun
5/ Ban Ki-moon

89 **D'après le texte, quelle est l'année qui a marqué la fin de la dictature en Corée, suite à un soulèvement du peuple ?**

1/ En 1961
2/ En 1979
3/ En 1983
4/ En 1987
5/ En 1991

90 **Pendant combien d'années le père de la Présidente Park a-t-il exercé sa présidence autoritaire en Corée ?**

1/ Pendant 5 ans
2/ Pendant 8 ans
3/ Pendant 11 ans
4/ Pendant 14 ans
5/ Pendant 18 ans

91 **D'après le texte, parmi les entreprises suivantes, laquelle a été privatisée ?**

1/ Hanwha
2/ Korean Railways
3/ CS Engineering
4/ Hanbo
5/ SK Group

92 Parmi les propositions suivantes, laquelle ne reflète pas les raisons de la défiance du peuple coréen face aux *chaebol* ?

1/ Les *chaebol* ont pressuré leurs employés et écrasé les petites entreprises de leur domination
2/ Les *chaebol* ont été maintes fois accusés de corruption
3/ L'économie coréenne est très dépendante d'eux et ils pratiquent l'évasion fiscale
4/ Leurs représentants refusent de justifier leurs dons à l'éminence grise de la présidente, Choi Soon-sil
5/ Les *chaebol* refusent de nationaliser certaines de leurs exploitations

93 Quel lieu était, d'après le texte, exploité en vertu d'intérêts communs par la Corée du Sud et la Corée du Nord ?

1/ Gwanghwamun
2/ Sunchon
3/ Kwangju
4/ Kaesong
5/ Cheju

94 Parmi les propositions suivantes, laquelle ne fait pas partie des exemples donnés dans l'article pour illustrer la corruption qui sévit en Corée ?

1/ Le gouvernement pratique un financement occulte des partis politiques
2/ Le gouvernement coréen a bénéficié auparavant de versements de pots-de-vin des entreprises
3/ Le gouvernement est très tolérant vis-à-vis de la fraude fiscale pratiquée par les *chaebol*
4/ Le gouvernement en place a contraint des *chaebol* à verser un tribut
5/ Le gouvernement en place a donné des emplois fictifs à des industriels au sein du gouvernement

95 Parmi les informations suivantes, laquelle ne correspond pas à celles données dans l'article ?

1/ Trois cent quatre passagers du ferry *Sewol* ont trouvé la mort dans le naufrage de ce dernier
2/ Hang San-yung a été emprisonné pour huit ans mais sa peine a été réduite à trois ans
3/ Kyunghyang Shinmun est un organe de presse progressiste
4/ Gsomia est un accord permettant le déploiement d'un bouclier anti-missile américain
5/ Le Président Kim Dae-jung a été accusé de corruption au cours de son mandat

96 Parmi les villes suivantes, laquelle a élu Lee Jae-myung aux élections municipales ?

1/ Inchon
2/ Pusan
3/ Songham
4/ Kwangju
5/ Cheju

97 Le texte mentionne le suicide d'un Vice-président de grand groupe industriel en août 2016. Quel est le secteur d'activité de ce groupe ?

1/ Télécoms et pétrole
2/ Agroalimentaire et hôtellerie
3/ Automobile
4/ Pétrochimie
5/ Distribution et pharmacie

98 Parmi les phrases suivantes, laquelle ne correspond pas aux propos développés dans l'article ?

1/ Choi Soon-sil est supposée détenir des pouvoirs chamaniques et c'est grâce à cela qu'elle aurait bénéficié de beaucoup de pouvoir auprès de la présidente
2/ La mobilisation populaire demande un changement profond et des réformes des institutions, pour plus d'égalité et de justice sociale
3/ La Présidente coréenne destituée reconnaît avoir fait preuve de négligence
4/ La Cour constitutionnelle doit déterminer si Park Geun-hye est passible de poursuites et décider si son immunité est levée
5/ En 2016, une mobilisation d'étudiants et de professeur avait déjà contesté l'usage de livres d'histoire au contenu polémique

99 Parmi les propositions suivantes, laquelle est la plus fidèle aux propos, cités dans l'article, de Park Won-soon ?

1/ Il est nécessaire que la Présidente réponde de ses actes devant la Cour constitutionnelle, sa gouvernance ayant été mise en défaut à un moment où le pays subissait déjà des difficultés économiques et sécuritaires
2/ Il est nécessaire de réformer les *chaebol* et les structures politiques du pays, marqué par la dictature de la famille de la Présidente, qui représente une élite financière et non le peuple
3/ La gouvernance de Park Geun-hye tente de faire émerger un communisme autocratique semblable au régime qui sévit en Corée du Nord
4/ Il est nécessaire que le prochain Président soit issu d'un parti progressiste pour faire face aux enjeux politiques et économiques du pays
5/ Il est nécessaire de réformer pour lutter contre l'inefficacité politique, la corruption et de resserrer les liens avec le Japon

100 Quelle est l'attitude des représentants du parti conservateur en Corée face à cette crise politique, d'après Sung Il-kwon ?

1/ Ils reconnaissent le bien-fondé du scandale politique et désavouent la Présidente Park Geun-hye
2/ Ils dénoncent le désordre engendré par les mobilisations et accusent le mouvement de déstabiliser l'économie du pays
3/ Ils cherchent une nouvelle personne pour incarner leur courant politique, reculant l'échéance autant que possible pour ne pas céder de terrain aux progressistes qui ont les faveurs de la population dans les sondages
4/ Ils ont nommé Ban Ki-moon à la tête du parti Saenuri, car cet ancien secrétaire général aux Nations-Unies bénéficie d'une notoriété mondiale valorisante
5/ Ils imputent l'échec politique de Park Geun-hye à l'influence néfaste de Choi Soon-sil et prônent l'indulgence

ÉPREUVE DE RAISONNEMENT LOGIQUE ET NUMÉRIQUE

101 **Sur un quadrillage régulier, on a dessiné cette figure. Combien de rectangles non carrés (largeur différente de la longueur) de toutes tailles dénombrez-vous ?**

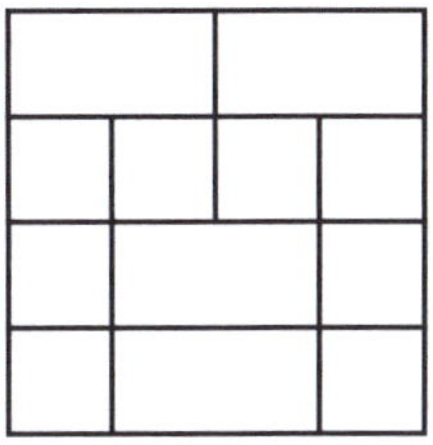

① 25
② 27
③ 29
④ 31
⑤ 33

102 **En vue d'appliquer la nouvelle loi sur l'égalité professionnelle homme-femme, un directeur des ressources humaines souhaite mener une pré-étude des salaires comparés avant de réaliser le rapport de situation comparée. Pour cela, il prend au hasard 10 salariés de chaque sexe et construit le tableau suivant avec les derniers salaires mensuels en euros :**

Hommes	1 600	1 500	1 800	1 900	2 000	1 900	2 000	1 700	2 000	1 900
Femmes	1 800	1 500	1 300	1 400	1 700	1 300	1 700	1 400	1 500	1 400

Quel est l'écart des moyennes de salaire des hommes par rapport aux femmes sur cet échantillon ?

① + 5 %
② + 10 %
③ + 18 %
④ + 20 %
⑤ + 22 %

103 **Le jeu de Tétris est un jeu d'empilement de pièces comportant 4 petites briques carrées. Combien existe-t-il de pièces différentes non superposables par rotation ?**

① 5
② 6
③ 7
④ 8
⑤ 9

104 **Quel est le résultat du calcul suivant : $\sqrt{28} \times \sqrt{20} \times \sqrt{35}$?**	① 35 ② 70 ③ 140 ④ 280 ⑤ 700
105 **On dispose de deux pièces de monnaie biaisées, la première tombe dans 60 % des cas sur pile. On lance de nombreuses fois les deux pièces simultanément et on observe que ces deux pièces tombent dans 44 % des cas sur les mêmes faces, et donc dans 56 % des cas sur des faces opposées. Quel est le biais de la seconde pièce ?**	① 16 % des cas sur pile ② 20 % des cas sur pile ③ 24 % des cas sur pile ④ 30 % des cas sur pile ⑤ 40 % des cas sur pile
106 **Sachant que la lumière circule dans l'espace à 300 000 km/s, et que la lumière met 12 minutes 40 secondes pour arriver du Soleil à la planète Mars, quelle est la distance Mars – Soleil ?**	① 224 900 000 kms ② 225 600 000 kms ③ 227 600 000 kms ④ 228 000 000 kms ⑤ 230 200 000 kms
107 **On place une somme de 50 000 euros sur un plan d'épargne en actions dont les intérêts sont versés à la fin de chaque année. La première année ce placement a rapporté 5 %, la seconde 4 % et la troisième 10 %, quel est le montant du capital au bout de ces 3 années ?**	① 59 500 euros ② 59 605 euros ③ 60 045 euros ④ 60 060 euros ⑤ 60 105 euros
108 **Laquelle de ces équations passe par les trois points suivants : (– 1 ; 3), (0 ; 1) et (1 ; 1) ?**	① $f(x) = x^2 + x - 1$ ② $g(x) = -x^2 - x + 1$ ③ $h(x) = x^2 - x + 1$ ④ $i(x) = x^2 - x - 1$ ⑤ $j(x) = -x^2 + x + 1$

109 **Quelle est la dérivée de $f(x) = (x^2 + 1)(2x - 1)$?**

① $(2x + 1)^2$
② $6x^2 - 2x + 2$
③ $4x$
④ $3x^2 - 2x + 1$
⑤ $2x^2 - x + 2$

110 **La société RING-ARD' est spécialisée dans la pose d'ardoises sur des surfaces circulaires. Elle doit proposer un devis pour le parement d'un phare. Il s'agit de couvrir d'ardoises un cylindre de 6 m de diamètre et de 4 m de haut. Chaque ardoise couvre 10 cm × 10 cm, une fois déduit le chevauchement des autres ardoises. Combien d'ardoises faut-il prévoir approximativement ?**

① 385 ardoises
② 755 ardoises
③ 3 850 ardoises
④ 7 550 ardoises
⑤ 9 550 ardoises

111 **On dispose de trois lots identiques de cubes. Un lot est composé de 9 cubes de même dimension : une couleur par cube, et les 9 cubes sont de couleur différente. Sur une table en bois, on positionne l'ensemble des 27 cubes de manière à former un plus grand cube multicolore. Une fois l'assemblage effectué, combien de couleurs différentes restent visibles au minimum (on peut se déplacer autour du cube) ?**

① 5
② 6
③ 7
④ 8
⑤ 9

112 **Complétez cette suite de permutations : ABCDEF ; FADBCE ; EFBADC ; CEAFBD ; ?**

① FEDCBA
② DCFEAB
③ ACDEFB
④ EFCDAB
⑤ EDFCBA

113 **Complétez la série logique suivante :**
1 ; 4 ; 6 ; 8 ; 9 ; 10 ; 12 ; 14 ; 15 ; 16 ; 18 ; ... ; ...

① 19 ; 20
② 19 ; 21
③ 19 ; 22
④ 20 ; 21
⑤ 29 ; 22

114 **Le OU exclusif, appelé XOR, est un opérateur logique très utilisé en informatique dont voici la table de vérité :**

A	B	A xor B
0	0	0
0	1	1
1	0	1
1	1	0

Parmi les choix suivants, quelles valeurs de A, B, C et D vérifient (A xor B) xor (C xor D) = 1 ?

① 0, 1, 1, 0
② 0, 0, 0, 0
③ 1, 1, 0, 1
④ 1, 1, 1, 1
⑤ 1, 0, 1, 0

115 **Les 20 % meilleurs élèves d'une classe ont une moyenne de 15/20. Les 50 % d'élèves moyens ont une moyenne de 12/20. Enfin le reste des élèves a une moyenne de 9/20. Quelle est la moyenne de cette classe ?**

① 11
② 11,2
③ 11,5
④ 11,7
⑤ 12

116 On lance deux dés tétraédriques, c'est-à-dire en forme de pyramide triangulaire régulière et dont les faces sont numérotées pour le premier de 1 à 4 et pour le second de 2 à 5. On considère le produit obtenu par les deux nombres apparus sur les faces inférieures. Tous les résultats sont équiprobables et forment notre échantillon statistique. Quelle est la médiane de cet échantillon ?

① 7
② 8
③ 9
④ 10
⑤ 11

117 Dans un jeu de 32 cartes dans lequel on retire le huit de cœur et la dame de pique. Quelle est alors la probabilité de tirer une dame ou un cœur ?

① $\frac{1}{3}$
② $\frac{5}{16}$
③ $\frac{3}{8}$
④ $\frac{3}{8}$
⑤ $\frac{3}{10}$

118 Parmi tous les nombres obtenus par permutation des chiffres 2, 5, 5, 7 et 7, combien sont compris entre 30 000 et 60 000 ?

① 12
② 15
③ 16
④ 20
⑤ 24

119 En remplaçant les lettres A, R, B et E par des chiffres différents, quelle est, parmi les réponses proposées, celle qui permet de résoudre l'équation suivante : ARBRE = $(A + R + B + R + E)^3$

① 23531
② 19683
③ 17576
④ 13438
⑤ 12523

120 **La grille ci-dessous peut être remplie en suivant les définitions horizontales et verticales présentes juste à côté de cette grille. Elles sont inspirées des termes du poker dont voici un rapide rappel :**

– paire = 2 chiffres identiques (4-4) ;

– brelan = 3 chiffres identiques ;

– full = 1 brelan + 1 paire ;

– carré = 4 chiffres identiques.

Les paires sont composées de deux paires successives et les paires mélangées sont constituées de 2 paires dont les chiffres sont en désordre (par exemple, 3-7-7-3 ou 3-7-3-7). Parmi les réponses proposées, sur quelle case ne va-t-on pas trouver le chiffre 5 ?

	A	B	C	D
1	5			
2			■	
3				
4		2		

Horizontale	Verticalement
1 Paires	A Paires en désordre
2 Paire	B Paires en désordre
3 Paires en désordre	C Paire
4 Paires en désordre	D Carré

① A4

② B3

③ C1

④ C3

⑤ C4

Épreuve de compréhension et expression écrite en anglais

1re partie : Expression – 35 questions

121 **For the last two months our design team … on a new prototype.**

1/ Has been working
2/ Is working
3/ Was worked
4/ Works
5/ Had worked

122 **We thank you for choosing to fly with us today and look forward to … you on board again soon.**

1/ Had
2/ Have
3/ Have had
4/ Will have
5/ Having

123 **George had been to the dentist for a filling and his mouth still felt … after the anaesthetic.**

1/ Asleep
2/ Comatose
3/ Dumb
4/ Unconscious
5/ Numb

124 **The Oscars event will, as usual, be meticulously planned and guests … to arrive punctually.**

1/ Are requested
2/ Requesting
3/ Is requested
4/ To request
5/ Be requested

125 **Based on economic projections released Wednesday, a … number of Fed officials expect one more reduction this year.**

1/ Grows
2/ Growing
3/ Gowned
4/ To grow
5/ To growing

126 **After a blockbuster acquisition, the company may lose billions … that the No. 1 agricultural chemical is unsafe.**

1/ Over claims
2/ On claimed
3/ At claim
4/ To claiming
5/ By claim

127 **It was only after they had completed the training course that employees were authorised to operate the machines by … .**

1/ They
2/ Them
3/ Themselves
4/ Their
5/ Theirs

128 **The expenses form was incorrectly … out and that is why it has not been settled.**

1/ Filed
2/ Completed
3/ Traced
4/ Spaced
5/ Filled

129 **A recent price war between banks saw mortgage rates drop … .**

1/ Shaply
2/ Subtly
3/ Saintly
4/ Sharply
5/ Slyly

130 **When Steven retired, his colleagues gave him a wonderful … to show their appreciation of his service.**

1/ Send out
2/ Send off
3/ Send in
4/ Send to
5/ Send on

131 **When her alarm clock failed to go off at six thirty Jane had … the time to dress before she had to leave the house and reach the bus stop before quarter past seven.**

1/ Bear
2/ Scary
3/ Hardy
4/ Scarcely
5/ Plenty

132 **The two men were … rivals.**

1/ Better
2/ Beater
3/ Butter
4/ Fitter
5/ Bitter

133 **After fifteen years in sales, Margaret Truman decided to change direction and she moved … human resources.**

1/ In
2/ Into
3/ On
4/ Out
5/ With

134 **A recent poll suggests that conditions for start-up businesses are now more favourable than they have been at … time during the last few years.**

1/ Some
2/ All
3/ Any
4/ None
5/ So

135 **The information contained in the attached file is … confidential and must not be disclosed to any third parties.**

1/ Necessarily
2/ Necessary
3/ Necessitate
4/ Necessity
5/ Necessitous

136 **While purchasing government bonds may not provide a spectacular … on investment, it is considered to be a safe strategy which protects against market volatility.**

1/ Pay
2/ Return
3/ Price
4/ Money
5/ Turnover

137 **The community raised a lot of money for the … charity.**

1/ Locally
2/ Located
3/ Locality
4/ Locals
5/ Local

138 **The proposal that the association … its membership fees was adopted unanimously.**

1/ Increase
2/ To increase
3/ Increasing
4/ Increasingly
5/ Is increased

139 **When the conference was over, I asked some of the delegates to stay … so we could discuss a new business venture.**

1/ To
2/ Before
3/ Behind
4/ In front
5/ Off

140 **Scientists simulated … hypothetical but physically plausible storm dubbed Hurricane Rhody that makes landfall twice in an area that FEMA has called the Achilles' heel of the Northeast.**

1/ A
2/ An
3/ At
4/ In
5/ On

141 **The Bank analysts warn that a trade war between these countries could destabilize markets for the … future.**

1/ Foreseen
2/ Forecast
3/ Foreseeable
4/ Foresees
5/ Foreseed

142 **The first sign of trouble was two cancelled orders but I didn't realise the … of the downturn in the market.**

1/ Extend
2/ Extent
3/ Extended
4/ Extending
5/ Extensive

143 **The children had always been fascinated by the big old house next door. A single electric bulb only ever shone from one upstairs window behind some … transparent curtains.**

1/ Drool
2/ Drip
3/ Drab
4/ Dross
5/ Drowsy

144 **… a fire breaking out, water sprinkler systems will be automatically activated.**

1/ So that
2/ In the event of
3/ In case
4/ Although
5/ When

145 **The government has decided to … its plans for a tighter immigration policy due to adverse public reaction.**

1/ Drop
2/ Drive
3/ Drape
4/ Delve
5/ Drift

146 **Organization has lobbied for states to prohibit plastic bans … the country as companies attempt to reduce waste.**

1/ Cross
2/ Across
3/ At cross
4/ Crossing
5/ Crossed

147 **A class-action suit … the energy drink made intentionally misleading statements about its ability to increase alertness and concentration.**

1/ Claim
2/ Claiming
3/ To claims
4/ Claims
5/ Were claimed

148 **The truck delivering urgent supplies to the famine-hit region has … about seventy miles from its destination.**

1/ Broken away
2/ Broken in
3/ Broken out
4/ Broken down
5/ Broken off

149 **Restaurants and bars could face fines for providing plastic straws after single untse plastics are … .**

1/ Boned
2/ Barred
3/ Banned
4/ Bared
5/ Binned

150 **I'm sorry, Doctor Santiago is … at a conference this week but I can put you through to someone else on the team.**

1/ In
2/ Gone
3/ Absent
4/ Away
5/ Went

151 **Components from our Illinois factory … across the entire world.**

1/ Ships
2/ Shipping
3/ Are ship
4/ Are shipped
5/ Have ships

152 **During the summer months the population of Santa Lucia more than triples … tourists descend on this picturesque coastal village.**

1/ From
2/ About
3/ With
4/ Along
5/ As

153 **We knew that our confidential source was withholding important information from us … the many hours of discussions we had with her.**

1/ Since
2/ When
3/ Beforehand
4/ Afterwards
5/ Throughout

154 **Again, on the edge of war and peace, President will have a new national security …, Sir John.**

1/ Adviser
2/ Advisory
3/ Advisers
4/ Advisors
5/ Advisories

155 **Mr Deeter … that banks no longer have the monopoly on financial services.**

1/ Aided
2/ Added
3/ Aired
4/ Addled
5/ Adds

2e partie : compréhension – 15 questions

Texte

Read the article and answer the 15 questions that follow.

Cash-in-hand workers unlikely to get rise

Cleaners and dog walkers could be among the losers. Experts say new pay floor will boost 'ghost economy'
The Guardian, April 2016, Robert Booth and Isabel Togoh

1. Middle class households who rely on paying cleaners, gardeners and car washers in cash are among the employers deemed most likely to try to avoid paying the increased minimum wage which comes into effect today. Economists warn that several million workers who operate in Britain's shadow economy risk missing out on the new £7.20 an hour minimum pay rate for workers aged 25 and over – a 50p increase on the old minimum wage.

2. The government has admitted it has no accurate idea of how many people are underpaid in the shadow economy and has launched an investigation to find out. Estimates range from 1.8 million to 6.4 million, and experts predict the new minimum wage could see hundreds of thousands more joining the informal economy.

3. Across the UK, 1.3 million workers are expected to benefit directly in what the skills minister, Nick Boles, has claimed is "one of the biggest increases in the legal minimum wage that any government has made in the western world in living memory". It is due to rise to £9 an hour by 2020. However, the large majority of workers who operate in the informal economy earn less than the existing minimum wage and will not be covered. They typically work in low wage businesses, including agricultural day labour and domestic services.

4. "It is also those doing dog-walking, baby-sitting, ironing, house-cleaning, gardening and house-sitting who are earning below the minimum wage," said Colin Williams, professor of public policy at Sheffield University. "It is not some exploitative employer who is employing this labour, but everyday middle-class purchasers of services." A third of British households now employ household help, and nine out of 10 pay in cash, according to research this week by Opinium for Esure.

5. Among those missing out on the new wage floor will be Agnieszka Siwiak, 36, a cleaner from Borehamwood in Hertfordshire. She charges householders £10 an hour, but after travel and materials are factored in, she says she earns closer to £5. "Sometimes I don't have money for rent or food," she said. Ioannis Bagiarpakis, 28, a handyman in Cardiff, also averages £5 an hour and said he keeps his prices below the minimum wage, otherwise he risks losing business. Thousands of minicab drivers who work freelance are also believed to be earning below the minimum wage. "On Tuesday I worked from 10am to 11pm and took £80," said Yassen Aslam, 35, a father of two from High Wycombe. "The government needs to protect workers like me."

6. Britain has one of the smallest informal economies in Europe, ranking 26th out of 31 OECD nations as a percentage of GDP, according to a new study by Dr Friedrich Schneider, professor of economics at the University of Linz. But he predicts that the minimum wage rise could see 800,000 mostly part-time workers slide into the shadow economy, increasing its value by around £9bn a year as consumers and businesses balk at paying higher wages in the formal economy.

7. Several big employers have already moved to reduce the impact of the wage increase by cutting other parts of workers' pay packages. The maker of Ginsters pasties, Samworth Brothers, which employs 8,500 staff, is planning to cut Sunday and bank holiday pay and remove paid tea breaks. It admits that even after the increase in minimum wage some will see their pay fall by £5 a week.

8. B&Q, a company which employs 27,000 staff, is planning to cut summer and Christmas bonuses and to scrap premiums for working Sundays and bank holidays. "The price of the living wage has to be passed on, and in some cases that means to the worker," said Mark Cavill, managing director of Manpower Group UK, a recruitment agency. He also said temporary workers are likely to be hired for shorter working weeks, and predicted that over the coming years employers will seek to automate more low-paid tasks.

9. The TUC, an organization which protects worker's interests, has criticised the new wage policy as unfair to the under-25s. "Future wage increases must narrow the pay gap between old and young," said Frances O'Grady, TUC general secretary. "Employers can do more for low-paid workers, and we urge them to adopt the voluntary living wage standard [£9.40 an hour in London and £8.25 in the rest of the UK]."

10. The shadow work and pensions secretary, Owen Smith, welcomed the policy, but said the government was guilty of "a cruel sleight of hand" because it is also cutting universal credit and tax credits. He said two million families would lose £1,600 a year through cuts to in-work support.

Questions

156 What is the article mainly about?

1/ The impact of a change to Britain's employment laws
2/ Rising unemployment in the United Kingdom
3/ A UK plan to create more jobs for young people
4/ A survey of UK household expenditure
5/ A UK initiative to reduce the size of the shadow economy

157 What is true about the UK's new national living wage?

1/ It will be introduced in 2020
2/ It will only apply to some industries
3/ It will only apply to workers who are paid in cash
4/ It will take effect next year
5/ It has already been implemented

158 According to the article, the UK government's new wage policy is designed to make sure that:

1/ All people in employment will earn more per hour
2/ Young people under the age of 25 will be better paid than before
3/ Middle class families will be exempt from paying the minimum national wage
4/ All employees over 25 will be paid at least £7.20 per hour
5/ Workers can no longer be paid in cash

159 What information about the shadow economy does the UK government want to obtain?

1/ The number of workers earning more than the minimum national wage
2/ The number of workers who have left the informal economy
3/ The distribution of workers by sector of employment
4/ The number of workers who receive less than the national minimum wage
5/ The geographical location of underpaid workers

160 What does Dr Friedrich Schneider say could be a result of the new national minimum wage?

1/ More people will be unable to find work
2/ More people will have to rely on income from the informal economy
3/ Fewer people will be underpaid
4/ Unemployed people will have better prospects
5/ The informal economy will be reduced in size

161 Which of the following is NOT mentioned as a profession associated with the shadow economy?

1/ Teaching
2/ Baby-sitting
3/ Agriculture
4/ Dog walking
5/ Domestic services

162 What does Ionnis Bagiarpakis say about his job?

1/ He charges more than his competitors
2/ He earns more than the minimum national wage
3/ He makes less than £7.20 an hour
4/ He charges customers more than £10 an hour
5/ He has fewer customers than before

163 According to Dr. Friedrich Schneider, what is true about the informal economy in Britain?

1/ It is larger than in most European countries
2/ It is likely to increase in size
3/ It is likely to shrink
4/ It will remain unchanged
5/ It will be worth less than it is now

164 How have some major employers reacted to the national living wage?

1/ By recruiting more staff
2/ By laying off staff
3/ By changing some rates of pay
4/ By giving workers more time off
5/ By increasing paid vacations

165 What does the TUC suggest about the national living wage?

1/ It will lead to an increase in taxation
2/ It should be higher
3/ It will create more jobs for young people
4/ It will be prejudicial to older workers
5/ It will reduce disparities among different categories of worker

166 The word "deemed" in paragraph 1 could best be replaced by:

1/ Encouraged
2/ Considered
3/ Stated
4/ Announced
5/ Appeared

167 The verb "factored in" in paragraph 5 is closest in meaning to:

1/ Taken away from
2/ Taken over
3/ Taken apart
4/ Taken up
5/ Taken into account

168 The word "otherwise" in paragraph 5 could best be replaced by:

1/ Or else
2/ However
3/ Unless
4/ Although
5/ Despite

169 The verb "passed on" in paragraph 8 is closest in meaning to:

1/ Approved
2/ Calculated
3/ Rejected
4/ Recovered
5/ Increased

170 The verb "urge" in paragraph 9 could best be replaced by:

1/ Expect
2/ Suppose
3/ Trust
4/ Encourage
5/ Allow

SCORE IAE-MESSAGE

ÉLÉMENTS DE RÉPONSE

Grille des réponses complétée

SCORE IAE MESSAGE

Session : 20/05/21

Nom : ____________________

Prénom : ____________________

Date de naissance : ____/____/____

Centre : ____________________

Signature du candidat

N° d'inscription

0	0	0	0	0	0	0
1	1	1	1	1	1	1
2	2	2	2	2	2	2
3	3	3	3	3	3	3
4	4	4	4	4	4	4
5	5	5	5	5	5	5
6	6	6	6	6	6	6
7	7	7	7	7	7	7
8	8	8	8	8	8	8
9	9	9	9	9	9	9

MARQUAGE DES REPONSES

- Utilisez un crayon mine et une gomme propre ou un blanc correcteur
- Ne graphitez qu'une seule réponse par question

Marquage CORRECT ▬

INCORRECT — – X / -

Culture G	Réponse	Français	Réponse	RLN	Réponse	Anglais	Réponse
1	3	51	1	101	5	121	1
2	1	52	4	102	5	122	5
3	3	53	1	103	3	123	5
4	1	54	2	104	3	124	1
5	4	55	2	105	2	125	2
6	3	56	3	106	4	126	1
7	1	57	3	107	4	127	3
8	4	58	1	108	3	128	5
9	1	59	4	109	2	129	4
10	4	60	4	110	4	130	2
11	4	61	2	111	5	131	4
12	5	62	3	112	2	132	5
13	4	63	5	113	4	133	2
14	3	64	2	114	3	134	3
15	3	65	3	115	4	135	1
16	5	66	2	116	2	136	2
17	3	67	4	117	5	137	5
18	4	68	2	118	1	138	1
19	4	69	1	119	3	139	3
20	2	70	4	120	3	140	1
21	2	71	2			141	3
22	2	72	2			142	2
23	3	73	3			143	3
24	4	74	4			144	2
25	5	75	1			145	1
26	3	76	3			146	2
27	5	77	1			147	4
28	2	78	4			148	4
29	2	79	5			149	3
30	1	80	3			150	4
31	4	81	4			151	4
32	5	82	4			152	5
33	2	83	3			153	5
34	4	84	2			154	1
35	3	85	3			155	2
36	3	86	3			156	1
37	3	87	1			157	5
38	3	88	4			158	4
39	5	89	4			159	4
40	4	90	5			160	2
41	4	91	2			161	1
42	2	92	5			162	3
43	2	93	4			163	2
44	4	94	5			164	3
45	1	95	4			165	2
46	4	96	3			166	2
47	1	97	2			167	5
48	5	98	5			168	1
49	2	99	2			169	4
50	1	100	3			170	4

EXPLICATIONS DES RÉPONSES DE L'ÉPREUVE DE RAISONNEMENT LOGIQUE ET NUMÉRIQUE

101 **Sur un quadrillage régulier, on a dessiné cette figure. Combien de rectangles non carrés (largeur différente de la longueur) de toutes tailles dénombrez-vous ?**

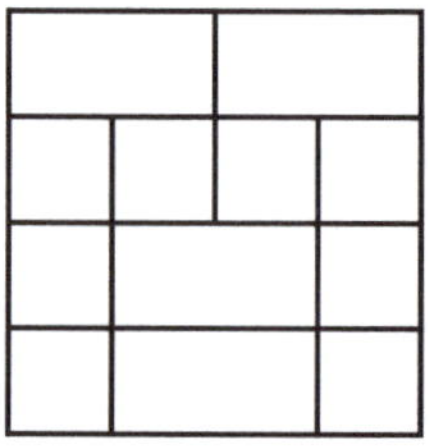

① 25
② 27
③ 29
④ 31
⑤ 33

Il y en a 11 de taille 2 × 1, 8 de taille 3 × 1, 4 de taille 4 × 1, 5 de taille 3 × 2, 3 de taille 4 × 2 et 2 de taille 4 × 3, soit un total de 33 rectangles.

---

102 **En vue d'appliquer la nouvelle loi sur l'égalité professionnelle homme-femme, un directeur des ressources humaines souhaite mener une pré-étude des salaires comparés avant de réaliser le rapport de situation comparée. Pour cela, il prend au hasard 10 salariés de chaque sexe et construit le tableau suivant avec les derniers salaires mensuels en euros :**

Hommes	1 600	1 500	1 800	1 900	2 000	1 900	2 000	1 700	2 000	1 900
Femmes	1 800	1 500	1 300	1 400	1 700	1 300	1 700	1 400	1 500	1 400

Quel est l'écart des moyennes de salaire des hommes par rapport aux femmes sur cet échantillon ?

① + 5 %
② + 10 %
③ + 18 %
④ + 20 %
⑤ + 22 %

La moyenne des salaires des hommes est 1 830 euros, celle des femmes est de 1 500 euros.
L'écart moyen est donc de 330 euros soit + 22 % $\left(\frac{330}{1\,500}\right)$.

103 **Le jeu de Tétris est un jeu d'empilement de pièces comportant 4 petites briques carrées. Combien existe-t-il de pièces différentes non superposables par rotation ?**

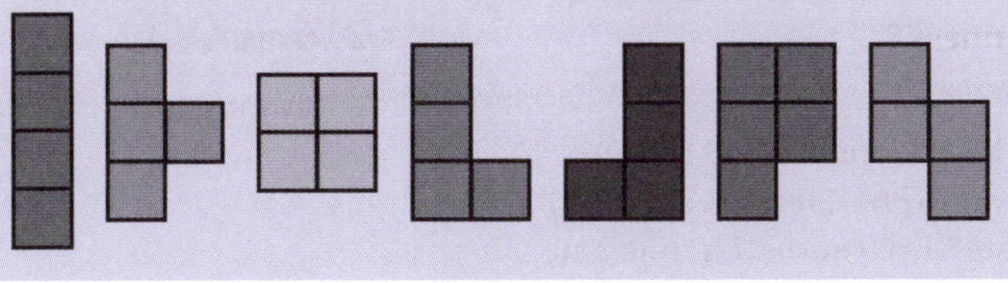

① 5
② 6
③ 7
④ 8
⑤ 9

104 **Quel est le résultat du calcul suivant : $\sqrt{28} \times \sqrt{20} \times \sqrt{35}$?**

$\sqrt{4 \times 7} \times \sqrt{4 \times 5} \times \sqrt{7 \times 5} = \sqrt{4 \times 7 \times 4 \times 5 \times 7 \times 5} = 4 \times 5 \times 7 = 140.$

① 35
② 70
③ 140
④ 280
⑤ 700

105 **On dispose de deux pièces de monnaie biaisées, la première tombe dans 60 % des cas sur pile. On lance de nombreuses fois les deux pièces simultanément et on observe que ces deux pièces tombent dans 44 % des cas sur les mêmes faces, et donc dans 56 % des cas sur des faces opposées. Quel est le biais de la seconde pièce ?**

Soit X le biais de pile, donc on a : $0{,}6X + 0{,}4\,(1 - X) = 0{,}44$.
Donc $0{,}2X = 0{,}04$, soit X = 20 %.

① 16 % des cas sur pile
② 20 % des cas sur pile
③ 24 % des cas sur pile
④ 30 % des cas sur pile
⑤ 40 % des cas sur pile

106 **Sachant que la lumière circule dans l'espace à 300 000 km/s, et que la lumière met 12 minutes 40 secondes pour arriver du Soleil à la planète Mars, quelle est la distance Mars – Soleil ?**

La lumière met 12 minutes 40 secondes pour arriver sur Mars soit en seconde $T = (12 \times 60) + 40 = 760$ secondes.
À 300 000 kms par seconde, cela fait donc une distance de $d = 760 \times 300\,000 = 228\,000\,000$ kms.

① 224 900 000 kms
② 225 600 000 kms
③ 227 600 000 kms
④ 228 000 000 kms
⑤ 230 200 000 kms

107 On place une somme de 50 000 euros sur un plan d'épargne en actions dont les intérêts sont versés à la fin de chaque année. La première année ce placement a rapporté 5 %, la seconde 4 % et la troisième 10 %, quel est le montant du capital au bout de ces 3 années ?

① 59 500 euros
② 59 605 euros
③ 60 045 euros
④ 60 060 euros
⑤ 60 105 euros

La première année, les 5 % de 50 000 rapportent 2 500 euros, on a alors 52 500 euros. La seconde année, les 4 % de 52 500 rapportent 2 100 euros, on a alors 54 600 euros. La troisième année, les 10 % de 54 600 rapportent 5 460 euros, on a alors 60 060 euros.

108 Laquelle de ces équations passe par les trois points suivants : (– 1 ; 3), (0 ; 1) et (1 ; 1) ?

① $f(x) = x^2 + x - 1$
② $g(x) = -x^2 - x + 1$
③ $h(x) = x^2 - x + 1$
④ $i(x) = x^2 - x - 1$
⑤ $j(x) = -x^2 + x + 1$

Il suffit de remplacer ces valeurs dans les équations pour trouver celle qui les vérifient tous les trois à savoir : $x^2 - x + 1$.

109 Quelle est la dérivée de $f(x) = (x^2 + 1)(2x - 1)$?

① $(2x + 1)^2$
② $6x^2 - 2x + 2$
③ $4x$
④ $3x^2 - 2x + 1$
⑤ $2x^2 - x + 2$

Commençons par développer f(x), soit $f(x) = 2x^3 - x^2 - 1$, nous pouvons ensuite dériver, ce qui donne $f'(x) = 6x^2 - 2x + 2$.

110 La société RING-ARD' est spécialisée dans la pose d'ardoises sur des surfaces circulaires.
Elle doit proposer un devis pour le parement d'un phare. Il s'agit de couvrir d'ardoises un cylindre de 6 m de diamètre et de 4 m de haut. Chaque ardoise couvre 10 cm x 10 cm, une fois déduit le chevauchement des autres ardoises. Combien d'ardoises faut-il prévoir approximativement ?

① 385 ardoises
② 755 ardoises
③ 3 850 ardoises
④ 7 550 ardoises
⑤ 9 550 ardoises

La surface du cylindre est le produit de sa hauteur (4 m) par le périmètre du cercle ($\pi \times 6$ m). En prenant 3,14 pour π, la surface est de : $4 \times 3{,}14 \times 6 = 75{,}36$ m². Chaque ardoise couvrant 1 dm², il faut à peu près 7 536 ardoises. On en prend un peu plus, au cas où : 7 550.

111 **On dispose de trois lots identiques de cubes. Un lot est composé de 9 cubes de même dimension : une couleur par cube, et les 9 cubes sont de couleur différente. Sur une table en bois, on positionne l'ensemble des 27 cubes de manière à former un plus grand cube multicolore. Une fois l'assemblage effectué, combien de couleurs différentes restent visibles au minimum (on peut se déplacer autour du cube) ?**

① 5
② 6
③ 7
④ 8
⑤ 9

Sur les 27 cubes, 2 sont cachés (le cube du milieu, et celui au centre de la face posée sur la table). Il reste 25 cubes visibles, donc nécessairement au moins un de chaque couleur. Les 9 couleurs seront donc visibles.

112 **Complétez cette suite de permutations :**
ABCDEF ; FADBCE ; EFBADC ; CEAFBD ; ?

① FEDCBA
② DCFEAB
③ ACDEFB
④ EFCDAB
⑤ EDFCBA

À chaque étape, les positions 123456 deviennent 245361. Le prochain terme sera donc : DCFEAB.

113 **Complétez la série logique suivante :**
1 ; 4 ; 6 ; 8 ; 9 ; 10 ; 12 ; 14 ; 15 ; 16 ; 18 ; ... ; ...

① 19 ; 20
② 19 ; 21
③ 19 ; 22
④ 20 ; 21
⑤ 29 ; 22

La série comporte les nombres positifs énumérés dans l'ordre croissant, à laquelle on a supprimé tous les nombres premiers. Ainsi après 18, 19 est supprimé, mais pas 20 ni 21. Les valeurs à suivre sont donc 20 et 21.

session 6

114 **Le OU exclusif, appelé XOR, est un opérateur logique très utilisé en informatique dont voici la table de vérité :**

A	B	A xor B
0	0	0
0	1	1
1	0	1
1	1	0

Parmi les choix suivants, quelles valeurs de A, B, C et D vérifient (A xor B) xor (C xor D) = 1 ?

① 0, 1, 1, 0
② 0, 0, 0, 0
③ 1, 1, 0, 1
④ 1, 1, 1, 1
⑤ 1, 0, 1, 0

Simplement en faisant les opérations, c'est le quadruplet {1 ; 1 ; 0 ; 1} qui vérifie l'égalité car (1 xor 1) xor (0 xor 1) = 0 xor 1 = 1.

115 **Les 20 % meilleurs élèves d'une classe ont une moyenne de 15/20. Les 50 % d'élèves moyens ont une moyenne de 12/20. Enfin le reste des élèves a une moyenne de 9/20. Quelle est la moyenne de cette classe ?**

① 11
② 11,2
③ 11,5
④ 11,7
⑤ 12

20 % des élèves ont une moyenne de 15, 50 % une moyenne de 12 et 30 % une moyenne de 9, il suffit de poser le calcul :

$$M = \frac{20 \times 15 + 50 \times 12 + 30 \times 9}{100} = \frac{300 + 600 + 270}{100} = \frac{1\,170}{100} = 11{,}7.$$

116 **On lance deux dés tétraédriques, c'est-à-dire en forme de pyramide triangulaire régulière et dont les faces sont numérotées pour le premier de 1 à 4 et pour le second de 2 à 5. On considère le produit obtenu par les deux nombres apparus sur les faces inférieures. Tous les résultats sont équiprobables et forment notre échantillon statistique. Quelle est la médiane de cet échantillon ?**

① 7
② 8
③ 9
④ 10
⑤ 11

Tout d'abord, calculons l'échantillon de 16 valeurs :
E = {2, 3, 4, 4, 5, 6, 6, 8, 8, 9, 10, 12, 12, 15, 16, 20}. La médiane est la valeur qui coupe cet échantillon en deux parties égales, cette césure est donc entre les valeurs 8 et 8, la médiane est donc 8.

117 **Dans un jeu de 32 cartes dans lequel on retire le huit de cœur et la dame de pique. Quelle est alors la probabilité de tirer une dame ou un cœur ?**

① $\frac{1}{3}$

② $\frac{5}{16}$

③ $\frac{3}{8}$

④ $\frac{2}{5}$

⑤ $\frac{3}{10}$

Comme on a retiré deux cartes ce jeu en comporte trente. La probabilité de tirer une dame est de 3 / 30. La probabilité de tirer un cœur est de 7 / 30. La probabilité de tirer la dame de cœur est de 1 / 30. Or selon la formule suivante : $P(A \cup B) = P(A) + P(B) - P(A \cap B)$. Le résultat est donc de : $\frac{3}{50} + \frac{7}{30} - \frac{1}{30} = \frac{9}{30} = \frac{3}{10}$.

118 **Parmi tous les nombres obtenus par permutation des chiffres 2, 5, 5, 7 et 7, combien sont compris entre 30 000 et 60 000 ?**

① 12

② 15

③ 16

④ 20

⑤ 24

Il y a 30 nombres qui sont une permutation de 25 577. $\left(\frac{5!}{2! \times 2!}\right)$ car il y a 2 exemplaires du chiffre 5 et du chiffre 7.
Il y a 6 nombres commençant par 2, 12 par 5, 12 par 7.
Dans la fourchette 30 000 – 60 000, il y a donc uniquement les 12 chiffres commençant par 5.

119 **En remplaçant les lettres A, R, B et E par des chiffres différents, quelle est, parmi les réponses proposées, celle qui permet de résoudre l'équation suivante :**
ARBRE = (A + R + B + R + E)³

① 23531

② 19683

③ 17576

④ 13438

⑤ 12523

Il suffit de tester les réponses proposées pour déterminer celle qui vérifie la relation :
$23531 = ?\ (2 + 3 + 5 + 3 + 1)^3 = 14^3 = 2744 \rightarrow$ Faux
$19683 = ?\ (1 + 9 + 6 + 8 + 3)^3 = 27^3 = 19683 \rightarrow$ Faux car R = 9 ou 8
$17576 = ?\ (1 + 7 + 5 + 7 + 6)^3 = 26^3 = 17576 \rightarrow$ Vrai
$13438 = ?\ (1 + 3 + 4 + 3 + 8)^3 = 19^3 = 6859 \rightarrow$ Faux
$12523 = ?\ (1 + 2 + 5 + 2 + 3)^3 = 13^3 = 2197 \rightarrow$ Faux
Seule la réponse 3 convient donc.

120 **La grille ci-dessous peut être remplie en suivant les définitions horizontales et verticales présentes juste à côté de cette grille. Elles sont inspirées des termes du poker dont voici un rapide rappel :**
– paire = 2 chiffres identiques (4-4) ;
– brelan = 3 chiffres identiques ;
– full = 1 brelan + 1 paire ;
– carré = 4 chiffres identiques.
Les paires sont composées de deux paires successives et les paires mélangées sont constituées de 2 paires dont les chiffres sont en désordre (par exemple, 3-7-7-3 ou 3-7-3-7). Parmi les réponses proposées, sur quelle case ne va-t-on pas trouver le chiffre 5 ?

	A	B	C	D
1	5			
2			■	
3				
4		2		

Horizontale	Verticalement
1 Paires	A Paires en désordre
2 Paire	B Paires en désordre
3 Paires en désordre	C Paire
4 Paires en désordre	D Carré

① A4
② B3
③ C1
④ C3
⑤ C4

Nous allons remplir la grille en fonction des définitions proposées. La ligne 1 est composée de paires => il y a un 5 en B1. Comme la colonne B est composée de paires mélangées, en B2 on a un 2 et en B3 un 5. La ligne 2 étant une paire, on peut mettre un 2 en A2. La colonne A étant composée de paires en désordre, on a soit 5-2-5-2, soit 5-2-2-5. La première n'est pas possible car les lignes 3 et 4 sont aussi composées de paires en désordre. Les lignes 3 et 4 sont donc respectivement 2-5-2/5-2/5 et 5-2-2/5-2/5. Le dernier chiffre de ces lignes est donc soit 2 ou 5, or comme la colonne D est un carré, c'est forcément 2, car la ligne 1 est composée de 2 paires. On a donc la solution suivante :

	A	B	C	D
1	5	5	2	2
2	2	2	■	2
3	2	5	5	2
4	5	2	5	2

C'est donc bien la cellule C1 qui est la seule parmi les réponses proposées à ne pas comporter le chiffre 5.

SCORE IAE-MESSAGE

SESSION DU 27 FÉVRIER 2020

Pour vous mettre dans la situation exacte de l'épreuve, nous avons reproduit la page de garde du document remis aux candidats à la Session du 27 février 2020.
Lisez-la attentivement avant de vous lancer.

N'oubliez pas d'utiliser la grille vierge de la page 330 pour y noter vos réponses puis de la comparer à la grille de la page 370 pour calculer votre score.

SCORE IAE MESSAGE

Session :

Nom :

Prénom :

Date de naissance : ___/___/___

Centre :

Signature du candidat

N° d'inscription

0	0	0	0	0	0	0
1	1	1	1	1	1	1
2	2	2	2	2	2	2
3	3	3	3	3	3	3
4	4	4	4	4	4	4
5	5	5	5	5	5	5
6	6	6	6	6	6	6
7	7	7	7	7	7	7
8	8	8	8	8	8	8
9	9	9	9	9	9	9

MARQUAGE DES REPONSES

- Utilisez un crayon mine et une gomme propre ou un blanc correcteur
- Ne graphitez qu'une seule réponse par question

Marquage CORRECT

INCORRECT

Culture G	1	2	3	4	5
1					
2					
3					
4					
5					
6					
7					
8					
9					
10					
11					
12					
13					
14					
15					
16					
17					
18					
19					
20					
21					
22					
23					
24					
25					
26					
27					
28					
29					
30					
31					
32					
33					
34					
35					
36					
37					
38					
39					
40					
41					
42					
43					
44					
45					
46					
47					
48					
49					
50					
	1	2	3	4	5

Français	1	2	3	4	5
51					
52					
53					
54					
55					
56					
57					
58					
59					
60					
61					
62					
63					
64					
65					
66					
67					
68					
69					
70					
71					
72					
73					
74					
75					
76					
77					
78					
79					
80					
81					
82					
83					
84					
85					
86					
87					
88					
89					
90					
91					
92					
93					
94					
95					
96					
97					
98					
99					
100					
	1	2	3	4	5

RLN	1	2	3	4	5
101					
102					
103					
104					
105					
106					
107					
108					
109					
110					
111					
112					
113					
114					
115					
116					
117					
118					
119					
120					
	1	2	3	4	5

Anglais	1	2	3	4	5
121					
122					
123					
124					
125					
126					
127					
128					
129					
130					
131					
132					
133					
134					
135					
136					
137					
138					
139					
140					
141					
142					
143					
144					
145					
146					
147					
148					
149					
150					
151					
152					
153					
154					
155					
156					
157					
158					
159					
160					
161					
162					
163					
164					
165					
166					
167					
168					
169					
170					
	1	2	3	4	5

SCORE IAE MESSAGE

1re session 2020

Jeudi 27 février 2020

SCORE IAE MESSAGE

session 1

À REMPLIR PAR LE CANDIDAT :

Nom : .... Prénom : ....

Identifiant Score IAE-Message : ....

Votre identité (nom et prénom), date de naissance, votre identifiant SIM, ainsi que le centre d'écrit et la session ont été pré-remplis sur la grille de réponses. Merci de les vérifier. Vous devez apposer votre signature dans la case prévue à cet effet.
Le présent livret regroupe les quatre épreuves : Culture générale, économique et managériale ; Compréhension et expression écrite en français ; Raisonnement logique et numérique ; Compréhension et expression écrite en anglais, d'une durée de trois heures.

L'épreuve comprend cent soixante-dix (170) questions à choix multiple. Le tableau suivant fait apparaître leur répartition par matière, les pages où vous en prendrez connaissance, la durée indicative de leur traitement (durée qui n'est fournie que pour faciliter la gestion de votre temps).

Matière	**Pages du livret**	**Nombre de questions**	**Durée indicative de traitement**
Culture générale, économique et managériale	2 à 8	50	45 minutes
Compréhension et expression écrite en français	9 à 23	50	45 minutes
Raisonnement logique et numérique	24 à 29	20	45 minutes
Compréhension et expression écrite en anglais	30 à 38	50	45 minutes

Pour chaque question, cinq (5) réponses vous sont proposées ; **une seule réponse est correcte**.
Le barème de notation est le suivant :

	Épreuve de Culture générale, économique et managériale	Épreuve de Compréhension et expression écrite en français	Épreuve de Raisonnement logique et numérique	Épreuve de Compréhension et expression écrite en anglais
Bonne réponse	2 points	2 points	5 points	2 points
Mauvaise réponse, absence de réponse ou réponses multiples	0 point	0 point	0 point	0 point

Vos réponses devront être portées sur la grille codée qui vous est remise, et qui ne doit être ni pliée, ni écornée. Pour chacune des questions, graphitez entièrement une case (1, 2, 3, 4, 5) de la ligne numérotée correspondant à la question, en utilisant, pour permettre la lecture optique, un crayon de bois. En cas de correction, le blanc correcteur vous est vivement recommandé.

À la fin de l'épreuve, vous remettrez la grille codée au surveillant et vous lui restituerez également le présent livret.

RAPPELS

L'usage de la calculatrice, dictionnaire, lexique ou grammaire est formellement interdit.
Aucune sortie n'est autorisée pendant l'épreuve, toute sortie étant définitive.

Ce document contient 38 pages (compte tenu de cette page de garde).

Merci de vérifier que toutes les pages sont jointes au document.

Bonne chance !

ÉPREUVE DE CULTURE GÉNÉRALE, ÉCONOMIQUE ET MANAGÉRIALE

1 Combien d'émirats composent les Émirats arabes unis ?

1/ 5
2/ 6
3/ 7
4/ 8
5/ 9

2 En 2019, le FMI a accordé à la République Démocratique du Congo un don en appui budgétaire pour 2020 d'un montant de :

1/ 0,5 milliard de dollars
2/ 1 milliard de dollars
3/ 1,5 milliard de dollars
4/ 2 milliards de dollars
5/ 3,5 milliards de dollars

3 En 2018, d'après Eurostat, le PIB cumulé des 28 États membres de l'Union européenne s'élevait à :

1/ 12 500 milliards d'euros
2/ 15 300 milliards d'euros
3/ 18 100 milliards d'euros
4/ 21 800 milliards d'euros
5/ 24 500 milliards d'euros

4 Selon un rapport de l'ONU, publié en 2017, combien le continent africain compte-t-il d'habitants (environ) ?

1/ 800 millions
2/ 1,3 milliard
3/ 2,5 milliards
4/ 3,1 milliards
5/ 5,2 milliards

5 Les accords d'Evian se rapportent :

1/ Aux négociations pour la fin de la guerre d'Algérie
2/ À la création de l'Euro
3/ À la création de la Communauté Européenne du Charbon et de l'Acier
4/ À la signature de l'armistice entre la France et l'Allemagne en 1940
5/ À la sortie du Royaume-Uni de l'Union européenne

6 Quelle est la capitale du Mali ?

1/ Lomé
2/ Bamako
3/ Ouagadougou
4/ Abidjan
5/ Brazzaville

7 En janvier 2019, quelle ville fut le théâtre d'un attentat visant un complexe hôtelier et faisant plus de vingt morts ?

1/ Nairobi
2/ Le Caire
3/ Abidjan
4/ Rabat
5/ Gao

8 En mars 1983, lors du premier septennat de François Mitterrand, quel ministre de l'Économie et des Finances a engagé le « tournant de la rigueur » ?

1/ Michel Sapin
2/ Dominique Strauss-Kahn
3/ Jacques Delors
4/ Antoine Pinay
5/ René Monory

9 En février 2019, dans quel pays un député a-t-il été contraint de démissionner après avoir avoué un « vol » de sandwich ?

1/ En Slovénie
2/ Au Danemark
3/ En Allemagne
4/ Au Japon
5/ En Norvège

10 En France, en juillet 2019, quel ministre a démissionné du gouvernement suite notamment à des révélations sur l'organisation de dîners privés à l'Assemblée nationale ?

1/ François Fillon
2/ François de Rugy
3/ Christophe Castaner
4/ Cédric Villani
5/ Nicolas Hulot

11 Karl Lagerfeld, décédé en février 2019, a travaillé plus de 35 ans pour la même maison de couture. Laquelle ?

1/ Yves Saint-Laurent
2/ Chanel
3/ Givenchy
4/ Christian Dior
5/ Jean-Paul Gaultier

12 Quelle est la capitale de l'Allemagne ?

1/ Bonn
2/ Cologne
3/ Munich
4/ Dortmund
5/ Berlin

13 En quelle année fut assassiné John Fitzgerald Kennedy ?

1/ En 1948
2/ En 1953
3/ En 1963
4/ En 1968
5/ En 1974

14 **En quelle année le traité sur la non-prolifération des armes nucléaires a-t-il été signé ?**

1/ En 1958
2/ En 1968
3/ En 1978
4/ En 1988
5/ En 1998

15 **Dans quel pays se trouve la Jeddah Tower (ou Kingdom Tower), actuellement en construction, et qui deviendra la plus haute tour du monde ?**

1/ À Dubaï (Émirats arabes unis)
2/ Au Qatar
3/ En Arabie saoudite
4/ En Inde
5/ En Iran

16 **Quelle personnalité politique a été relaxée en décembre 2018 dans le cadre d'une affaire portant sur un tweet jugé antisémite visant Emmanuel Macron ?**

1/ Nadine Morano
2/ Marion Maréchal
3/ Gérard Filoche
4/ Éric Ciotti
5/ Florian Philippot

17 **En 1977, qui est élu Maire de Paris ?**

1/ Jean Tiberi
2/ Jacques Chirac
3/ Bertrand Delanoë
4/ Étienne Arago
5/ Jules Ferry

18 **En septembre 2018, quel constructeur automobile a annoncé que 100 % de ses modèles seraient proposés en version électrique dès l'année 2019 ?**

1/ Renault
2/ Toyota
3/ PSA
4/ Fiat
5/ Škoda

19 **Quel économiste est l'auteur de la théorie du revenu relatif ?**

1/ Léon Walras
2/ James Stemble Duesenberry
3/ John Maynard Keynes
4/ Friedrich Hayek
5/ Milton Friedman

20 **Quelle est la nationalité du journaliste Jamal Khashoggi, tué le 2 octobre 2018 dans le consulat de son pays à Istanbul ?**

1/ Qatarienne
2/ Saoudienne
3/ Iranienne
4/ Irakienne
5/ Jordanienne

21 **En France, le 26 janvier 2019, parmi ces figures médiatiques du mouvement des gilets jaunes, laquelle a perdu la vue d'un œil lors de la manifestation ?**

1/ Éric Drouet
2/ Maxime Nicolle
3/ François Boulo
4/ Jérôme Rodrigues
5/ Benjamin Cauchy

22 Au Japon, en mai 2019, quel est le nom du nouvel empereur officiellement intronisé ?

1/ Naruhito
2/ Horikawa
3/ Shirakawa
4/ Juntoku
5/ Nakamikado

23 Quel pharaon égyptien est considéré comme un précurseur du monothéisme pour avoir imposé le culte d'un Dieu unique lors de son règne ?

1/ Akhenaton
2/ Amenhotep III
3/ Toutânkhamon
4/ Khéops
5/ Ramsès II

24 Au Soudan, en avril 2019, quel est le nom du Général arrivé au pouvoir en tant que chef du Conseil militaire de transition à la suite de la destitution de Omar Hassan Ahmad el-Bechir par les forces armées soudanaises ?

1/ Ibrahim Abboud
2/ Abdel Fattah al-Burhan
3/ Modibo Keïta
4/ Kwame Nkrumah
5/ Idriss Déby

25 Quel pays d'Afrique connaît une croissance économique impressionnante depuis ces deux dernières décennies, avec notamment un taux de croissance annuel moyen de 7,5 % entre 2000 et 2017 et une croissance de 8,6 % en 2018 ?

1/ Le Rwanda
2/ L'Afrique du Sud
3/ Le Cameroun
4/ L'Algérie
5/ Le Burundi

26 Sur quels pays s'étend la Patagonie ?

1/ La Bolivie et le Pérou
2/ Le Brésil et le Pérou
3/ L'Argentine et le Chili
4/ L'Argentine et l'Uruguay
5/ La Bolivie et le Brésil

27 En septembre 2017, entre quel pays le CETA (accord économique et commercial) a-t-il été conclu ?

1/ Les États-Unis et la Chine
2/ L'Union européenne et le Canada
3/ Les États-Unis et le Canada
4/ L'Union européenne et les États-Unis
5/ Le Mercosur et les États-Unis

28 **En décembre 2018, quel événement a été marqué par l'adoption d'un manuel de 150 pages concernant l'application de l'accord de Paris sur le climat adopté en décembre 2015 ?**

1/ La COP 24
2/ Le Grenelle 2
3/ La conférence de Davos
4/ La conférence de Sendai
5/ Le sommet mondial sur le développement durable

29 **Le 4 novembre 2018, quel territoire d'Outre-mer français s'est prononcé lors d'un référendum portant sur son autodétermination ?**

1/ La Polynésie française
2/ Mayotte
3/ La Nouvelle-Calédonie
4/ La Guyane
5/ Saint-Pierre-et-Miquelon

30 **Parmi ces pays, lequel abrite la plus large population de confession musulmane au monde ?**

1/ L'Arabie saoudite
2/ L'Algérie
3/ L'Inde
4/ La Malaisie
5/ Le Yémen

31 **Quel est le premier pays au monde à avoir adopté un suffrage universel incluant les femmes ?**

1/ La Nouvelle-Zélande
2/ Le Danemark
3/ La Hongrie
4/ La Norvège
5/ La France

32 **Dans quelle ville s'est tenue la COP 25, du 2 au 13 décembre 2019 ?**

1/ À Santiago du Chili
2/ À Paris
3/ À Madrid
4/ À Caracas
5/ À Barcelone

33 **En septembre 2018, dans quel État le président de la République de Corée, Moon Jae-in, a-t-il été reçu à la surprise générale ?**

1/ Les États-Unis d'Amérique
2/ L'État du Japon
3/ La République populaire de Chine
4/ La République populaire démocratique de Corée
5/ L'État du Qatar

34 **Lequel des pays suivants n'est pas une ancienne colonie britannique ?**

1/ La Nouvelle-Zélande
2/ Le Burundi
3/ Le Ghana
4/ Le Nigéria
5/ L'Inde

35 **Dans quel pays Johnny Clegg, décédé en juillet 2019, a-t-il vécu les débuts de son succès musical ?**

1/ Le Canada
2/ Les États-Unis
3/ L'Afrique du Sud
4/ Le Royaume-Uni
5/ L'Australie

36 **Lequel des pays suivants n'a pas pour monnaie officielle l'Eco (anciennement Franc CFA) ?**

1/ Le Bénin
2/ Le Mali
3/ Le Niger
4/ Le Sénégal
5/ Le Ghana

37 **Qui est l'auteur du livre *Le Petit Poucet* ?**

1/ Charles Perrault
2/ Hans Christian Andersen
3/ Guy de Maupassant
4/ Les frères Grimm
5/ George Sand

38 **En Italie, en novembre 2018, dans quelle activité sévissaient des familles mafieuses dans un vaste réseau démantelé par la direction nationale antimafia ?**

1/ Le trafic de stupéfiants
2/ Le trafic de voitures volées
3/ La prostitution
4/ Les paris en ligne
5/ L'escroquerie financière

39 **En avril 2019, quel est le nom du cargo qui a sombré à quelque 300 km des côtes françaises avec à son bord 2 200 tonnes de fioul lourd, 2 100 véhicules et près de 1 050 tonnes de matières dangereuses ?**

1/ Grande America
2/ CSCL Globe
3/ Esso Atlantic
4/ Marco-Polo
5/ Oasis of the Seas

40 **Parmi les capitales suivantes, laquelle est la plus peuplée ?**

1/ Mexico
2/ Moscou
3/ Pékin
4/ Séoul
5/ Lima

41 **À quel massacre perpétré en 1995 au nom de la « purification ethnique » lors de la guerre de Bosnie-Herzégovine, Radovan Karadžić, condamné en appel en mars 2019 à la prison à vie par la justice internationale, est-il notamment associé ?**

1/ Le massacre de Volhynie
2/ Le massacre de Srebrenica
3/ Le massacre de Katyn
4/ Le massacre de Timişoara
5/ Le massacre de Mizocz

42 **En France, en juin 2019, quelle femme politique a été nommée à la tête de la Banque centrale européenne ?**

1/ Michèle Alliot-Marie
2/ Najat Vallaud-Belkacem
3/ Christine Lagarde
4/ Muriel Pénicaud
5/ Florence Parly

43 **Quelle est la nationalité de la personne ayant été nommée au poste de Haut représentant de l'Union européenne pour les Affaires étrangères en juin 2019 ?**

1/ Française
2/ Italienne
3/ Belge
4/ Portugaise
5/ Espagnole

44 Que signifie le PMI manufacturier ?

1/ Prix Moyen Indexé
2/ Purchasing Managers Index
3/ Production Moyenne Intérieure
4/ Purpose Manufacturer Index
5/ Post Monetar Inflation

45 En janvier 2019, comment se nomme l'ex-avocat de Donald Trump qui a accusé ce dernier devant le Congrès d'être un « escroc », un « raciste » et un « tricheur » ?

1/ Bob Woodward
2/ Michael Cohen
3/ Sam Nunberg
4/ Rex Tillerson
5/ David Shulkin

46 En décembre 2018, quelle joueuse de football a obtenu le Ballon d'Or ?

1/ Ada Hegerberg
2/ Marta Vieira Da Silva
3/ Amandine Henry
4/ Wendie Renard
5/ Megan Rapinoe

47 En mars 2019, pour quelle compagnie volait le Boeing 737 Max qui s'est écrasé, causant la mort de 157 personnes et provoquant l'immobilisation de ce type d'avion par de nombreux pays ?

1/ Ethiopian Airlines
2/ American Airlines
3/ Southwest Airlines
4/ Singapore Airlines
5/ China Airlines

48 En France, en juin 2019, quelle entreprise a demandé la suspension de la cotation de son titre suite aux recommandations de « déremboursement » de l'homéopathie formulées par la Haute Autorité de Santé ?

1/ Merck
2/ Pierre Fabre
3/ Sanofi
4/ Boiron
5/ Servier

49 Qui était Maurice Audin pour lequel l'État français a reconnu, le 13 septembre 2018, une responsabilité dans l'assassinat dont il a été victime ?

1/ Un préfet de région
2/ Un militant pour l'indépendance algérienne
3/ Un homme politique haïtien
4/ Un militant écologiste
5/ Un journaliste d'investigation

50 En décembre 2018, quel chef de gouvernement a provoqué des manifestations suite à la promulgation d'une loi autorisant les employeurs à demander à leurs salariés d'effectuer jusqu'à 400 heures supplémentaires ?

1/ Vladimir Poutine
2/ Boïko Borissov
3/ Giuseppe Conte
4/ Viktor Orbán
5/ António Costa

Épreuve de compréhension et expression écrite en français

1re partie : expression - 35 questions

51 **Parmi les citations suivantes, laquelle emploie la figure de style de l'euphémisme ?**

1/ « Et cette terre était proche, et elle lui apparaissait comme un bouclier sur la mer sombre » - Homère, *L'Odyssée*
2/ « Cette faucille d'or dans le champ des étoiles » - Victor Hugo, *La Légende des siècles*
3/ « Un soir, j'ai assis la Beauté sur mes genoux – Et je l'ai trouvée amère. » Arthur Rimbaud, *Une saison en Enfer*
4/ « Cette petite grande âme venait de s'envoler » - Victor Hugo, *Les Misérables*
5/ « Vous êtes le Phénix des hôtes de ces bois. » - La Fontaine, *Le Corbeau et le Renard*

52 **Qu'est-ce qu'un « catarrhe » ?**

1/ C'est un membre d'une secte médiévale albigeoise
2/ C'est un rhume chronique
3/ C'est un problème de l'œil, fréquent chez les personnes âgées
4/ C'est un bateau à voile
5/ C'est une suite de volcans sur les grandes Comores

53 **Qu'est-ce que la « cosmologie » ?**

1/ C'est un long discours sur les étoiles
2/ C'est une branche de l'astrophysique qui étudie l'origine et l'évolution de l'univers
3/ C'est une branche de la littérature de science-fiction
4/ C'est une science du maquillage
5/ C'est une branche de l'art qui se spécialise dans les œuvres en plastique

54 **Parmi les propositions suivantes, laquelle présente une faute d'accord ?**

1/ Les patates sont roussies
2/ Tels sont les propos qu'elle a entendu dire
3/ Nous sommes souvent émerveillés par les films que nous voyons
4/ Ce texte est lu par la meilleure comédienne de la troupe
5/ Nous avons faits des efforts totalement inutiles

55 Parmi les propositions suivantes, laquelle est grammaticalement correcte ?

1/ Concernant les congés des 3 étudiants de la Summer School, ceux-ci ne peuvent pas être remonté dans le logiciel
2/ En contrat de droit public les congés ont vocation à être posés, pas de paiement en fin de contrat
3/ Il faudrait donc nous renvoyer les documents compléter dès que possible
4/ Comme j'ai insisté, vous avez fini par décrochez le téléphone
5/ Il était abattu de constaté combien sa pensée avait été déformé

56 Parmi les propositions suivantes, laquelle est correctement conjuguée ?

1/ On se vois bientôt pour le festival
2/ Je vois que tu as bien grandi depuis l'année dernière
3/ Il vois la vie en noir depuis trois semaines
4/ Elle crois toujours au Père Noël
5/ Tu croit que nous arriveront à l'heure

57 Parmi les propositions suivantes, laquelle est grammaticalement correcte ?

1/ Elles restaient là, immobiles, la tête penchée, comme des fleurs qu'on a oubliées d'arroser
2/ Elles restaient là, immobiles, la tête penchée, comme des fleurs qu'on a oubliés d'arroser
3/ Elles restaient là, immobiles, l a tête penchée, comme des fleurs qu'on a oubliée d'arroser
4/ Elles restaient là, immobiles, la tête penchée, comme des fleurs qu'on a oublié d'arroser
5/ Elles restaient là, immobiles, la tête penchée, comme des fleurs qu'on a oubliés d'arroser

58 Parmi les termes suivants, lequel désigne une chose ou un évènement extrêmement anciens ?

1/ Abscons
2/ Lucernaire
3/ Antédiluvien
4/ Endémique
5/ Caligineux

59 Parmi les propositions suivantes, quel est l'intrus ?

1/ Houblon
2/ Hérisson
3/ Héros
4/ Handicap
5/ Hôpital

60 Parmi les propositions suivantes, laquelle est correctement orthographiée ?

1/ Il a pris le bateau pour se rendre dans une réserve hornitaulogique
2/ Il a pris le bateau pour se rendre dans une réserve hornithologique
3/ Il a pris le bateau pour se rendre dans une réserve ornitologique
4/ Il a pris le bateau pour se rendre dans une réserve ornitaulogique
5/ Il a pris le bateau pour se rendre dans une réserve ornithologique

61 Parmi les propositions suivantes, laquelle est correctement orthographiée ?

1/ Je pense que votre méthode pédagogique est bizare
2/ Mon fils a des devoirs bizards à faire
3/ La méthode de son professeur est bizzarre
4/ Il en a fait des cauchemards toute l'année
5/ Il faut donc cesser ces bizarreries

62 Parmi les propositions suivantes, laquelle est correctement conjuguée au passé simple de l'indicatif ?

1/ Je m'ébroua pour revenir au présent
2/ Je prit une bouchée de pancake
3/ Je me redressai brusquement
4/ Il marquat une pause avant de reprendre son discours
5/ Il me lanças un regard éloquent

63 Parmi les propositions suivantes, laquelle est correctement conjuguée au passé simple de l'indicatif ?

1/ La toux d'un promeneur dissipat l'essaim de mes rêves
2/ Quelques chansons payèrent le loyer durant deux ans
3/ Je buvai l'élixir afin de devenir brave
4/ Ils eûrent besoin de partir dès l'aube
5/ Il demeurât aussi coi et penaud qu'un président

64 Que signifie l'adjectif « erratique » ?

1/ Austère, modeste
2/ Méchant, désagréable
3/ De mauvaise humeur, irascible
4/ Instable, irrégulier
5/ Égoïste, narcissique

65 Parmi les propositions suivantes, laquelle est grammaticalement correcte ?

1/ Joséphine et Napoléon se sont plu dès leur première rencontre
2/ Joséphine et Napoléon se sont plus dès leur première rencontre
3/ Joséphine et Napoléon se sont plues dès leur première rencontre
4/ Joséphine et Napoléon se sont plut dès leur première rencontre
5/ Joséphine et Napoléon se sont plue dès leur première rencontre

66 **Parmi les propositions suivantes, laquelle est incorrectement conjuguée ?**

1/ Cette règle corsette les initiatives
2/ Tu époussettes cette étagère
3/ Il interprète les résultats de cette année
4/ L'enquêteur furète sur la scène du crime
5/ Les dirigeants projettent le rachat de cette entreprise

67 **Parmi les phrases suivantes, laquelle comporte une erreur ?**

1/ La grenouille coasse
2/ Le corbeau croasse
3/ Il arbore son voisin qui le lui rend bien
4/ La bise est glacée cet hiver
5/ La brise est douce au printemps

68 **Parmi les propositions suivantes, laquelle est correcte ?**

1/ La forme « je suis été » est un solipsisme
2/ La forme « je suis été » est un solécisme
3/ La forme « je suis été » est un paroxysme
4/ La forme « je suis été » est un oxymore
5/ La forme « je suis été » est une analepse.

69 **Parmi les propositions suivantes, laquelle n'est pas à la voie active ?**

1/ Le dernier candidat était sorti avant dix-huit heures
2/ Le candidat se sera muni de son dossier
3/ Le dossier du candidat était arrivé trop tard
4/ Le candidat ne se serait pas présenté sans son dossier
5/ Aucun dossier de candidat ne sera consulté après la date butoir

70 **Parmi les propositions suivantes, laquelle pourrait définir l'« hédonisme » ?**

1/ Le fait de repousser une action au lendemain
2/ La recherche du bonheur par un minimum d'efforts
3/ Le fait de penser que seul l'argent fait le bonheur
4/ Le fait de croire que tout découle des expériences passées
5/ Le fait de rejeter les conventions morales et sociales le plus communément admises

71 **Parmi les propositions suivantes, laquelle est correcte ?**

1/ Les conclusions de ces recherches sont signées par un aréopage d'experts
2/ Les conclusions de ces recherches sont signées par un aéropage d'experts
3/ Les conclusions de ces recherches sont signées par un haréopage d'experts
4/ Les conclusions de ces recherches sont signées par un aréaupage d'experts
5/ Les conclusions de ces recherches sont signées par un haréoppage d'experts

72 **Parmi les propositions suivantes, laquelle est incorrectement conjuguée au futur antérieur ?**

1/ Lorsque tu arriveras, je serai déjà partie
2/ Demain, j'aurais certainement fini ce travail
3/ En 2050, nous aurons probablement d'autres moyens de transport
4/ Lorsque vous serez calmés, nous pourrons commencer le cours
5/ Lorsqu'elle arrivera en France, je serai enchantée de la rencontrer

73 **Dans cette phrase extraite de *Jane Eyre* de Charlotte Brontë : « Parlez donc, Jane : mais plutôt que cette simple question, à laquelle est peut-être lié un secret, je préférerais que vous [...] la moitié ce que je possède. », par quelle forme du verbe « demander » faut-il remplacer la partie entre crochets ?**

1/ M'eutes demandé
2/ M'ayez demandée
3/ Me demandassiez
4/ M'auriez demandé
5/ M'eussiez demandé

74 **Parmi les propositions suivantes, laquelle est correctement orthographiée ?**

1/ Ma pauvre fille était palote et avait de la fièvre
2/ Elle a pourtant mangé une bavette à l'échalote
3/ Malgré elle tremble et grelote, la pauvre
4/ Malgré le thé à la bergamotte, elle tremblait toujours
5/ Sa pauvre glote restait rouge

75 **Parmi les propositions suivantes, laquelle est correcte ?**

1/ Justin, que l'on disait sceau, aimait sauter dans les flaques d'eau
2/ Cosette portait un sot bien trop lourd pour elle
3/ Luc aimait le sot en longueur, où il excellait
4/ Marc aimait porter une bague avec le sceau de sa famille
5/ Lucile pratiquait le seau en hauteur tous les jours

76 **Parmi les propositions suivantes, laquelle correspond à la forme correcte du verbe « mourir » conjuguée au futur simple ?**

1/ Nous mourons
2/ Nous mourirons
3/ Nous mourrons
4/ Nous mourirrons
5/ Nous mourrirons

77 **Quelle est l'orthographe correcte du mot manquant dans cette phrase extraite de *Lolita* de V. Nabokov : « Ses doigts bruns et effilés avançant à tâtons avec une lenteur somnambulique ; puis son genou [...] commençait son long et prudent périple. » ?**

1/ Opalescant
2/ Opalescent
3/ Opallessant
4/ Opaleçant
5/ Opallessent

78 **Parmi les propositions suivantes, laquelle est incorrecte ?**

1/ Prends de l'argent dans mon sac !
2/ Finis ton assiette !
3/ Manges un peu plus de viande !
4/ Pars plus tôt pour éviter les embouteillages !
5/ Rends lui son téléphone !

79 **Parmi les propositions suivantes, laquelle n'est pas un synonyme du mot « acrimonieuse » ?**

1/ Affable
2/ Acerbe
3/ Âpre
4/ Revêche
5/ Acariâtre

80 **Parmi les propositions suivantes, laquelle est correcte ?**

1/ Son destin a basculé, cet homme est devenu un pauvre hère
2/ Son destin a basculé, cet homme est devenu un pauvre hers
3/ Son destin a basculé, cet homme est devenu un pauvre air
4/ Son destin a basculé, cet homme est devenu un pauvre aire
5/ Son destin a basculé, cet homme est devenu un pauvre ère

81 **Parmi les propositions suivantes, laquelle contient une négation totale ?**

1/ Ils ne mangent pas
2/ Je n'ai pas ramassé de fenouil
3/ Elles n'aiment pas les mathématiques mais l'histoire
4/ Tu n'as aucun souci
5/ Il ne regarde pas de films de ce réalisateur

82 **Parmi les propositions suivantes, laquelle est correctement orthographiée ?**

1/ Tu fais vrai'ment n'importe quoi aujourd'hui
2/ Ce serait vraimant bien de se voir lundi
3/ Alice aime vraiement faire de l'équitation
4/ Tu ne veux vraiment pas venir avec nous ?
5/ Il ne supporte pas vraiemant le poulet

83 **Parmi les propositions suivantes, laquelle est incorrecte ?**

1/ Un désespoir
2/ Un parloir
3/ Un perchoir
4/ Un devoir
5/ Un auditoir

84 **Parmi les propositions suivantes, laquelle correspond le mieux à la définition d'un « syllogisme » ?**

1/ Un raisonnement inintelligible
2/ Un raisonnement décousu, qui manque de rigueur
3/ Une présentation inadaptée au public qui l'écoute
4/ Un raisonnement très rigoureux
5/ Un discours politique prononcé à charge contre ses adversaires

85 **Comment appelle-t-on le premier mot de la phrase « Moi, je passe le score à Angers »?**

1/ Un pronom analeptique
2/ Un sujet prépositionnel
3/ Un pronom disjoint
4/ Un sujet dédoublé
5/ Un pronom présentatif

2e partie : compréhension – 15 questions

Texte

Source : *Le Monde,* L'été des séries, vendredi 19 août 2019

Rêveries autour du voyage lunaire
par Pierre Barthélémy

Nous sommes en 1969, à l'acmé du programme Apollo. L'année où, selon toute vraisemblance, un humain va marcher pour la première fois sur la Lune. L'année aussi où une émission de télévision loufoque, Les *Shadoks*, nous révèle que beaucoup de gens y sont en réalité déjà allés par le passé, parce qu'elle était alors beaucoup plus facile d'accès : « *Ce n'était même pas un satellite de planète, c'était… un machin*, assure la voix chantante du narrateur, Claude Piéplu. *Un machin qui se promenait à deux ou trois coudées au-dessus des arbres et des forêts, comme un vulgaire ballon de foire. (…) Vous vous rendez bien compte qu'en ce temps-là, par conséquent, aller sur la Lune, c'était pas plus compliqué que monter au grenier, à condition d'avoir des échelles à Lune et d'emporter son manger. Alors, quand Gégène* [un insecte terrifiant] *se déchaînait, les Shadoks couraient se réfugier sur la Lune avec leurs victuailles, leurs batteries de cuisine, leurs ustensiles et leurs affûtiaux. C'est ce que l'on appelait, en ce temps-là, la course à la Lune…* ».

Les *Shadoks* n'ont rien inventé. Depuis près de deux mille ans, le « *petit luminaire* » qui préside à la nuit – selon le texte de la Genèse – constitue un lieu privilégié de l'absurde, un défouloir pour la fantaisie des écrivains. Conservateur en chef du patrimoine au département des objets d'art du Louvre, Philippe Malgouyres a étudié la relation des artistes à Séléné afin de préparer l'exposition consacrée à la Lune au Grand Palais, à Paris (ouverte jusqu'au 22 juillet), dont il est co-commissaire. C'est un astre plein d'ambiguïtés, souligne-t-il : « *Régulier, mais qui change de forme. Qui éclaire, mais sans produire sa lumière. La Lune, c'est le seuil de l'inconnu, l'endroit le plus lointain dont on voit la surface, que l'on devine solide et où l'on peut imaginer mettre le pied. C'est une utopie au sens étymologique du terme : un non-lieu. L'endroit où l'on pourrait presque aller, c'est la Lune…* ».

Pas étonnant que, dans l'Antiquité déjà, on s'y soit transporté par l'esprit. C'est ainsi qu'au IIe siècle, l'écrivain grec Lucien de Samosate effectue le premier une promenade sur la Lune, consignée dans un récit de pure fiction qu'il nomme par antithèse Histoire véritable… « *Dans ce texte, il se moque des récits de géographes qui présentent comme véridiques des faits extravagants soidisant vus dans des terres lointaines* », explique Roland Lehoucq, astrophysicien au Commissariat à l'énergie atomique et aux énergies alternatives (CEA) et spécialiste de science-fiction.

Lucien de Samosate arrive sur la Lune par accident : il se trouve sur un bateau quand, écritil, « *une bourrasque soudaine vient nous assaillir avec une telle violence, qu'après avoir fait tournoyer notre vaisseau, elle le soulève en l'air à plus de trois mille stades et ne le laisse plus retomber sur la mer : la force du vent, engagé dans nos voiles, tient en suspens notre embarcation et l'emporte, de telle sorte que nous naviguons en l'air pendant sept jours et sept nuits.* »

Une fois sur la Lune, le narrateur rencontre ses curieux habitants et Lucien s'en donne à cœur joie : « **D'abord, ce ne sont point des femmes, mais des mâles qui y perpétuent l'espèce. Ce n'est point**

dans le ventre qu'ils portent leurs enfants, mais dans le mollet. Quand l'embryon a été conçu, la jambe grossit ; puis, plus tard, au temps voulu, ils y font une incision et en retirent un enfant mort, qu'ils rendent à la vie en l'exposant au grand air, la bouche ouverte. » Du nez des Sélénites, ajoute l'auteur grec, « *découle un miel fort âcre ; et, lorsqu'ils travaillent ou s'exercent, tout leur corps sue du lait, dont ils font des fromages, en y faisant couler un peu de ce miel. (...) Leur ventre leur sert de poche : ils y mettent tout ce dont ils ont besoin, car il s'ouvre et se ferme à volonté. (...)* »

FIOLES, MACHINES ET HARICOTS

Dans la même veine fabuleuse, on trouve deux autres personnages célèbres, Savinien de Cyrano de Bergerac et le baron de Münchhausen. Avant de devenir le héros de la fameuse pièce d'Edmond Rostand, le premier est un écrivain libertin. En 1657, deux ans après sa mort, paraît son Histoire comique des États et empires de la Lune. Dans ce récit, Cyrano décrit les stratagèmes qu'il a imaginés pour se rendre sur notre satellite. « *J'avais attaché tout autour de moi quantité de fioles pleines de rosée, sur lesquelles le Soleil dardait ses rayons si violemment que la chaleur qui les attirait, comme elle fait les plus grosses nuées, m'éleva si haut qu'enfin je me trouvai au-dessus de la moyenne région* », écrit l'astronaute amateur. S'apercevant qu'il ne prend pas la direction de la Lune, il brise plusieurs fioles, redescend vers le plancher des vaches et atterrit… au Québec. Il vient en somme, sans le faire exprès, de réaliser le premier vol suborbital.

C'est aussi par hasard qu'il finit sur la Lune. Après avoir eu un accident en testant une machine volante de son invention, il oint son corps endolori de moelle de bœuf. Retournant chercher son aéronef, il découvre que des soldats y ont ajouté des fusées au salpêtre pour le transformer en « *dragon de feu* ». Il se précipite pour empêcher la mise à feu mais, dans la confusion, la mèche est allumée et voilà Cyrano qui décolle. Une fois la combustion terminée, le poète se voit déjà se fracasser au sol mais, à sa surprise, son « *élévation* » continue : « *Ma machine prenant congé de moi, je la vis retomber vers la Terre* », tout comme, dans l'astronautique moderne, le premier étage d'un lanceur redescend lorsque son carburant est épuisé.

En cherchant par quel miracle sa propulsion vers les cieux se poursuit, Cyrano se remémore la moelle dont il s'est pommadé et trouve une explication parfaitement scientifique et logique à son voyage : « *La Lune pendant ce quartier ayant accoutumé de sucer la moelle des animaux, elle buvait celle dont je m'étais enduit avec d'autant plus de force que son globe était plus proche de moi et que l'interposition des nuées n'en affaiblissait point la rigueur.* » CQFD.

Quant au baron de Münchhausen (17201797), dont les fanfaronnades et les « *aventures* » sont racontées par l'écrivain allemand Rudolf Erich Raspe, son arrivée dans la Lune s'avère abracadabrante. « *Il utilise un moyen encore plus absurde que celui de Cyrano, explique Philippe Malgouyres, puisqu'il y monte grâce à un haricot qu'il a planté, comme dans le conte Jack et le haricot magique. Il y aura un second voyage dans la Lune où Münchhausen voyagera en bateau, comme Lucien de Samosate.* » Tous ces périples extraordinaires, poursuit le conservateur du Louvre, « *ne parlent pas de la Lune qu'on voit dans le ciel, mais d'un endroit où l'on peut dire n'importe quoi. On prête tous les ridicules aux habitants de la Lune pour envoyer des critiques très sensées aux habitants de la Terre. Ainsi, le libre-penseur qu'est Cyrano de Bergerac en profite pour se moquer de la scolastique et de la théologie. La Lune, c'est un miroir tendu à la Terre.* »

Roland Lehoucq acquiesce : « *Le voyage dans la Lune constitue alors une opération de décentrement, qui permet d'observer l'endroit d'où l'on vient depuis un autre point. C'est ce que fait aussi Johannes Kepler dans son Songe.* » Grand astronome (et aussi astrologue…), Kepler (15711630) a découvert les lois – qui portent son nom – régissant les trajectoires des planètes. C'est notamment afin de montrer que, pour les Sélénites, la Terre semble tourner autour de la Lune qu'il rédige ce Songe, publié de manière posthume en 1634. Le décentrement pour une cause scientifique, donc. Le savant ne s'embarrasse pas pour le voyage : il rêve qu'un démon emporte son personnage dans la Lune. Néanmoins, souligne Gérard Azoulay, responsable de l'Observatoire de l'espace au Centre national d'études spatiales (CNES), Kepler se pose déjà des questions d'astronautique : « *Il évoque le protocole du voyage spatial, parle de la raréfaction de l'air, du froid…* » Comme le résume Roland Lehoucq : « *C'est de la protosciencefiction.* »

DU CANON À LA FUSÉE

Au XIXe siècle, les histoires de voyage dans la Lune se poursuivent, mais la continuité avec les textes précédents n'est qu'apparente, explique Philippe Malgouyres : « *La première veine était celle de la parodie, de la moquerie, du burlesque, et le voyage n'était pas au centre du récit. Tout change avec l'arrivée du rationalisme et de la science positiviste. De plus, on est à un moment où l'on connaît déjà très bien la Terre : le besoin de conquête et de découverte doit se matérialiser ailleurs.* » Cet ailleurs, ce sera donc la Lune, à la fois lointaine et proche. En un mot, atteignable.

Le premier à tutoyer notre conception de la science-fiction est Edgar Allan Poe, dans son *Aventure sans pareille d'un certain Hans Pfaall*, parue en 1835. Tout comme Lucien de Samosate affirmait avoir menti tout le long de son *Histoire véritable*, le narrateur fait bien comprendre à son lecteur que ce journal de bord d'un voyageur spatial n'est qu'un canular. Il n'empêche : même si le trajet s'effectue en ballon, même si c'est un menteur qui raconte, « *Poe essaie de rendre vraisemblable le processus du voyage, ce que ses prédécesseurs n'ont jamais fait* », pointe Philippe Malgouyres.

Hans Pfaall donne des chiffres et se livre à des calculs, décrit les troubles physiologiques auxquels il est confronté ainsi que la capsule spatiale (« *un vaste sac de caoutchouc, très flexible, très solide, absolument imperméable* ») qu'il a prévue pour respirer, se sert des lois de la physique pour justifier comment son ballon peut accélérer dans la haute atmosphère, voit la Terre s'amenuiser et explique comment, à un moment de son voyage, sa montgolfière échappera à l'attraction de notre planète pour être captée par celle de la Lune.

Poe reste toutefois dans la tradition du mensonge littéraire. C'est Jules Verne, trente ans après l'*Aventure sans pareille d'un certain Hans Pfaall*, qui s'en affranchit enfin et entre de plain-pied dans la science-fiction avec son très pédagogique roman De la Terre à la Lune, dont la suite, Autour de la Lune, sera publiée quatre ans plus tard, en 1869. On connaît l'histoire : trois courageux embarquent dans un vaisseau prenant la forme d'un gigantesque obus tiré par un canon du même acabit installé en Floride, non loin de… Cap Canaveral. Tout comme le feront un siècle plus tard les astronautes de la mission Apollo 8, le trio décolle, va faire le tour de notre satellite sans s'y poser – « *Jules Verne avait bien compris que le principal problème du voyage pour la Lune n'était pas d'y aller mais bien d'en revenir une fois que l'on y a atterri* », dit en souriant Philippe Malgouyres – et termine son périple par un grand plouf dans l'océan.

Dans ce récit prophétique, le romancier français commet néanmoins plusieurs erreurs, la plus importante étant d'utiliser un canon, ainsi que le souligne Roland Lehoucq : « *En passant quasi instantanément de 0 à 11,2 kilomètres par seconde, la vitesse nécessaire pour quitter la Terre, Jules Verne fait subir à ses passagers une accélération si violente qu'ils devraient être écrabouillés et se transformer en purée rougeâtre.* » Les chiffres sont cruels, on ne tire pas des humains dans un obus. D'où l'engin qui va dominer la sciencefiction au XXe siècle : la fusée, qui permet d'atteindre la vitesse dite de libération en accélérant, certes moins fort qu'un canon, mais plus longtemps.

« VERTIGE DOCUMENTAIRE »

(…)

Un certain Georges Remi, plus connu sous le nom d'Hergé, a probablement en tête les œuvres de Jules Verne et de Fritz Lang, ainsi qu'un film américain de 1950 intitulé *Destination Moon*, lorsqu'il dessine la fusée la plus célèbre de l'histoire, aux carreaux rouges et blancs, celle de son double album *Objectif Lune* et *On a marché sur la Lune*. Pour le créateur de *Tintin*, c'est un moment clé (…)

C'est aussi le moment où Hergé lance ses studios. « *On passe d'un univers très personnel, d'une création d'auteur, à un univers industrialisé* », y compris dans l'aventure elle même, qui projette Tintin et ses amis dans le quotidien d'un centre de recherches spatiales. « *Hergé prend acte d'un changement de monde,* poursuit Benoît Peeters : *on entre dans la société de croissance, où on accepte une dimension collective. Dans ces albums, il y a d'autres mains que celle d'Hergé, qui n'est pas un dessinateur technique.* »

(…)

DÉSILLUSION ET CONSPIRATIONNISME

Tout devient louche et les partisans de cette théorie du complot scrutent chaque détail des missions Apollo, soupçonnées d'avoir été filmées (…) en studio. (…)

Quant au module lunaire lui-même, ses prouesses seraient impossibles. La croyance est parvenue jusqu'en France, où elle reste cependant contenue.

« *En 2017 et 2018, nous avons réalisé deux enquêtes d'opinion sur le conspirationnisme en France,* précise Rudy Reichstadt. *Un des items testés concerne la Lune. Au cours des deux enquêtes, 9 % des personnes interrogées se sont déclarées d'accord avec la phrase : "Les Américains ne sont jamais allés sur la Lune"…* ».

En 1835 était parue dans le journal newyorkais *The Sun* une série de six articles annonçant la découverte, par des astronomes, d'une civilisation sur notre satellite. « *L'histoire avait été inventée de toutes pièces mais le canular paraissait vraisemblable et les gens y ont cru,* raconte Philippe Malgouyres. *Les récits sur la Lune parlent beaucoup de l'humanité, ils parlent autant du désir de connaître que du désir d'être trompé. Le savoir et l'ignorance se projettent très facilement sur la Lune…* ».

Questions

86 Parmi les propositions suivantes, laquelle est correcte ?

1/ Ce texte est un roman de science-fiction
2/ « L'acmé du programme… » désigne le début du programme
3/ Le programme Apollo était un programme destiné à augmenter la production des polos
4/ En 1969, on espérait qu'un homme marcherait sur la lune mais ce fut une illusion
5/ « Les Shadoks » était une émission télévisuelle appréciée par son sérieux

87 Parmi les propositions suivantes, laquelle est correcte ?

1/ Dans « Les Shadoks » on apprend que beaucoup de gens avaient participé au programme Apollo
2/ Pour Claude Piéplu, la Lune n'est pas un satellite de la Terre
3/ Les Shadoks allaient souvent sur la Lune pour se protéger
4/ Ils emportaient avec eux des flûtes en bois
5/ Ils organisaient des courses sur la Lune

88 **Parmi les propositions suivantes, laquelle est correcte ?**

1/ « Le petit luminaire » est une métaphore désignant la Lune dans la Bible
2/ La Lune est un endroit que les écrivains ont trouvé stupide
3/ Philippe Malgouyres travaille à Orléans
4/ Il présente une exposition sur une déesse nommée Séléné
5/ C'est par la lumière qu'elle produit que la Lune fascine depuis des siècles

89 **Parmi les propositions suivantes, laquelle est correcte ?**

1/ Lucien de Samosate est en fait le premier homme à être allé sur la lune
2/ Lucien de Samosate dénonce les écrits de ceux qui, avant lui, prétendaient être allés sur la Lune
3/ Roland Lehoucq est également allé sur la Lune avant de devenir commissaire
4/ Lucien de Samosate imagine un voyage de sept jours pour atteindre la Lune
5/ Il compara la distance parcourue à celle des stades grecs

90 **Parmi les propositions suivantes, laquelle est incorrecte ?**

1/ Les habitants de la Lune, d'après Samosate, couvent leurs enfants dans la jambe
2/ Les enfants de la Lune, d'après Samosate, étaient extraits, morts, de la jambe des pères
3/ Les voisins des habitants de la Lune, les Sélénites, produisaient du lait et du miel
4/ Samosate décrit un monde utopique, où l'homme produit à partir de son corps tout ce dont il a besoin
5/ Dans le monde décrit par Samosate, l'habitant de la Lune a un ventre faisant office de sac

91 **Parmi les propositions suivantes, laquelle est correcte ?**

1/ Le baron de Münchhausen a été le compagnon de Cyrano de Bergerac, tous deux ont imaginé un voyage sur la Lune
2/ Edmond Rostand était un écrivain libertin du XVIIe siècle
3/ Cyrano utilise des fioles de chaleur pour tenter d'atteindre la Lune
4/ Cyrano est présenté comme le premier astronaute
5/ « … plancher des vaches » désigne le Canada

92 Parmi les propositions suivantes, laquelle est correcte ?

1/ Cyrano « oint son corps » signifie qu'il badigeonne son corps
2/ Le salpêtre est un légume, très apprécié au XVIIe siècle
3/ Cyrano s'est trouvé dans une machine parlante qui lui dit « au revoir » avant de s'écraser
4/ L'auteur souligne le côté très scientifique de l'explication de son voyage
5/ Cyrano a prouvé que la Lune absorbait la moelle des animaux

93 Parmi les propositions suivantes, laquelle est correcte ?

1/ Le baron de Münchhausen est connu pour ses « fanfaronnades » signifie qu'il était excellent musicien
2/ Le baron de Münchhausen serait allé trois fois sur la Lune
3/ « Tous ces périples extraordinaires » évoquent les voyages réels sur la Lune de Samosate, Cyrano et du baron de Münchhausen
4/ Dans ces récits, la Lune n'apparaît que comme un prétexte à réfléchir sur les êtres humains
5/ Cyrano critique la scolastique, c'est-à-dire la science étudiant les malformations du dos (scoliose…)

94 Parmi les propositions suivantes, laquelle est correcte ?

1/ « Une opération de décentrement » signifie que ces voyages imaginaires sont un moyen de prendre une distance par rapport à ses propres points de références
2/ Kepler est connu pour ses prédictions astrologiques
3/ Kepler explique que la Terre tourne autour de la Lune
4/ L'astrologie est la science de l'observation des astres
5/ La proto-science-fiction est un récit merveilleux sur le futur

95 Parmi les propositions suivantes, laquelle est incorrecte ?

1/ Au XIXe siècle les voyages littéraires sur la Lune deviennent de plus en plus farfelus
2/ Le positivisme est une approche philosophique qui connaît son temps fort au XIXe siècle
3/ La Terre, connue au XIXe siècle, n'attire plus les auteurs de science-fiction
4/ La Lune continue à attirer au XIXe siècle car elle est à la fois lointaine et accessible
5/ L'expression « à tutoyer » signifie qu'il est proche des conceptions actuelles de la science-fiction

96 **Parmi les propositions suivantes, laquelle est incorrecte ?**

1/ L'*Aventure sans pareille d'un certain Hans Pfaall* raconte l'histoire fausse d'un voyage sur la lune
2/ Le narrateur de ce livre est Edgar Allan Poe
3/ À la différence de Cyrano et Samosate, par exemple, Poe tente de rendre réaliste le voyage lunaire
4/ Philippe Malgouyres considère que Poe fait entrer son récit dans la science-fiction
5/ Poe avait déjà connaissance des conséquences physiques pour l'homme de l'accélération

97 **Parmi les propositions suivantes, laquelle est correcte ?**

1/ Jules Verne a publié son livre *De la Terre à la Lune* en 1866
2/ Le vaisseau permettant d'atteindre la Lune chez Jules Verne est un canon
3/ Les héros de Jules Verne partent sur la Lune du même endroit qu'Apollo 8
4/ Le trio de Jules Verne va sur « notre satellite » signifie qu'il fait le tour du Soleil
5/ Le trio de Jules Verne finit son périple sur la Lune mais sans aucun moyen de retour

98 **Parmi les propositions suivantes, laquelle est correcte ?**

1/ Jules Verne a négligé le fait qu'il faille passer à 11,2 km/heure pour quitter la Terre
2/ La fusée va faire son apparition dans la science-fiction du XXe siècle
3/ La vitesse de libération est la vitesse nécessaire pour revenir sur la Terre
4/ La vitesse de libération d'une fusée peut être aussi élevée que celle d'un obus tiré par un canon
5/ George Remi est un contemporain de Jules Verne

99 **Parmi les propositions suivantes, laquelle est correcte ?**

1/ George Remi est le metteur en scène, avec Fritz Lang du film « Destination Moon »
2/ En écrivant *Objectif Lune* et *On a marché sur la Lune*, Hergé est passé d'une écriture solitaire à une écriture en équipe
3/ Les récits lunaires du XXe siècle négligent encore le technique au profit de la création artistique
4/ La fin du XXe siècle est marquée par les films sur Apollo 8
5/ Les théories du complot remettent en question l'existence de la Lune

100 Parmi les propositions suivantes, laquelle est incorrecte ?

1/ En France, pour la majorité des personnes interrogées, on n'est jamais allé sur la Lune
2/ En 1835, on avait découvert que la Lune avait été habitée
3/ En 1835, des gens ont crû à l'histoire selon laquelle la Lune serait habitée
4/ Pour Philippe Malgouyres, la Lune permet à l'homme de satisfaire son envie ambiguë de connaître et d'être trompé
5/ La Lune est depuis longtemps un moyen pour l'homme de projeter son savoir

ÉPREUVE DE RAISONNEMENT LOGIQUE ET NUMÉRIQUE

101 **Un match de tennis Hommes dans un tournoi du grand chelem se joue au meilleur des 5 sets, c'est-à-dire que le 1er joueur qui gagne 3 sets gagne le match. Le joueur A a gagné le 1er set, en supposant que les 2 joueurs sont de force égale et ont la même probabilité de gagner chaque set, quelle est la probabilité pour que B gagne le match ?**

① 25 %
② 31,25 %
③ 50 %
④ 62,50 %
⑤ 68,75 %

102 **Voici trois énoncés :**

E1 – Tous les poulets sont des oiseaux.
E2 – Certains poulets sont des poules.
E3 – Seuls les oiseaux femelles pondent des œufs.

Si les trois énoncés précédents sont vrais, quels sont ceux ci-dessous qui le sont également :

R1 – Tous les oiseaux pondent des œufs.
R2 – Certaines poules sont des oiseaux.
R3 – Certains poulets ne sont pas des poules.

① Seulement R1
② Seulement R2
③ Seulement R3
④ R1 et R3
⑤ R2 et R3

103 **Si vous parcourez une distance de 100 km à 30 km/h puis une distance de 60 km à 45 km/h, combien de temps mettrez-vous pour parcourir l'ensemble ?**

① 4 h 40 min
② 4 h 45 min
③ 4 h 50 min
④ 5 h
⑤ 5 h 6 min

104 **Quel jour sera-t-on, cent jours après un mardi 17 juillet ?**

① Mercredi 24 octobre
② Jeudi 24 octobre
③ Mercredi 25 octobre
④ Jeudi 25 octobre
⑤ Mercredi 26 octobre

105 **Dans ce petit tableur SUDOXEL, quel résultat donnera la commande suivante :**
SI((A3 × B2) < (A1 × C3); C1 + A3; B1 × C2).
Pour précision la syntaxe de la commande est la suivante : SI(condition; cas si vrai; cas si faux).

	A	B	C
1	2	5	8
2	3	6	4
3	9	7	1

① 15
② 17
③ 19
④ 20
⑤ 21

106 **À 8h00, Abby se rend compte qu'elle a oublié d'effectuer une importante tâche de saisie de données sur Excel, à livrer ce jour. Après deux heures de travail, elle n'a pu saisir que 8 % des données. Entre temps, dès 9h00, Bertrand a décidé de consacrer sa journée à l'aider. À 10h00, il a saisi à lui seul 3 % des données. Au minimum et en incluant 1 heure de pause par personne sur la journée, de combien de collègues Abby et Bertrand doivent recevoir de l'aide (à partir de 10h00) afin que le travail soit livré au plus tard à 17h00 ? On suppose que tout collègue irait au même rythme que Bertrand, et que chacun conserverait le même rythme de travail toute la journée.**

① 0
② 1
③ 2
④ 3
⑤ 4

107 **Une entreprise est composée de 80 % d'employés hommes. Chaque employé maîtrise entre 1 et 3 langues étrangères, la moyenne étant de 1,6 langues. Une femme de l'entreprise a autant de chance de maîtriser 3 langues qu'un homme, ces personnes représentant 20 % des effectifs. De plus, aucune femme ne maîtrise qu'une seule langue. Parmi les hommes, quelle proportion ne maîtrise qu'une langue étrangère ?**

① 25 %
② 30 %
③ 40 %
④ 60 %
⑤ 75 %

108 **Quel est le quotient de :**

$$\frac{-x^3 + 2x - 1}{x^2 + x - 1}$$

① $-x-1$
② $-x+1$
③ $x-1$
④ $x+1$
⑤ $2x-1$

109 **Quelle est la valeur maximale pouvant être prise par la fonction $f(x) = (x - 5)(3 - x)$?**

① 1
② 2
③ 3
④ 5
⑤ 7

110 **Compléter cette suite logique :**
MDS, JIQ, GNO, …

① DTL
② ETM
③ ESL
④ DSM
⑤ DSL

111 **Compléter cette suite logique :**
10, 27, 46, 67, 90, …

① 113
② 115
③ 117
④ 119
⑤ 121

112 **Compléter logiquement la suite :**
14h20 ; 4h40 ; 9h20 ; 18h40 ; 13h20 ; 2h40 ; …

① 4h20
② 5h20
③ 6h20
④ 7h20
⑤ 8h20

113 **Calculer la covariance entre ces deux variables X et Y :**

x_i	3	8	10
y_i	9	8	4

① $-\frac{16}{3}$

② $-\frac{7}{3}$

③ 0

④ $\frac{7}{2}$

⑤ $\frac{7}{4}$

114 **Dans un jeu de 32 cartes dans lequel on a retiré le valet de trèfle et le roi de cœur, quelle est la probabilité de tirer un roi ou un cœur ?**

① $\frac{1}{3}$

② $\frac{2}{5}$

③ $\frac{3}{8}$

④ $\frac{11}{30}$

⑤ $\frac{11}{32}$

115 **Dans la fin des années 1990 et 2000, l'équipe de France de football, quand Z. Zidane jouait, gagnait 7 matchs sur 10, et elle faisait match nul lors de 2 matchs. Par contre, quand il ne jouait pas, elle gagnait seulement 35 % de ses matchs, et faisait match nul 1 fois sur 2. Sachant qu'il a joué 6 matchs sur 10 de l'équipe de France lors de cette période, et que la France a battu la Belgique 2 à 0 le 18 février 2004, quelle est la probabilité que Z. Zidane ait joué ce match ?**

① 1 chance sur 2

② 1 chance sur 3

③ 2 chances sur 5

④ 3 chances sur 4

⑤ 7 chances sur 10

116 **Sur la représentation graphique d'une loi normale (dite courbe de Gauss) d'espérance M et d'écart-type ET, quel pourcentage de la population se retrouve dans l'intervalle [M-2ET ;M+2ET] ?**

① 55 %

② 65 %

③ 75 %

④ 85 %

⑤ 95 %

117 **Quel nombre continue logiquement la suite suivante : 21 ; 22 ; 24 ; 28 ; 36 ; 42 ; 44 ; … ?**

① 48
② 50
③ 52
④ 54
⑤ 56

118 **La documentation d'un tableur imaginaire nous indique que la fonction PART_ENT permet d'arrondir un nombre réel passé en argument au nombre entier immédiatement inférieur. Ainsi, =PART_ENT(Pi) donnera comme résultat 3. De plus, la fonction HASARD() renvoie un nombre aléatoire réel compris entre 0 et 1 soit sur l'intervalle [0;1]. Quels seront les résultats possibles pour la formule de calcul suivante : PART_ENT(HASARD()x3)/4**

① 0 ou 1
② 0, 1, 2 ou 3
⑤ 0, 1, 2 ou 4
④ 0, 1, 2, 3 ou 4
⑤ $0, \frac{1}{4}, \frac{1}{2}$ ou $\frac{3}{4}$

119 **Lors de votre dernier mois de préparation à la prochaine session du score, vous notez les heures auxquelles vous commencez à réviser. Quelques jours avant la session, vous faites la moyenne de toutes les heures notées. Vous transmettez cette heure en donnant les indices suivants :**

- **les heures et les minutes ont chacune deux chiffres et ne contiennent aucun zéro ;**
- **les minutes font le double des heures ;**
- **les quatre chiffres sont différents ;**
- **le premier chiffre des heures fait le tiers du premier chiffre des minutes.**

Quelle est donc votre heure moyenne de démarrage de vos révisions ?

① 19h38
② 20h40
③ 21h42
④ 22h44
⑤ 23h46

120 La grille ci-dessous peut-être remplie avec les chiffres de 2 à 6 en suivant les définitions horizontales et verticales présentes juste à côté de cette grille. Elles sont inspirées des termes du poker dont voici un rapide rappel :

- paire = 2 chiffres identiques (4-4) ;
- brelan = 3 chiffres identiques ;
- full = un brelan suivi d'une paire (ou une paire suivie d'un brelan) ; carré = 4 chiffres identiques ;
- suite = 5 chiffres qui se suivent.

Les paires en désordre sont constituées de 2 paires dont les chiffres sont en désordre : par exemple, 3-5-5-3.
Les full en désordre sont constitués d'une paire et d'un brelan dont les chiffres sont en désordre : par exemple, 3-3-5-5-3.
Les suites en désordre sont constituées d'une suite non ordonnée.
Parmi les réponses proposées, pour quelle case ne va-t-on pas pouvoir déterminer le chiffre à placer ?

	A	B	C	D	E	F
1						■
2						■
3	■	3				
4					■	6
5			■		■	
3		■	4	■		

Horizontale	Verticalement
1 Suite	A Paire-Brelan
2 Suite en désordre	B Full en désordre
3 Full	C Paires
4 Paire	D Full en désordre
5 Paire	E Brelan
6 Paire	F Paires

① B5
② D3
③ D5
④ E6
⑤ F3

ÉPREUVE DE COMPRÉHENSION ET EXPRESSION ÉCRITE EN ANGLAIS

1RE PARTIE : EXPRESSION – 35 QUESTIONS

121 **Top Canada officials and environmental groups pledged legal action on Wednesday to stop the rollback, potentially tying up the issue ... in federal courts.**

1/ By years
2/ For years
3/ To years
4/ At years
5/ In years

122 **Simon Heng led the company for five troubled years before ... by the shareholders.**

1/ Ousting
2/ Oust
3/ Being oust
4/ Being ousted
5/ To be ousted.

123 **Money 3.0 could help us ... the kind of society we want.**

1/ Built
2/ Will build
3/ Builds
4/ Buildings
5/ Build

124 **Successfully managing an international team calls ... good communication skills and an acute awareness of cross-cultural differences.**

1/ At
2/ Out
3/ For
4/ By
5/ Off

125 **The company was on the ... of bankruptcy.**

1/ Top
2/ Edge
3/ Cusp
4/ Cliff
5/ Verge

126 **The hotel was ... for a king.**

1/ Faith
2/ Fit
3/ Fare
4/ Fat
5/ Few

127 In her ruling Friday, Missis Gone appealed ... the president's documented attempts to escape judicial oversight.

1/ In concern
2/ To concerns about
3/ At concern to
4/ Concerning off
5/ Concerns at

128 I still believe that the managing director will have to be replaced, ... or not he is successful in the take-over discussions.

1/ If
2/ Should
3/ Can
4/ Could
5/ Whether

129 Widely ... working conditions exist in the factories around the world which produce cheap clothing.

1/ Differing
2/ Differ
3/ Difference
4/ Differently
5/ Differed

130 The C.E.O. is ... by Twitter.

1/ Disturbs
2/ To disturb
3/ Disturbs on
4/ Disturbed
5/ To has disturbed

131 All of the potential candidates were allowed to make a fifteen minute speech before the selection committee prior to a vote being taken to ... one of them.

1/ Impose
2/ Enrol
3/ Entitle
4/ Endorse
5/ Endow

132 It was ... her fault.

1/ Eternally
2/ Externally
3/ Internally
4/ Entirely
5/ Expired

133 Handshakes and pleasantries were ... between the two men.

1/ Extended
2/ Entwined
3/ Endeared
4/ Entrenched
5/ Exchanged

134 The candidate said the city was in "total violation" of ... rules because needles used by homeless people were ending up in the ocean.

1/ Environment
2/ Environmentally
3/ Environments
4/ Environmental
5/ Environmentalism

135 **Hartmann Property Management is pleased to announce the launch of its new website, which will ... apartment owners to consult their accounts directly and review ongoing expenditure for building maintenance.**

1/ Enable
2/ Let
3/ Apply
4/ Extend
5/ Imply

136 **If the rumours are true of a problem in the new GX telephone battery then Grasson Inc, its manufacturer, will have to withdraw it and ... to the financial consequences.**

1/ Face away
2/ Face down
3/ Face up
4/ Face off
5/ Face out

137 **... for the retail industry show that many traditional stores will face dwindling revenues as more and more shoppers make their purchases online.**

1/ Forecast
2/ Forecasting
3/ Forecasts
4/ Forecaster
5/ Forecasted

138 **Our company encourages all the staff to freely express their opinions but this ... style of communication can be difficult for outsiders to adjust to.**

1/ Forgiving
2/ Forthright
3/ Fortnight
4/ Forsaken
5/ Fortunate

139 **If you want to prepare sushi or sashimi, make sure you choose fish that have been ... caught.**

1/ Freshen
2/ Freshness
3/ Fresher
4/ Freshest
5/ Freshly

140 **During her speech, Ms. Walters insisted ... the need for greater technological innovation in the banking sector.**

1/ At
2/ On
3/ By
4/ From
5/ In

141 **He left his bicycle ... against the side of the building while he went into the library to return a book.**

1/ Lisping
2/ Loping
3/ Leaning
4/ Leaping
5/ Lapsing

142 **The leader of the opposition party has announced that he will be standing ... shortly after parliament reconvenes in October.**

1/ Off
2/ In
3/ Down
4/ Out
5/ Over

143 **The legislation also proposes that companies which violate the parameters ... the bill can be fined up to $1 million per day.**

1/ Outlines
2/ To oultines
3/ To be outlining
4/ Outlined in
5/ To outline

144 **The takeover bid by the Hong Kong Consumer group for Lithium Electronics has come under ... because there is a suspicion that it contravenes trade laws in the region.**

1/ Scrutinize
2/ Scrutiny
3/ Scrutinizing
4/ Scrutinized
5/ Scrutinizes

145 **Peter was quite ... at work and his desk was covered with client files, piles of loose papers and half empty cups of coffee.**

1/ Histrionic
2/ Spasmodic
3/ Vitriolic
4/ Shambolic
5/ Tidy

146 **In the local park there was a playground for children, with swings, a roundabout and a ... .**

1/ Rickshaw
2/ Handsaw
3/ Seesaw
4/ Sledge
5/ Sliding

147 **After some ... inter passing between forwards and backs the winger touched down for a try in the corner.**

1/ Sleight
2/ Slippy
3/ Slippery
4/ Slick
5/ Slack

148 **How long has it been since you last ... a vacation ?**

1/ Take
2/ Taken
3/ Taking
4/ Took
5/ Have taken

149 Children under the age of sixteen are not admitted to the park ... accompanied by an adult.

1/ Without
2/ Beside
3/ Provided
4/ Unless
5/ For

150 When choosing a technician to service your gas appliance, it is best to refer to the government list of approved companies so as to avoid the many ... firms who provide a poor service.

1/ Uncomfortable
2/ Uninterested
3/ Unquestionable
4/ Unscrupulous
5/ Unambiguous

151 India's troubles are a ... sign for other developing countries.

1/ Warner
2/ Warming
3/ To warm
4/ Warning
5/ To be warned

152 The campaign website ... customers they should anticipate a delay in delivery due to overwhelming support.

1/ To warned
2/ Warnings
3/ Warm
4/ Warrant
5/ Warns

153 In her role as purchasing manager, Ms. Forsyth ... to approve all company orders for equipment and supplies.

1/ Must
2/ Has
3/ Should
4/ Will
5/ Need

154 The company had steadily increased it's ... over the last 5 years.

1/ Workshop
2/ Workout
3/ Workforce
4/ Workplace
5/ Work up

155 Pierre Morel knew that in one week's time he ... sitting behind the wheel of his red sports car driving through Europe as a retired man.

1/ Will be
2/ Is
3/ Was
4/ Would be
5/ Can be

2e partie : compréhension – 15 questions

Texte

Read the article and answer the 15 questions that follow.

ARE ARTIFICIAL ISLANDS THE ANSWER TO HONG KONG'S HOUSING CRISIS?

Will a $60bn development to house 1.1 million people help to ease the world's most unaffordable property market or is it simply "pouring money into the sea"?

Matthew Keegan

Fri 12 Jul 2019

Hong Kong suffers from chronic overcrowding and housing shortages – a situation made worse by the 150 residence permits a day that have been issued to mainland Chinese citizens since 1997. Additionally, 62% of land is blocked from land development by law or regulatory constraints for environmental reasons according to the think-tank Our Hong Kong Foundation. "It is crucial that we look for a new source of land supply by building new towns with newly created lands," says Stephen Wong, the think-tank's deputy executive director.

The city, which has been the scene of mass protests and clashes against the government's controversial extradition bill, is pushing ahead with plans to build one of the world's largest manmade islands. Called Lantau Tomorrow Vision, the project will cost upwards of HK$624bn (£60bn) and involve reclaiming 1,700 hectares (4,200 acres) of land out at sea to house up to 1.1 million people on artificial islands.

Reclamation work is scheduled to begin in 2025, with the first residents moving in by 2032. The initial phase consists of creating 1,000 hectares of land around the island of Kau Yi Chau in the central waterway east of Lantau – the city's biggest outlying island. A further 700-hectare reclamation will follow in a second phase. Once completed, the reclaimed land will house 700,000 to 1.1 million people in up to 400,000 homes. Seventy per cent will be public housing and 30% private. It will also be home to Hong Kong's third central business district and a cross-sea transport network.

Population density has reached 27,400 people per square km of developed land, even outranking Mumbai for overcrowding. More than 200,000 people live in sub-divided flats in Hong Kong, including 20-sq-foot "coffin homes". The average waiting time for public housing has risen to 5.5 years, an 18-year peak. In the five years to 2017 alone, the cumulative shortfall of Hong Kong's public and private housing supply reached 99,000 units. "The housing crisis has deepened and the worst is yet to come," says Wong. In the next 30 years, Our Hong Kong Foundation predicts the city will need an additional 9,000 hectares of land to increase per capita living space, reduce population density and provide enough land for the essential supporting facilities.

It's not just Hong Kong that is interested in reclamation. Increasingly, artificial islands are being floated as solutions to some of the pressing challenges that cities face around overcrowding and rising land prices. Singapore has used reclamation to expand its land mass by 25%, helping it stay more competitive than Hong Kong in terms of commercial and residential property prices. Meanwhile, Dubai's Palm Islands were built to increase the amount of premium waterfront land available, elevating the city's tourism economy to attract luxury hotels and resorts, and the very wealthy.

Critics claim building artificial islands is "pouring money into the sea" and will wipe out the city's fiscal reserves. Several major infrastructure projects

→

have suffered delays and budget overruns in recent years, which has diminished public confidence. Then there's the environmental damage. "The project will cause permanent loss of wildlife habitat and change of hydrology, and have a significant negative impact on marine ecology and the livelihoods of Hong Kong fishermen," says Angel Lam, senior conservation officer at WWF-Hong Kong.

Environmentalists such as Angel Lam are urging the government to adopt a "brownfield first" policy instead. This would involve developing more than 1,000 hectares of existing brownfield land in the city's New Territories area. "Why does the government have to do all the destructive reclamation to create 1,000 hectares of land when there is already a 1,000 hectares of land waiting in the New Territories," says Greenpeace senior campaigner Andy Chu Kong. "The issue is that we are not lacking land in Hong Kong, we are lacking the government's proper planning on the existing land that we already have."

Tom Yam, a member of the Citizen Task Force on Land Resources, questions the conceptual viability of building artificial islands, given the climate emergency and rising sea levels. "No other government plans a city with up to one million people in the middle of the sea when other countries are taking steps to anticipate rising sea levels," says Yam. "Why build a city in harm's way? This is a high-risk project."

Yam also points out that the proposed artificial islands, with a 15- to 20-year construction timeframe, cannot mitigate the short-term housing crisis. He also casts doubt on the project's ability to ease overcrowding. "Having up to 700,000 people living on 1,000 hectare of land leads to a population density of 70,000 per sq kilometre," says Yam. "This is more than the most congested district in Hong Kong which is Kwun Tong with 57,000 people per sq km."

Overall, Yam believes the only beneficiaries of the new islands will be engineering firms. "Construction and engineering companies, now mostly from China, will see the most immediate benefits from Lantau Tomorrow, not the mass of Hong Kong people, who will pay for it with the bulk of their fiscal reserves," he says.

Questions

156 What is the main subject of the article?

1/ An attempt to reduce the population of Hong Kong
2/ An attempt to reduce property prices in Hong Kong
3/ The introduction of new legislation in Hong Kong
4/ An attempt to increase the habitable area of Hong Kong
5/ The housing crisis in Hong Kong

157 Which of the following factors is cited by the author as contributing to Hong Kong's lack of space?

1/ Loss of land to the sea
2/ New environmental laws
3/ Protests against China's extradition law
4/ New arrivals in Hong Kong
5/ A lack of construction projects

158 What is Lantau Tomorrow Vision?

1/ A think-tank
2/ A construction project
3/ A political party
4/ An artificial island
5/ The first phase of a project

159 What is true about the initial phase of the project?

1/ It involves the expansion of an existing island
2/ It will create less than 800 hectares of reclaimed land
3/ It will begin in 2032
4/ It will create 400,000 new homes
5/ It will create a rail connection between several islands

160 What is said in paragraph 4 about the housing crisis in Hong Kong?

1/ It is second only to Mumbai in its seriousness
2/ Half the population live in tiny flats
3/ In one 5-year period, close to 100,000 more homes were needed than were available
4/ The last 18 years have been the worst in Hong Kong's history for housing problems
5/ More than 27,000 people live in overcrowded flats

161 What is said in paragraph 5 about land reclamation?

1/ Hong Kong is the first city to consider using it
2/ It has helped Singapore reduce its overcrowding by 25%
3/ It has helped keep property prices down in Singapore
4/ It has resulted in Hong Kong becoming more competitive than Singapore
5/ It has more impact on commercial than on private property prices in Singapore

162 What has been said against the reclamation project in Hong Kong (paragraph 6)?

1/ It is too expensive
2/ The proposed islands are likely to collapse
3/ It is underfunded
4/ It is a waste of money
5/ It is likely to finish behind schedule

163 Who is Angel Lam?

1/ A politician
2/ An environmentalist
3/ A hydrologist
4/ A journalist
5/ An investor

164 What does Angel Lam propose as an alternative to the proposed project (paragraph 7)?

1/ To use an existing but unexploited area of Hong Kong
2/ Knocking down buildings in another part of the city to build new housing
3/ Reclaiming the same area of land in another part of the city
4/ Not building at all
5/ A smaller less destructive reclamation project

165 Why does Tom Yam think the Hong Kong project is misplaced?

1/ Rising sea levels are likely to negatively impact the project
2/ It will take too long to complete
3/ Environmental factors render it inappropriate
4/ Artificial islands are inherently unstable
5/ It is unlikely to have a big impact on property prices

166 The word "risen" in paragraph 4 could best be replaced by:

1/ Heightened
2/ Climbed
3/ Stretched
4/ Passed
5/ Shrunk

167 The word "pressing" in paragraph 5 is closest in meaning to:

1/ Many
2/ Recent
3/ Unacknowledged
4/ Other
5/ Urgent

168 The word "premium" in paragraph 5 could best be replaced by:

1/ First
2/ High
3/ Excelled
4/ Top
5/ Latest

169 The verb "wipe out" as used in paragraph 6 could best be replaced by:

1/ Clean up
2/ Use up
3/ Eat into
4/ Tie up
5/ Fade out

170 The verb "urging" used in paragraph 7 is closest in meaning to:

1/ Forcing
2/ Pleading
3/ Suggesting
4/ Pushing
5/ Bribing

SCORE IAE-MESSAGE

ÉLÉMENTS DE RÉPONSE

Session

GRILLE DES RÉPONSES COMPLÉTÉE

SCORE IAE MESSAGE

Session : 27/02/20

Nom : ______________________

Prénom : ______________________

Date de naissance : ___/___/___

Centre : ______________________

Signature du candidat

N° d'inscription

0	0	0	0	0	0	0
1	1	1	1	1	1	1
2	2	2	2	2	2	2
3	3	3	3	3	3	3
4	4	4	4	4	4	4
5	5	5	5	5	5	5
6	6	6	6	6	6	6
7	7	7	7	7	7	7
8	8	8	8	8	8	8
9	9	9	9	9	9	9

MARQUAGE DES REPONSES

- Utilisez un crayon mine et une gomme propre ou un blanc correcteur
- Ne graphitez qu'une seule réponse par question

Marquage CORRECT ▬

INCORRECT ═ — _ X / -

Culture G	Réponse (1 2 3 4 5)
1	3
2	2
3	2
4	2
5	1
6	2
7	1
8	3
9	1
10	2
11	2
12	5
13	3
14	2
15	3
16	3
17	2
18	3
19	2
20	2
21	4
22	1
23	1
24	2
25	1
26	3
27	2
28	1
29	3
30	4
31	1
32	3
33	4
34	2
35	3
36	5
37	1
38	4
39	1
40	3
41	2
42	3
43	5
44	2
45	2
46	1
47	1
48	4
49	2
50	4

Français	Réponse (1 2 3 4 5)
51	4
52	2
53	2
54	5
55	2
56	2
57	4
58	3
59	5
60	5
61	5
62	3
63	2
64	4
65	1
66	1
67	3
68	2
69	5
70	2
71	1
72	2
73	5
74	2
75	4
76	3
77	2
78	3
79	1
80	1
81	1
82	4
83	5
84	4
85	3
86	4
87	3
88	1
89	4
90	3
91	4
92	1
93	4
94	1
95	1
96	2
97	3
98	2
99	2
100	2

RLN	Réponse (1 2 3 4 5)
101	2
102	5
103	1
104	4
105	4
106	4
107	5
108	2
109	1
110	4
111	2
112	2
113	1
114	1
115	4
116	5
117	1
118	5
119	1
120	4

Anglais	Réponse (1 2 3 4 5)
121	2
122	4
123	5
124	3
125	5
126	2
127	2
128	5
129	1
130	4
131	4
132	4
133	5
134	4
135	1
136	3
137	3
138	2
139	5
140	2
141	3
142	3
143	4
144	2
145	4
146	3
147	4
148	4
149	4
150	4
151	4
152	5
153	2
154	3
155	4
156	4
157	4
158	2
159	1
160	3
161	3
162	4
163	2
164	1
165	3
166	2
167	5
168	4
169	2
170	4

Explications des réponses de l'épreuve de raisonnement logique et numérique

101 **Un match de tennis Hommes dans un tournoi du grand chelem se joue au meilleur des 5 sets, c'est-à-dire que le 1er joueur qui gagne 3 sets gagne le match. Le joueur A a gagné le 1er set, en supposant que les 2 joueurs sont de force égale et ont la même probabilité de gagner chaque set, quelle est la probabilité pour que B gagne le match ?**

Nous pouvons résoudre cette question en faisant l'arbre des possibilités : on note A l'événement A gagne un set, et B, l'événement B gagne un set. Pour que B gagne le match, il faut que l'on ait 3 B. On a alors les cas possibles suivants :
P(BBB) = 1 / 8 ; P(ABBB) = 1 / 16 ; P(BABB) = 1 / 16 ;
P(BBAB) = 1 / 16.
La probabilité que le joueur B gagne est donc de :
1 / 8 + 3 / 16, soit 5 / 16, soit 31,25 %.

① 25 %
② 31,25 %
③ 50 %
④ 62,50 %
⑤ 68,75 %

102 **Voici trois énoncés :**
E1 – Tous les poulets sont des oiseaux.
E2 – Certains poulets sont des poules.
E3 – Seuls les oiseaux femelles pondent des œufs.

Si les trois énoncés précédents sont vrais, quels sont ceux ci-dessous qui le sont également :
R1 – Tous les oiseaux pondent des œufs.
R2 – Certaines poules sont des oiseaux.
R3 – Certains poulets ne sont pas des poules.

R1 (Tous les oiseaux pondent des œufs) est faux car E3 (Seuls les oiseaux femelles pondent des œufs). Par contre, R2 (Certaines poules sont des oiseaux) est vrai car E2 (Tous les poulets sont des oiseaux) et E1 (Certains poulets sont des poules). De plus, R3 (Certains poulets ne sont pas des poules) est aussi vrai car E2 (Certains poulets sont des poules).
Donc R2 et R3 sont vrais.

① Seulement R1
② Seulement R2
② Seulement R3
④ R1 et R3
⑤ R2 et R3

103 **Si vous parcourez une distance de 100 km à 30 km/h puis une distance de 60 km à 45 km/h, combien de temps mettrez-vous pour parcourir l'ensemble ?**

① 4 h 40 min
② 4 h 45 min
③ 4 h 50 min
④ 5 h
⑤ 5 h 6 min

Pour les premiers 100 km, le temps est de : 100 / 30 = 3,333 h = 3 h 20 min. Pour les 60 derniers km, le temps est de : 60 / 45 = 1,333 h = 1 h 20 min. Le temps total est donc de 4 h 40 minutes.

104 **Quel jour sera-t-on, cent jours après un mardi 17 juillet ?**

① Mercredi 24 octobre
② Jeudi 24 octobre
③ Mercredi 25 octobre
④ Jeudi 25 octobre
⑤ Mercredi 26 octobre

Le mois de juillet compte 31 jours, il en reste 14, plus les 31 jours du mois d'août, plus les 30 jours du mois de septembre, et encore 25 jours en octobre = 100 jours ; 100 jours = 7 × 14 + 2. Nous sommes un mardi, ce sera donc un jeudi, le jeudi 25 octobre.

105 **Dans ce petit tableur SUDOXEL, quel résultat donnera la commande suivante : SI((A3 × B2) < (A1 × C3); C1 + A3; B1 × C2). Pour précision la syntaxe de la commande est la suivante : SI(condition; cas si vrai; cas si faux).**

	A	B	C
1	2	5	8
2	3	6	4
3	9	7	1

① 15
② 17
③ 19
④ 20
⑤ 21

La condition (9 × 6) < (2 × 1), 54 < 2 est fausse, donc le résultat est : B1 × C2, soit : 5 × 4 = 20.

106 **À 8h00, Abby se rend compte qu'elle a oublié d'effectuer une importante tâche de saisie de données sur Excel, à livrer ce jour. Après deux heures de travail, elle n'a pu saisir que 8 % des données. Entre temps, dès 9h00, Bertrand a décidé de consacrer sa journée à l'aider. À 10h00, il a saisi à lui seul 3 % des données. Au minimum et en incluant 1 heure de pause par personne sur la journée, de combien de collègues Abby et Bertrand doivent recevoir de l'aide (à partir de 10h00) afin que le travail soit livré au plus tard à 17h00 ? On suppose que tout collègue irait au même rythme que Bertrand, et que chacun conserverait le même rythme de travail toute la journée.**

① 0
② 1
③ 2
④ 3
⑤ 4

À 10h00, 11 % des données sont déjà saisies, il reste donc 89 % de données à saisir. Si x est le nombre de collègues supplémentaires, une heure de travail collectif permet de compléter $4 + 3 (x + 1)$ % de la tâche (4 % pour Abby, 3 % pour Bertrand et chacun des x collègues supplémentaires). Il reste 7 h de travail collectif, donc 6 h en incluant les pauses (1 h / personne). On cherche alors le plus petit entier x tel que : $6 \times (4 + 3 \times (x + 1)) \geq 89$. Il vient $x \geq (47 / 18)$. 47/18 est compris entre 2 et 3, donc $x = 3$.

107 **Une entreprise est composée de 80 % d'employés hommes. Chaque employé maîtrise entre 1 et 3 langues étrangères, la moyenne étant de 1,6 langues. Une femme de l'entreprise a autant de chance de maîtriser 3 langues qu'un homme, ces personnes représentant 20 % des effectifs. De plus, aucune femme ne maîtrise qu'une seule langue. Parmi les hommes, quelle proportion ne maîtrise qu'une langue étrangère ?**

① 25 %
② 30 %
③ 40 %
④ 60 %
⑤ 75 %

20 % des femmes parlent 3 langues et aucune 1 seule langue étrangère. Donc 80 % d'entre elles parlent 2 langues étrangères. Les femmes parlent donc en moyenne $0,2 \times 3 + 0,8 \times 2 = 2,2$ langues étrangères. On en déduit donc le nombre moyen H de langues étrangères parlées par les hommes
$1,6 = 0,8H + 2,2 \times 0,2 \leftrightarrow 0,8H = 1,16 \leftrightarrow H = 1,45$.
Soit X la proportion d'hommes parlant seulement une langue étrangère (on a donc $0,8 - X$ hommes parlant deux langues).
On a : $1,45 = X \times 1 + (0,8 - X) \times 2 + 0,2 \times 3 \leftrightarrow X = 0,75$.
Cette proportion est donc de 75 %.

108 Quel est le quotient de :

$$\frac{-x^3+2x-1}{x^2+x-1}$$

$-x^3 + 2x - 1 = (ax + b)(x^2 + x - 1)$
$-x^3 + 2x - 1 = ax^3 + ax^2 - ax + bx^2 + bx - b$
On en déduit que $a = -1$ et $b = 1$, ce qui vérifie également que $(a + b = 0)$ et que $(-a + b = 2)$, le quotient est donc de $-x + 1$.

① $-x-1$
② $-x+1$
③ $x-1$
④ $x+1$
⑤ $2x-1$

109 Quelle est la valeur maximale pouvant être prise par la fonction $f(x) = (x - 5)(3 - x)$?

$f(x) = (x - 5)(3 - x) = -x^2 + 8x - 15$. On calcule la dérivée de f. Cette dérivée s'annule en $-2x + 8 = 0$, soit en $x = 4$. La fonction f est croissante jusqu'à $x = 4$, puis décroissante. Le maximum est donc obtenu en $x = 4$ et vaut $f(4) = (4 - 5)(3 - 4) = 1$.

① 1
② 2
③ 3
④ 5
⑤ 7

110 Compléter cette suite logique : MDS, JIQ, GNO, …

Considérons l'ordre alphabétique. Pour la première lettre du motif à chaque étape on prend la lettre située trois positions avant dans cet ordre, pour la seconde lettre du motif on compte cinq positions après et pour la troisième deux lettres avant. Le prochain motif sera donc DSM.

① DTL
② ETM
③ ESL
④ DSM
⑤ DSL

111 Compléter cette suite logique : 10, 27, 46, 67, 90, …

Dans cette suite, on remarque entre chaque terme les ajouts suivants : + 17, + 19, + 21, + 23. Le prochain terme sera donc de : 90 + 25 = 115.

① 113
② 115
③ 117
④ 119
⑤ 121

112 **Compléter logiquement la suite : 14h20 ; 4h40 ; 9h20 ; 18h40 ; 13h20 ; 2h40 ; …**

① 4h20
② 5h20
③ 6h20
④ 7h20
⑤ 8h20

La suite consiste à « doubler » l'heure à chaque fois, plus exactement à ajouter à l'heure courante, cette même heure convertie en temps. Ainsi, 14h20 après 14h20, il est 4h40 (14h20 + 14h20 = 28h40 et 28h40 – 24h00 = 4h40). De même, 4h40 + 4h40 = 9h20 ; 9h20 après 9h20, il sera 18h40, et ainsi de suite.
Pour l'élément suivant, on a : 2h40 + 2h40 = 5h20.

113 **Calculer la covariance entre ces deux variables X et Y :**

x_i	3	8	10
y_i	9	8	4

① $-\frac{16}{3}$
② $-\frac{7}{3}$
③ 0
④ $\frac{7}{2}$
⑤ $\frac{7}{4}$

La moyenne des x_i est : $\bar{x} = \frac{3+8+10}{3} = 7$. La moyenne des y_i est : $\bar{y} = \frac{9+8+4}{3} = 7$. La covariance est donc donnée par la formule :

$$\frac{\Sigma(x_i - \bar{x})(y_i - \bar{y})}{N} = \frac{(3-7)(9-7) + (8-7)(8-7) + (10-7)(4-7)}{3}$$

$$= \frac{-8+1-9}{3} = -\frac{16}{3}.$$

114 **Dans un jeu de 32 cartes dans lequel on a retiré le valet de trèfle et le roi de cœur, quelle est la probabilité de tirer un roi ou un cœur ?**

① $\frac{1}{3}$
② $\frac{2}{5}$
③ $\frac{3}{8}$
④ $\frac{11}{30}$
⑤ $\frac{11}{32}$

Comme on a retiré le valet de trèfle et le roi de cœur ce jeu comporte maintenant 30 cartes. On a 3 chances sur 30 de tirer un roi et 7 chances sur 30 de tirer un cœur. La probabilité de tirer un roi ou un cœur est donc de : $\frac{3}{30} + \frac{7}{30} = \frac{10}{30} = \frac{1}{3}$, car comme le roi de cœur n'est plus dans le jeu, ces deux probabilités ne sont plus dépendantes.

SESSION

115 **Dans la fin des années 1990 et 2000, l'équipe de France de football, quand Z. Zidane jouait, gagnait 7 matchs sur 10, et elle faisait match nul lors de 2 matchs. Par contre, quand il ne jouait pas, elle gagnait seulement 35 % de ses matchs, et faisait match nul 1 fois sur 2. Sachant qu'il a joué 6 matchs sur 10 de l'équipe de France lors de cette période, et que la France a battu la Belgique 2 à 0 le 18 février 2004, quelle est la probabilité que Z. Zidane ait joué ce match ?**

① 1 chance sur 2

② 1 chance sur 3

③ 2 chances sur 5

④ 3 chances sur 4

⑤ 7 chances sur 10

En construisant l'arbre pondéré des probabilités, on a la probabilité de gagner un match P(G) égale à $0,6 \times 0,7 + 0,35 \times 0,4 = 0,56$. L'équipe de France avait donc 56 % de gagner un match pendant cette période. On a pris un match gagné, la probabilité que Z. Zidane ait joué ce match est donc de : $\frac{0,6 \times 0,7 / 0,56}{0,56} = 75\ \%$, soit 3 chances sur 4.

116 **Sur la représentation graphique d'une loi normale (dite courbe de Gauss) d'espérance M et d'écart-type ET, quel pourcentage de la population se retrouve dans l'intervalle [M-2ET ;M+2ET] ?**

① 55 %

② 65 %

③ 75 %

④ 85 %

⑤ 95 %

Sur ce type de courbe, il y a 2,5 % de la population au-dessus de la moyenne + ou – 2 fois l'écart-type. Soit 95 % dans l'intervalle.

117 **Quel nombre continue logiquement la suite suivante : 21 ; 22 ; 24 ; 28 ; 36 ; 42 ; 44 ; ... ?**

① 48

② 50

③ 52

④ 54

⑤ 56

Un élément n de la suite est constitué en ajoutant à l'élément précédent n–1 le chiffre des unités de celui-ci, soit :
21 + 1 = 22 ; 22 + 2 = 24 ; 24 + 4 = 28 ; 28 + 8 = 36 ; 36 + 6 = 42...
donc le prochain nombre est : 44 + 4 = 48.

118 **La documentation d'un tableur imaginaire nous indique que la fonction PART_ENT permet d'arrondir un nombre réel passé en argument au nombre entier immédiatement inférieur. Ainsi, =PART_ENT(Pi) donnera comme résultat 3. De plus, la fonction HASARD() renvoie un nombre aléatoire réel compris entre 0 et 1 soit sur l'intervalle [0;1]. Quels seront les résultats possibles pour la formule de calcul suivante : PART_ENT(HASARD()x3)/4**

① 0 ou 1

② 0, 1, 2 ou 3

③ 0, 1, 2 ou 4

④ 0, 1, 2, 3 ou 4

⑤ $0, \frac{1}{4}, \frac{1}{2}$ ou $\frac{3}{4}$

Procédons au calcul manuel étape par étape de la formule PART_ENT(HASARD()x3)/4.
HASARD() donne une valeur réelle entre 0 et 1, donc HASARD()x3 donne une valeur réelle entre 0 et 3, PART_ENT(HASARD()x3) donne une valeur entière entre 0 et 3 (soit les 4 valeurs 0,1, 2, ou 3).
Et enfin PART_ENT(HASARD()x3)/4, donnera les 4 valeurs possibles 0 (0 / 4), 1 / 4, 1 / 2, (2 / 4), et 3 / 4.

119 **Lors de votre dernier mois de préparation à la prochaine session du score, vous notez les heures auxquelles vous commencez à réviser. Quelques jours avant la session, vous faites la moyenne de toutes les heures notées. Vous transmettez cette heure en donnant les indices suivants :**

- **les heures et les minutes ont chacune deux chiffres et ne contiennent aucun zéro ;**
- **les minutes font le double des heures ;**
- **les quatre chiffres sont différents ;**
- **le premier chiffre des heures fait le tiers du premier chiffre des minutes.**

Quelle est donc votre heure moyenne de démarrage de vos révisions ?

① 19h38

② 20h40

③ 21h42

④ 22h44

⑤ 23h46

Procédons par élimination parmi les réponses proposées :
– 23:46, le premier chiffre des minutes fait le double de celui des heures : cette réponse ne convient pas ;
– 0:40, contient des zéros : cette réponse ne convient pas ;
– 21:42 et 22:44, les quatre chiffres ne sont pas tous différents : cette réponse ne convient pas ;
– 19:38, toutes les indices sont respectés : c'est donc la bonne réponse.

120 **La grille ci-dessous peut-être remplie avec les chiffres de 2 à 6 en suivant les définitions horizontales et verticales présentes juste à côté de cette grille. Elles sont inspirées des termes du poker dont voici un rapide rappel :**

- **paire = 2 chiffres identiques (4-4) ;**
- **brelan = 3 chiffres identiques ;**
- **full = un brelan suivi d'une paire (ou une paire suivie d'un brelan) ; carré = 4 chiffres identiques ;**
- **suite = 5 chiffres qui se suivent.**

Les paires en désordre sont constituées de 2 paires dont les chiffres sont en désordre : par exemple, 3-5-5-3.

Les full en désordre sont constitués d'une paire et d'un brelan dont les chiffres sont en désordre : par exemple, 3-3-5-5-3.

Les suites en désordre sont constituées d'une suite non ordonnée.

Parmi les réponses proposées, pour quelle case ne va-t-on pas pouvoir déterminer le chiffre à placer ?

	A	B	C	D	E	F
1						■
2						■
3	■	3				
4					■	6
5			■		■	
3		■	4	■		

Horizontale	Verticalement
1 Suite	A Paire-Brelan
2 Suite en désordre	B Full en désordre
3 Full	C Paires
4 Paire	D Full en désordre
5 Paire	E Brelan
6 Paire	F Paires

① B5

② D3

③ D5

④ E6

⑤ F3

Nous allons remplir la grille en fonction des définitions proposées. La colonne F est composée de paires => il y a un 6 en F3, la ligne 3 est composée d'un full => il y a un 3 en C3 et un 6 en E3 mais pour l'instant impossible de déterminer le chiffre à mettre en D3 (3 ou 6). Comme la colonne E est composée d'un brelan, il faut mettre des 6 en E1 et E2. La ligne 1 est composée d'une suite, il faut donc mettre 2, 3, 4, et 5 respectivement dans les cases A1, B1, C1 et D1. La colonne A comporte une paire => on place un 2 en A2, et la colonne C étant composée de paires => on peut mettre un 4 en C2 et un 3 en C4. Il reste 2 cases vides sur la ligne 2 et on sait qu'elle contient une suite en désordre, il faut donc mettre un 5 en B2 et un 3 en D2. La ligne 4 comporte des paires et la colonne B un full en désordre => il faut mettre un 3 en D4 et un 5 en A4 et B4. La colonne A comporte un brelan en deuxième partie => on met un 5 en A5 et A6. La colonne D comporte un full en désordre et la ligne 3 comporte un full => on met un 3 en D3 et un 5 en D5. La ligne 5 comporte une paire => on met un 5 en B5. Toutes les autres cases sont impossibles à déterminer. On a donc la solution suivante :

	A	B	C	D	E	F	Horizontale	Verticalement
1	2	3	4	5	6		1 Suite	A Paire-Brelan
2	2	5	4	3	6		2 Suite en désordre	B Full en désordre
3		3	3	3	6	6	3 Full	C Paires
4	5	5	3	3		6	4 Paire	D Full en désordre
5	5	5		5		?	5 Paire	E Brelan
3	5		4		?	?	6 Paire	F Paires

C'est donc bien la cellule E6 qui est la seule parmi les réponses proposées pour laquelle on ne pourra pas déterminer le chiffre à placer.

SCORE IAE-MESSAGE

SESSION DU 14 MARS 2020

Pour vous mettre dans la situation exacte de l'épreuve, nous avons reproduit la page de garde du document remis aux candidats à la Session du 14 mars 2020. Lisez-la attentivement avant de vous lancer.

N'oubliez pas d'utiliser la grille vierge de la page 382 pour y noter vos réponses puis de la comparer à la grille de la page 423 pour calculer votre score.

SCORE IAE MESSAGE

Session :

Nom : ____________________

Prénom : ____________________

Date de naissance : ___/___/___

Centre : ____________________

Signature du candidat

N° d'inscription

0	0	0	0	0	0	0
1	1	1	1	1	1	1
2	2	2	2	2	2	2
3	3	3	3	3	3	3
4	4	4	4	4	4	4
5	5	5	5	5	5	5
6	6	6	6	6	6	6
7	7	7	7	7	7	7
8	8	8	8	8	8	8
9	9	9	9	9	9	9

MARQUAGE DES REPONSES

- Utilisez un crayon mine et une gomme propre ou un blanc correcteur
- Ne graphitez qu'une seule réponse par question

Marquage CORRECT

INCORRECT

Culture G	1	2	3	4	5
1					
2					
3					
4					
5					
6					
7					
8					
9					
10					
11					
12					
13					
14					
15					
16					
17					
18					
19					
20					
21					
22					
23					
24					
25					
26					
27					
28					
29					
30					
31					
32					
33					
34					
35					
36					
37					
38					
39					
40					
41					
42					
43					
44					
45					
46					
47					
48					
49					
50					
	1	2	3	4	5

Français	1	2	3	4	5
51					
52					
53					
54					
55					
56					
57					
58					
59					
60					
61					
62					
63					
64					
65					
66					
67					
68					
69					
70					
71					
72					
73					
74					
75					
76					
77					
78					
79					
80					
81					
82					
83					
84					
85					
86					
87					
88					
89					
90					
91					
92					
93					
94					
95					
96					
97					
98					
99					
100					
	1	2	3	4	5

RLN	1	2	3	4	5
101					
102					
103					
104					
105					
106					
107					
108					
109					
110					
111					
112					
113					
114					
115					
116					
117					
118					
119					
120					
	1	2	3	4	5

Anglais	1	2	3	4	5
121					
122					
123					
124					
125					
126					
127					
128					
129					
130					
131					
132					
133					
134					
135					
136					
137					
138					
139					
140					
141					
142					
143					
144					
145					
146					
147					
148					
149					
150					
151					
152					
153					
154					
155					
156					
157					
158					
159					
160					
161					
162					
163					
164					
165					
166					
167					
168					
169					
170					
	1	2	3	4	5

SCORE IAE MESSAGE

2e session 2020

Samedi 14 mars 2020

SCORE IAE MESSAGE

session 8

À REMPLIR PAR LE CANDIDAT :

Nom : .... Prénom : ....

Identifiant Score IAE-Message : ....

Votre identité (nom et prénom), date de naissance, votre identifiant SIM, ainsi que le centre d'écrit et la session ont été préremplis sur la grille de réponses. Merci de les vérifier. Vous devez apposer votre signature dans la case prévue à cet effet. Le présent livret regroupe les quatre épreuves : Culture générale, économique et managériale ; Compréhension et expression écrite en français ; Raisonnement logique et numérique ; Compréhension et expression écrite en anglais, d'une durée de trois heures.

L'épreuve comprend cent soixante-dix (170) questions à choix multiple. Le tableau suivant fait apparaître leur répartition par matière, les pages où vous en prendrez connaissance, la durée indicative de leur traitement (durée qui n'est fournie que pour faciliter la gestion de votre temps).

Matière	Pages du livret	Nombre de questions	Durée indicative de traitement
Culture générale, économique et managériale	2 à 9	50	45 minutes
Compréhension et expression écrite en français	10 à 24	50	45 minutes
Raisonnement logique et numérique	25 à 30	20	45 minutes
Compréhension et expression écrite en anglais	31 à 39	50	45 minutes

Pour chaque question, cinq (5) réponses vous sont proposées ; **une seule réponse est correcte**.
Le barème de notation est le suivant :

	Épreuve de Culture générale, économique et managériale	Épreuve de Compréhension et expression écrite en français	Épreuve de Raisonnement logique et numérique	Épreuve de Compréhension et expression écrite en anglais
Bonne réponse	2 points	2 points	5 points	2 points
Mauvaise réponse, absence de réponse ou réponses multiples	0 point	0 point	0 point	0 point

Vos réponses devront être portées sur la grille codée qui vous est remise, et qui ne doit être ni pliée, ni écornée. Pour chacune des questions, graphitez entièrement une case (1, 2, 3, 4, 5) de la ligne numérotée correspondant à la question, en utilisant, pour permettre la lecture optique, un crayon de bois. En cas de correction, le blanc correcteur vous est vivement recommandé.

À la fin de l'épreuve, vous remettrez la grille codée au surveillant et vous lui restituerez également le présent livret.

RAPPELS

L'usage de la calculatrice, dictionnaire, lexique ou grammaire est formellement interdit.
Aucune sortie n'est autorisée pendant l'épreuve, toute sortie étant définitive.

Ce document contient 39 pages (compte tenu de cette page de garde).

Merci de vérifier que toutes les pages sont jointes au document.

Bonne chance !

ÉPREUVE DE CULTURE GÉNÉRALE, ÉCONOMIQUE ET MANAGÉRIALE

1 **En France, en juin 2019, pour quelle raison le Brevet des collèges a-t-il été reporté ?**

1/ Une grève des enseignants
2/ Une grève des surveillants
3/ Une grève des transports
4/ Une canicule
5/ Une fuite des sujets

2 **Qui est Carola Rackete ?**

1/ Une footballeuse allemande ayant marqué deux buts lors de la Coupe du Monde 2019
2/ Une journaliste allemande ayant remporté le prix Pulitzer en 2019
3/ Une actrice allemande ayant porté plainte contre Luc Besson en juillet 2019
4/ Une capitaine de bateau allemande qui a fait accoster des migrants en Italie en 2019
5/ Une femme politique allemande pressentie pour succéder à Angela Merkel en 2019

3 **Où peut-on voir le tombeau de Napoléon Ier ?**

1/ En Corse
2/ Aux Invalides
3/ Sur l'île d'Elbe
4/ Au Panthéon
5/ Sur l'île Sainte-Hélène

4 **Quelle est la capitale de la Moldavie ?**

1/ Skopje
2/ Chişinău
3/ Sofia
4/ Tirana
5/ Zagreb

5 **En septembre 2018, quel constructeur automobile a officiellement annoncé mettre fin à la distribution de véhicules équipés de moteurs diesel ?**

1/ BMW
2/ Fiat
3/ Seat
4/ Porsche
5/ Mercedes

6 **En France, en juin 2019, pour quel motif Nicolas Sarkozy était-il poursuivi par la justice avec un renvoi au tribunal correctionnel ?**

1/ Négationnisme
2/ Antisémitisme
3/ Népotisme
4/ Abus de biens sociaux
5/ Corruption

7 Le « prix de la Banque de Suède en sciences économiques en mémoire d'Alfred Nobel » a été décerné en 2018 à deux économistes Américains : William Nordhaus et Paul Romer. L'édition 2018 de ce prix était la :

1/ Soixantième édition
2/ Cinquantième édition
3/ Quarantième édition
4/ Trentième édition
5/ Vingt-cinquième édition

8 En France, quelle personnalité assura par deux fois la présidence de la République par intérim pendant la Ve République ?

1/ Jacques Delors
2/ Alain Poher
3/ Pierre Mendès France
4/ Michel Debré
5/ Jacques Chaban-Delmas

9 En France, de quelle ville Jacques Bompard est-il le maire depuis 1995, date de sa première élection en tant que candidat du Front National ?

1/ Menton
2/ Arles
3/ Orange
4/ Saint-Raphaël
5/ Avignon

10 Quelle réalisatrice française du mouvement de la « Nouvelle Vague », auteure du film « L'une chante et l'autre pas », est décédée le 29 mars 2019 à Paris ?

1/ Anne Fontaine
2/ Tonie Marshall
3/ Nicole Garcia
4/ Agnès Varda
5/ Claire Denis

11 Quel célèbre personnage de bandes dessinées a été créé par Stan Lee, décédé en novembre 2018 ?

1/ Batman
2/ Superman
3/ Marsupilami
4/ Spiderman
5/ Lucky Luke

12 En France, en 1995, de quelle ville Jacques Chirac était-il le Maire lors de son élection comme président de la République française ?

1/ Lyon
2/ Nantes
3/ Marseille
4/ Paris
5/ Lille

13 Sous quel nom est aussi connu le « Pacte mondial pour des migrations sûres, ordonnées et régulières » adopté en décembre 2018 par l'Assemblée générale des Nations Unies ?

1/ Le pacte de Rio
2/ Le pacte de Marrakech
3/ Le pacte de Montréal
4/ Le pacte de Durban
5/ Le pacte de Paris

14 **Parmi les pays suivants, lequel n'est pas membre de l'Union économique et monétaire ouest-africaine (UEMOA, dite également « zone CFA ») ?**

1/ La Côte d'Ivoire
2/ Le Mali
3/ Le Niger
4/ Le Sénégal
5/ Le Nigeria

15 **Quels départements composent la région « Occitanie » ?**

1/ Le Languedoc-Roussillon et la Bourgogne
2/ La Bourgogne et la Franche-Comté
3/ Le Languedoc-Roussillon et la région Midi-Pyrénées
4/ Le Limousin et la région Midi-Pyrénées
5/ L'Aquitaine et le Limousin

16 **En Andalousie, en décembre 2018, suite aux élections parlementaires, quel parti politique espagnol a été le premier parti d'extrême droite à obtenir des députés depuis la mort de Franco ?**

1/ Vox
2/ La Ligue du Nord
3/ Le Front populaire national
4/ La República libera
5/ La Voce

17 **En septembre 2018, à propos de quel projet l'agence américaine pour les projets de recherche avancée de Défense (Darpa) a-t-elle annoncé un investissement de 2 milliards de dollars lors de sa réunion annuelle ?**

1/ Le développement d'un matériel militaire plus respectueux de l'environnement
2/ Le développement de l'intelligence artificielle pour limiter la présence humaine au combat
3/ Le développement d'une nouvelle arme chimique
4/ Le développement d'un programme de lutte contre la cybercriminalité
5/ Le développement des outils d'analyse psychologique des conflits

18 **En 2019, pour la première fois, un artiste français, Alexandre Kantorow, a remporté le plus grand prix international de piano. Quel est le nom de ce prix ?**

1/ Le concours Liszt
2/ Le concours Chopin
3/ Le concours Beethoven
4/ Le concours Tchaïkovski
5/ Le concours Mozart

19 **Quel est le pays le plus grand en superficie ?**

1/ Les États-Unis
2/ La Chine
3/ Le Canada
4/ Le Brésil
5/ La Russie

20 Quel pays n'est pas traversé par le Danube ?

1/ L'Autriche
2/ L'Allemagne
3/ La Suisse
4/ La Roumanie
5/ L'Ukraine

21 Quel nom porte la crise économique des années trente faisant suite au krach boursier de 1929 ?

1/ Les trente piteuses
2/ La grande dépression
3/ La stagflation
4/ L'hyperinflation
5/ La crise de l'offre

22 Au large de quelle île le Détroit de Messine se situe-t-il ?

1/ Malte
2/ La Sardaigne
3/ La Sicile
4/ La Corse
5/ Palma de Majorque

23 Qui est Ursula Von der Leyen ?

1/ La présidente de Greenpeace
2/ La présidente de la Commission européenne à compter du 1er décembre 2019
3/ La présidente du Parlement européen à compter du 1er novembre 2019
4/ L'adolescente à l'origine du mouvement de « grève de l'école pour le climat »
5/ La figure majeure du mouvement « Femen »

24 En Angleterre, en mai 2019, Theresa May, Premier ministre, a été contrainte à la démission sans avoir pu mettre en œuvre un Brexit décidé par référendum en juin 2016. Qui lui a succédé au 10 Downing Street ?

1/ David Cameron
2/ Boris Johnson
3/ Nigel Farage
4/ Jeremy Corbyn
5/ Nicola Sturgeon

25 Au 1er janvier 2019, quelle nation a pris la présidence tournante du conseil de l'Union européenne ?

1/ L'Autriche
2/ La Roumanie
3/ La Norvège
4/ L'Italie
5/ La Finlande

26 À quel pays appartient le « Tombeau des rois », monument situé dans la partie palestinienne de Jérusalem, ouvert en juin 2019 après plusieurs années de travaux ?

1/ Israël
2/ L'Égypte
3/ La France
4/ L'Allemagne
5/ Les États-Unis

27 Aux États-Unis, le 14 mai 2019, quel État a voté une loi criminalisant le recours à l'interruption volontaire de grossesse, même dans des cas de viol ou d'inceste, et punissant les médecins pratiquant l'IVG de 10 à 99 ans de prison ?

1/ L'Oregon
2/ Le Wisconsin
3/ La Caroline du Sud
4/ L'Alabama
5/ Le Nouveau-Mexique

28 En 2019, quelle entreprise de marché a été rachetée par Euronext ?

1/ La Bourse de Prague
2/ Le Bombay Stock Exchange
3/ La Bourse de Vienne
4/ La Deutsche Börse
5/ La Bourse d'Oslo

29 En avril 2019, de quelle organisation internationale a-t-on célébré le 70e anniversaire ?

1/ L'Organisation des Nations Unies (ONU)
2/ L'Organisation mondiale du commerce (OMC)
3/ L'Union européenne (UE)
4/ Le Comité international olympique (CIO)
5/ L'Organisation du traité de l'Atlantique nord (OTAN)

30 Parmi les propositions suivantes, lequel de ces pays ne borde pas la mer Rouge ?

1/ L'Érythrée
2/ L'Égypte
3/ L'Arabie saoudite
4/ Le Yémen
5/ La Libye

31 En juillet 2019, quel pays a remporté la Coupe d'Afrique des Nations de football (CAN) ?

1/ Le Sénégal
2/ La Côte d'Ivoire
3/ L'Algérie
4/ L'Égypte
5/ Le Nigeria

32 En décembre 2018, quel joueur de football a obtenu le Ballon d'Or ?

1/ Luka Modric
2/ Cristiano Ronaldo
3/ Kylian Mbappé
4/ Lionel Messi
5/ Zlatan Ibrahimovic

33 Comment se nomme l'accord signé le 10 avril 1998 par le Premier ministre britannique Tony Blair et son homologue irlandais Bertie Ahern ?

1/ L'accord du Super jeudi
2/ L'accord du Vendredi saint
3/ L'accord du Mardi sacré
4/ L'accord du Lundi blanc
5/ L'accord du Mercredi de la paix

34 **Egan Bernal a remporté le Tour de France 2019. Quelle est sa particularité ?**

1/ Il souffre d'un handicap à la jambe gauche
2/ Il est le vainqueur le plus âgé depuis la création de la course
3/ Il est le premier colombien à remporter la course
4/ Il a remporté 19 des 21 étapes de la course
5/ Il est également champion de courses hippiques

35 **Dans le film « Seul au Monde », quel acteur joue le rôle d'un naufragé sur une île déserte après le crash de son avion ?**

1/ Brad Pitt
2/ Matt Damon
3/ Harrison Ford
4/ Tom Hanks
5/ Leonardo Dicaprio

36 **De quel constructeur automobile Carlos Ghosn était-il le PDG lors de son arrestation au Japon en 2018 ?**

1/ PSA
2/ Mercedes
3/ Ford
4/ Volkswagen
5/ Renault-Nissan

37 **Quelle grande entreprise américaine a été poursuivie pour ses clauses contractuelles par l'Union européenne, qui l'a accusée de ne pas protéger suffisamment les données privées des européens, dans un procès qui s'est ouvert le mardi 7 février 2017 à Dublin ?**

1/ Google
2/ Twitter
3/ Facebook
4/ LinkedIn
5/ Instagram

38 **Les lois d'Engel :**

1/ S'appuient sur l'analyse des coefficients budgétaires
2/ Déterminent le niveau optimal d'imposition pour une économie libérale
3/ Établissent une corrélation entre la consommation et l'inflation
4/ Fixent un taux d'inflation optimum pour la balance commerciale
5/ Déterminent la masse monétaire nécessaire pour une bonne circulation de la monnaie

39 **En quelle année l'île de Macao a-t-elle été rétrocédée à la République populaire de Chine par le Portugal ?**

1/ En 1963
2/ En 1975
3/ En 1986
4/ En 1999
5/ En 2007

40 **En France, en quelle année a été votée la loi de séparation des Églises et de l'État ?**

1/ En 1848
2/ En 1870
3/ En 1905
4/ En 1936
5/ En 1946

41 **En France, en mars 2019, de quel diocèse Philippe Barbarin était-il archevêque lorsqu'il a remis sa démission (refusée) au Pape après sa condamnation à six mois de prison avec sursis pour non-dénonciation d'agressions sexuelles sur mineurs ?**

1/ Le diocèse de Rouen
2/ Le diocèse de Lyon
3/ Le diocèse de Marseille
4/ Le diocèse de Bordeaux
5/ Le diocèse de Paris

42 **De qui Alexandre le Grand était-il le fils ?**

1/ De Philippe II de Macédoine
2/ De Darius Ier le Grand
3/ De Cyrus le Grand
4/ De Périclès
5/ De Ptolémée Ier

43 **En France, la Sécurité sociale :**

1/ Est créée par les Ordonnances de 1945
2/ Protège dès son origine l'ensemble des Français
3/ Connaît un équilibre financier
4/ Est créée par les Ordonnances de 1970
5/ Est créée par les Ordonnances de 1960

44 **Au cours de quel siècle, Olympe de Gouges, femme de lettres devenue femme politique, a-t-elle vécu ?**

1/ Au XVIe siècle
2/ Au XVIIe siècle
3/ Au XVIIIe siècle
4/ Au XIXe siècle
5/ Au XXe siècle

45 **Dans quelle ville, se situe le siège de la Banque Mondiale ?**

1/ À Paris
2/ À Washington
3/ À New York
4/ À Londres
5/ À Francfort

46 **En décembre 2018, dans quelle ville s'est tenue la conférence sur les changements climatiques nommée « COP 24 » ?**

1/ À Prague
2/ À Katowice
3/ À Cracovie
4/ À Budapest
5/ À Helsinki

47 **Quelle est la longueur du plus grand pont maritime reliant Hong Kong/Zhuhai/Macao, inauguré en octobre 2018 ?**

1/ 18 km
2/ 32 km
3/ 43 km
4/ 55 km
5/ 67 km

48 **Au festival de Cannes 2019, quel film s'est vu décerner la Palme d'or à l'unanimité ?**

1/ « Atlantique » de Mati Diop
2/ « Les Misérables » de Ladj Ly
3/ « The dead don't die » de Jim Jarmush
4/ « Parasite » de Bong Joon Ho
5/ « Le jeune Ahmed » des frères Dardennes

49 **La Cour des comptes constatait que le déficit des régimes obligatoires de base de Sécurité sociale et du Fonds de solidarité vieillesse étaient de 7 milliards d'euros en 2016. À combien s'élèvaient-ils approximativement en 2017 ?**

1/ 2,8 milliards d'euros
2/ 4,8 milliards d'euros
3/ 5,8 milliards d'euros
4/ 7,8 milliards d'euros
5/ 9,8 milliards d'euros

50 **Combien d'États sont membres de l'Espace économique européen ?**

1/ 12
2/ 26
3/ 28
4/ 31
5/ 33

épreuve de compréhension et expression écrite en français

1re partie : expression - 35 questions

51 Sans tenir compte de la signification lexicale, quelle phrase est, orthographiquement parlant, correctement écrite ?

1/ Vers 5h, il vit un vers vert foncé s'agiter dans un grand ver
2/ Vers 5h, il vit un ver vers foncé s'agiter dans un grand vère
3/ Vers 5h, il vit un ver vert foncé s'agiter dans un grand verre
4/ Vert 5h, il vit un vers ver foncé s'agiter dans un grand vaire
5/ Vert 5h, il vit un vère vert foncé s'agiter dans un grand vere

52 Parmi les propositions suivantes, laquelle est correctement conjuguée ?

1/ Les joueurs de Brest vainqaient régulièrement ceux de Quimper
2/ Vaincquons ces diaboliques ennemis
3/ Vains ton ennemi grâce à ton intelligence
4/ Nous vaincquions sans péril et triomphions sans gloire
5/ Il vainc son ennemi sans gloire et sans péril

53 Que désigne la « néologie » ?

1/ L'introduction de mots nouveaux dans une langue
2/ L'étude des pathologies du rein
3/ Une personne nouvellement convertie au christianisme
4/ La période la plus récente de l'âge de pierre
5/ Les théories positives du XXe siècle

54 Qu'est-ce que la « bigorexie » ?

1/ Une addiction aux jeux de rôle en ligne
2/ Une addiction aux mangas
3/ Une addiction au sport
4/ Une addiction aux séries télévisées
5/ Une addiction aux réseaux sociaux

55 En terme linguistique, comment appelle-t-on le mot « mouche » par rapport au mot « insecte » ?

1/ Un homonyme
2/ Un paronyme
3/ Un antonyme
4/ Un hyponyme
5/ Un hyperonyme

56 Parmi les propositions suivantes, laquelle est correctement conjuguée ?

1/ Si vous justifiiez vos réponses, vous comprendriez les erreurs que vous avez commises
2/ Si vous justifiez vos réponses, vous comprendriez les erreurs que vous avez commis
3/ Si vous justifiiez vos réponses, vous comprendrez les erreurs que vous avez commis
4/ Si vous justifiez vos réponses, vous comprendriez les erreurs que vous avez commises
5/ Si vous justifiez vos réponses, vous comprendrez les erreurs que vous avez commis

57 Parmi les propositions suivantes, laquelle pourrait définir un « pis-aller » ?

1/ Se dit d'une personne qui a un caractère très fort
2/ Se dit de quelque chose d'inné
3/ Se dit d'une personne particulièrement timide
4/ Se dit d'un couple récemment marié
5/ Se dit de quelque chose qu'on choisit faute de mieux

58 Parmi les propositions suivantes, laquelle est correcte ?

1/ Quelles que soient tes priorités, tu dois déléguer
2/ Quelques soient tes priorités, tu dois déléguer
3/ Quelques soit tes priorités, tu dois déléguer
4/ Quels que soient tes priorités, tu dois déléguer
5/ Qu'elles que soient tes priorités, tu dois déléguer

59 Parmi les propositions suivantes, laquelle est grammaticalement correcte ?

1/ Dans quelle cadre il faut traiter ce point ?
2/ Pour cette sortie, quel accompagnateurs seront présents ?
3/ Quel est ta confiture préférée ?
4/ Quelle manteau mettras-tu ce soir ?
5/ Dans quelle situation t'es-tu mis encore !

60 Dans cette phrase extraite du *Portrait de Dorian Gray* d'Oscar Wilde : « Et puis était apparu Lord Henry Wotton, avec son étrange panégyrique de la jeunesse, dont la brièveté lui inspirait ces terribles avertissements » , quel terme proposé est un synonyme du mot « panégyrique » ?

1/ Péjoratif
2/ Réquisitoire
3/ Philippique
4/ Apologie
5/ Pragmatique

61 **Parmi les propositions suivantes, laquelle est un antonyme de l'adjectif « délétère » ?**

1/ Sain
2/ Luxueux
3/ Pauvre
4/ Néfaste
5/ Modeste

62 **Parmi les propositions suivantes, laquelle est correctement orthographiée ?**

1/ Pourriez-vous faire un bilan succint pour lundi ?
2/ Il faudrait un résumé sucinct pour demain
3/ Paula fit un résumé succinct de l'affaire
4/ Paula présenta succintement le dossier
5/ Une présentation sucinte a suffi pour nous permettre de comprendre la situation

63 **Dans cette phrase : « J'eusse voulu que vous vinssiez à la fête. », à quel temps est conjugué le verbe « venir » ?**

1/ Passé simple
2/ Imparfait du subjonctif
3/ Passé antérieur
4/ Plus-que-parfait
5/ Plus-que-parfait du subjonctif

64 **Parmi les propositions suivantes, laquelle est correctement conjuguée ?**

1/ Elle était déjà grimpée presque deux étages quand le cri a retenti
2/ Elle avais monté les escaliers tous les jours
3/ On étais resté dans ce restaurant jusqu'à la fermeture
4/ Elle s'était vêtue d'un jean moulant et d'une chemise
5/ Ce pantalon lui fesait une poche à l'arrière

65 **Parmi les propositions suivantes, laquelle est correcte ?**

1/ Une personne est dite « capiteuse » lorsqu'elle se prend pour un chef
2/ On dira d'une peau qu'elle est capiteuse lorsqu'elle est couverte de boutons
3/ On dit d'un objet qu'il est capiteux lorsqu'il est cassé, dérivation de l'allemand « kaputt »
4/ On dit d'un parfum qu'il est capiteux lorsqu'il est très fort
5/ On dit d'une ville qu'elle est capiteuse lorsqu'elle devient importante de par le nombre d'habitants

66 **Parmi les propositions suivantes, laquelle est correcte ?**

1/ L'imminent chirurgien a sauvé l'enfant
2/ Un danger éminent guette la planète
3/ Mathilde a obtenu un rôle imminent qui lui apportera la gloire
4/ Alice a fait preuve de qualités éminentes lors de son entretien
5/ On redoutait une guerre éminente

67 Parmi les propositions suivantes, laquelle est correcte ?

1/ Lors de ce dîner, nous avons fait bonne chère
2/ Lors de ce dîner, nous avons fait bonne chair
3/ Lors de ce dîner, nous avons fait bonne chaire
4/ Lors de ce dîner, nous avons fait bonne cherre
5/ Lors de ce dîner, nous avons fait bonne cher

68 Parmi les propositions suivantes, laquelle est correcte ?

1/ Une irruption du volcan Khartala a eu lieu en 2007
2/ La pauvre Alice a eu une allergie provoquant une irruption cutanée
3/ Le général fit éruption dans la pièce, fou de colère
4/ Son entrée provoqua une éruption de joie parmi l'assemblée
5/ On assiste souvent à une éruption de peur lors des éruptions volcaniques

69 Parmi les propositions suivantes, laquelle constitue un intrus grammatical ?

1/ Hardiment
2/ Incidemment
3/ Joliment
4/ Ralliement
5/ Précipitamment

70 Parmi les propositions suivantes, laquelle est incorrecte ?

1/ Tu couds très bien, peux-tu préparer mes rideaux ?
2/ Je n'aime pas jouer à ce jeu, je perds souvent
3/ Je peinds pour me détendre
4/ Si tu vends toute ta collection, tu risques de le regretter
5/ Tu attends toujours la dernière minute pour faire le travail demandé

71 Parmi les propositions suivantes, laquelle est correctement conjuguée au subjonctif présent ?

1/ Je partirai à condition que vous me confiez votre secret, trop lourd pour vous
2/ Il faut que nous ayions du courage pour prendre part à cette douloureuse cérémonie
3/ Je ne peux pas dire que je me sente allégé ni content depuis son départ
4/ Quel malheur que tu n'ais pas pu voir notre vieil ami avant son décès
5/ Il ne pense pas que tu puisse un jour diriger l'entreprise familiale

72 Parmi les propositions suivantes, laquelle est grammaticalement correcte ?

1/ On s'est tous assis après que vous soyez partis dormir
2/ On a tous pleuré après que vous êtes partis dormir
3/ Ils ont rangé les chaises après que les étudiants soient partis
4/ Il est parti après que je lui aie expliqué son erreur
5/ Il est parti après que tu lui aies expliqué son erreur

73 Parmi les propositions suivantes, laquelle exprime un rapport logique différent de celui des autres ?

1/ Il est parti fâché, comme il était arrivé
2/ Comme on fait son lit, on se couche
3/ Il travaille comme un forcené
4/ Il la comprend comme s'il la connaissait depuis toujours
5/ Comme le sprinter a chuté, il perd la course

74 Quelle est la bonne orthographe pour les mots suivants ?

1/ Gaufre, pilule, moufle
2/ Gauffre, pillule, moufle
3/ Gaufre, pilule, mouffle
4/ Gauffre, pillule, mouffle
5/ Gaufre, pillule, moufle

75 Parmi les propositions suivantes, quel est l'intrus ?

1/ Accomplir
2/ Agir
3/ Finir
4/ Découvrir
5/ Subir

76 Lesquels de ces verbes sont des homonymes, à l'oral comme à l'écrit, lorsqu'ils sont conjugués à la troisième personne du singulier, au passé composé de l'indicatif ?

1/ Pleuvoir et Plaire
2/ Chausser et chasser
3/ Enfouir et Enfuir
4/ Pouvoir et Pourvoir
5/ Choir et Chauffer

77 Parmi les propositions suivantes, laquelle n'est pas correctement orthographiée ?

1/ Ils ont apaisé la situation en différant la signature des accords
2/ Les discussions politiques suscitent souvent des différends
3/ Elles choisissent des éléments différents
4/ Malgré la médiation, ils n'ont pas résolu leur différent
5/ Il a construit sa carrière en différant des autres, sur sa singularité

78 Parmi les propositions suivantes, laquelle est correctement conjuguée ?

1/ Je garantie le bien-fondé de mon raisonnement
2/ Si tu réfléchies bien, tu verras que j'ai raison
3/ Elle garantit toujours que le repas sera excellent
4/ Pierre garantie un service après-vente de qualité
5/ Je réfléchit toujours avant de parler

79 **Parmi les propositions suivantes, laquelle est correcte ?**

1/ Durant tout son discours, il nous a abreuvés d'un salmigondi de répétitions
2/ Durant tout son discours, il nous a abreuvés d'un salmigondis de répétitions
3/ Durant tout son discours, il nous a abreuvés d'un sale-migondi de répétitions
4/ Durant tout son discours, il nous a abreuvés d'un salemigondis de répétitions
5/ Durant tout son discours, il nous a abreuvés d'un salemiguondi de répétitions

80 **Que signifie le verbe « monder » ?**

1/ Enlever la coque, l'enveloppe d'un fruit ou d'une céréale
2/ Sacrifier une créature animale lors d'un rite
3/ Courber, faire ployer progressivement
4/ Récolter le raisin dans un vignoble
5/ Rendre plane, lisse, la surface d'une pierre, d'une pièce de bois ou de métal

81 **Parmi les propositions suivantes, laquelle est correcte ?**

1/ Cette première réussite est déjà une victoire en soi
2/ Cette première réussite est déjà une victoire en soie
3/ Cette première réussite est déjà une victoire en soit
4/ Cette première réussite est déjà une victoire en sois
5/ Cette première réussite est déjà une victoire en soient

82 **Parmi ces phrases, laquelle contient un attribut du sujet ?**

1/ Sous les rares applaudissements, l'homme continuait son discours
2/ Vincent porte un bonnet rouge offert par sa grand-mère pour son anniversaire
3/ Ce chien mange tout ce qu'on lui donne
4/ Inutile de me le répéter, j'avais bien compris la première fois
5/ Brigitte semblait soucieuse en rendant sa copie

83 **Parmi les locutions latines suivantes, laquelle est correctement orthographiée ?**

1/ Ex Nihillo
2/ Ad vitaem eternaem
3/ Carpe diam
4/ A fortiori
5/ Poste mortem

84 **Parmi les propositions suivantes, laquelle est correcte ?**

1/ « La plus grande victoire est la victoire sur soie » (Platon)
2/ « La plus grande victoire est la victoire sur sois » (Platon)
3/ « La plus grande victoire est la victoire sur soit » (Platon)
4/ « La plus grande victoire est la victoire sur soi » (Platon)
5/ « La plus grande victoire est la victoire sur soies » (Platon)

85 **Parmi les propositions suivantes, laquelle est correcte ?**

1/ « Il me convient encore moins de passer pour un pisalé aux yeux du monde » (G. Sand)
2/ « Il me convient encore moins de passer pour un pisallé aux yeux du monde » (G. Sand)
3/ « Il me convient encore moins de passer pour un pizalé aux yeux du monde » (G. Sand)
4/ « Il me convient encore moins de passer pour un pisaillé aux yeux du monde » (G. Sand)
5/ « Il me convient encore moins de passer pour un pis-aller aux yeux du monde » (G. Sand)

2e partie : Compréhension – 15 questions

Texte

Source : « L'ESPRIT EUROPÉEN », *Philosophie magazine*, n° 129, mai 2019.

Tensions créatrices
Par Alexandre Lacroix

Avec vingt-huit pays membres et un produit intérieur brut de 15 330 milliards d'euros, l'Union européenne (UE) était en 2017 la deuxième puissance économique mondiale, derrière les États-Unis certes, mais loin devant la Chine (respectivement 17 128 et 10 800 milliards d'euros). À ce chiffre flatteur s'ajoutent de multiples signes extérieurs de richesse : si on ouvre un robinet où que ce soit en Europe, c'est de l'eau potable qui coule ; le niveau d'éducation moyen des Européens est élevé et, selon les derniers classements Pisa mesurant la compréhension de l'écrit ou la culture scientifique des élèves, les membres de l'UE sont tous dans les cinquante premières places sur cent-vingt pays environ ; le patrimoine architectural et immobilier des villes ou même des villages européens est considérable ; le nombre de musées, d'opéras, de salles de concert donne le tournis ; les gouvernements sont élus, la liberté de la presse est garantie, la torture et la peine de mort sont interdites ; les statistiques des morts par balle, des homicides sont parmi les plus basses de la planète ; les systèmes de santé et l'espérance de vie comptent parmi les plus favorables – un Espagnol vivant en moyenne quatre années de plus qu'un Américain et six années de plus qu'un Chinois, pour ne prendre qu'un exemple. Admettons que vous ayez, avant de naître, la possibilité de choisir non pas votre milieu social, mais l'un des cinq continents : sur lequel préféreriez-vous voir le jour ? Réfléchissez bien, car il semble que le Vieux Monde, si décrié, si convaincu soit-il de son propre déclin, ne soit pas une mauvaise option.

Devant un tel tableau, il y aurait de quoi éprouver une bouffée de fierté – chaque Européen pourrait se sentir partie prenante d'une grande civilisation, d'une aventure collective couronnée de succès ! Après tout, les Américains ressassent à l'envie leur grand roman national, ils s'enorgueillissent de vivre dans la nation de la liberté et des possibles, même si c'est là en partie une construction fantasmatique ; et en Chine, la synthèse du néoconfucianisme est devenue l'arme spirituelle de la course à l'enrichissement matériel. Toutes les grandes puissances carburent à l'autocongratulation, à la méthode Coué, à l'idéologie nationaliste ; leur volontarisme est alimenté par des valeurs naïves, mais partagées. Et en Europe ? Rien de tel. Le climat est à la déploration, au désamour, Il faut dire que deux guerres mondiales sont passées par là et ont eu raison de l'optimisme conquérant – et la construction européenne, pensée comme une entreprise de conjuration de la guerre, ne suscite guère d'enthousiasme. D'après les sondages, une très courte majorité de Français considère que l'appartenance à l'UE est une bonne chose, et seuls 44 % des Italiens s'y maintiendraient en cas de référendum. Les Britanniques ont fait le choix du Brexit en juin 2016. La critique de Bruxelles et de sa technocratie est un leitmotiv des mouvements populistes de droite comme de gauche ; l'aspiration au Frexit revient dans les déclarations des « gilets jaunes ». Les prochaines élections européennes risquent fort de déboucher sur un paradoxe, avec un Parlement européen où siégeront de nombreux députés anti-européens – les populistes de droite représentant environ 30 % des intentions de vote dans la plupart des pays.

Pourquoi ce désaveu ? Tout se passe comme si l'UE apparaissait aux peuples du Vieux Continent comme un projet évidé, un dispositif administratif et réglementaire, un centre d'influence pour les élites, un puissant levier d'action pour les divers lobbys, mais pas comme une force authentiquement politique. Non seulement la construction européenne n'a qu'une faible légitimité démocratique, mais elle souffre d'un déficit symbolique. Le drapeau européen ne fait pas vibrer les cœurs et a une histoire cocasse – il a été dessiné par Arsène Heitz, un peintre du dimanche employé au service courrier du Conseil de l'Europe à Strasbourg, qui aurait fait le dessin des douze étoiles en s'inspirant de la médaille miraculeuse de la Vierge Marie, afin de faire plaisir à sa mère. Peu d'Européens savent que l'Ode à la joie de Ludwig von Beethoven est l'hymne de l'Union. Et les billets de vingt, cinquante ou cent euros ne mettent pas à l'honneur des génies comme Platon, Einstein, Léonard de Vinci ou Mozart, mais des fragments d'architecture, des schémas techniques qui n'émeuvent guère que les ingénieurs. Que manque-t-il à l'UE ? Non pas une organisation, des institutions ni des lois -mais une raison de se maintenir en temps de paix. Non pas la bureaucratie, mais l'esprit.

LE RÊVE D'EDMUND HUSSERL

Dans une conférence prononcée à Vienne (Autriche), à un moment critique de l'entre-deux-guerres, en 1935, le philosophe allemand Edmund Husserl s'est interrogé sur l'esprit européen, et plus encore sur la finalité profonde, sur le but spirituel, le télos, vers lequel il serait tendu, Les communautés humaines, explique-t-il dans cette allocution, ne vivent pas simplement dans le monde naturel, dans des écosystèmes dirait-on aujourd'hui, mais plutôt dans leur propre « monde ambiant », dans un ensemble de représentations et de valeurs qu'elles sécrètent et qui les enveloppent. « Le monde ambiant est une formation spirituelle en nous et dans notre vie historique. » Mais quelles sont alors les spécificités du monde ambiant des Européens ? Husserl avance une hypothèse : « L'Europe spirituelle possède un lieu de naissance. Je n'entends pas par là qu'elle le possède géographiquement dans un pays donné, bien que cela aussi soit juste, mais j'entends un lieu de naissance spirituel, C'est la nation grecque ancienne au VIIe et au VIe siècles avant Jésus-Christ. C'est en elle que se développe une nouvelle sorte d'attitude. » Les Grecs auraient, en effet, pour la première fois formé le projet de constituer « une science universelle, science du tout du monde, de l'uni-totalité de tout l'étant. Très tôt l'intérêt pour le tout, et du même coup la question du devenir et de l'être-en-devenir omni-englobant commence à se subdiviser suivant les formes et les régions générales de l'être, et c'est ainsi que la philosophie, la science unique, se ramifie en une diversité de sciences subordonnées ». L'humanité européenne se déploie historiquement, selon Husserl, avec l'ambition de saisir par la pensée le tout du monde. Bien sûr, il y avait également une science en Chine, en Inde, mais « c'est seulement chez les Grecs que nous trouvons un intérêt vital universel ("cosmologique") ».

« C'est une chose facile que de se faire universel » : la formule, due à Léonard de Vinci, condense avec humour et insolence l'esprit européen tel que le définit Husserl. C'est ce qui fait sa grandeur – mais aussi son caractère résolument dangereux, car du désir d'absorber le tout intellectuellement aux menées impérialistes réelles, à la tentation d'hégémonie concrète, il n'y a qu'un pas. La ligne menant à la réalisation du télos européen est donc bordée clarté et de ténèbres. Du côté clair : l'Europe le berceau des universités, des bibliothèques, l'industrie horlogère et de la construction sociale du temps (c'est le partage de la journée en vingt-quatre heures, elles-mêmes divisées en soixante minutes, hérité de l'Égypte et de la Mésopotamie, qui scande les existences humaines sur tout le globe), des mathématiques modernes, de la découverte du système solaire de la loi de la gravitation universelle, du projet des Lumières d'appeler chaque être humain à s'"émanciper de toute tutelle et à raisonner lui-même, de la Déclaration universelle des droits de l'homme, du système métrique et du suffrage universel. Du côté sombre : Europe a plié le monde à sa logique, tant il est vrai que la raison n'est pas seulement un instrument de recherche de la vérité mais aussi de domination ; et les crimes et les spoliations dont elle est rendue responsable sont terribles, comme montrent la traite des Noirs, les phases d'expansion coloniale qui ont abouti au génocide des Amérindiens et des Aborigènes, à la vassalisation du Maghreb, du Proche-Orient, de l'Inde, de l'Afrique subsaharienne, de nombreuses îles d'Océanie. Au cours de sa conférence, Edmund Husserl, lui-même d'origine juive mais converti au protestantisme, légitimement inquiet devant la montée du nazisme auquel il souhaite opposer les ressources de la philosophie, a une incise troublante : il exclut de la « figure spirituelle de l'Europe », au détour d'une petite phrase, « les Esquimaux ou les Indiens des ménageries foraines et les Tziganes qui vagabondent perpétuellement ». Cette exclusion est révélatrice. L'esprit européen fait mauvais accueil à ceux qui se démarquent de son universalisme, qui revendiquent une différence, comme c'est le cas des nomades, des communautés en général et des Juifs en particulier. (…)

UN GRAND RÉCIT TROP SIMPLISTE

En 2019, l'UE apparaît donc comme un gigantesque dispositif, une technocratie privée de destination, de but spirituel. Comment lui en retrouver un ? Faudrait-il renouer avec le vieux télos husserlien, réaffirmer que le projet de l'Europe devrait être la constitution d'une science omni-englobante, ou encore la saisie du tout du monde ? Non, nous sommes revenus d'une telle aspiration : non seulement nous voyons derrière nous les crimes abominables qu'elle a indirectement légitimés, mais nous sommes aussi devenus trop lucides, ou trop relativistes, pour adhérer encore à un tel dessein. Même si l'intention évidente de Husserl était de sauver la raison avant le déferlement de la brutalité nazie qu'il pressentait, son grand récit est trop linéaire, trop simpliste pour nous. Nous savons que nous ne sommes pas les héritiers en ligne directe de la science grecque et que le corpus aristotélicien a transité par Bagdad avant de nous revenir au Moyen Âge, par l'Andalousie. L'histoire que raconte Husserl est elle-même trop schématique ; si l'on y regarde de plus près, qu'il s'agisse des échanges incessants avec l'Afrique du Nord et le Proche-Orient sur les voies maritimes de la Méditerranée, des contacts avec la culture orthodoxe et les territoires slaves, ou encore du dialogue entre l'Ancien et le Nouveau Monde qui débute dès 1492, l'Europe s'est inscrite dans un faisceau, un buisson d'influences, et l'axe qui mène de l'Attique à l'Allemagne n'est même pas le plus fréquenté.

C'est désormais un autre aspect de notre « figure spirituelle » qui pourrait nous apparaître avec davantage d'évidence : aujourd'hui, nous savons que l'Europe est la civilisation de la contradiction. L'esprit européen est résolument critique, et c'est d'ailleurs ce qui nous manque quand nous voyageons ailleurs. Si les vérités mises au jour par la science grecque sont remarquables, les dialogues de Platon méritent également d'être lus comme la théâtralisation, poussée à son degré le plus aigu, de la coexistence de visions du monde incompatibles entre elles. Socrate est celui qui objecte, et qui n'est jamais fatigué de relancer par la question ses interlocuteurs, de les déstabiliser. C'est un maître en ironie (du grec *eironia*, « action d'interroger »). Au-delà de son cas particulier, la joute oratoire, l'entretien dialectique étaient le sport intellectuel favori des Grecs. Avec une telle clé de lecture, l'histoire philosophique de l'Europe se décale, acquiert une autre forme de cohérence. Le but dès le départ est peut-être moins de saisir le tout que de tout contester. Les origines de la philosophie nous renvoient, et c'est significatif, à une discorde initiale entre Parménide, le penseur de l'être, et Héraclite, le penseur du devenir. Mais cette tension se redouble aussitôt, par une opposition entre Athènes et Jérusalem, entre la science grecque et le cycle des prophéties qui débute avec l'Ancien Testament et se poursuit dans le Nouveau.

« Chacun sait aujourd'hui que c'est un signe éminent de culture que de pouvoir supporter la contradiction, écrit Friedrich Nietzsche dans *Le Gai Savoir*. Quelques-uns même savent que l'homme supérieur désire et provoque la contradiction afin d'en obtenir un signe relatif à sa propre injustice, ignorée de lui-même jusqu'alors. » En faisant cet éloge de la capacité à supporter le débat intérieur, le déchirement, il renoue ici avec la grande hypothèse de travail des sceptiques de la période hellénistique, telle qu'elle était exprimée par Sextus Empiricus, un penseur qui vécut à Alexandrie aux IIe et IIIe siècles.

LE CONTINENT DES SCHISMES

De fait, l'Europe, chaque fois qu'elle a produit une théorie, un paradigme, un système ou une idéologie à vocation universelle, a mis au point aussitôt le contrepoison et l'a diffuse : ainsi l'âge classique dialogue-t-il avec l'exubérance baroque : le siècle des Lumières et son rationalisme le cèdent rapidement à la génération romantique et à son éloge du sentiment ; à peine les pères fondateurs de l'économie politique ont-ils théorisé le libéralisme qu'apparaissent le socialisme et la critique marxiste ; quand le positivisme triomphe dans les sciences, Einstein forge la théorie de la relativité et les géométries non-euclidiennes se développent. L'Europe est le continent des schismes. Loin d'être un accident, une péripétie anecdotique, la crise politique actuelle et la perspective aberrante de se retrouver avec un Parlement européen où siègent des députés anti-européens n'est peut-être qu'un nouvel avatar de cet esprit de perpétuelle autocontradiction. Et si c'était aussi le gage d'une certaine vitalité ?

Les grandes puissances sont menacées par l'excès d'affirmation, par la pétrification des idéologies dont elles ont besoin pour se soutenir – C'est ainsi que l'autoritarisme prospère aujourd'hui dans la Chine de Xi Jinping, dans l'Inde de Narendra Modi, dans la Russie de Vladimir Poutine, dans la Turquie de Recep Tayyip Erdoÿan, dans le Brésil de Jair Bolsonaro, et que la politique américaine est minée par le trumpisme. Et si l'esprit européen consistait à maintenir toujours ouverte la possibilité d'un jeu au cœur de la construction ? Et si le négatif permettait encore d'aller de l'avant ? Supporter la contradiction, cela pourrait consister pour l'Europe, dans le monde actuel, à imaginer une politique économique et agricole qui intègre la préoccupation écologique, à poursuivre l'aventure technologique sans renoncer aux humanités, à affirmer contre le consumérisme le goût de l'art et de la gratuité, ou encore – parce que précisément ce régime suppose de maintenir un équilibre des forces antagonistes – à être le dernier continent au monde où l'on tienne encore à la démocratie.

Questions

86 Parmi les propositions suivantes, laquelle est correcte ?

1/ L'Union européenne devance les États-Unis si l'on regarde les PIB
2/ La Chine a un PIB de 17 128 milliards d'euros
3/ Les États Unis ont un PIB de 10 800 milliards d'euros
4/ L'UE a un PIB de 15 330 milliards d'euros
5/ En 2017, la Chine était la première puissance économique mondiale

87 Parmi les propositions suivantes, laquelle est correcte ?

1/ Dans tous les pays, on trouve de l'eau potable aux robinets
2/ PISA est une étude européenne sur les niveaux d'éducation
3/ Le niveau d'études des Européens est assez élevé
4/ PISA mesure la culture en mathématiques
5/ L'auteur déplore le nombre actuel de musées en Europe

88 Parmi les propositions suivantes, laquelle est incorrecte ?

1/ L'auteur considère l'absence de censure pour la presse comme une richesse européenne
2/ La démocratie qui règne en Europe est l'une des richesses évoquées par l'auteur
3/ L'absence de la peine de mort en Europe est l'une des richesses évoquées par l'auteur
4/ L'UE offre les systèmes de santé les plus appréciés mondialement
5/ L'auteur déplore l'arrogance européenne qui refuse de voir son déclin

89 Parmi les propositions suivantes, laquelle est correcte ?

1/ « Le Vieux Monde » fait référence au Royaume-Uni
2/ L'auteur déplore que les Européens ne soient pas plus fiers d'appartenir à cette Union
3/ L'auteur approuve le nationalisme exacerbé des Américains
4/ Pour l'auteur, les États-Unis sont bien le pays symbolisant « tous les possibles »
5/ C'est le confucianisme qui encourage l'enrichissement matériel en Chine

90 Parmi les propositions suivantes, laquelle est correcte ?

1/ « … carburent (…) à la méthode Coué » signifie que les grandes puissances achètent du pétrole en grande quantité pour maintenir leur train de vie
2/ L'auteur déplore le nationalisme exacerbé des Européens, malgré les deux guerres mondiales
3/ Les deux guerres mondiales ont empêché, depuis toujours, les Européens de s'enthousiasmer pour l'UE
4/ Les Italiens vont organiser un référendum pour décider s'ils restent dans l'UE
5/ Le Brexit est une décision prise par les Britanniques de quitter l'UE

91 Parmi les propositions suivantes, laquelle est correcte ?

1/ Le Frexit est la décision française de quitter l'UE dès les prochaines élections
2/ Les populistes de droite sont pour l'UE dans la plupart des pays
3/ L'UE est perçue comme un organisme élitiste aux yeux de beaucoup d'Européens
4/ Tous les futurs députés européens seront, selon toute probabilité, pro UE
5/ La construction européenne est reconnue par beaucoup d'Européens comme une force politique

92 Parmi les propositions suivantes, laquelle est correcte ?

1/ Le drapeau européen représente un symbole puissant et apprécié par les Européens
2/ Les étoiles du drapeau européen symbolisent les premiers pays entrés dans l'UE, en plus de leur valeur religieuse
3/ L'auteur déplore qu'Einstein n'ait pu figurer sur un billet de l'euro parce qu'il avait émigré aux Etats-Unis
4/ Pour l'auteur, il manque un objet symbolique capable de réunir le cœur des Européens
5/ L'UE s'étiole par manque d'institutions efficaces, d'après l'auteur

93 Parmi les propositions suivantes, laquelle est incorrecte ?

1/ L'auteur cherche ce qui caractérise l'esprit européen, au-delà des institutions
2/ Edmund Husserl s'était déjà intéressé à la question d'un esprit européen ainsi que sur les objectifs d'une telle communauté
3/ Pour Husserl, les hommes dépassent les regroupements naturels en se créant des valeurs communes historiquement
4/ « Le monde ambiant » évoqué par Husserl représente cette valeur commune intériorisée par un groupe d'hommes
5/ Il manque à l'Europe un lieu de naissance, c'est-à-dire un point spirituel commun

94 Parmi les propositions suivantes, laquelle est correcte ?

1/ La Grèce représente le lieu de naissance de l'Europe parce qu'elle est au centre du continent européen
2/ La Grèce antique représente le lieu de naissance de l'esprit européen car c'est là que s'est développée la question de l'universalité
3/ La science grecque antique souhaitait développer un savoir général, englobant le monde entier
4/ Pour Husserl, la science en Chine et en Inde à l'époque antique était peu développée
5/ Pour Delacroix, Léonard de Vinci est trop insolent et irréaliste

95 Parmi les propositions suivantes, laquelle est incorrecte ?

1/ L'esprit européen est défini comme une pensée universelle, comme le tout de l'être humain
2/ La notion intellectuelle d'universalité a été déformée à plusieurs reprises dans l'histoire européenne
3/ L'esprit européen dans sa finalité universalisante porte en soi son revers de médaille
4/ L'expansion de la construction du temps social, hérité de l'Égypte, a détruit l'esprit européen
5/ L'esprit des Lumières, en France, correspond bien pour Lacroix à cet esprit européen positif de l'universel

96 **Parmi les propositions suivantes, laquelle est correcte ?**

1/ La raison universelle justifie l'expansion européenne dans les pays plus lointains, d'après Delacroix
2/ Delacroix n'approuve le côté européen qui, au nom de l'universel, n'accepte pas la différence
3/ Le télos husserlien de l'esprit européen est encore actuel en 2019
4/ Pour l'auteur, le développement d'une science universalisante sauverait l'UE actuelle
5/ Les Européens du XXIe siècle sont trop individualistes pour accepter une vision universalisante de l'UE

97 **Parmi les propositions suivantes, laquelle est correcte ?**

1/ L'approche européenne actuelle s'appuie sur une histoire trop linéaire
2/ Le corps d'Aristote est devenu un objet sacralisé pour les Européens, après l'avoir été à Bagdad
3/ Depuis toujours l'Europe s'est construite sur un principe d'influences diversifiées et mondiales
4/ Delacroix déplore l'esprit de contradiction qui caractérise l'Europe
5/ L'esprit de contradiction est une nouvelle figure spirituelle européenne

98 **Parmi les propositions suivantes, laquelle est correcte ?**

1/ Depuis la Grèce antique, l'esprit de contradiction s'implante dans l'esprit européen
2/ Delacroix préfère les écrits de Socrate à ceux de Platon
3/ Les Grecs aimaient l'entretien dialectique, c'est-à-dire qui pose une valeur incontestée
4/ Athènes et Jérusalem se sont combattues depuis des siècles, favorisant l'esprit critique
5/ Le nouveau Testament promeut l'esprit critique d'après Delacroix

99 **Parmi les propositions suivantes, laquelle est correcte ?**

1/ D'après Nietzsche, l'homme recherche la contradiction par nature
2/ L'esprit de contradiction empêche les combats intérieurs
3/ L'Europe a toujours produit une théorie, une pensée et son contraire
4/ Le baroque est considéré comme le poison du classicisme par Delacroix
5/ Le rationalisme a succédé au siècle des Lumières

100 Parmi les propositions suivantes, laquelle est incorrecte ?

1/ L'esprit européen se caractérise moins par son universalisme que par son auto-contradiction perpétuelle
2/ La configuration éventuelle du futur parlement européen apparaît comme un signe positif à Delacroix
3/ Une absence d'auto-contradiction peut conduire à un autoritarisme
4/ Par son esprit de contradiction, l'UE pourrait permettre d'englober des éléments a priori incompatibles, comme l'économie et l'écologie
5/ Delacroix, en parlant de la « gratuité », souhaite voir davantage de musées gratuits en Europe

Épreuve de raisonnement logique et numérique

101 **On écrit sur cinq morceaux de papier « 1 », « 2 » et « 3 » et les symboles « < » et « > ». On les met dans un sac et on en tire trois successivement que l'on place de la gauche vers la droite sur la table. Quelle est la probabilité de lire une inéquation mathématiquement vraie (exemple 4 < 7) ?**

① $\frac{1}{12}$

② $\frac{1}{10}$

③ $\frac{1}{5}$

④ $\frac{3}{10}$

⑤ $\frac{4}{15}$

102 **Les scientifiques de l'agence spatiale européenne contactent chaque jour leur robot posé sur la planète Mars. Ils lancent une communication au moment où le soleil se lève pour le robot. Or Mars tourne légèrement moins vite sur elle-même que la Terre et une journée sur Mars (du lever du Soleil au lever suivant) dure 25 heures. L'appel du lundi 2 février a eu lieu à 9 heures du matin. Quel est le jour suivant où les scientifiques ont pu lancer leur appel à nouveau à 9 heures du matin ?**

① Mercredi 25 février

② Jeudi 26 février

③ Vendredi 27 février

④ Samedi 28 février

⑤ Dimanche 1er avril

103 **Voici trois énoncés :**

- **E1 – Tous les chapeaux ont des bords.**
- **E2 – Il y a des chapeaux rouges et noirs.**
- **E3 – Les casquettes de baseball sont des chapeaux.**

Si les trois énoncés précédents sont vrais, quels sont ceux ci-dessous qui le sont également :

- **R1 – Toutes les casquettes ont des bords.**
- **R2 – Certaines casquettes de baseball sont rouges.**
- **R3 – Les casquettes de baseball n'ont pas de bords.**

① Aucun

② Seulement R1

③ Seulement R3

④ R1 et R2

⑤ R1 et R3

104 **Quelle est la soixantième décimale de 2 / 7 ?**

① 0
② 1
③ 2
④ 3
⑤ 4

105 **Soit une piscine vide de 3 m sur 4 m et de profondeur 120 cm. On la remplit à l'aide d'un robinet qui a un débit de 5 litres par seconde. En combien de temps la piscine sera pleine ?**

① 48 min
② 1 h
③ 72 min
④ 1 h 20 min
⑤ 1 h 30 min

106 **YZMZMVH est le résultat du cryptage d'un mot obtenu en remplaçant le A par le Z, le B par le Y, le C par le X … le Y par le B et le Z par le A. Quel était le mot d'origine ?**

① BAGARRE
② BANQUES
③ BAGAGES
④ BANDAGE
⑤ BANANES

107 **La résolution d'un écran Full HD 16/9 est de 1 920 × 1 080 pixels. Approximativement, combien de pixels sont utilisés pour afficher sur la plus grande surface possible une image non tronquée d'un film tourné en CinemaScope 2.39:1, c'est-à-dire dont l'image est 2,39 fois plus large que haute ?**

① $1\,920 \times 1\,080 \times 2{,}39$
② $\dfrac{1\,920 \times 1\,080}{2{,}39}$
③ $\dfrac{1\,920 \times 2{,}39}{1\,080}$
④ $\dfrac{1\,080 \times 2{,}39}{1\,920}$
⑤ $\dfrac{1\,920^2}{2{,}39}$

108 **Quelle est la valeur du discriminant de ce polynôme : $f(x) = bx^2 + (a + b)\,x - a$?**

① $b^2 - 4a^2$

② $a^2 - 4ab + b^2$

③ $a^2 + b^2 + 6ab$

④ $a^2 + 2ab + b^2$

⑤ $(a + b)^2 - 4ab$

109 **Compléter cette suite : U2, D4, T5, Q6, C4, ...**

① M5, S6

② D5, L5

③ S3, S4

④ V5, L8

⑤ S6, D8

110 **De 2000 à 2016, l'équipe de France de basketball gagnait 7 matchs sur 10 quand T. Parker jouait, et seulement 40 % de ses matches quand il ne jouait pas. Sachant qu'il a joué 8 matchs sur 10 de l'équipe de France lors de cette période, et que la France a battu l'Espagne 80 à 66 lors de l'Euro 2013, quelle est la probabilité que T. Parker ait joué ce match ?**

① 1 chance sur 2

② 1 chance sur 3

③ 2 chances sur 5

④ 3 chances sur 4

⑤ 7 chances sur 8

111 **Que va afficher ce petit programme informatique ?**

```
A = 20
C = 10
B = A + C
D = B + A
C = C – 5
B = (3 * A)  – C
A = B – D
C = 5 * C
SI (A > B) ALORS AFFICHER(valeur(B) – valeur(A)
– valeur(C))
SINON AFFICHER(valeur(D)  – valeur(C)
– valeur(B))
```

① 55 – 25 – 50

② 30 – 10 – 50

③ 50 – 25 – 55

④ 45 – 25 – 35

⑤ 15 – 35 – 25

112 **Le 30 avril 2020 marquera le 231e anniversaire de l'investiture de George Washington, premier Président des États-Unis. Sachant que 44 présidents se sont succédés, quelle est la durée de résidence moyenne à la Maison-Blanche d'un Président américain ?**

① 5 ans et 2 mois
② 5 ans et 3 mois
③ 5 ans et 4 mois
④ 5 ans et 5 mois
⑤ 5 ans et 6 mois

113 **Soit un dé dont trois faces sont peintes en vert, deux en rouge et une en bleu. On lance deux dés de ce type. Quelle est la probabilité que les deux faces du dessus soient de la même couleur ?**

① $\frac{1}{3}$
② $\frac{13}{36}$
③ $\frac{7}{18}$
④ $\frac{5}{12}$
⑤ $\frac{4}{9}$

114 **Lors d'une enquête, la moyenne des valeurs observées est égale à M et la variance vaut V. Si on enlève une constante A à chaque valeur, quelles seront les nouvelles valeurs pour la moyenne et la variance ?**

① M – A et V – A
② M – A et V
③ M et V + A
④ M et V
⑤ M + A, V + A

115 **Un automobiliste, qui a réalisé la moitié de son trajet pour se rendre sur son lieu de vacances, a parcouru les cent derniers kilomètres en consommant 6,7 L d'essence. Sa consommation moyenne est alors passée de 5,5 L/100 km à 5,8 L/100 km. Combien aurait-il dû consommer sur les cent derniers kilomètres pour diminuer sa consommation moyenne à 5 L/100 km ?**

① 3 L
② 3,5 L
③ 3,7 L
④ 3,8 L
⑤ 4 L

116 **Quel nombre peut logiquement remplir la cellule vide de cette grille ?**

5	13	2	75
3	23	2	75
6	12	3	90
7	10	4	98
8	9	3	

① 75
② 90
③ 96
④ 115
⑤ 121

117 **Quel nombre continue logiquement la suite suivante :**
321 ; 323 ; 326 ; 332 ; 335 ; 338 ; 346 ; 350 ; …

① 353
② 354
③ 355
④ 356
⑤ 357

118 **Développez et réduisez : $(2x - 3)^2 - (2x - 3)$**

① $2x - 3$
② $4x^2 - 12x + 6$
③ $4x^2 - 14x + 12$
④ $4x^2 - 24x + 12$
⑤ $4x^2 - 12x + 14$

119 **On sait que 0,11111111111… = 1 / 9.**
Quel nombre fractionnaire vaut 0,1212121212… ?

① $\frac{4}{33}$
② $\frac{5}{33}$
③ $\frac{1}{11}$
④ $\frac{1}{12}$
⑤ $\frac{1}{98}$

session 8

120 **On dispose d'une balance parfaitement équilibrée, on y place différents poids selon le schéma ci-dessous, quel poids faut-il placer à la place du ? pour que la balance retrouve son équilibre ?**

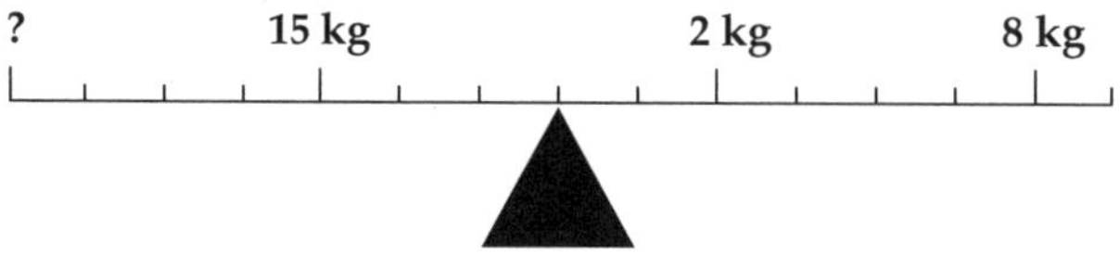

① Rien (0 kg)
② 500 g
③ 1 kg
④ 1,25 kg
⑤ 1,5 kg

Épreuve de compréhension et expression écrite en anglais

1re partie : expression – 35 questions

121 **Before I met him last year, Sebastian Fitch ... to leave investment banking and start an environmental consultancy.**

1/ Had already decided
2/ Was already decided
3/ Will already decide
4/ Will already be deciding
5/ Is already deciding

122 **Over the lifetime of complex machinery, the costs of ... can be very high.**

1/ Uptake
2/ Inlay
3/ Upkeep
4/ Overthrow
5/ Supporting

123 **George and Mary were determined to enjoy the weekend by the sea and continued ... to eat their sandwiches even when it began to rain.**

1/ Undoubted
2/ Undaunted
3/ Unduly
4/ Unfailing
5/ Unflinching

124 **Harper Electronics had survived the fluctuations of the consumer electronics market for many years but when the ... fell out of the DVD market, they finally went under.**

1/ Money
2/ Peak
3/ Trades
4/ Progress
5/ Bottom

125 **The leaders were there for different reasons, but the appearances ... their companies' need to reshape the public debate about their practices.**

1/ Highlights
2/ Highlighters
3/ To highlight
4/ Highlighted
5/ Has highlight

126 **Surveys in recent months have shown consumer sentiment may ... .**

1/ Have wavered
2/ Be wavering
3/ To be waver
4/ To wavered
5/ Being waves

127 **We have recently begun the most ... review of our company systems ever undertaken.**

1/ Thorough
2/ Through
3/ Thought
4/ Through out
5/ Trough

128 **Following a heavy defeat for his party in the local elections, the prime minister decided to ... his resignation and allow someone else a chance to lead.**

1/ Tend
2/ Tempt
3/ Temper
4/ Tame
5/ Tender

129 **Following an injury ... during training, Max Stoppard has decided to withdraw from the competition.**

1/ Sustain
2/ Sustaining
3/ Sustainable
4/ Sustainability
5/ Sustained

130 **Mr. Guston didn't pay ... attention to the sender of the email before he opened the attachment, allowing the virus it contained to cause enormous damage to the information systems.**

1/ Sufficiently
2/ Sufficiency
3/ Sufficient
4/ Suffice
5/ Superficially

131 **The fire brigade was regularly bothered by ... callers making false emergency calls.**

1/ Crank
2/ Prank
3/ Shank
4/ Drank
5/ Shrink

132 **There's a man ... for president, and he wants to give everyone $1,000 a month.**

1/ Runs
2/ Runner
3/ Runnel
4/ Running
5/ Run

133 **When ... a table at the Pasqualito restaurant, clients will be asked to pay a deposit.**

1/ Reserve
2/ Reserving
3/ Reservation
4/ To reserve
5/ Reserved

134 **At first sight, the original product and its counterfeit equivalent both look exactly the ... .**

1/ Same
2/ Respective
3/ Relative
4/ Similar
5/ Alike

135 **Public ... efforts begin on plan to redraw County Commission districts amid concerns of political influence.**

1/ Outreach
2/ Reaching
3/ Reached
4/ To reach
5/ Out of reach

136 **They were immensely ... of their daughters achievements.**

1/ Proud
2/ Prize
3/ Prude
4/ Prod
5/ Pride

137 **The football final ... to be a sporting, tense and dramatic game.**

1/ Played
2/ Proved
3/ Planned
4/ Paved
5/ Pleased

138 **The response was ... .**

1/ Overdone
2/ Overloaded
3/ Overwhelming
4/ Overheated
5/ Overcame

139 **Andres has already visited four apartments that are available in the area but he didn't particularly like ... of them.**

1/ None
2/ Either
3/ Neither
4/ No
5/ Any

140 **James had not seen his cousin Margaret for ..., and was keen to hear her news.**

1/ Edges
2/ Eternity
3/ Long
4/ Ever
5/ Ages

141 **Police ... a murder investigation after a body was found.**

1/ Leased
2/ Labelled
3/ Lauded
4/ Launched
5/ Landed

142 **We were ... to receive an express delivery this morning but nothing has arrived so far.**

1/ Assumed
2/ Planned
3/ Intended
4/ Supposed
5/ Arranged

143 **Dr. Lopez is an eminent neurologist and is held in the ... regard by his peers.**

1/ Highly
2/ Higher
3/ High
4/ Highest
5/ Height

144 **Protesting climate change, young people ... streets in a global strike.**

1/ Takes to
2/ Takes on
3/ Has taken on
4/ Has took
5/ Take to

145 **They stood their ... and finally got some results.**

1/ Round
2/ Around
3/ Ground
4/ Grind
5/ Grounds

146 **... the complex nature of the terrain, it could be some time before emergency supplies can be brought into the area.**

1/ Be giving
2/ Give
3/ Gave
4/ Given
5/ Being given

147 **I have had the good ... to be able to meet three of the last four environment ministers and to be able to explain our plan for regeneration of the countryside.**

1/ Time
2/ Foresight
3/ Fortune
4/ Presence
5/ Prediction

148 **As ... as I am concerned there is no need to take the matter further.**

1/ Long
2/ Near
3/ Far
4/ Short
5/ Much

149 **Paula Mendes was an ... gifted student whose first research paper was published when she was only seventeen years old.**

1/ Except
2/ Excepted
3/ Exception
4/ Exceptionally
5/ Excepting

150 **Lars Andersen has worked at Hansen Engineering for six years and was, until ..., head of product development.**

1/ Nearly
2/ Currently
3/ Early
4/ Recently
5/ Presently

151 **The dog was clearly suffering and the vet made the difficult decision that it would have to be put .... .**

1/ Away
2/ Out
3/ Down
4/ Over
5/ Under

152 **This government needs to stop hesitating and establish a ... of enquiry to look at issue of election interference.**

1/ Book
2/ Bank
3/ Beak
4/ Board
5/ Bark

153 **In ... of her outstanding contributions in the field of prenatal care, Dr. Hanson has been appointed honorary professor.**

1/ Involvement
2/ Reception
3/ Attribution
4/ Recognition
5/ Resumption

154 **Jack, 26, claimed he ... use the weapons as props in a sci-fi film he was preparing to shoot.**

1/ Were
2/ Have planned at
3/ Are planning
4/ Was planning to
5/ Were planned of

155 **The three directors are not prepared to move forward in the takeover negotiations without the agreement of the shareholders and ... they have doubts about the financial viability of the company they are targeting.**

1/ More
2/ Plus
3/ Addition
4/ Moreover
5/ Despite

2e partie : compréhension – 15 questions

Texte

Read the article and answer the 15 questions that follow.

Sahara was home to some of largest sea creatures, study finds

Scientists reconstruct extinct species using fossils found in northern Mali from ancient seaway

Ruth Maclean West Africa correspondent
Fri 12 Jul 2019 12.35

Some of the biggest catfish and sea snakes to ever exist lived in what is today the Sahara desert, according to a new paper that contains the first reconstructions of extinct aquatic species from the ancient Trans-Saharan Seaway. The sea was 50 metres deep and once covered 3,000 sq km of what is now the world's biggest sand desert. The marine sediment it left behind is filled with fossils, which allowed the scientists who published the study to build up a picture of a region that teemed with life.

Between 100m and 50m years ago, today's arid, boulder-strewn northern Mali "looked more like modern Puerto Rico"; the sun shone on some of the earliest mangroves, and molluscs lined the shallow seabed, according to Maureen O'Leary, the palaeontologist who led the study. The study also formally named the geological units, literally putting the area on the geological map for the first time, showing how the sea ebbed and flowed over its 50m years of existence, and building up information about the K-Pg boundary, the geophysical marker of one of Earth's five major extinction events, in which the non-avian dinosaurs became extinct. With 1.6m catfish, 12.3m sea snakes and 1.2m pycnodonts – a type of bony fish – O'Leary and the other scientists developed the idea that in the late Cretaceous and early Paleogene period, the animals were experiencing gigantism.

Evolutionary biologists have long talked about the phenomenon of island gigantism, where species that live on small islands can sometimes develop very large bodies, possibly because they have more resources or there are few predators, or both. "We put out the idea that maybe island gigantism can pertain to islands of water," O'Leary said. "If you get a sea that's moving in and going out, maybe it's leaving behind pockets of water in which new variables are taking place that control the body size."

Though considerably less watery and verdant today, there is no shortage of human life in the Sahara – people for whom the presence of ancient sea creatures is not news, as the team found during their expeditions in 1999, 2003 and 2009. "The Sahara is full of people. Sometimes we would be working in what seemed like the most remote desert, and someone would just ride up on a moped. It's a very alive environment," said O'Leary, who is from Stony Brook University in the US. "The local people knew that the sea had passed, and they would talk about the shells that they found and know that they're marine shells."

People in northern Mali have been living through a security nightmare since Tuareg rebels and then jihadis occupied it in 2012. While this has prevented O'Leary and the 10 other scientists from Mali, the US and Australia getting on the ground since 2009, it also forced them to compile their findings and come up with a comprehensive picture. When setting off on their fourth expedition in 2009, the team got as far as Gao when they received calls urging them to abandon their trip. They did so, but it was only years later, reading the Canadian diplomat Robert Fowler's book on being kidnapped with an aide by al-Qaida in the Islamic Maghreb, that O'Leary realised what the trigger for those calls had been.

She said significant paleontological riches were buried under the sands of northern Mali, and there was also extensive archaeological work to be done, but the security situation that had left so many Malians dead or displaced meant this work would be on hold indefinitely. "This is such a terrible thing to happen to such an interesting country with such a rich legacy. I hope that by telling our scientific story, it gets the word out that there's many important and interesting things to be known about Mali that are probably not that well understood. There's a tremendous amount of scientific work to be done there but at the moment it's impossible."

The study builds on the work of British expeditions to Mali in the 1980s which, among other things, had discovered although not written about a large turtle shell and an important collection of fossils. The collected fossils remain Mali's property, but are on loan to the American Museum of Natural History for scientific study.

O'Leary said the fact that the Sahara was once under water showed there was a precedent for climate change and sea level rises that should give climate deniers pause for thought. "Hopefully, by understanding these historical examples, in the current dialogue people can be more accepting that what scientists are telling them is true, and that not only is it true, but there are historical examples of much greater magnitude where the planet has changed," she said. "Perhaps talking about human-induced climate change seems like 'Oh, is this the first time'. It's not the first time. There's been a lot of change in Earth's history. And understanding those examples may make it more palatable to people and set their expectations differently."

Questions

156 What is the main subject of the article?

1/ The discovery of fossils in the Sahara region
2/ The relationship between a research study and political unrest in the Sahara region
3/ A new palaeontological study of the Sahara region
4/ The incomplete history of the Sahara region
5/ Political unrest in Mali

157 According to the writer (paragraph 1), what is unique about the new scientific paper that has been published?

1/ It concerns Mali
2/ It concerns the Sahara desert
3/ It took years to complete
4/ It contains images of fossils
5/ It contains descriptions of long dead species

158 What is implied in paragraph 2 about the sea which covered part of the Sahara desert in the past?

1/ Its depth varied over time
2/ It was largely barren of life
3/ It contained very high levels of salt
4/ It only contained shellfish
5/ It only existed for a short period

159 Which period of history does the new study provide information about (paragraph 2)?

1/ The early period of the dinosaurs
2/ The extinction period of some types of dinosaur
3/ The extinction period of sea snakes
4/ The development period of flying dinosaurs
5/ The creation of Puerto Rico

160 What new theory does the report offer to explain the large sized sea creatures in the Sahara region (paragraph 3)?

1/ They did not have many predators
2/ The development took place over a long time
3/ There were small pockets of land in the sea which provided the right conditions
4/ Small areas of water may have provided them with suitable conditions
5/ The absence of tidal movement aided the increase in body size

161 What is implied in paragraph 4 about the people of the Sahara?

1/ They are very few in number
2/ They are aware of the history of their region
3/ They know little about the region
4/ They all ride mopeds
5/ They keep to themselves

162 What has prevented scientists from visiting Northern Mali in recent years?

1/ Hostile occupation of the region
2/ Flooding
3/ The unavailability of visas
4/ Several changes of government
5/ Storms

163 What led Dr O'Leary to understand why she had been warned about the region?

1/ Reading a book
2/ A conversation with a government minister in Gao
3/ Discussions with other scientists
4/ A discussion with a Canadian diplomat
5/ A telephone call from a Tuareg rebel

164 What does Dr O'Leary imply about Northern Mali (paragraph 6)?

1/ It is unlikely that the security situation will ever improve
2/ Scientists would be better to focus on other parts of Africa
3/ Further scientific study is warranted
4/ Further scientific study should be done by the indigenous population
5/ Most of the the most important discoveries have already been made

165 What does Dr O'Leary imply about current problems of climate change?

1/ They are unique
2/ They can be understood by examining the past
3/ The climate deniers may be right
4/ Rises in sea level are probably not linked to climate change
5/ The Sahara is likely to be flooded again

166 The word 'lined' in paragraph 2 could best be replaced by:

1/ Linked
2/ Harvested
3/ Fuelled
4/ Covered
5/ Infested

167 The word 'urging' in paragraph 5 is closest in meaning to:

1/ Rushing
2/ Questioning
3/ Suggesting
4/ Pushing
5/ Discussing

168 The word "displaced" in paragraph 6 implies that some people in Mali were:

1/ Unhappy
2/ Living away from their homes
3/ Trying to leave the country
4/ Confused
5/ Injured

169 The words "on loan" in paragraph 7 implies that the museum has:

1/ Lent out the fossils
2/ Stolen the fossils
3/ Borrowed the fossils
4/ Questioned the fossils authenticity
5/ Fossils of its own

170 The word "palatable" in paragraph 8 is closest in meaning to:

1/ Confusing
2/ Contentious
3/ Understandable
4/ Acceptable
5/ Doubtful

session 8

SCORE IAE-MESSAGE

ÉLÉMENTS DE RÉPONSE

GRILLE DES RÉPONSES COMPLÉTÉE

SCORE IAE MESSAGE

Session : 14/03/2020

Nom : ____________________

Prénom : ____________________

Date de naissance : ___/___/___

Centre : ____________________

Signature du candidat

N° d'inscription

0	0	0	0	0	0	0
1	1	1	1	1	1	1
2	2	2	2	2	2	2
3	3	3	3	3	3	3
4	4	4	4	4	4	4
5	5	5	5	5	5	5
6	6	6	6	6	6	6
7	7	7	7	7	7	7
8	8	8	8	8	8	8
9	9	9	9	9	9	9

MARQUAGE DES REPONSES

- Utilisez un crayon mine et une gomme propre ou un blanc correcteur
- Ne graphitez qu'une seule réponse par question

Marquage CORRECT ▬

INCORRECT — — X / -

Culture G	Réponse	Français	Réponse	RLN	Réponse	Anglais	Réponse
1	4	51	3	101	2	121	1
2	4	52	5	102	3	122	3
3	2	53	1	103	1	123	2
4	2	54	3	104	5	124	5
5	4	55	4	105	1	125	4
6	5	56	1	106	5	126	2
7	2	57	5	107	5	127	1
8	2	58	1	108	3	128	5
9	3	59	5	109	3	129	5
10	4	60	4	110	5	130	3
11	4	61	1	111	3	131	2
12	4	62	3	112	2	132	4
13	2	63	2	113	3	133	2
14	5	64	4	114	2	134	1
15	3	65	4	115	2	135	1
16	1	66	4	116	3	136	1
17	2	67	1	117	1	137	2
18	4	68	5	118	3	138	3
19	5	69	4	119	1	139	5
20	3	70	3	120	3	140	5
21	2	71	3			141	4
22	3	72	2			142	4
23	2	73	5			143	4
24	2	74	1			144	5
25	2	75	4			145	3
26	3	76	1			146	4
27	4	77	4			147	3
28	5	78	3			148	3
29	5	79	2			149	4
30	5	80	1			150	4
31	3	81	1			151	3
32	1	82	5			152	4
33	2	83	4			153	4
34	3	84	4			154	4
35	4	85	5			155	4
36	5	86	4			156	3
37	3	87	3			157	5
38	1	88	5			158	1
39	4	89	2			159	2
40	3	90	5			160	4
41	2	91	3			161	2
42	1	92	4			162	1
43	1	93	5			163	1
44	3	94	2			164	3
45	2	95	4			165	2
46	2	96	2			166	4
47	4	97	3			167	4
48	4	98	1			168	2
49	2	99	3			169	3
50	4	100	5			170	4

EXPLICATIONS DES RÉPONSES DE L'ÉPREUVE DE RAISONNEMENT LOGIQUE ET NUMÉRIQUE

101 **On écrit sur cinq morceaux de papier « 1 », « 2 » et « 3 » et les symboles « $<$ » et « $>$ ». On les met dans un sac et on en tire trois successivement que l'on place de la gauche vers la droite sur la table. Quelle est la probabilité de lire une inéquation mathématiquement vraie (exemple $4 < 7$) ?**

① $\frac{1}{12}$

② $\frac{1}{10}$

③ $\frac{1}{5}$

④ $\frac{3}{10}$

⑤ $\frac{4}{15}$

On peut déjà dire qu'il y a : $5 \times 4 \times 3 = 60$ tirages possibles de 3 mots. Seules 6 inéquations sont vraies :
$1 < 2, 1 < 3, 2 < 3, 2 > 1, 3 > 1, 3 > 2$.
La probabilité est donc de : $6 / 60 = \frac{1}{10}$.

102 **Les scientifiques de l'agence spatiale européenne contactent chaque jour leur robot posé sur la planète Mars. Ils lancent une communication au moment où le soleil se lève pour le robot. Or Mars tourne légèrement moins vite sur elle-même que la Terre et une journée sur Mars (du lever du Soleil au lever suivant) dure 25 heures. L'appel du lundi 2 février a eu lieu à 9 heures du matin. Quel est le jour suivant où les scientifiques ont pu lancer leur appel à nouveau à 9 heures du matin ?**

① Mercredi 25 février

② Jeudi 26 février

③ Vendredi 27 février

④ Samedi 28 février

⑤ Dimanche 1er avril

Chaque jour il y a un décalage d'une heure du fait des différences de journée entre Mars et la Terre. Il sera 9h le 02/02, 10h le 03/02, etc. Il faut faire attention au fait qu'un jour il n'y aura aucun appel, de 23h le 17/02 nous passons à 0h le 19/02, le prochain appel est donc le 27 février.

103 **Voici trois énoncés :**

- **E1 – Tous les chapeaux ont des bords.**
- **E2 – Il y a des chapeaux rouges et noirs.**
- **E3 – Les casquettes de baseball sont des chapeaux.**

Si les trois énoncés précédents sont vrais, quels sont ceux ci-dessous qui le sont également :

- **R1 – Toutes les casquettes ont des bords.**
- **R2 – Certaines casquettes de baseball sont rouges.**
- **R3 – Les casquettes de baseball n'ont pas de bords.**

① Aucun
② Seulement R1
③ Seulement R3
④ R1 et R2
⑤ R1 et R3

R1 est faux car E3 indique seulement que les casquettes de baseball sont des chapeaux, rien ne dit que les autres casquettes sont des chapeaux.
R2 est faux aussi car si les casquettes de baseball sont des chapeaux et que certains chapeaux sont rouges, rien n'indique que les casquettes de baseball sont de cette couleur.
R3 est faux également car les casquettes de baseball sont des chapeaux (E3) et les chapeaux ont des bords (E1).
Donc aucun des énoncés R1, R2 et R3 n'est vrai.

104 **Quelle est la soixantième décimale de 2 / 7 ?**

① 0
② 1
③ 2
④ 3
⑤ 4

On pose la division entière. Comme il n'y a que 7 restes possibles (0 à 6), l'opération va finir par s'arrêter (reste = 0) ou cycler en 6 étapes au maximum (en l'occurrence 6 étapes exactement pour les divisions par 7).
$2 = 0 \times 7 + 2$; $20 = 2 \times 7 + 6$; $60 = 8 \times 7 + 4$; $40 = 5 \times 7 + 5$;
$50 = 7 \times 7 + 1$; $10 = 1 \times 7 + 3$; $30 = 4 \times 7 + 2$.
D'où : $2 / 7 = 0,285714285714285714\ldots$
La période étant 6, la 60e décimale est donc égale à la 6e (puis 12e, 18e, etc.) décimale, soit 4.

105 **Soit une piscine vide de 3 m sur 4 m et de profondeur 120 cm. On la remplit à l'aide d'un robinet qui a un débit de 5 litres par seconde. En combien de temps la piscine sera pleine ?**

① 48 min
② 1 h
② 72 min
④ 1 h 20 min
⑤ 1 h 30 min

Tout d'abord, le volume en litres de cette piscine est de :
$30 \times 40 \times 12 = 14\,400$ L. À un débit de 5 L / seconde, il faudra :
$14\,400 / 5 = 2\,880$ secondes = 48 minutes.

106 **YZMZMVH est le résultat du cryptage d'un mot obtenu e n remplaçant le A par le Z, le B par le Y, le C par le X … le Y par le B et le Z par le A. Quel était le mot d'origine ?**

Pour décrypter le mot, on utilise la même méthode que pour le cryptage : Y = B, Z = A, M = N, V = E, et H = S, le mot d'origine était donc : BANANES.

① BAGARRE
② BANQUES
③ BAGAGES
④ BANDAGE
⑤ BANANES

107 **La résolution d'un écran Full HD 16/9 est de 1 920 × 1 080 pixels. Approximativement, combien de pixels sont utilisés pour afficher sur la plus grande surface possible une image non tronquée d'un film tourné en CinemaScope 2.39:1, c'est-à-dire dont l'image est 2,39 fois plus large que haute ?**

Une image 2.39:1 est plus allongée qu'une image pleine écran d'un écran 16/9 ($\frac{16}{9} = \frac{1\,920}{1\,080}$ est inférieur à $\frac{2}{1}$).
L'image devra donc être affichée sur toute la longueur (1 920 pixels) et sur une hauteur 2,39 fois plus petite, soit de $\times \frac{1\,920}{2{,}39}$ pixels. Au total, le nombre de pixels utilisés est donc de : $1\,920 \times \frac{1\,920}{2{,}39} = \frac{1\,920^2}{2{,}39}$.

① $1\,920 \times 1\,080 \times 2{,}39$
② $\frac{1\,920 \times 1\,080}{2{,}39}$
③ $\frac{1\,920 \times 2{,}39}{1\,080}$
④ $\frac{1\,080 \times 2{,}39}{1\,920}$
⑤ $\frac{1\,920^2}{2{,}39}$

108 **Quelle est la valeur du discriminant de ce polynôme : $f(x) = bx^2 + (a + b)\,x - a$?**

Le discriminant de ce polynôme est :
$(a + b)^2 - 4 \times b \times (-a) = a^2 + 2ab + b^2 + 4ab = a^2 + 6ab + b^2$.

① $b^2 - 4a^2$
② $a^2 - 4ab + b^2$
③ $a^2 + b^2 + 6ab$
④ $a^2 + 2ab + b^2$
⑤ $(a + b)^2 - 4ab$

109 **Compléter cette suite : U2, D4, T5, Q6, C4, ...**

Cette suite n'est rien d'autre que la suite UN, DEUX, TROIS, QUATRE, CINQ, en utilisant la première lettre et avec le chiffre correspondant à la taille du mot. Les prochains seront SIX et SEPT, soit S3 et S4.

① M5, S6
② D5, L5
③ S3, S4
④ V5, L8
⑤ S6, D8

110 **De 2000 à 2016, l'équipe de France de basketball gagnait 7 matchs sur 10 quand T. Parker jouait, et seulement 40 % de ses matches quand il ne jouait pas. Sachant qu'il a joué 8 matchs sur 10 de l'équipe de France lors de cette période, et que la France a battu l'Espagne 80 à 66 lors de l'Euro 2013, quelle est la probabilité que T. Parker ait joué ce match ?**

① 1 chance sur 2
② 1 chance sur 3
③ 2 chances sur 5
④ 3 chances sur 4
⑤ 7 chances sur 8

En construisant l'arbre pondéré des probabilités, on a la probabilité de gagner un match P(G) égale à : $0,8 \times 0,7 + 0,2 \times 0,4 = 0,64$. L'équipe de France avait donc 64 % de gagner un match pendant cette période. On a pris un match gagné, la probabilité que T. Parker ait joué ce match est donc de : $0,8 \times \frac{0,7}{0,64} = 87,5$ %, soit 7 chances sur 8.

111 **Que va afficher ce petit programme informatique ?**

```
A = 20
C = 10
B = A + C
D = B + A
C = C – 5
B = (3 * A) – C
A = B – D
C = 5 * C
SI (A > B) ALORS AFFICHER(valeur(B) – valeur(A) – valeur(C))
SINON AFFICHER(valeur(D) – valeur(C) – valeur(B))
```

① 55 – 25 – 50
② 30 – 10 – 50
③ 50 – 25 – 55
④ 45 – 25 – 35
⑤ 15 – 35 – 25

Suivons la valeur de chacune des variables A, B, C et D en fonction du temps (à chaque étape du programme) :
A = 20 : A = 20, B = ??, C = ??, D = ??
C = 10 : A = 20, B = ??, C = 10, D = ??
B = A + C : A = 20, B = 30, C = 10, D = ??
D = B + A : A = 20, B = 30, C = 10, D = 50
C = C – 5 : A = 20, B = 30, C = 5, D = 50
B = (3 * A) – C : A = 20, B = 55, C = 5, D = 50
A = B – D : A = 5, B = 55, C = 5, D = 50
C = 5 * C : A = 5, B = 55, C = 25, D = 50
Le test SI(A>B) est faux, donc c'est la partie du « sinon » qui va s'afficher avec les valeurs de D, de C et de B soit : 50 – 25 – 55.

112 **Le 30 avril 2020 marquera le 231e anniversaire de l'investiture de George Washington, premier Président des États-Unis. Sachant que 44 présidents se sont succédés, quelle est la durée de résidence moyenne à la Maison-Blanche d'un Président américain ?**

① 5 ans et 2 mois

② 5 ans et 3 mois

③ 5 ans et 4 mois

④ 5 ans et 5 mois

⑤ 5 ans et 6 mois

231 ans, 44 présidents. On effectue la division entière de 231 par 44 : 231 = 5 × 44 + 11, ou encore $\frac{231}{44} = 5 + \frac{1}{4}$.
La durée de présidence moyenne est donc 5 ans et 3 mois.

113 **Soit un dé dont trois faces sont peintes en vert, deux en rouge et une en bleu. On lance deux dés de ce type. Quelle est la probabilité que les deux faces du dessus soient de la même couleur ?**

① $\frac{1}{3}$

② $\frac{13}{36}$

③ $\frac{7}{18}$

④ $\frac{5}{12}$

⑤ $\frac{4}{9}$

La probabilité d'avoir deux faces rouges est $P(R) = \frac{2}{6} \times \frac{2}{6} = \frac{1}{9}$.
Celle d'avoir deux faces vertes est : $P(V) = \frac{3}{6} \times \frac{3}{6} = \frac{1}{4}$.
Celle d'avoir deux faces bleues est : $P(B) = \frac{1}{6} \times \frac{1}{6} = \frac{1}{36}$.
La probabilité recherchée est donc donnée par :
$P(R) + P(V) + P(B) = \frac{1}{9} + \frac{1}{4} + \frac{1}{36} = \frac{14}{36} = \frac{7}{18}$.

114 **Lors d'une enquête, la moyenne des valeurs observées est égale à M et la variance vaut V. Si on enlève une constante A à chaque valeur, quelles seront les nouvelles valeurs pour la moyenne et la variance ?**

① M – A et V – A

② M – A et V

③ M et V + A

④ M et V

⑤ M + A, V + A

La moyenne diminuera de A points. En revanche, la variance restera la même car elle n'est pas affectée par un déplacement identique de toutes les valeurs.

115 **Un automobiliste, qui a réalisé la moitié de son trajet pour se rendre sur son lieu de vacances, a parcouru les cent derniers kilomètres en consommant 6,7 L d'essence. Sa consommation moyenne est alors passée de 5,5 L/100 km à 5,8 L/100 km. Combien aurait-il dû consommer sur les cent derniers kilomètres pour diminuer sa consommation moyenne à 5 L/100 km ?**

① 3 L
② 3,5 L
③ 3,7 L
④ 3,8 L
⑤ 4 L

D'après les équations de la moyenne, avant ces 100 derniers km de trajet, si t est le total de litres consommés jusqu'à présent et n le nombre de centaines de km réalisé jusqu'à présent, on a alors : 5,5 = t / n, et donc après les derniers 100 km : 5,8 = (t + 6,7) / (n + 1).
Soit t = 5,5n et donc : n = (6,7 – 5,8) / (5,8 – 5,5) = 0,9 / 0,3 = 3.
Il y a donc eu 300 km parcourus avant les 100 derniers.
Des équations précédentes, on en déduit également, si c est la consommation réalisée sur les 100 derniers km, que $c = (cm^2 - 5,5) \times 3 + cm^2$. Donc si $m^2 = 5$, on a alors d = (5 – 5,5) × 3 + 5 = – 0,5 × 3 + 5 = 3,5 L.

116 **Quel nombre peut logiquement remplir la cellule vide de cette grille ?**

5	13	2	75
3	23	2	75
6	12	3	90
7	10	4	98
8	9	3	

① 75
② 90
③ 96
④ 115
⑤ 121

On remarque que la quatrième colonne de la grille est égale au produit de la première avec la somme de la troisième et de la deuxième. Soit par exemple, 5 × (13 + 2) = 75, et 6 × (12 + 3) = 90, donc pour la dernière ligne, on a : 8 × (9 + 3) = 96.

117 Quel nombre continue logiquement la suite suivante : 321 ; 323 ; 326 ; 332 ; 335 ; 338 ; 346 ; 350 ; … ?

① 353
② 354
③ 355
④ 356
⑤ 357

On obtient un élément de la suite en ajoutant au précédent soit le nombre des unités, soit celui des dizaines, soit celui des centaines :
Élément 1 : 321
Élément 2 : 321 (élément 1) + 2 (chiffre des dizaines) = 323
Élément 3 : 323 (élément 2) + 3 (chiffre des centaines) = 326
Élément 4 : 326 (élément 3) + 6 (chiffre des unités) = 332
Élément 5 : 332 (élément 4) + 3 (chiffre des dizaines) = 335
…
Élément 9 : 350 (élément 8) + 3 (chiffre des centaines) = 353

118 Développez et réduisez : $(2x - 3)^2 - (2x - 3)$

① $2x - 3$
② $4x^2 - 12x + 6$
③ $4x^2 - 14x + 12$
④ $4x^2 - 24x + 12$
⑤ $4x^2 - 12x + 14$

Le calcul est le suivant :
$(2x - 3)^2 - (2x - 3) = 4x^2 - 12x + 9 - 2x + 3 = 4x^2 - 14x + 12$.

119 On sait que 0,11111111111… = 1 / 9.
Quel nombre fractionnaire vaut 0,1212121212… ?

① $\frac{4}{33}$
② $\frac{5}{33}$
③ $\frac{1}{11}$
④ $\frac{1}{12}$
⑤ $\frac{1}{98}$

Soit x = 0,1212121212…, on a alors : 100x = 12,1212121212…, soit encore : 100x = 12 + x. Autrement dit, 99x = 12, donc $x = \frac{12}{99}$, que l'on simplifie par $\frac{4}{33}$.

120 **On dispose d'une balance parfaitement équilibrée, on y place différents poids selon le schéma ci-dessous, quel poids faut-il placer à la place du ? pour que la balance retrouve son équilibre ?**

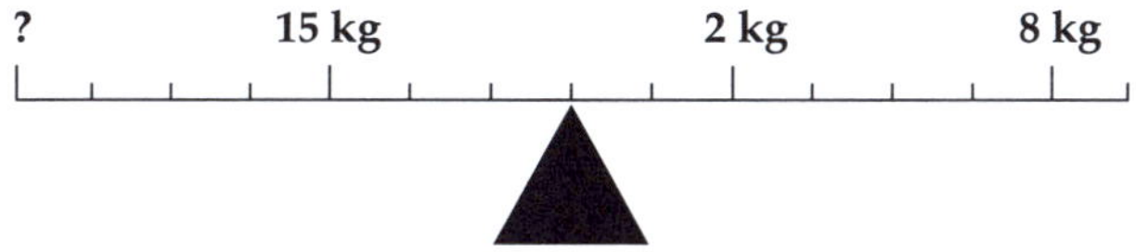

① Rien (0 kg)

② 500 g

③ 1 kg

④ 1,25 kg

⑤ 1,5 kg

Pour que la balance soit équilibrée, il faut que la répartition des poids des deux côtés soit identique, soit si on appelle X le poids en kg que l'on cherche, on aura : $7X + 15 \times 3 = 2 \times 2 + 8 \times 6$,
soit $X = \frac{4 + 48 - 45}{7} = \frac{7}{7} = 1$.

Impression & brochage SEPEC - France
Numéro d'impression : 21275210816 - Dépôt légal : septembre 2021

IMPRIM'VERT®

PEFC 10-31-1470 / Certifié PEFC / Ce produit est issu de forêts gérées durablement et de sources contrôlées. / pefc-france.org